法律适用案例精通本系列

FALV SHIYONG
ANLI ZHIYIN
CHENGXUPIAN

法律适用案例指引

程序篇

中国检察官协会 / 编

中国检察出版社

图书在版编目（CIP）数据

法律适用案例指引：程序篇/中国检察官协会编. —北京：中国检察出版社，2019.1
（法律适用案例精通本）
ISBN 978 – 7 – 5102 – 2196 – 5

Ⅰ.①法… Ⅱ.①中… Ⅲ.①诉讼程序 – 法律适用 – 中国 Ⅳ.①D925.05

中国版本图书馆 CIP 数据核字（2018）第 236534 号

法律适用案例指引·程序篇
中国检察官协会　编

出版发行：	中国检察出版社
社　　址：	北京市石景山区香山南路109号（100144）
网　　址：	中国检察出版社（www.zgjccbs.com）
编辑电话：	(010) 86423751
发行电话：	(010) 86423726　86423727　86423728
	(010) 86423730　68650016
经　　销：	新华书店
印　　刷：	北京宝昌彩色印刷有限公司
开　　本：	710 mm×960 mm　16开
印　　张：	25
字　　数：	382千字
版　　次：	2019年1月第一版　2019年1月第一次印刷
书　　号：	ISBN 978 – 7 – 5102 – 2196 – 5
定　　价：	88.00元

检察版图书，版权所有，侵权必究
如遇图书印装质量问题本社负责调换

目 录

一、刑事特别程序案件

王某某盗窃案
——如何理解未成年人犯罪记录封存的法律效力 … 吴瑞霞（1）

没收李华波违法所得案
——如何准确适用犯罪嫌疑人逃匿境外案件违法
所得没收程序 ………………………………… 申智勇（12）

二、刑事案件中的证据运用

张朝臣抢劫案
——死刑案件被告人翻供的情况下如何排除合理
怀疑 ……………………………………………… 王 冲（33）

张荣安、马建设、卫秀云贩卖毒品案
——转化运用技术侦查证据成功抗诉零口供
无罪案 …………………………………………… 杨红梅（57）

丁元海受贿案
——何为合理怀疑及排除合理怀疑的证明标准
应当如何适用 …………………………………… 曾 腾（87）

陈秀明、刘志嘉故意伤害案
——有专门知识的人出庭的程序问题 ………… 沈 鑫（125）

三、刑事附带民事案件

焦海军非法采矿刑事附带民事诉讼案
——异地管辖非法采矿案件的检察机关能否代表
国家提起刑事附带民事诉讼 …………………… 张三保（155）

赵宇、赵景海、申业鹏非法占用农用地案
——检察机关提起刑事附带民事诉讼的可行性
及具体操作 ………………………………… 支　爽（183）

四、死刑复核程序案件

刘俊康等贩卖、制造、运输毒品案
——死刑复核程序中"撤销原判，发回重审"指
撤销全案裁判，发回后全案重审，还是仅撤
销部分裁判，发回后部分重审 ……………… 郭利娜（200）

五、刑事案件中的其他问题

陈薇薇逃税案
——诉讼代表人缺位时单位犯罪的指控问题
………………………………… 张　剑　金　鑫（263）
广西靖西"7·11"聚众扰乱社会秩序、寻衅滋事案
——坚持群众路线与注重司法策略、严格依法办
案与规范宽严相济有机结合的启示 ………… 常新征（282）
庞庆华、吴家玲等受贿案
——共同受贿中主从犯及受贿数额的认定
………………………………… 黎大勋　胡　杰（313）
蔡建喜、黄竞辉非法占用农用地案
——涉林案件如何适用"恢复性司法" ……… 洪文海（348）

六、民事行政案件

检察机关对许建惠、许玉仙环境公益诉讼案
——全国首例检察机关提起民事公益诉讼案若干
焦点问题评析 ………… 刘　丹　吴小红　张　扬（360）
中国建设银行股份有限公司阳江市分行与石家庄市
长安综合商社、阳江市对外经济基地公司、第三
人阳江市建设投资公司买卖合同纠纷抗诉案
——合同以外的第三人是否应当承担违约赔偿责任
……………………………………………… 燕　鹏（370）

一、刑事特别程序案件

王某某盗窃案
如何理解未成年人犯罪记录封存的法律效力

要 旨

我国刑事诉讼法规定了对符合条件的未成年人犯罪记录实行封存制度，但封存并非消灭，犯罪记录封存并不代表在法律上可以被视为无犯罪前科，其因犯罪行为所受的刑罚记录仍要影响其再次犯罪时的行为评价。

基本案情

王某某，男，1996年××月××日出生，汉族，初中文化，住北京市密云县××镇××村。因犯盗窃罪于2012年9月19日，被北京市密云县人民法院判处有期徒刑10个月，缓刑1年，罚金人民币1000元。

2013年4月6日凌晨，王某某在北京市密云县密云镇果园××号院××号楼××单元××号单位宿舍内，趁被害人车某熟睡之际，窃取车某HTC牌T528W型手机1部。经鉴定，被盗手机价值人民币1500元。2013年5月10日因涉嫌盗窃罪，被北京市公安局密云县分局刑事拘留。北京市公安局密云县分局于2013年6月3日将王某某涉嫌盗窃罪一案移送北京市密云县人民检察院审查起诉。

 **关键问题**

未成年人犯罪记录封存的法律效力如何界定？王某某前次犯罪记录封存是否影响本次盗窃行为入罪数额？

 **分歧意见**

第一种意见认为王某某的行为不构成犯罪。王某某前罪犯罪时未满18周岁且刑罚在5年有期徒刑以下，根据刑法关于"被判处有期徒刑以上刑罚的犯罪分子，刑罚执行完毕或者赦免以后，在五年以内再犯应当判处有期徒刑以上刑罚之罪的，是累犯，应当从重处罚，但是过失犯罪和不满十八周岁的人犯罪的除外"以及刑事诉讼法第275条关于未成年人前科犯罪记录封存的规定，应当视为没有犯罪前科，不符合相关司法解释的规定。其此次盗窃数额1500元，未达到数额较大的标准，王某某的行为不构成犯罪。

第二种意见认为王某某的行为构成盗窃罪。犯罪记录封存不等于消灭。犯罪记录封存是对未成年人的"教育、感化、挽救"方针的体现，以利于其回归社会，但不等于前科消除，否则不利于社会防卫功能的发挥。

评析意见

我们同意第二种观点，理由如下：

第一，未成年人轻罪犯罪记录封存制度是联合国少年司法准则的要求，也是我国未成年人司法制度的重大发展，对于保护未成年人具有重要的现实意义。

封存未成年人的犯罪记录是联合国少年司法准则的最低限度标准。1985年11月，联合国大会通过了《联合国少年司法最低限度标准规则》（又称《北京规则》）。此规则确立了一系列联合国少年司法的最低限度标准规则。该规则第8条规定："应在各个阶段尊重少年犯享有隐私的权利，以避免由于不适当的宣传或加以点名而对其造成伤害。原则上不应公布可能会导致使人认出某一少年犯的资料。"第21条规定："对少年罪犯的档案应严格保密，不得让第三方利用。应仅限于与处理手头上的案件直接有关的人员或其他经正式授权的人员才可以接触这些档案。少年罪犯的档案不得在其后的成人讼案中加以引用。"因此，封存未成年人的犯罪记录是联合国少年司法准则的最低限度要求，我国是该条约的签约国，理应遵守该条约的规定。

2012年全国人大修订刑事诉讼法，为体现对未成年人的特别保护，新增未成年人犯罪特别程序，并在第275条明确规定："犯罪的时候不满十八周岁，被判处五年有期徒刑以下刑罚的，应当对相关犯罪记录予以封存。犯罪记录被封存的，不得向任何单位和个人提供，但司法机关为办案需要或者有关单位根据国家规定进行查询的除外。依法进行查询的单位，应当对被封存的犯罪记录的情况予以保密。"

我国刑事诉讼法对未成年人轻罪犯罪记录封存的规定，适应上述《联合国少年司法最低限度标准规则》的要求，是我国未成年人司法制度的重大发展，对于保护未成年人具有重要的现实意义，有利于弱化未成年人的犯罪"标签"心理，保证其顺利复学、升学、就业等，维护未成年人家庭关系的和谐，使其顺利回归社会，将进一步降低未成年犯的重新犯罪率。

第二，犯罪记录封存不能等同于犯罪记录消灭，封存是一般情况下不予查询，但犯罪记录仍存在，消灭是彻底去除犯罪曾经存在的事实。

犯罪记录封存和犯罪记录消灭制度的区别主要表现在产生的法律后果具有重大差别，封存是不予查询，即在法律规定的范围内，通过技术性操作严格限制未成年人犯罪记录被查阅，但犯罪记录仍存在，且司法机关为办案需要或者有关单位根据国家规定可以进行查询；消灭是彻底去除犯罪曾经存在的事实。具体而言，犯罪记录封存中的"封存"是指使未成年犯的犯罪记录处于保密的状态，不被社会所知晓，但同时还存在例外可以被查询的情形。[①] 犯罪记录封存根据法律的规定可以概括为：除司法机关基于办案需要或者有关单位根据国家规定可以进行查询，在一般情况下，行为人先前的犯罪记录被予以保密。犯罪记录的"消灭"，意味着在符合法定条件的情况下，"被国家审判机关依法宣告有罪或者

---

① 莫湘益：《犯罪记录封存的制度规范与功能延伸》，载《湖南警察学院学报》2012年第3期。

判处刑罚的法律事实不再存在"①。前科消灭中的"消灭"是指未成年犯的犯罪记录被彻底消灭,在该未成年犯的人生历程中不再存在法院定罪的记录。

世界上很多国家规定了未成年犯罪记录消灭制度,比如澳大利亚《青少年起诉法》规定:"警方对未成年人的犯罪记录不能保留到其成年之后,18岁以后必须销毁,以便使其以无罪记录的身份进入社会,过正常人生活。若被法院宣告无罪释放的,该青少年犯罪的一切档案材料,也必须销毁。"②日本《少年法》第60条规定:"因少年时犯罪被判刑并已执行终了,或免于执行的人,在关于人格法律的适用上,在将来,得视为没有受过刑罚处分的人。少年时因犯罪被判刑而接受缓期执行的,在缓期执行期间,可视为刑期期满,适用前款的规定……"③德国《少年法院法》(2004年12月21日修改)第97条第2款规定:"上述消除前科记录命令只能在执行刑罚2年以后或刑罚被免除后作出,但消除前科记录对被判刑少年显得特别重要的,不在此限。刑罚执行期间或缓刑考验期间不得作出上述命令。"④

与上述国家不同,我国刑事诉讼法规定的是犯罪记录封存而非犯罪记录消灭。犯罪记录封存应符合一定的年龄和刑罚条件,而非一律封存,其原因在于行为的社会危害性较大的,其个人的人身危害性也较大,将其犯罪记录封存,不利于刑罚社会防卫功能的发挥。当司法机关等有关单位办理具体案件或者其他依法需要查询时,可以查询犯罪记录。按照刑事诉讼法规定,未成年人的犯罪记录封存后,将产生如下法律效力:

其一,犯罪记录限制查询。犯罪记录封存并不是将犯罪记录的记述载体予以消灭,而是对于符合犯罪记录封存条件的犯罪记录,除法律特

---

① 马克昌主编:《刑法学全书》,上海科学技术文献出版社1993年版,第684页。
② 刘凌梅:《关于建立未成年人刑事污点限制制度的思考》,载《青少年犯罪问题》2003年第1期。
③ 孙云晓主编:《当代未成年人法律译丛》(日本卷),中国检察出版社2006年版,第185页。
④ 孙云晓主编:《当代未成年人法律译丛》(德国卷),中国检察出版社2006年版,第207页。

殊规定的司法机关为办案需要、有关单位根据国家规定进行查询的情况外，不得向任何单位和个人提供或披露未成年人曾经的犯罪记录，在被查询时给予否定性回答，即"无犯罪记录"。

其二，前科报告义务免除。犯罪的时候不满18周岁被判处5年以下有期徒刑以下刑罚的人，在入伍、就业的时候，免除如实报告的义务。有关犯罪记录的档案材料，只能保存在司法机关，本人有拒绝向任何部门、个人陈述的权利，在填写各种表格时，不再填写"曾受过刑事处罚"的字样。犯罪记录封存的人和普通人一样依法平等地享有各种权利，免除在求学、就业等阶段因曾有犯罪记录而遭受歧视。

其三，因犯罪所受刑罚而导致的法律效果并不因犯罪记录封存制度而消灭，且未成年人不构成累犯的规定也并非前科消除制度，而是体现对未成年人犯罪刑罚宽缓、限制加重处罚原则的适用。

犯罪记录封存制度是限制了未成年涉罪人员的犯罪记录的社会影响，保护其隐私，避免因犯罪记录而导致其被社会排斥，但是封存并不代表其在法律上可以被视为无犯罪前科，其因犯罪行为所受的刑罚记录仍要影响其再次犯罪时的行为评价。此外，刑法关于未成年人不构成累犯的规定，体现的是对未成人最大程度容忍原则，以尽可能慎刑、轻缓刑罚的方式来"教育、感化、挽救"未成年涉罪人员。这一规定，接近于犯罪记录消灭，但仍然不是消除了前罪的刑罚评价，而只是限制了前罪的评价对后罪量刑时从重处罚的影响。因此，刑法关于"被宣告缓刑的犯罪分子，在缓刑考验期限内犯新罪或者发现判决宣告以前还有其他罪没有判决的，应当撤销缓刑，对新犯的罪或者新发现的罪作出判决、把前罪和后罪所判处的刑罚，依照本法第六十九条的规定，决定执行的刑罚""被假释的犯罪分子在假释考验期限内犯新罪，应当撤销假释，依照本法第七十一条的规定实行数罪并罚"，以及2013年4月2日最高人民法院、最高人民检察院《关于办理盗窃刑事案件适用法律若干问题的解释》第2条第1项关于"曾因盗窃受过刑事处罚的，盗窃公私财物'数额较大'的标准可以按照入罪规定标准的百分之五十确定"等规定，对犯罪记录被封存的未成年涉罪人员均应可以适用。

本案中，王某某于2012年9月19日因盗窃罪被判处刑罚，2013年4月6日再次窃取他人财物价值人民币1500元。

王某某第一次犯罪行为在最高人民法院、最高人民检察院《关于办理盗窃刑事案件适用法律若干问题的解释》颁布之前,但亦可适用第2条的规定。根据《关于适用刑事司法解释时间效力问题的规定》(高检发释字〔2001〕5号)的规定,"司法解释是最高人民法院对审判工作中具体应用法律问题和最高人民检察院对检察工作中具体应用法律问题所作的具有法律效力的解释,自发布或者规定之日起施行,效力适用于法律的施行期间"。因此,王某某第二次盗窃财物价值达到人民币1000元以上,即达到盗窃罪数额较大的标准,构成盗窃罪。

处理结果

最终,北京市密云县人民检察院经审查认为,被告人王某某曾因盗窃被刑事处罚,本次盗窃物品价值人民币1500元,根据最高人民法院、最高人民检察院《关于办理盗窃刑事案件适用法律若干问题的解释》第2条第1项关于曾因盗窃受过刑事处罚的,盗窃公私财物"数额较大"的标准可以按照入罪规定标准的50%确定的规定,北京地区盗窃罪追诉标准为人民币2000元,故其行为已构成盗窃罪,依法提起公诉。

2013年7月9日,北京市密云县人民法院判决认定:被告人王某某在缓刑考验期限内犯新罪,应依法撤销缓刑,数罪并罚。第一,撤销(2012)密刑初字第300号刑事判决书判决主文第一项"被告人王某某犯盗窃罪,判处有期徒刑十个月,缓刑一年"中的缓刑部分。第二,被告人王某某犯盗窃罪,判处有期徒刑6个月,罚金人民币500元;与前罪所判有期徒刑10个月并罚,决定执行有期徒刑1年,罚金人民币500元(刑期从判决执行之日起计算,判决执行以前先行羁押的,羁押1日折抵刑期1日,即自2013年5月10日起至2014年1月10日止)。

(撰稿人:吴瑞霞,北京市密云区人民检察院未检部检察官)

北京市密云县人民检察院
起诉书

京密检刑诉〔2013〕0199号

被告人王某某，男，1996年××月××日出生，身份证号码1102281996×××××××，汉族，初中文化，北京市密云县××饭店服务员，户籍所在地北京市密云县××镇××村××沟××号，暂住北京市密云县密云镇××大街××号院××号楼××号员工宿舍。曾因犯盗窃罪，于2012年9月19日被北京市密云县人民法院判处有期徒刑十个月，缓刑一年，罚金人民币1000元（罚金已缴纳）。因涉嫌犯盗窃罪，于2013年5月10日被北京市密云县公安局刑事拘留，经本院批准同年5月23日被北京市密云县公安局逮捕。

本案由北京市密云县公安局侦查终结，以被告人王某某涉嫌盗窃罪，于2013年6月3日向本院移送审查起诉。本院受理后，于2013年6月4日告知被告人有权委托辩护人，2013年6月13日依法讯问了被告人，审查了全部案件材料。

经依法审查查明：被告人王某某于2013年4月6日凌晨，在北京市密云县密云镇××大街××号院××号楼××号室内，趁同住的车某熟睡之机，盗窃车某HTC牌T528W型手机一部，经鉴定，被盗手机价值人民币1500元。

认定上述事实的证据如下：

被告人王某某供述、被害人陈述、鉴定意见、物证、相关书证等证据在案为证。

本院认为，被告人王某某无视国法，以非法占有为目的，因盗窃受过刑事处罚后又秘密窃取他人财物，数额较大，其行为触犯了《中华人民共和国刑法》第二百六十四条，犯罪事实清楚，证据确实、充分，应当以盗窃罪追究其刑事责任。被告人王某某犯罪时不满十八周岁，根据《中华人民共和国刑法》第十七条第一、三款规定，应当从轻或者减轻处罚。被告人王某某在缓刑考验期限内犯新罪，依照刑法第七十七条第一款、第七十一条、第六十九条的规定，应当撤销缓刑，数罪并罚。根据《中华人民共和国刑事诉讼法》第一百七十二条的规定，提起公诉，请依法判处。

  此致
北京市密云县人民法院

检察员　汪耕云
检察员　岳海燕
2013年6月25日

附：

1. 被告人王某某现羁押在北京市密云县看守所。
2. 侦查卷宗三册。

北京市密云县人民法院
刑事判决书

(2013) 密刑初字第 208 号

公诉机关北京市密云县人民检察院。

被告人王某某,男,1996年××月××日出生于北京市,汉族,初中文化,原北京市密云县××饭店服务员,户籍所在地北京市密云县××镇××村××沟××号,暂住北京市密云县密云镇××大街××号院××号楼××号;因涉嫌犯盗窃罪,2012年5月24日被羁押,次日被刑事拘留,同年6月28日被逮捕,2012年9月19日因犯盗窃罪,被本院判处有期徒刑十个月,缓刑一年,罚金人民币一千元(已缴纳);因涉嫌犯盗窃罪,于2013年5月10日被刑事拘留,同年5月23日被逮捕;现押于北京市密云县看守所。

法定代理人王某,北京市密云县北庄镇北庄村农民,系王某某之父。

法定代理人刘某,北京市密云县北庄镇北庄村农民,系王某某之母。

指定辩护人张晓敏,北京市鑫宝律师事务所律师。

北京市密云县人民检察院于2013年6月26日以京密检刑诉〔2013〕0199号起诉书指控,被告人王某某于2013年4月6日凌晨,在北京市密云县密云镇××大街××号院××号楼××号室内,趁同住的车某熟睡之机,盗窃车某HTC牌T528W型手机1部,经鉴定,被盗手机价值人民币1500元。公诉机关向本院移送了密云县公安局出具的受案登记表、到案经过、工作说明,被告人王某某的供述,失主车某的陈述,涉案财产价格鉴定意见书,辨认笔录及辨认照片,现场检查笔录,扣押发还物品清单、被盗手机照片,本院(2012)密刑初字第300号刑事判决书,户籍信息等相关证据,指控被告人王某某的行为构成盗窃罪,被告人王某某犯罪时未满成年,在缓刑考验期限内犯新罪,应撤销缓刑,数罪并罚,提请依照《中华人民共和国刑法》第二百六十四条、第十七条第一款和第三款、第七十七条第一款、第七十一条、第六十九条的规定予以处罚。

本院依法适用简易程序,实行独任审判,因涉及未成年人犯罪,不公开开庭审理了本案。公诉机关指派检察员岳海燕出庭支持公诉。被告人王某某及其法定代理人、辩护人对起诉书指控的犯罪事实及当庭宣读、出示的证据均未提出异议,本院予以确认。被告人王某某辩护人的辩护意见是,被告人犯罪时未满成年,如实供述所犯罪行,自愿认罪,建议对其从轻处罚。

本院认为,被告人王某某因犯盗窃罪受过刑事处罚,其不思悔改,又以非法占有为目的,秘密窃取他人财物,数额较大,其行为已构成盗窃罪,应依法惩处。北京市密云县人民检察院指控被告人王某某犯盗窃罪的事实清楚,证据充分,指控罪名成立。鉴于被告人王某某犯罪时未满成年,到案后如实供述所犯罪行,自愿认罪,依法对其从轻处罚。被告人王某某在缓刑考验期限内犯新罪,应依法撤销缓刑,数罪并罚。被告人王某某辩护人的辩护意见与事实和法律相符,本院予以采纳。据此,依照《中华人民共和国刑法》第二百六十四条、第五十二条、第十七条第一款和第三款、第六十七条第三款、第七十七条第一款、第七十一条、第六十九条的规定,判决如下:

一、撤销本院(2012)密刑初字第300号刑事判决书判决主文第一项:被告人王某某犯盗窃罪,判处有期徒刑十个月,缓刑一年中的缓刑部分。

二、被告人王某某犯盗窃罪,判处有期徒刑六个月,罚金人民币五百元;与前罪所判有期徒刑十个月并罚,决定执行有期徒刑一年,罚金人民币五百元(刑期从判决执行之日起计算,判决执行以前先行羁押的,羁押一日折抵刑期一日,即自2013年5月10日起至2014年1月10日止。罚金已缴纳)。

一、刑事特别程序案件

　　如不服本判决，可在接到判决书的第二日起十日内，通过本院或者直接向北京市第二中级人民法院提出上诉。书面上诉的，应当提交上诉状正本一份，副本二份。

审　判　员　王建国
二〇一三年七月九日
书　记　员　郑　莹

没收李华波违法所得案

如何准确适用犯罪嫌疑人逃匿境外案件违法所得没收程序

要 旨

犯罪嫌疑人、被告人逃匿、死亡案件违法所得的没收程序是2012年修改后刑事诉讼法（以下简称修改后刑诉法）新规定的特别程序。它弥补了我国刑事缺席审判制度缺失带来的不足，更加有利于我国严厉打击严重刑事犯罪、职务犯罪，减少、防止和挽回由于犯罪所造成的物质损失，保护国家、集体财产，公民个人财产免遭损害。

基本案情

犯罪嫌疑人李华波，男，1961年××月××日出生，原系江西省上饶市鄱阳县财政局经济建设股股长。2006年10月至2010年12月，时任鄱阳县财政局经济建设股股长的李华波利用管理鄱阳县基本建设专项资金的职务便利，伙同该股副股长张庆华（已判刑）、鄱阳县农村信用联社城区信用社主任徐德堂（已判刑）等人，先后16次开具转账支票，骗取鄱阳县财政局印章保管人孙某某的信任，在转账支票上加盖"鄱阳县财政局基建财务管理专用章"或者加盖伪造的"鄱阳县财政局基建财务管理专用章"，从县财政局设在鄱阳县农村信用联社城区信用社的基建专户转出基建专项资金，这些专项资金先后通过不同方式转到了以同案人黄贵生（已判刑）及李华波妻子徐某红等人名字设立的银行账户上进行提现或转账，共计贪污公款9400万元人民币。其中，李华波通过新加坡王某森将赃款2703.79万元人民币转入李华波及其妻子徐某红在新加坡大华银行的个人账户；通过广东谢某武将赃款249.565万元人民币用于李华波办理移民手续及在新加坡购买房产，以上两项共计2953.355万元人民币；李华波、徐德堂还分别将3400余万元、2200余万元用于澳门赌博。新加坡警方经调查，发现李华波、徐某红夫妇现金及存款3399937.36新元，用于新加坡"全球投资计划"1500000新元，已支付四处房产的购房款554221.4新元，共计5454158.76新元。以上财产除"全球投资计划"1500000新元外，其余均已被新加坡警方扣押和查封。李华波在新加坡接受调查和审判期间，新加坡法庭已解冻295036.70美元供李华波和徐某红作为生活开支。

李华波于2011年1月29日潜逃至新加坡，鄱阳县人民检察院于同年2月13日以涉嫌贪污罪对其立案侦查，同月16日上饶市人民检察院以涉嫌贪污罪对其决定逮捕，同月23日发布红色通缉令。李华波逃匿一年后不能到案，根据修改后刑诉法相关规定，鄱阳县人民检察院于2013年1月1日依法启动没收李华波违法所得程序，案件报送至上饶市人民检察院后，上饶市人民检察院于2013年3月6日向上饶市中级人民法院提出没收李华波违法所得的申请。2014年8月29日，本案开庭审理，2015年3月3日，上饶市中级人民法院对本案宣判，裁定对李华波被新加坡警方扣押和查封的所有财产以及投资到新加坡"全球投资计划"（CPI）的资金予以没收。目前已追回740余万元。2015年5月9日，在国家强大反腐压力和政策感召下，李华波回国自首。

关键问题

在办理本案的过程中，主要对以下四个方面的问题进行了认真思考和审慎处理：一是违法所得的没收程序如何启动；二是近亲属或其他利害关系人申请参加诉讼相关问题；三是是否允许逃匿的犯罪嫌疑人委托诉讼代理人参与诉讼；四是如何审查和认定境外证据。

（一）违法所得的没收程序如何启动

从修改后刑诉法第280条的规定来看，启动违法所得的没收程序，需要满足以下几个条件：

1. 犯罪嫌疑人、被告人所触犯的罪名主要针对贪污贿赂、恐怖活动犯罪等重大犯罪，由于立法仅列举了这两个类型的犯罪，又无相关司法解释予以明确，因此其他犯罪案件不宜适用该程序。

2. 要求是犯罪嫌疑人、被告人逃匿，发布通缉令进行通缉一年后不能到案，或者犯罪嫌疑人、被告人死亡的案件。因为规定一定的期限，或者要求犯罪嫌疑人、被告人死亡，都是为了确定犯罪嫌疑人、被告人正常情况"不能到案"，是在不得已的情况下进行的"缺席审判"，也是程序保护犯罪嫌疑人、被告人财产利益的严密之处。

3. 必须是该案件根据刑法的规定应当追缴其违法所得及其他涉案财产，若刑法没有追缴其违法所得及其他涉案财产的规定，那么也不能适用该特别程序。

犯罪嫌疑人李华波涉嫌贪污9400万元公款，于2011年1月逃匿新加坡，同月23日发布红色通缉令，至2013年1月时，已经超过一年时间不能到案，符合该特别程序的启动条件。

（二）近亲属或其他利害关系人申请参加诉讼相关问题

近亲属及其他利害关系人申请参加该特别程序的诉讼活动，需要注意以下几个问题：

1. 根据最高人民法院《关于适用〈中华人民共和国刑事诉讼法〉的解释》（以下简称《解释》）第513条第1款的规定，"其他利害关系人"是指对申请没收的财产主张所有权的人，即"其他利害关系人"申请参加诉讼的依据是限于对财产能够提出所有权方面的权利主张，而不是债权主张等。

2. 在公告期间内提出申请参加诉讼，犯罪嫌疑人、被告人的近亲属与其他利害关系人的依据是不一样的。根据《解释》第513条第2款的规定，在公告期间，犯罪嫌疑人、被告人的近亲属只需要提供与犯罪嫌疑人、被告人关系的证明材料即可满足申请参加诉讼的条件，但其他利害关系人则需要提供申请没收的财产系其所有的证据材料。可见两者的要求是不一样的，前者仅要求有证明身份关系的材料，后者需要提供证明财产所有权归属的材料。

3. 根据《解释》第513条第3款的规定，公告期满后，犯罪嫌疑人、被告人的近亲属与其他利害关系人的依据是一样的。在公告期满后申请参加诉讼，两者都需要说明没有在公告期间内提出申请的合理原因，也都需要提供证明申请没收的财产系其所有的证据材料。

本案中，李华波的父母在公告期间内提出了参加诉讼的申请，请求不要对李华波的住宅进行没收，理由是借过13万元给李华波用于建房。考虑《解释》规定近亲属在公告期间内提出申请的，只需要证明有近亲属关系即可，不需要证明申请没收的李华波的住宅其有所有权或部分所有权，因此虽然李华波父母请求事项的理由是基于债权债务关系，但还是具备参与诉讼的法定条件。中级法院最终在裁定对该住宅是否予以没收时，并没有将李华波父母与李华波的债权债务关系作为裁判依据。

分歧意见

关于第三个问题，一种观点认为，不应当允许逃匿的犯罪嫌疑人委托诉讼代理人参与诉讼。理由是修改后刑诉法第281条第2款规定"犯罪嫌疑人、被告人的近亲属和其他利害关系人有权申请参加诉讼，也可以委托诉讼代理人参加诉讼"，只规定了犯罪嫌疑人、被告人的近亲属和其他利害关系人有权申请参加诉讼，并没有规定犯罪嫌疑人本身可以委托诉讼代理人参加诉讼。《人民检察院刑事诉讼规则（试行）》（以下简称《刑事诉讼规则》）和《解释》也没有对是否允许犯罪嫌疑人委托诉讼代理人参与诉讼作相应的规定。该条文属于授权性规定，既然没有对犯罪嫌疑人授权，那么应当认为犯罪嫌疑人没有该项权利。另一种观点认为，法律和司法解释没有规定其有委托诉讼代理人参与诉讼的权利，但也没有禁止。既然没有禁止，就应当视为有权利，且允许其委托诉讼代理人参与诉讼不违背该特别程序重视保护犯罪嫌疑人本身及相关利害关系人财产权益的本意。

经研究后检察机关和审判机关均采纳了第二种观点。上饶市中级人民法院应新加坡方面的要求，将开庭公告送达李华波，并告知其可以委托诉讼代理人参与诉讼。李华波放弃了该项权利。

关于第四个问题，一种观点认为，修改后刑诉法及《解释》均未对境外证据材料的审查与认定作特别规定。那么对境外证据的形式要件的审查和认定就应当严格按照修改后刑诉法和相关司法解释的要求进行，如书证复印件的制作就应当要说明书证来源、原件存放地点、不能调取原件的原因和复印件制作人员、制作时间等,否则该份证据就不能采信。另一种观点认为,修改后刑诉法和相关司法解释虽然没有对境外证据的审查和认定做特别的规定,但是境外证据的调取通过国家之间的司法协助,只要程序完善,所取证据由于有对方国家司法机关的信誉做保障,且所取证据具有关联性,没有矛盾,那么对其合法性和客观性的评价就不能固守普通刑事案件证据形式要件要求,可以作为认定案件的根据。

经研究后,检察机关和审判机关采纳了第二种观点。由于案卷中有充分的证据证明我国是通过请求新加坡司法协助的方式调取境外证据,程序合法,手续齐备,所调取提供的境外证据应当作为认定案件的根据予以采信。

评析意见

没收违法所得程序作为修改后刑诉法新增的一个特别程序,应有一整套的特别规定和要求,但是在修改后刑诉法中只有4个条文,最高人民检察院《刑事诉讼规则》中只有16个条文、最高人民法院《解释》中只有17个条文对该特别程序进行了规定,可见法律和司法解释相关规定较为原则。本案是全国首例适用该特别程序办理依法没收转移至境外的违法所得的案件,没有先例可循,办案过程中对该特别程序的理解和适用容易产生困惑,难以把握。关于该特别程序的启动条件和近亲属及其他利害关系人申请参加该特别程序的诉讼活动的条件,由于办案过程中没有分歧意见,不展开评析,本部分仅围绕四个关键问题中的后两个问题展开。

(一)是否允许犯罪嫌疑人委托诉讼代理人参与诉讼

从立法技术角度来看,立法本身具有滞后性,且一般立法不会考虑过于特殊且不具有普遍性的情况。犯罪嫌疑人、被告人死亡、逃匿情况下没收其违法所得特别程序的设立,就是为了解决犯罪嫌疑人、被告人不能到案,而相关违法所得和其他涉案财产又急需没收这一特殊问题。绝大多数情况下,犯罪嫌疑人、被告人要么已经死亡,要么逃匿而不能到案,因此立法上不需要过于考虑在适用该特别程序时如何让犯罪嫌疑人、被告人直接或委托诉讼代理人表达异议、保障其财产权益。如本案中,李华波逃匿新加坡后,被新加坡警方控制,由于我国与新加坡没有缔结相关刑事司法协助条约,无法直接引渡回国,不能到案。但李华波并非下落不明,我国办案机关可以与李华波取得联系,客观上李华波也可以向我国办案机关就保障自己的财产利益表达意见。

立法不考虑特殊的、个别性的问题,是司法实践中必须面对的。如上文所述,对于犯罪嫌疑人逃匿的,是否可以允许其委托诉讼代理人参加诉讼,在法律规定空白时,实务如何操作,就取决于如何理解规定该程序的本意和价值取向。没收违法所得特别程序的设立本意前文已经提到,是为了解决犯罪嫌疑人、被告人"缺席"的情况下急需没收违法所得及其他涉案财产的问题,但是其价值取向并非单一的重打击而轻保护,而是打击与保护并重。为提高打击的准确性,保护犯罪嫌疑人、被告人、近亲属及其他利害关系人的合法财产利益不受侵犯,该程序规定了近亲属和其他利害关系人可以参与诉讼,也可以委托诉讼代理人参与诉讼,并规定了上诉、抗诉救济纠错程序。允许犯罪嫌疑人、被告人委托诉讼代理人参与诉讼,更有利于实现该程序的价值和目的,而不是违背立法本意。

(二) 如何审查和认定境外证据

李华波逃匿新加坡,并从国内转移数千万赃款到新加坡,后李华波被新加坡警方控制,相关赃款被扣押查封,不可避免地会发生司法机关向境外取证,有些证据在我国境外形成的事实。这些证据产生、形成于境外,使得无论是对证据的形式要件还是实质内容的审查都存在一定的难度。

《解释》第320条第3款规定了外国人委托中国律师、公民参与刑事诉讼的授权委托书应该办理相关公证、认证手续,但规定所指仅为授权委托书。修改后刑诉法以及《解释》均未对境外证据材料的审查与认定作特别规定。这就需要我们在实践中结合现有法律规定,依据刑事证据审查的基本原理,摸索出相应的审查、认定规则。

修改后刑诉法第17条规定,根据中华人民共和国缔结或者参加的国际条约,或者按照互惠原则,我国司法机关和外国司法机关可以相互请求刑事司法协助。根据国际刑事司法协助的内容、使用的条件和程序，可以将国际刑事司法协助的范围归纳为调查取证、文书送达等几大类。其中，调查取证是指各种物证、书证、视听资料的收集、保全，对证人的询问，与犯罪有关的财物的查封、扣押等。由于我国请求刑事司法协助的相对方是外国的司法机关，因此对于由外国司法机关进行的调查取证，只要其具备了完整的证据属性，即客观性、关联性和合法性，考虑到不同国家有不同的法律体系和规定，就不能强行要求对方国家司法机关按照我国的法律规定协助调取证据，所取证据的客观性应当基于我们对其国家司法机关的信赖，形式要件的合法性应当充分尊重对方的法律体系和规定。只要请求对方国家进行司法协助的程序和手续合法完备，那么证据的客观性和合法性就应当没有问题，相关证据只要具有证明价值，就应当认定。

检察机关在请求他国司法机关刑事司法协助工作中的相关程序应遵循《刑事诉讼规则》第459条"地方各级人民检察院需要向缔约的外国一方请求提供司法协助，应当按有关条约的规定提出司法协助请求书、调查提纲及所附文件和相应的译文，经省级人民检察院审核后，报送最高人民检察院"，及第460条"最高人民检察院收到地方各级人民检察院请求缔约的外国一方提供司法协助的材料后，应当依照有关条约进行审查。对符合条约有关规定、所附材料齐全的，应当连同上述材料一并转递缔约另一方的中央机关，或者交由其他中方中央机关办理；对不符合条约规定或者材料不齐全的，应当退回提出请求的人民检察院补充或者修正"的规定。

我国与新加坡并未共同缔结和参加相关刑事司法协助国际条约，但并不妨碍两国之间就具体个案进行司法协助。我国检察机关就本案请求新加坡总检察署司法协助履行了相应的程序，办理了相应的手续。如鄱阳县人民检察院按照要求提出需要新加坡协助调查的请求和相关事项，最高人民检察院向新加坡总检察署发送司法协助请求函、附调查提纲等，并将新加坡方调取的证据进行了翻译，依照程序转交给了鄱阳县人民检察院。整个程序完整，手续完备，证据来源清晰，符合法律规定的请求他国司法协助程序要求。因此，由新加坡方提供的相关证据符合客观性、关联性、合法性的要求，应当予以采信。

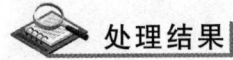 **处理结果**

2014年8月29日,本案开庭审理,2015年3月3日,上饶市中级人民法院对本案开庭宣判,裁定对李华波被新加坡警方扣押和查封的所有财产以及在新加坡投资的资金予以没收。

(撰稿人:申智勇,江西省上饶市
人民检察院反贪污贿赂局侦查一科科长
本案例曾发表于《江西检察》2016年第1期)

江西省上饶市人民检察院
没收违法所得申请书

饶检刑没申〔2013〕1号

犯罪嫌疑人李华波，男，1961年××月××日出生，江西省鄱阳县人，身份证号码：3623301961×××××××，港澳通行证编号：K9050×××，私人普通护照号：G4120×××，汉族，初中文化，原任鄱阳县财政局经济建设股股长，家住鄱阳县鄱阳镇城东××巷××号。因涉嫌贪污罪，2011年2月16日由江西省上饶市人民检察院决定逮捕。

犯罪嫌疑人李华波于2011年1月29日逃匿新加坡。江西省鄱阳县人民检察院于2011年2月13日以涉嫌贪污罪对其立案侦查。国际刑警组织于2011年2月23日发布红色通缉令，李华波至今不能到案。上饶市人民检察院于2013年2月18日移送没收违法所得意见书。本院对全部案件材料进行了审查。

经依法审查查明：

1. 李华波涉嫌的犯罪事实

2006年10月至2010年12月，时任鄱阳县财政局经济建设股股长的犯罪嫌疑人李华波利用管理鄱阳县基本建设专项资金的职务便利，伙同该股副股长张庆华（已判刑）、鄱阳县农村信用联社城区信用社主任徐德堂（已判刑）等人，先后16次开具转账支票，骗取鄱阳县财政局印章保管人孙某某的信任，在转账支票上加盖"鄱阳县财政局基建财务管理专用章"或者加盖伪造的"鄱阳县财政局基建财务管理专用章"，从县财政局设在鄱阳县农村信用联社城区信用社的基建专户转出基建专项资金8500万元人民币至犯罪嫌疑人李华波、同案犯徐德堂事先注册的鄱阳县锦绣市政工程建设有限公司账户（专门用于转移赃款的账户）

上，后又从该专户转出基建专项资金 900 万元人民币至鄱阳县农村信用联社城区信用社"应解汇兑款项"上。然后，将上述款项分多笔转至以同案犯黄贵生（已判刑）及犯罪嫌疑人李华波妻子徐某红等人名字设立的银行账户上进行提现或转账，共计贪污公款 9400 万元人民币。其中，李华波通过新加坡王某森将赃款 2703.79 万元人民币转入李华波及其妻子徐某红在新加坡大华银行的个人账户；通过广东谢某武将赃款 249.565 万元人民币用于李华波办理移民手续及在新加坡购买房产，以上两项共计 2953.355 万元人民币。其余款项被李华波等人用于赌博、个人消费等事项。

经新加坡警方调查，发现李华波、徐某红夫妇现金及存款 3399937.36 新元，用于新加坡"全球投资计划"1500000 新元，已支付四处房产的购房款 554221.4 新元，共计 5454158.76 新元。以上财产除"全球投资计划"1500000 新元外，其余均已被新加坡警方扣押和查封。

李华波在新加坡接受调查和审判期间，新加坡法庭已解冻 295036.70 美元供李华波和徐某红作为生活开支。

此外，江西省鄱阳县人民检察院已扣押犯罪嫌疑人李华波广州本田雅阁牌汽车一辆（车牌号赣 EW66××），对李华波、徐某红产权号为 304×××的共有房产已通知鄱阳县房管局禁止交易。

2. 犯罪嫌疑人李华波近亲属及其他利害关系人情况

妻子，徐某红，47 岁，现在新加坡；

父亲，李某庆，78 岁，住鄱阳县鄱阳镇××巷××号；

母亲，王某枝，73 岁，住鄱阳县鄱阳镇××巷××号；

女儿，李甲，22 岁，现在新加坡；

女儿，李乙，14 岁，现在新加坡；

哥哥，李某波，53 岁，住鄱阳县鄱阳镇××路××号；

妹妹，李某某，47 岁，住鄱阳县鄱阳镇××村；

妹妹，李某，44 岁，住鄱阳县鄱阳镇××路××号。

认定上述事实的证据如下：（1）同案犯徐德堂、张庆华、黄贵生等人的供述；（2）证人王某森、谢某武等人的证言；（3）上饶市中级人民法院刑事判决书、有关银行凭证复印件等书证；（4）新加坡查封扣押财产报告等。

本院认为，犯罪嫌疑人李华波涉嫌贪污罪，逃匿一年后不能到案，依法应当对其违法所得2953.355万元人民币及其他涉案财产予以追缴，上述事实清楚，证据确实、充分。根据《中华人民共和国刑事诉讼法》第二百八十条之规定，提出没收违法所得申请，请依法裁定。

　　此致
上饶市中级人民法院

检　察　员：顾志波
代理检察员：申智勇
2013年3月6日

附：

1. A-1256/2-2011通缉令。
2. 违法所得及其他涉案财产清单。

江西省上饶市中级人民法院
刑事裁定书

（2013）饶中刑二没初字第1号

申请机关江西省上饶市人民检察院。

犯罪嫌疑人李华波，男，汉族，1961年××月××日出生，中国身份证号码3623301961×××××××，护照号G4120×××，新加坡身份证件号码S2766××××，初中文化，江西省鄱阳县财政局经济建设股原股长，户籍地鄱阳县鄱阳镇城东××巷××号。

利害关系人李某庆，男，80岁，离休干部，犯罪嫌疑人李华波之父，户籍地鄱阳县鄱阳镇××巷××号，住所地鄱阳县鄱阳镇城东××巷××号。

诉讼代理人严朝清，江西司达律师事务所律师。

利害关系人王某枝，女，75岁，无业，犯罪嫌疑人李华波之母，住所地同李某庆。

诉讼代理人朱钰，江西司运律师事务所律师。

犯罪嫌疑人李华波因涉嫌贪污逃匿被申请没收违法所得一案，上饶市人民检察院于2013年3月6日以饶检刑没申〔2013〕1号申请书向本院提出申请。本院于同月11日立案，依法组成合议庭，于当日发出公告，并已将公告内容通过新加坡检察署刑事司法协助程序送达李华波夫妇和其他利害关系人。公告期内，利害关系人李某庆、王某枝申请参加诉讼。本院于2014年8月29日公开开庭审理了本案，上饶市人民检察院指派检察员顾志波、申智勇出庭支持申请，利害关系人李某庆委托的诉讼代理人严朝清、利害关系人王某枝委托的诉讼代理人朱钰到庭参加诉讼。现已审理终结。

上饶市人民检察院申请称，2006年10月至2010年12月，犯罪嫌疑人李华波伙同鄱阳县财政局经济建设股副股长张庆华（已判刑）、鄱阳县农村信用联社城区信用社主任徐德堂（已判刑），利用李华波等人的职务便利，贪污鄱阳县财政局的基建专项资金共计人民币9400万元，李华波将其中的249565万元用于办理新加坡移民手续及在新加坡购置房产，将其中的2703.79万元转往李华波夫妇在新加坡的银行开立的账户内（两项共计2953.355万元），另有部分款项被李华波等人用于赌博、个人消费等事项。2011年1月29日，李华波经澳门逃往新加坡。同年2月13日，江西省鄱阳县人民检察院对李华波涉嫌犯贪污罪立案侦查，同月16日，江西省上饶市人民检察院以涉嫌犯贪污罪对李华波决定逮捕，同月23日，国际刑警组织对李华波发布了红色通报，李华波至今未能归案。经新加坡警方调查，李华波夫妇在新加坡尚有价值新加坡元545万余元的财产。据此，上饶市人民检察院认为，犯罪嫌疑人李华波涉嫌贪污犯罪，逃匿一年后不能到案，其违法所得人民币2953.555万元及其他涉案财产应予追缴。根据《中华人民共和国刑事诉讼法》第二百八十条的规定，申请法院判令没收李华波夫妇在新加坡价值新元545万余元的财产、李华波在中国境内的国产白色雅阁牌小型轿车一辆和李华波夫妇名下位于鄱阳县鄱阳镇城东小区××号地五层砖混结构住宅（下简称城东小区××号住宅）。

　　针对上述申请，上饶市人民检察院向法庭出示了徐德堂、张庆华等人在法庭的供述和有关人民法院认定徐德堂、张庆华等人分别构成犯罪的生效判决书，证人谢某武等人的证言，银行凭证复印件，新加坡商业事务局查封财产报告等证据。

　　利害关系人李某庆及其诉讼代理人严朝清、利害关系人王某枝及其诉讼代理人朱钰提出，城东小区××号住宅于2002年动工建设，2004年取得产权证，均早于李华波涉嫌犯罪的时间，故上述房产不属于李华波的违法所得，不应予以没收，请求法院驳回检察机关及没收房产的申请。此外，该房产建设期间，李华波夫妇曾向李某庆、王某枝借款人民币13万元，至今未归还。为此，诉讼代理人严朝清、朱钰向法庭出示了《房屋所有权证》及登记资料、《国有土地使用证》、借条等证据。

　　经审理查明：2006年10月至2010年12月，犯罪嫌疑人李华波利用担任鄱阳县财政局经济建设股股长的职务便利，伙同张庆华、徐德堂等人,从鄱阳县财政局在鄱阳县农村信用联社城区信用社开立的基建专户内,先后将公款共计人民币9400万元转出,直接或通过鄱阳县锦绣市政工程建设有限公司(以下简称锦绣公司,系李华波等人为转移赃款而专门设立的公司)账户,转入李华波、徐某红(李华波之妻)、黄贵生(已判刑)等人的个人账户内,除李华波与徐德堂赌博挥霍及徐德堂、张庆华、黄贵生等同案犯分得部分赃款外,其余赃款被李华波占有。现已查明,李华波用上述赃款中的人民币249.565万元为其本人及家人办理了移民新加坡的手续及在新加坡购置1Elizabeth Drive#06-11 Hill Vista Singapore 669743房产(购买价新加坡元40.98万元);将上述赃款中的人民币2703.79万元通过新加坡中央人民币汇款服务私人有限公司(以下简称中央汇款公司)兑换成新加坡元,转入李华波本人及徐某红在新加坡大华银行(UOB)开立的账户内,两项共计人民币2953.355万元。后李华波夫妇使用其中的新加坡元14.4万余元,在新加坡购置了736 Bedok ReservoirRoad #09-25 Waterfront lsl6 Singapore 479264、738 BedokReservoir Road #02-38 Singapore 479265、732Bedok-llesorvoirRoad#B1-11 Singapore 479262三处房产,将其中的新加坡元150万元用于新加坡"全球投资计划"(GIP)项目投资,尚有现金及存款新加坡元339.9万余元,以上房产、投资、现金及存款共计价值新加坡元545.4万余元。除用于"全球投资计划"(GIP)项目投资的钱款外,其余均已被新加坡警方扣押和查封。

另查明,江西省鄱阳县公安局已在我国境内扣押李华波名下国产白色雅阁牌小型轿车一辆,鄱阳县人民检察院已对李华波夫妇名下城东小区××号住宅禁止交易。

2011年1月29日,李华波经澳门逃往新加坡,同年2月13日,鄱阳县人民检察院以涉嫌犯贪污罪对李华波立案侦查,同月16日,江西省上饶市人民检察院以涉嫌犯贪污罪对李华波决定逮捕,同月23日,国际刑警组织对李华波发布了红色通报,李华波至今未能归案。

上述事实,有下列经庭审举证,质证的证据予以证实,本院予以确认:

1. 李华波、李某庆、王某枝的户籍资料,李华波申领私人普通护照的材料等书证证明了李华波的个人基本情况,及李华波与李某庆、王某枝分别系父子、母子关系。

2. 鄱阳县财政局〔2005〕6号文件证明：2005年2月，鄱阳县财政局任命李华波为该局经济建设股股长。

3. 李华波的出入境记录证明：2011年1月29日，李华波经澳门出逃。

4. 立案决定书，逮捕决定书证明：2011年2月13日，鄱阳县人民检察院以李华波涉嫌贪污犯罪为由，对其立案侦查，同月16日，上饶市人民检察院决定对其逮捕。

5. 国际刑警组织发布的红色通报证明：2011年2月23日，国际刑警组织就李华波涉嫌在中国犯贪污罪一事，发布红色通报。

6. 江西省上饶市中级人民法院（2012）饶中刑二初字第8号刑事判决书、江西省高级人民法院（2013）赣刑二终字第9号刑事裁定书认定：被告人徐德堂伙同李华波贪污公款人民币9400万元，其行为构成贪污罪，被判处无期徒刑；被告人张庆华在不明知李华波、徐德堂意欲贪污的情况下，帮助李华波转出部分赃款，其行为构成挪用公款罪，被判处有期徒刑十四年；被告人黄贵生明知李华波让其帮助转移的款项系犯罪所得，仍帮助李华波转移大量资金，其行为构成洗钱罪，被判处有期徒刑七年。

7. 证人陈某松（广东省珠海市拱北地下商场永泰面行经营者）的证言证明：其曾帮助李华波和徐德堂将人民币3611万元转至澳门；李华波还让其帮助从澳门往回转过钱，金额不超过港币500万元。转钱时，其使用了陈某虹、陈某涛、陈某叶、张某弟等多人的账号。

8. 证人何某璋（澳门赌场务工人员）的证言证明：其主要从事在澳门赌场兑换筹码的工作。2010年10月，其先后将其本人、家人及赵某梅等人的账户提供给李华波，李华波通过上述账户共转入澳门人民币1261万元，其帮助李华波兑换成港币后，存入澳门的赌场。2011年春节前后，李华波从赌场账户中取出港币450万元，让其帮助兑换成人民币，后通过网上银行转至陈某英和白某的账户中。证人何某霜（何某璋之妹）的证言印证了何某璋的证言。

9. 证人王某森（中央汇款公司所有人）书写的亲笔证词证明：2010年10月，在李华波办理新加坡投资移民的过程中，其经人介绍与李华波相识。李华波投资移民的资金需要通过其公司汇入李华波和徐某红在新加坡大华银行（UOB）的账户，为此，其将由其控制的中国亲戚陈某英、陈某乐、白某的账户提供给李华波转账使用，转款操作全部在网上银行完成，每次李华波把钱转入这些账产后，其就按照当日汇价把对应的新加坡元转入李华波在大华银行（UOB）的账户中，转款过程大约历时4个月，总金额约人民币2500万元。其已将与李华波往来的账目提供给了新加坡警方。

10. 证人陈某英（厦门宝德隆贸易有限公司法定代表人）的证言证明：大约2010年11月，王某森给其打电话说，江西客户李华波要到新加坡投资移民，要借用其账户转款，其遂提供了自己和陈某乐的账户，之后，钱款分别从李华波、黄贵生、李某等人账户中转至上述账户，再由王某森通过网上银行将款转走，之后王某森将对应的新加坡元转入李华波和徐某红在新加坡大华银行（UOB）开立的账户内。

11. 证人谢某武（深圳市奥德华信息咨询有限公司总经理）的证言证明：2009年12月，在李华波为其家人办理移民新加坡的手续过程中，其与李华波相识，其公司帮李华波全家办理了新加坡的永久签证，收取了人民币8.8万余元的费用。2010年9月至10月，其还帮助李华波在新加坡购买了房产，李华波先后给其转账人民币29万余元、20.2万元、193万元。结算后，其将剩余的购房款人民币3.3万余元汇到了徐某红的账户上。

12. 中国农业银行厦门分行、中国建设银行厦门分行、中国工商银行珠海分行等银行的凭证及账户明细表证明：2010年10月至2011年1月，李华波从其本人、徐某红、李某、黄贵生、胡某生等人的账户内将人民币2003.79万元转至陈某英、陈某乐的账户；通过徐某红、何某璋、林某彬、冯某玲、何某雄、黄某玲的账户将人民币700万元转至白某、陈某英的账户。

13. 中央汇款公司提供的李华波从国内向新加坡转款的凭证证明：2010年10月至2011年1月，从李华波、徐某红、李某、黄贵生、胡某生、何某璋、林某彬、冯某玲、何某雄、黄某玲等人账户内转出人民币2703.79万元至陈某英、陈某乐、白某账户，与此同时，李华波、徐某红在新加坡大华银行（UOB）的账户内共存入了新加坡元527万余元。

14. 中国银行深圳分行、深圳招商银行等银行的凭证及账户明细表证明：2010年8月至10月，李华波通过其本人、陈某虹、徐某红等人账户转入谢某武账户人民币249.5万余元。

15. 新加坡警方提供的《事实概述》证明：（1）李华波曾向新加坡警方承认，其伙同徐德堂、张庆华将公款人民币约8400万元先转往锦绣公司，后再转往他人账户。2010年8月起，其开始通过中央汇款公司向新加坡汇款，其先按照王某森的要求将人民币转至陈某英等人在中国国内的银行账户上，转账成功后，王某森再向其提供的大华银行（UOB）账户中存入新加坡元。其还曾让澳门的何某璋向徐某红的大华银行账户中汇过钱，林某彬、黄某玲等人的账户都是何某璋提供的。其用贪污款交付了在新加坡购买三处房产的定金。存入其新加坡圣淘沙名胜世界和滨海湾金沙酒店账户中的钱都是其在中国贪污所得。为成为新加坡永久居民，其委托奥德华出入境公司办理相关手续，该公司要求其将新加坡元150万元在新加坡投资。（2）徐某红曾向新加坡警方承认，2010年10月，其与李华波在新加坡购置了一处房产，其使用大华银行（UOB）账户内的资金为该房产添置了家具、电器。2010年12月，其与李华波在新加坡又购置了三处房产，购房资金亦来自其大华银行（UOB）账户。李华波曾告知其购买房产的钱实际上是犯罪所得。（3）新加坡警方根据中央汇款公司提供的资料，制作了李华波、徐某红的大华银行（UOB）账户所有汇款交易信息表，显示2010年10月至2011年1月，李华波共计转入中央汇款公司人民币1029.8万元，兑换成新加坡元200.7万余元后，转入李华波在大华银行（UOB）的账户内；2010年10月至2011年1月，李华波共计转入中央汇款公司人民币1673.9万余元，兑换成新加坡元326.2万余元后，转入徐某红在大华银行（UOB）的账户内。（4）自徐某红的大华银行（UOB）账户向李华波的大华银行（UOB）账户转入新加坡元150万元，后用于"全球投资计划"（GIP）项目投资。（5）李华波不能证明其与妻子徐某红在星展银行（DBS）和大华银行（UOB）的存款系其合法所得。

16. 新加坡共和国初级法院的庭审笔录摘录证明：王某森在该法院出庭作证时证明，其通过中央汇款公司帮助李华波将人民币兑换成新加坡元，转入李华波大华银行（UOB）433-338-178-2账户、徐某红大华银行（UOB）433-338-179-0账户，总金额超过了500万新加坡元。2011年新年期间，李华波给其打电话称，自己是鄱阳县财政部门的官员，汇给其的钱是贪污所得。

17. 新加坡警方提供的《事实概述》、新加坡商业事务局申请新加坡初级法院签发的扣押财产报告及附件A证明，2011年3月28日，新加坡警方扣押了下列财产：（1）徐某红（身份证件号码S2766×××）所持现金新加坡元8.86万元；（2）来自西蒙斯（东南亚）私人有限公司的香港上海汇丰银行（HSBC）支票1张，编号为297189，金额为新加坡元6883.68元；（3）来自Fa Cafa家具设计私人有限公司的星展银行（DBS）支票1张，编号为304558、金额为新加坡元2007.93元；（4）来自Pertama集团的星展银行（DBS）支票1张，编号为801564，金额为新加坡元5864元；（5）李华波（身份证件号码S2766×××）在大华银行（UOB）433-338-178-2账户内的新加坡元13085万余元；（6）徐某红（身份证件号码S2766×××）在大华银行（UOB）433-338-179-0账户内的新加坡元132.1万余元；（7）李华波（身份证件号码S2766×××）在星展银行（DBS）033-9-091016账户内的新加坡元1.47万余元；（8）徐某红（身份证件号码S2766×××）在星展银行（DBS）033-0-091015账户内的新加坡元2.74万余元；（9）李华波（身份证件号码S2766×××）、徐某红（身份证件号码S2766×××）分别在滨海湾金沙酒店账户内的新加坡元12.1万余元和10万元；（10）李华波（身份证件号码S2766×××）在圣淘沙名胜世界账户内的新加坡元40.3万余元；（11）徐某红名下1 Elizabeth Drive#06-11 HillVista Singapore 669743、738 Bedok Reservoir Road#02-38 Singapore 479265、732 Bedok Reservoir Road#BI-il Singapore 479262三处房产及李华波名下736Bedok Reservoir Road #09-25 Waterfront lsle Singapore 479264一处房产。

18. 新加坡总检察署出具的《关于李华波案件的相互司法协助请求事》复函证明：上述徐某红持有的现金新加坡元8.86万元、三张支票（编号分别为297189、304558、801564）兑现所得新加坡元1.47万余元和房产商退还的736 Bedok Reservoir Road #09-25 Waterfront lsleSingapore 479264、738 Bedok Reservoir Road #02-38Singapore 479265、732

Bedok Reservoir Roacl #B1－11Singapore 479262 三处房产的购房款共计新加坡元 14.44 万余元，均已扣押在新加坡总检察署总会计师办公室。

19. 自新加坡土地局在线土地资讯系统及土地所有权自动登录系统查询所得资料证明：1 Elizabeth dire#06－11 Hill Vista Singapore 669743 房产购买于 2010 年 9 月 1 日，业主是中国的徐某红。

20. 新加坡凯势基金投资管理有限公司给新加坡商业事务局犯罪收入处 OC 组出具的函件及所附李华波 150 万新加坡元投资组合明细表证明：该基金获得了新加坡经济发展局的批准，可用作"全球投资计划"申请人的投资项目，李华波在该基金投资了新加坡元 150 万元。该基金是一只封闭式的私募基金，封闭后被锁定 5 年，存在盈亏的可能性。

21. 车辆注册登记信息表及鄱阳县公安局扣押物品清单证明：车牌号为赣 EW66×× 的国产白色雅阁牌小型轿车所有人为李华波，初次登记日期为 2001 年 4 月 30 日，该车已被鄱阳县公安局扣押。

22. 鄱阳县国土资源局颁发的鄱国用〔2004〕字 1478 号国有土地使用证和鄱阳县房地产管理局颁发的鄱阳镇字第 3040101 号房屋所有权证及登记资料证明：城东小区××号住宅系李华波、徐某红于 2002 年购地自建，2004 年 1 月 6 日取得房屋所有权证。

23. 最高人民检察院致新加坡总检察署《关于李华波案串》的函及《李华波贪污案启动设收非法所得程序需新方协助提供证据清单》的电子邮件、最高人民检察院出具的《关于转交李华波案证据材料的函》证明：根据最高人民检察院提出的司法协助请求，新加坡总检察署提供了李华波及徐某红被扣押支票的复印件和房产信息、李华波在新加坡的投资证明、新加坡初级法院庭审笔录中王某森的证言、王某森提供的李华波从中国向新加坡转款的记录和凭证，新加坡警方对李华波案进行调查后形成的《事实概述》及扣押财产报告单等证据。最高人民检察院委托中央编译局翻译服务部对上述证据的英文原件进行了翻译，翻译件和原件均已转交江西省检察机关。

24. 最高人民检察院 2013 年 3 月 20 日致新加坡总检察署的《司法协助请求书》证明：中国检察机关请求新加坡总检察署协助继续查封、扣押、冻结李华波在新加坡的相关财产。

对于利害关系人李某庆、王某枝委托的诉讼代理人向法庭提供的借条，拟证明2002年11月26日，李华波、徐某红向李某庆、王某枝借款人民币13万元用于建房的事实，因该借条未能向当事人李华波、徐某红核实，其真实性未能得到证明，故对上述借条本院不予确认。

本院认为，犯罪嫌疑人李华波身为国家工作人员，利用职务便利，伙同他人将巨额公款转出后非法占有，涉嫌重大贪污犯罪，其逃匿新加坡后被通缉，一年后未能到案。现有证据证明，李华波将其所贪污公款中的人民币2953.355万元转移至新加坡，被新加坡警方查封的李华波夫妇名下的财产，以及李华波在新加坡用于"全球投资计划"（CIP）项目投资的新加坡元150万元，均系李华波的违法所得，依法均应予以没收；上饶市人民检察院认定上述财产系李华波涉嫌犯罪违法所得的事实清楚，证据确实、充分，申请没收的理由成立，本院予以支持。但对于检察机关没收城东小区××号住宅一栋（产权号为304×××）及国产白色雅阁牌小型轿车一辆（车牌号为赣EW66××）的申请，经查，上述房产及车辆虽在李华波夫妇或李华波个人名下，但房产的建设时间及车辆的购置时间均在李华波涉嫌犯罪之前，检察机关以上述房产及车辆系李华波贪污犯罪违法所得或涉案财物为由，申请法院判令没收的依据不足，本院不予支持。利害关系人及其诉讼代理人请求法院驳回检察机关没收城东小区××号住宅的申请成立，本院予以支持。据此，依据《中华人民共和国刑法》第六十四条、《中华人民共和国刑事诉讼法》第二百八十二条的规定，裁定如下：

一、犯罪嫌疑人李华波的下列违法所得予以没收：

1. 扣押在新加坡总检察署总会计师办公室的如下财产：（1）徐某红（新加坡身份证件号码S2766××××）持有现金新加坡元88600元；（2）香港上海汇丰银行（HSBC）及星展银行（DBS）三张支票兑现所得新加坡元4755.61元；（3）房产商退还的736 Bedok Roselvoifoad #09-25 Waterfront IS1e Singap019 479264、738edok ReServoif R0ad #02-38 Singapore 479265、732edok ReSerVOiI Road #B1-11 Singapore 479262三处房产的购房款共计新加坡元144431.4元。

2. 李华波（新加坡身份证件号码S2766××××）在新加坡大华银行（UOB）433-338-178-2账户内的余额新加坡元1308510.14元；

3. 李华波（新加坡身份证件号码S2766××××）在新加坡星展银

行（D8S）033-9-091016账户内的余额新加坡元14756.54元；

4. 李华波（新加坡身份证件号码S2766××××）在新加坡滨海湾金沙酒店账户内的余额新加坡元121088元；

5. 李华波（新加坡身份证件号码S2766××××）在新加坡圣淘沙名胜世界账户内的余额新加坡元403750元；

6. 徐某红（新加坡身份证件号码S2766××××）在新加坡大华银行（UOB）433-338-179-0账户内的余额新加坡元1321014.69元；

7. 徐某红（新加坡身份证件号码S2766××××）在新加坡星展银行（DBS）033-0-091015账户内的余额新加坡元27462.38元；

8. 徐某红（新加坡身份证件号码S2766××××）在新加坡滨海湾金沙酒店账户内的余额新加坡元100000元；

9. Elizabeth Drive #06-11 Hill Vista Singapore669743房产的购房款新加坡元409800元；

10. 李华波用于"全球投资计划"（GIP）项目的新加坡元1500000元。

二、驳回上饶市人民检察院没收李华波名下国产白色雅阁牌小型轿车一辆（车牌号为赣EW66××）、李华波和徐某红名下位于鄱阳县鄱阳镇城东小区××号地五层砖混结构住宅一栋（房屋所有权证号为鄱阳镇宇第304××××）的申请，解除对上述车辆及房产的扣押、冻结措施。

如不服本裁定，可在接到裁定书的第二日起五日内，通过本院或者直接向江西省高级人民法院提起上诉。书面上诉的，应当提交上诉状正本一份，副本二份。

审　判　长　×××
审　判　员　×××
审　判　员　×××
二〇一×年×月×日
书　记　员　×××

二、刑事案件中的证据运用

张朝臣抢劫案
死刑案件被告人翻供的情况下如何排除合理怀疑

要　旨

办理死刑案件，特别是翻供案件，应当严格按照"案件事实清楚，证据确实、充分"的证明标准，通过正向肯定和反向否定的双向分析，在证据审查和采信环节严格把关，形成严密的证据体系，排除合理怀疑，确保准确认定案件事实，防止冤假错案的发生。

基本案情

（一）被告人基本情况

张朝臣，男，1974年××月××日出生，38岁，汉族，河北省人，高中文化程度，河北省邯郸市大名县××乡××村农民。因涉嫌抢劫罪，于2009年4月7日被北京市公安局朝阳分局刑事拘留，于同年5月12日被北京市公安局逮捕。

（二）经审查认定案件事实

2009年4月4日14时30分许，被告人张朝臣携带尖刀在北京市朝阳区望京北路20号北京市求实职业学校北门外东侧，见被害人于某飞（男，殁年29岁）从停靠在路边的宝马牌小型越野客车的后备箱内拿取物品时遂起意抢劫，并持随身携带的尖刀猛刺于的左肩胛部数刀，刺破于的双肺上叶，致于某飞失血性休克死亡。张朝臣抢得宝马牌小型越野客车一辆及日本红马牌高尔夫球杆一套，所抢财物共计价值人民币103万余元。后张朝臣驾驶所抢宝马牌小型越野客车逃离作案现场，并将该车停放在北京市昌平区阳坊镇卫生院内。

（三）诉讼经过

2009年8月10日北京市人民检察院第二分院以被告人张朝臣犯抢劫罪，向北京市第二中级人民法院提起公诉。北京市第二中级人民法院于2009年11月10日作出（2009）二中刑初字第1914号刑事附带民事判决。张朝臣上诉，北京市高级人民法院于2010年8月12日作出（2009）高刑终字第627号刑事裁定，以原审判决认定张朝臣犯抢劫罪的事实不清为由，撤销原判之刑事部分判决，发回原审法院重新审判。北京市第二中级人民法院依法另行组成合议庭重新审理后，于2012年9月5日作出（2010）二中刑初字第2239号刑事判决。后张朝臣提出上诉。北京市高级人民法院经二审审理，裁定驳回上诉，维持原判。最高人民法院经死刑复核，裁定维持一审判决。

关键问题

客观性证据相对薄弱的死刑案件，在被告人翻供的情况下，如何甄别证据，排除合理怀疑？

分歧意见

本案存在两种意见。

一种意见认为，被告人认罪后翻供，在排除有罪供述后，本案缺乏直接证据，由于间接证据证明范围的局限性，在只有间接证据的情况下，仅依靠推理和证明，无法达到死刑案件所要求的证明标准，本案应当以事实不清、证据不足为由宣告无罪。

另一种意见认为，在仅有间接证据的情况下，如果已经查证属实的间接证据达到一定的充分性，并且形成一个完整的证据链条，不存在无法排除的矛盾和无法解释的疑问，得出的结论唯一，就可以依据间接证据认定案件。

 **评析意见**

笔者同意第二种意见,在缺少直接证据的情况下,可以依靠间接证据来定案,但是依靠间接证据定案必须遵循一定的规则。

(一) 对被告人认罪供述和翻供理由或辩解的审查判断应给予同等重视

刑事案件尤其是死刑案件中,被告人在认罪后翻供的现象较为常见,对于那些客观性证据较为单薄的案件,犯罪嫌疑人的供述对于证明案件事实尤为重要。对于这些翻供的案件,既不能简单采信其以往所作的有罪供述,轻易否定其翻供理由或无罪辩解,也不能仅仅认为翻供后证据薄弱而无法起诉。间接证据是验证直接证据真实性或可靠性的重要手段。由于直接证据多为言词证据,容易受到人的主观影响而失去真实性,而间接证据的客观性相对较强,因此可以用间接证据来验证直接证据的真实性或可靠性,并进一步稳定、固化直接证据所包含的内容和信息,防止直接证据内容的变化和反复。① 由于被告人供述具有虚假性和反复性,如果片面相信被告人的认罪供述,忽视其他在案证据和被告人的翻供理由或辩解,极易导致错误定罪。司法实践表明,虚假供述是导致刑事错案的最主要原因之一。但如果轻信被告人的翻供理由或辩解,也可能会不当放纵犯罪。因此,应当兼顾正向的证实与反向的证伪,对被告人认罪供述和翻供理由或辩解的审查判断给予同等重视。

对于那些基于生活经验、法律常识以及职业直觉产生的合理怀疑,应从有罪供述的真实性、翻供后无罪辩解的可信性、有利证据的可采性、间接证据的完整性等方面入手,逐一排除疑点,最终形成对案件事实的准确认定。

对于被告人的翻供理由或辩解,要认真审查,并结合其他证据审查判断其翻供理由或辩解是否成立。对于被告人称其因遭到刑讯逼供而作出庭前认罪供述的情况,还要审查其供述是否属于非法证据。在被告人的翻供理由或者辩解不成立的情况下,则要审查被告人的庭前认罪供述

---

① 张军等:《刑事证据规则理解与适用》,法律出版社2011年版,第251页。

与其他证据能否相互印证并形成完整的证据体系。

（二）从正向证据分析看，在案证据必须指向明确，能够相互印证，形成完整证据体系

相对于依靠直接证据定案而言，完全依靠间接证据认定案件事实的过程是一个非常复杂的推理证明过程。① 因为案件中如果存在直接证据，直接证据一经查证属实，案件的主要事实便可以得到确认，但如果完全依靠间接证据定案，不仅要求组成证据体系的每一项间接证据在质上有保障，即达到证据内容确实，并与案件主要事实存在一定程度的关联，而且在量上间接证据也要形成一定程度的规模，即拥有足够数量的间接证据，并组成完整的间接证据体系，由这种完整的间接证据体系证明出完整的间接事实体系，再由完整的间接事实体系推论出案件主要事实这一结论，不允许有与主要事实不协调的间接事实或间接证据存在。② 本案中，没有直接证据能够证实张朝臣实施了抢劫杀人的行为。但是本案有大量间接证据，经过对全案证据排列、组合、分析之后，作为证明对象的案件事实和情节均有相应的证据予以证明，证据与证据之间能相互印证，全案证据同案件的发生、发展过程和结果一致，形成一个完整的证据体系。具体说明如下：

张朝臣在公安机关共作有罪供述 8 次，包括原一审开庭期间，均供认系其一时起意，作案时间、地点、手段，选定作案对象，实施抢劫杀人行为，将被抢车辆开走并停放等细节始终供述一致。直到原一审开庭后，其才开始翻供，辩称没有到过作案现场，没有开过被抢车辆，不清楚被抢车辆的车钥匙从何处来，辩称所有供述均为刑讯逼供。但是，本案的其他间接证据均可以与其之前的有罪供述相互印证，足以证明案件的发生、发展过程和结果。（1）公安机关抓获张朝臣时，当场从其身上提取到被抢车辆车钥匙，属于人赃并获。（2）相关物证证实张朝臣与被抢车辆有直接关系。公安人员从车内提取的指纹、车内矿泉水瓶上提取的 DNA，经鉴定为张朝臣所留，且其本人辨认该车系其所抢车辆。

---

① 张军等：《刑事证据规则理解与适用》，法律出版社 2011 年版，第 252 页。
② 阮堂辉：《间接证据理论及其在事实认定中的运用》，西南政法大学 2006 年博士学位论文。

(3) 有指向明确的客观性证据，可以证实在将宝马车停放在卫生院之前，张朝臣曾实际控制宝马车。张朝臣的抓获经过、阳坊卫生院内停放的被抢车辆、阳坊卫生院的监控录像，可以证实案发当日下午15时44分许被抢车辆进入阳坊卫生院，后张朝臣先后几次出现在被抢车辆附近的监控内（监控无法直接拍摄到被抢车辆停靠车位），其行动轨迹符合其口供中所称先开车进入卫生院，然后离开，后返回卫生院上厕所，之后回到车上拿走自己的灰色外套的情况。(4) 案发现场与被抢车辆发现地点距离很远，张朝臣在昌平阳坊卫生院被抓获后立即带领公安人员到达位于望京的作案现场，辨认了作案地点，说明其对现场位置非常熟悉。(5) 张朝臣对于用刀扎刺被害人肩胛部的细节供述和尸体鉴定报告中伤口的位置相吻合。(6) 张朝臣对作案工具系单刃刀的描述与尸体鉴定报告中作案工具的鉴定意见相吻合。(7) 张朝臣对于被害人的衣着，被害人从汽车后备箱里取东西的细节、车辆后备箱里物品的摆放情况、车辆驾驶舱内物品的摆放情况，以及车牌子被自己摘下来放在车辆后座下面的细节供述，均与证人证言以及客观实际情况相一致。(8) 根据公安人员调取的多个路口监控录像，以及张朝臣的口供，可以证实张朝臣在2009年4月4日14时30分左右抢得宝马车，先后驾车驶过五环路狼堡西桥、高家堡桥、宛平桥南，最后于15时44分到达昌平阳坊卫生院。根据时间和行车路线可以合理推断期间张朝臣没有离开过宝马车，现有证据没有发现有他人参与作案的可能性，故可以推断张朝臣在将宝马车停放在卫生院之前一直实际控制宝马车。(9) 根据张朝臣口供、现场两名目击证人证言可以印证2009年4月4日14时30分左右，张朝臣在持刀将被害人扎刺后，随即将涉案宝马车开走的事实。结合前述张朝臣在将宝马车停放在卫生院之前一直实际控制宝马车的事实，可以得出唯一的结论，即张朝臣将被害人于某飞杀害并抢劫宝马车的事实。

（三）从反向疑点排除看，证据采信和事实认定上的疑问应达到合理排除的程度

排除合理怀疑与证据确实、充分是对有罪证明标准不同角度的两种界定。证据确实、充分是从正面对证据的质和量提出的要求，而排除合理怀疑是从反向角度对证据的充分程度提出的判断标准。作有罪判决，

应当要求在案证据足以排除被告人无罪的合理怀疑，在案证据所得出的有罪结论是唯一的，具有排他性。结合本案，前面的正向分析已可以认定被告人张朝臣实施了抢劫罪，但是，由于其翻供，提出了具体辩解，且本案中证据之间有一些矛盾之处，故很有必要分析其翻供理由是否成立、翻供内容是否真实、证据之间的矛盾是否到达影响定罪量刑的程度，从而使本案的证据体系达到排除合理怀疑的标准。

其一，关于是否存在刑讯逼供的问题。张朝臣在原一审结束后即翻供，否认实施抢劫杀人行为，辩称其原来作有罪供述是因为分局的侦查人员打他，后来市局预审、检察机关和一审法院虽未对其刑讯逼供，但其害怕再挨打就没有改变原来的有罪供述。经审查公安机关随案移送的同步讯问录音录像，张朝臣第一次供述，即对所犯罪行有自主、明确、详细的供述，而且经审查讯问录像，并没有发现其所称脸被打肿的情况，未发现侦查人员有刑讯逼供的行为。朝阳看守所、市第一看守所的入所体检证明均证实张朝臣入所时身上没有被打痕迹。通过查看其对作案现场辨认的同步录音录像，其辨认时神态自然、语言清晰，不存在被逼迫、引诱的情况。在案没有其他证据能够证实侦查人员有刑讯逼供的行为，故张朝臣推翻原有供述，系其抱有畏罪和侥幸心理，其该项辩解不具有真实性。

其二，关于张朝臣的无罪辩解是否成立。张朝臣在一审时辩称自己不在案发现场，且不会开车，二审时又辩称自己所开车辆系路边捡拾。经审查，其无罪辩解不能成立，主要理由为：（1）张朝臣对自己案发时所在的位置有过多次辩解，不断反复并且自相矛盾。其在原一审时供述自己案发时在南三环，后又辩称在北苑。对于这种自相矛盾的供述，其又辩解称搞不清楚北京的方位。但是经过调取其个人经历，发现其曾经在北京生活近10年，对北京的地理位置很熟悉，其辩解不具合理性。其对于自己的去向不能准确表述，不能提供相关证明或者线索，甚至连细节也不能提供。其对于不在案发现场的辩解不具有可信度。（2）张朝臣辩称自己不会开车，没有动过涉案宝马车，但是对于其如何在一小时内从其辩称的所在地到达昌平阳坊卫生院，无法作出合理解释。二审期间调取的新物证，证实张朝臣的驾照在其朋友处存放，说明其会开车，故其辩解不具备真实性。而且其对身上的车钥匙、车内提取的指纹，以

二、刑事案件中的证据运用

及矿泉水瓶上提取的DNA，一概用不知道进行推脱，并且暗示自己被刑讯逼供并被栽赃陷害。上述种种疑点，张朝臣均无法作出合理的解释，其翻供的内容与在案的其他证据相矛盾，以上只能证明张朝臣的辩解并不成立。(3)张朝臣辩称自己所开车辆系路边捡拾。但是其在实施杀人抢车行为时有目击证人证实行凶者的外貌衣着与其相似。从作案时间和行车路线来看，案发现场在望京，案发时间是14：30左右，公安机关调取的监控录像显示，该被抢车辆曾途经南五环的狼垡西桥、高家堡桥、宛平桥南，最后于15时44分到达阳坊卫生院，张朝臣也同时出现在监控录像中。根据时间和行车路线可以推断，在仅仅一个小时的时间内，要驾驶车辆从望京出发，途经南五环，然后到达昌平阳坊，大约100公里，行车速度必须非常快。如果如张朝臣辩称是有人丢弃该车，那么张朝臣必须立即接手车辆并开走，才能符合时间上的要求，但张朝臣对此没有合理解释。因此，从时间和行车路线来分析，张朝臣不可能离开过宝马车，现有证据没有发现有他人参与作案的可能性，故可以推断张朝臣在将宝马车停放在卫生院之前一直实际控制宝马车。按照常理推断，如果抢劫杀人另有其人，也不会将冒险抢来的车辆随意扔弃在路边，并将车钥匙弃置车上，且车内价值3万余元的高尔夫球杆也不带走。此外，涉案车内仅提取了张朝臣的指纹和DNA，没有发现他人参与作案的证据，如指纹、DNA、毛发、血迹等，故其辩解并不成立。

其三，关于被告人张朝臣的有罪供述是否真实的问题。张朝臣在侦查阶段共有8次供述，均为有罪供述，其供述明确具体、稳定一致，能说明犯罪的时间、地点、手段、目的及其他具体情况，其所供述的作案过程连贯、渐进、细节突出，一些情节可以和现场目击证人的证言相互印证，证明力较强。(1)张朝臣供述实施杀人行为时，其是持刀从背后扎刺被害人，与被害人左肩胛部被刺3刀，刺破双肺上叶，致失血性休克死亡的鉴定意见相一致，且该行为可以得到现场多名目击证人证实，能够反映客观事实。(2)其对被害人的描述符合客观实际，其对被抢车辆内的披萨饼、矿泉水、高尔夫球杆、棒球帽的摆放情况，以及该车属于无钥匙启动的供述均与事实相符。(3)鉴定意见中关于宝马车内提取的矿泉水瓶上的脱落细胞为张朝臣所留，车内前排控制面板上提取的指纹痕迹为张朝臣右手食指所留的结论，与张朝臣供述在宝马车内喝水以及翻找东西的供述相吻合。（4）张朝臣供述的犯罪动机客观现实。其称因为退伍后生活不如意，心生怨恨，看不惯有钱人，希望能够过上有钱人的生活，见到被害人年纪轻轻就驾驶百万豪车，即产生杀人抢车的念头。经对其战友的走访，证实这与其居无定所、无固定工作、与家里人关系生疏等生活背景有很大关系。（5）其供述抢车后逃走的路线，与监控录像中显示该车的行车轨迹，以及该车到达昌平阳坊卫生院时监控录像显示其出现的画面和时间均相吻合。

其四，证据之间的疑问是否可以被排除的问题。本案中张朝臣的供述与证人证言之间存在一些矛盾之处，但是这些矛盾点，均可以作出符合客观实际的常理解释，证据之间的矛盾可以被排除。（1）张朝臣供述其作案时所拿的袋子是绿色，与证人张某立关于行为人手拿黄色袋子的证言不一致。（2）其作案时所穿上衣是白色毛衣与证人王某东和张某立关于行为人所穿灰色上衣的证言不一致。笔者认为：首先，张朝臣的供述和证人关于行为人行凶时携带一手提袋的证言是一致的，仅对袋子颜色的描述不一致是符合客观规律的。不同的人，由于知识结构不同、经历不同、所处环境不同，其注意力、感知力、判断力都有所不同。本案发生的时间非常短暂，两名现场目击证人距离较远，对于当时发生的过程没有全程目睹，虽然在衣服的颜色和所拿袋子的颜色上与张朝臣的供述存在细节的差异，但对袋子的大小、外形、质地等细节的证言和张朝臣的供述是一致的，而且也不排除不同的人对颜色的感知存在差异的可能性。其次，王某东、张某立的证言是案发当日4月4日作出，关于袋子、衣服颜色的证言均是当时作出的；而4月6日才将张朝臣抓获，其在供述时对于袋子、衣服供述与证人证言并不一致，如果存在刑讯逼供，那么这些关键点一定会保持一致。张朝臣的供述和证人证言存在细节上的不一致，也从一个侧面反映了本案的侦查工作是在自然状态下进行的，侦查人员没有刻意追求证据间的一致性而违反规定收集证据，因此可以从侧面证实张朝臣在侦查阶段的供述是真实的。最后，张朝臣虽然供述案发时所穿上衣为白色毛衣，但是通过监控录像可以发现在到达阳坊卫生院时其所穿外套为灰色羽绒服，内穿白色毛衣。究竟其实施杀人抢车行为时身穿灰色羽绒服，还是将羽绒服放在手提袋中，其供述并不稳定。两名目击证人均称行为人身穿灰色外套，而且年龄、体型与其相符，而张朝臣当日确实身穿灰色羽绒服，故不排除其记忆错误或者有意隐瞒关键细节的情况（其曾经供述身份证和相关随身物品被其焚烧，后经二审调查取证，发现其身份证、驾驶证等个人物品均存放在其朋友处，故其确实存在刻意隐瞒重要情节的行为）。

处理结果

本案历经两次一审、两次二审，最终经最高人民法院死刑复核维持原判。第二次一审法院的判决结果为：被告人张朝臣犯抢劫罪，判处死刑，剥夺政治权利终身，没收个人全部财产。第二次二审法院裁定驳回上诉，维持原判。最高人民法院死刑复核维持原判。

（撰稿人：王冲，北京市人民检察院检察官助理）

北京市人民检察院第二分院
起诉书

京二分检刑诉〔2009〕0188号

被告人张朝臣,男,1974年××月××日出生,35岁,身份证号码1304251974×××××××,汉族,河北省人,高中文化程度,系河北省邯郸市大名县××乡××村农民,住该村。因涉嫌抢劫罪,于2009年4月7日被北京市公安局朝阳分局刑事拘留,经本院批准,于同年5月12日被北京市公安局逮捕。

本案由北京市公安局侦查终结,以被告人张朝臣涉嫌抢劫罪,于2009年7月14日移送本院审查起诉。本院受理后,于当日已告知被告人有权委托辩护人,并已告知附带民事诉讼的当事人有权委托诉讼代理人,依法讯问了被告人,审查了全部案件材料。

经依法审查查明:

被告人张朝臣于2009年4月4日14时30分许,在本市朝阳区望京北路20号北京求实职业学校北门外东侧,恰遇被害人于某飞(男,殁年29岁)从一辆宝马牌轿车上取物,被告人张朝臣遂起意抢劫。被告人张朝臣持刀猛刺于某飞的左肩胛部数刀,刺破于的双肺上叶,致于某飞失血性休克死亡,抢得宝马牌X6型轿车(车牌号京N5C5××)一辆及车内高尔夫球杆一套,所抢财物共计价值人民币100余万元。

被告人张朝臣作案后于2009年4月6日被查获归案。所抢财物被起获。

上述犯罪事实,有物证、书证、证人证言、鉴定结论、现场勘查笔录、被告人供述等证据在案证实。

本院认为,被告人张朝臣无视国家法律,以非法占有为目的,暴力劫取他人财物,并致人死亡,犯罪性质极其恶劣,情节、后果特别严重，社会危害性极大，其行为触犯了《中华人民共和国刑法》第二百六十三条之规定，犯罪事实清楚，证据确实、充分，应当以抢劫罪追究被告人张朝臣的刑事责任。本院根据《中华人民共和国刑事诉讼法》第一百四十一条之规定，提起公诉，请依法判处。

  此致
北京市第二中级人民法院

代理检察员 刘华洁
2009年7月×日

北京市第二中级人民法院
刑事判决书

(2010) 二中刑初字第2239号

公诉机关北京市人民检察院第二分院。

被告人张朝臣，男，38岁（1974年××月××日出生），汉族，出生地河北省大名县，高中文化，河北省大名县××乡××村农民，住该村×组××号。因涉嫌犯抢劫罪于2009年4月6日被羁押，同年5月12日被逮捕。现羁押在北京市第一看守所。

指定辩护人武旭东，北京市汉明律师事务所律师。

北京市人民检察院第二分院以京检二分刑诉〔2009〕188号起诉书指控被告人张朝臣犯抢劫罪，于2009年8月10日向本院提起公诉。在诉讼过程中，附带民事诉讼原告人冯某珍向本院提起附带民事诉讼。本院依法组成合议庭，公开开庭进行了合并审理，并于2009年11月10日作出北京市第二中级人民法院（2009）二中刑初字第1914号刑事附带民事判决。宣判后，在法定期限内，附带民事诉讼原告人没有提出上诉，公诉机关未提出抗诉，附带民事部分已发生法律效力。被告人张朝臣就刑事部分提出上诉，未对民事部分提出上诉。北京市高级人民法院于2010年8月12日作出（2009）高刑终字第627号刑事裁定，以事实不清裁定撤销原判，发回本院重新审理。本院于2010年9月28日重新立案后，依法另行组成合议庭，公开开庭审理了本案。北京市人民检察院第二分院先后指派代理检察员刘华洁、刘丹丹、孙颖菲出庭支持公诉，被告人张朝臣及其指定辩护人武旭东到庭参加诉讼。现已审理终结。

北京市人民检察院第二分院指控：

被告人张朝臣于2009年4月4日14时30分许，在本市朝阳区望京北路20号北京求实职业学校北门外东侧,恰遇被害人于某飞从一辆宝马牌轿车上取物,被告人张朝臣遂起意抢劫。被告人张朝臣持刀猛刺于某飞的左肩胛部数刀,刺破于的双肺上叶,致于某飞失血性休克死亡,抢得宝马牌X6型轿车(车牌号京N5C5××)一辆及车内高尔夫球杆一套,所抢财物共计价值人民币100余万元。

被告人张朝臣作案后于2009年4月6日被查获归案。所抢财物被起获。

针对上述指控的事实,公诉机关当庭宣读和出示了现场勘查笔录、现场及赃证物照片、刑事科学技术鉴定结论、辨认笔录、涉案财产估价鉴定结论、起获经过、监控录像、到案经过,证人申某霞、王某东、张某会、金某熙、金某植、金某龙、金某恩、郭某、杨某云、张某松、于某九、杜某业等人的证言,公安机关出具的工作说明、张朝臣入看守所的体检表等证据,认为被告人张朝臣以非法占有为目的,暴力劫取他人财物,并致人死亡,犯罪性质极其恶劣,情节、后果特别严重,社会危害性极大,其行为触犯了《中华人民共和国刑法》第二百六十三条之规定,应当以抢劫罪追究被告人张朝臣的刑事责任。提请本院依法判处。

被告人张朝臣当庭否认起诉书指控的事实,辩称:其没有杀人、没有抢车,也没有去过案发地。原来供述不属实,系刑讯逼供取得。本院第一次开庭虽没有受到刑讯逼供,但由于自己不敢说,所以庭审供述也不属实。

辩护人的辩护意见是:张朝臣系激情犯罪,主观恶性程度较轻;系初犯、偶犯,归案后在预审及原一审期间,能够坦白交代所犯罪行,认罪态度好,希望法庭对张朝臣从轻处罚。

经审理查明:

2009年4月4日14时30分许,被告人张朝臣携带尖刀在北京市朝阳区望京北路20号北京求实职业学校北门外东侧,见被害人于某飞(男,殁年29岁)从停靠在路边的宝马牌小型越野客车(车牌号:京N5C5××)的后备箱内拿取物品时遂起意抢劫,并持随身携带的尖刀猛刺于的左肩胛部数刀,刺破于的双肺上叶,致于某飞失血性休克死亡。张朝臣抢得宝马牌小型越野客车一辆及日本红马牌高尔夫球杆一套,所抢财物共计价值人民币103万余元。后张朝臣驾驶所抢宝马牌小型越野客车逃离作案现场，并将该车停放在北京市昌平区阳坊镇卫生院内。

被告人张朝臣作案后于2009年4月6日被抓获归案，所抢赃物已被起获并发还。

上述事实，有经庭审举证、质证，本院予以确认的下列证据证实：

1. 北京市公安局朝阳分局东湖派出所110接处警记录证明：2009年4月4日14点43分，群众报在案发现场发现一男子浑身是血，且多处受伤，称有人抢车。

2. 证人申某霞的证言：2009年4月4日下午2时许，其去望京家乐福超市买东西，行至求实学校东侧20米左右时，看到辅路停车位上躺着一名男子，身高1米75左右，上穿深色西装，体态较瘦，头朝南，脚朝北，面朝东，侧卧在便道的路牙上。该男子让其快帮助报警，称被抢劫了。其看到该名男子浑身是血，左肩部仍在流血，于是就用手机拨打了110报警电话。在报警的同时，其看到该男子在用手机打电话，并在电话里说，"真的，真的被抢了"。后旁边又来了一些人，还开来一辆车，有几个人就把该男子抬上车，这时警车也到了。

3. 证人王某东（北京天乙启明科技有限公司职员）的证言：2009年4月4日下午2时左右，其驾车到望京求实中学办事。当时其从辅路行至求实中学北门外，将车停在学校门口正与保安交涉进门事宜时，看见其的车左侧，求实中学北门外东侧50米左右辅路的停车位处，有两个男子背对着其摔倒在路边的便道上，在两个摔倒的男子前面是一辆深灰色汽车。上面的男子用右手打下面那个男子的头部，打了两三下就站了起来，下面躺在地上的男子不动了。这时，其看见打人的男子右手拿了一把刀，银白色的，刀刃长20公分左右，宽3公分左右。打人的男子站起来关上那辆深灰色汽车的后备箱盖后，就朝驾驶室方向走过去，打开驾驶室车门，此时其开车进了学校。打人的男子大约20多岁，身高约1.75米，上穿深色外套，下穿好像也是深色的，中长发型。被打的男子身高大约1.70米，体态较瘦，中长发，穿一身深色衣服。

4. 证人张某会（望京求实职业高中保安）的证言：2009年4月4日下午2点半左右，其所在的望京职业高中正在开运动会，当时门口来了一辆拉货的面包车，要进学校，其请示领导后便去给面包车开门。当走到面包车驾驶员附近时，驾驶员用手指学校门口东侧的停车位，其顺着驾驶员手指的方向看到一名男子在关一辆车的后备箱，另一名男子斜躺在地上，该男子后背及肩膀有血。这时关后备箱的男子从车的左侧走向驾驶位，上车后开车向东走了，开车离开时没有其他人上车。上车前，该男子好像把什么东西装进黄色的袋子扔到副驾驶座了。开车离开的男子身高170厘米左右、短发，上穿深色长袖。开走的车是一辆很高的越野车，深色，看上去很新。躺在地上的男子170厘米左右，短发，上穿深色长袖，看到一位路过的女子，让该女子帮助拨打110。男子自己也拨打电话好像是在叫学校里的同事出来。大概十几分钟后，警察来了。

5. 证人金某熙（金永［北京］科技发展有限公司职员）的证言：其所在公司赞助了北京朝鲜族金永杯足球联赛，比赛场地是望京求实中学。2009年4月4日下午2点42分，于某飞用他的手机给其打电话说："大金，你出来，金总的车被人抢了，我被打了，就在学校门口。"其说："你开玩笑吧，真的假的？"他说："真的，赶紧出来告诉金总。"其挂断电话对金总说"您的车好像被抢了，赶紧出去看一眼"。然后其在场地找了几个人就去了学校门口。到学校门口时外边有好多人围观，金总也已经出来了。当时其看见于某飞在马路边上侧趴着，右侧在下左侧在上，左手拿着手机，手和手机上都有血。其看见于某飞后背肩部有两三个洞，嘴唇都白了，脸色也不对。后来旁边过来一辆车，其帮着把于某飞抬上车。金总的车是一辆深灰色的宝马X6。

6. 证人金某植（金永［北京］科技发展有限公司总经理）的证言：2009年4月4日上午9时30分，其带着父母和女儿开着灰色的宝马X6（京N5C5××）到求实职业高中参加朝鲜族足球联赛开幕式。12时30分许，其打电话给女儿定了米斯特披萨，女儿吃了一点儿后，其将剩下的披萨装入盒子放回车内。下午2时40分许，因临时踢球缺人，其叫当时负责音响的于某飞帮其到车上取球衣，将车钥匙交给了于某飞，于某飞拿着车钥匙就出去了。几分钟后，公司员工金某熙对其说"金总，出事了，车让人给抢了"。听到这话其与几个公司员工一起往学校门口跑，刚到停车的地点发现车不见了，于某飞头南脚北面东侧躺在马路边，已没有反应，身上流了好多血。其将于某飞送到望京医院抢救，40

分钟后医生说人不行了。被抢的是灰色宝马X6型车，2008年购买，车牌号为京N5C5××，排量3.0，其本人是车主。车辆年检等标识放在车辆右侧操作台，驾驶座右侧手扣内有一张加油卡，车内后座放有披萨盒，内有披萨，后备箱内有一套日产"红马"高尔夫球杆，还有半箱矿泉水。该车发动不用插入钥匙，按启动键就可发动汽车。

7. 证人金某龙（金永[北京]科技发展有限公司职员）的证言：2009年4月4日，在朝阳区望京求实中学举办朝鲜族运动会。早上8点40左右，其和老总金某植及金某熙、于某飞去的求实中学。当天下午2点多钟，金某植叫于某飞去车上拿衣服，金某植的车停在了求实中学北门外东侧便道的停车位上。于某飞去了5分钟左右，就给金某熙打电话说出事了，金某熙就跟金某植说了，其等人就赶紧往停车处跑。一出校门，就看见于某飞侧卧在停车便道上，背部有刀扎伤，身上全是血。于是其等人赶紧拦车把他送到望京医院，到医院后于某飞就不行了。金某植的车是灰色宝马X6，车牌号是京N5C5××，当时也不见了。

8. 证人金某恩（北京金永灯光音响工程有限公司法定代表人）的证言：2009年4月4日，在朝阳区望京求实中学举办朝鲜族运动会，其所在公司负责运动会的音响设备的使用及调试工作。早上8点半左右，公司员工金某熙和于某飞到了求实中学。下午2时许，其接到金永科技老总金某植的电话说"有人抢车了"，之后电话挂断。其又给于某飞打电话，接电话的是金某熙，金某熙说于某飞被人用刀扎了，现在在去望京医院的路上。3点半左右，其到了望京医院，在CT室见到了于某飞，于已经没有意识了。大约1个半钟头后，于抢救无效死亡。

9. 证人郭某（中国中医科学院望京医院外科医生）的证言：2009年4月4日下午3点左右，送来了一个被刀扎伤的叫于某飞的男子。送来的时候于某飞神志欠清，轻度呼吸困难，无语言交流。于某飞的伤主要是背部和双上臂外侧的刀扎伤，背部5刀，双上臂各1刀，右手食指有一处小裂伤。4月4日下午5点06分经抢救无效死亡。

10. 证人杜某业的证言：张朝臣是其河北老乡，曾是解放军某军坦克某师某团某营的战友。1998年年底，退伍复员回河北老家。2009年4月，具体日子记不清了，张朝臣到办公室找其，其请他吃饭。吃完饭其去师部，让张朝臣到其家里待着。下午，其从师部返回发现张朝臣已经不在其家了。张朝臣在其家留下一个李宁牌提包和一个充着电的手机。当时没多想,就把这个包和手机收了起来。没过几天,其通过电视看到张朝臣杀人的事,就把张朝臣搁在其家的包和手机交给所在部队保卫部。包里有张朝臣本人的驾驶证、身份证和一张银行卡,还有一条裤子。

11. 北京市公安局昌平分局阳坊派出所出具的接处警情况证明:2009年4月6日12时许,该派出所接阳坊镇卫生院工作人员电话报警称,其院内停放一辆无牌照灰色宝马越野车,十分可疑。接此报警后,该派出所通过全市协查通报得知,2009年4月4日,在朝阳区发生一起抢车杀人案,卫生所停放的车辆与被抢嫌疑车辆极为相似。后该派出所电话通知朝阳分局刑侦支队重案三队来卫生院进行进一步工作。

12. 证人杨某云(北京市昌平区阳坊社区卫生服务中心医生)的证言:2009年4月5日早上其上班时,发现所在卫生所院内西墙中间的车位里停了一辆外表挺新但没有车牌的汽车,车头朝里(向西)。4月4日早上上班时没有这辆车,17时下班没有注意,其不知道谁开的这辆车。

13. 证人张某松的证言:2009年4月5日下午1点50分许,其带侄子到阳坊镇卫生院看牙,发现院里停了一辆新型宝马汽车。其和侄子看到这辆车的外观很新,没有划痕,而且没安牌子。其把手搭在驾驶员侧门玻璃上看了看车内,发现这辆车没落锁,就把车门打开了,往里看了看,其侄子拉开右后门往里看了看。然后其二人就把车门关上了。其看到副驾驶座上放着一个装披萨的纸盒,盒盖上有一个藏青色的棒球帽,盒内好像有一块披萨,还有两小瓶矿泉水。

14. 证人于某九(被害人于某飞之兄)的证言及辨认笔录:2009年4月4日晚7时许,其知道弟弟于某飞被杀。2005年7月,于某飞从天津南开大学毕业,2007年2月来北京工作。其在垂杨柳医院太平间10号存尸冰柜见到的尸体是于某飞的尸体。

辨认笔录记载:于某九于2009年4月5日10时10分在北京市朝阳区垂杨柳医院太平间,指认10号存尸冰柜内存放的尸体是其弟弟于某飞。

15. 北京市公安局朝阳分局刑侦支队重案三队王宇、张振出具的工作说明证明：2009年4月5日，被害人于某飞的亲哥哥于某九在北京市朝阳区垂杨柳医院太平间内对于某飞的尸体辨认，确定了死者的身份。

16. 北京市公安司法鉴定中心京公司鉴（物证）字〔2012〕第FYB1201860-WZ1860号法医物证鉴定书本证明：送检于某飞之母冯某珍血样和于某飞血样进行亲缘关系鉴定，经DNA检验，结论：不排除冯某珍是于某飞的生物学母亲。

17. 北京市公安局朝阳分局刑侦支队出具的现场勘验检查笔录及现场照片证明：现场勘验检查于2009年4月4日17时25分开始，至20时30分结束。现场地点位于北京市朝阳区望京北路20号北京市求实职业学校北门外东侧路边，学校北门向东第五个停车位南侧便道沿上留有片状血迹，便道上片状血迹距离学校西侧学校北门26米，便道上片状血迹西侧、东侧和南侧便道上均留有滴落血迹，分别从便道上片状血迹内及片状血迹西侧、东侧、南侧提取了血迹。随后到达望京医院对于某飞尸体进行勘查，从于某飞的深灰色夹克、蓝色牛仔裤上提取了血迹。

18. 北京市公安局朝阳分局刑侦支队出具的现场勘验检查笔录及现场照片证明：现场勘验检查于2009年4月6日18时20分开始，至20时50分结束。现场地点位于北京市昌平区阳坊镇卫生院内。卫生院内西墙下为两个东西向停车位，宝马X6汽车停放在北侧停车位，车头向西，车身前后均未安装车牌照，车身外侧未见明显破损，车门均未上锁，车门锁及后备箱均完好。对车内勘查，副驾驶座位有纸盒，纸盒内有残余披萨饼和两个矿泉水瓶，一个矿泉水瓶内有剩余液体。车内左后侧座位下脚垫下方放有两个车牌照，车牌号均为京N5C5××；对该车外侧车身及车内进行指纹显现，在副驾驶座位前控制面板上提取到一枚可疑灰尘指纹，在车内提取了内有残余液体的矿泉水瓶。

19. 公安机关出具的起获经过证明：侦查员经蹲守将犯罪嫌疑人张朝臣抓获后，在其身上起获被抢宝马X6型吉普车车钥匙一把，经技术队侦查员对宝马车进行勘查，在车的后排发现该宝马车车牌（京N5C5××），在车后备箱发现高尔夫球杆一套、运动服两包。

20. 机动车行驶证、机动车登记证书证明：车辆所有人金某植，车牌号码京N5C5××，车辆类型为小型越野客车，品牌型号为宝马WBAFG410，车辆识别代号为WBAFG41068L19××××，发动机号码为06786861N54××××，注册、发证日期为2008年12月4日。

21. 北京市公安局朝阳分局物证鉴定所京朝公物证鉴（法病）字〔2009〕第18号尸体检验鉴定书证明：尸表检验所见，于某飞项部左侧可见创口2处，长度分别为2.0厘米、1.4厘米。上腹部可见条形划伤2处，长度分别为7.3厘米、3.3厘米。左肩胛部可见条形创口3处，长度分别为2.0厘米、2.2厘米、2.0厘米。左上臂中段外侧可见条形创口1处，长为2.4厘米。左上臂中段背侧可见条形创口1处，长为1.8厘米。右前臂上段背侧可见条形创口1处，长为2.0厘米。右食指末节背侧可见条形创口1处，长为1.6厘米。于某飞主要损伤部位为项部、左肩胛部及双上肢条形创口多处，均具有创缘整齐、创壁光滑的特点，其中左肩胛部创口3处，有2处创道分别进入双侧胸腔，故符合锐利刺器（片刀类）刺击形成。结论：于某飞系被他人用锐利刺器（片刀类）刺击左肩胛部，刺破双肺上叶，致失血性休克死亡。

22. 北京市公安局法医检验鉴定中心京公法物证字〔2009〕第FY0903827－WZ0929号法医物证鉴定书证明：现场片状血迹及被害人衣物上的血迹为于某飞所留；矿泉水瓶上的脱落细胞为张朝臣所留。

23. 北京市刑事科学技术研究所京公刑技鉴（痕）字〔2009〕第149号手印鉴定书证明：2009年4月4日，北京市朝阳区望京北路20号北京求实职业学校北门外东侧路边凶杀案涉案车辆灰色宝马X6轿车（车牌号京N5C5××）车内前排控制面板上提取的指纹痕迹为张朝臣右手食指所留。

24. 北京市朝阳区价格认证中心朝价（鉴）字〔2009〕第2313号、2516号涉案财产价格鉴定结论书证明：所抢的宝马X6越野车，价值人民币100万元；Honma高尔夫球杆1套（10支铁杆、2支木杆、1个球杆包），价值人民币34000元。

25. 公安机关调取的2009年4月4日北京市朝阳区望京求实职业学校周边道路监控、五环路监控录像和2009年4月4日昌平区阳坊镇卫生院监控录像证明：被抢宝马小型越野客车在2009年4月4日15时07分26秒驶过五环路狼垡西桥、15时08分47秒驶过高家堡桥、15时19分57秒驶过宛平桥向西继续行使；15时44分30秒被抢宝马车驶进阳坊镇卫生院院内、15时47分11秒张朝臣进入卫生院门诊大厅、15时

48分02秒走出门诊大厅、15时48分39秒步行走出阳坊镇卫生院。

26. 公安机关出具的到案经过等相关法律手续证明：2009年4月6日16时许，朝阳刑侦支队接昌平区阳坊镇派出所电话通报称在辖区卫生院内发现疑似被抢宝马车，后赶赴昌平阳坊镇卫生院进行工作，经调取卫生院内监控录像发现嫌疑人影像，侦查人员在阳坊镇卫生院附近蹲守，后于2009年4月6日17时许，在昌平区阳坊镇卫生院门口南阳路东侧将犯罪嫌疑人张朝臣抓获，并从其裤兜内起获宝马车钥匙一把。经比对，该车钥匙就是停放在昌平区阳坊镇卫生院院内疑似被抢宝马车的钥匙。

27. 北京市公安局朝阳分局刑侦支队重案三队王宇、张振出具的工作说明证明：本案卷中材料及起诉书中所提及的车辆（京N5C5××宝马X6小型越野客车），均系同一车辆。该车车辆识别代码为WBAFG41068L19××××、发动机号码为06786861N54×××。

28. 公安机关出具的户籍登记材料证明：被告人及被害人的身份情况。

29. 死亡证明书证明：经北京市公安局朝阳分局法医鉴定所检验，于某飞于2009年4月4日死亡。

30. 北京市公安局朝阳分局刑侦支队重案三队王宇、张振出具的工作说明证明：经查找昌平区博泰鑫源彩钢有限公司西墙外，未发现张朝臣抛弃作案时所用刀具及刀具插入地面遗留痕迹；经法医鉴定被害人于某飞身上的典型创口为单刃锐器所形成，最深创口为10厘米左右；按张朝臣供述2009年3月29日来京后一直居无定所，后在网吧住宿，经查找相关系统，均未有相关记录。

31. 北京市公安局预审总队朱赤军、王娟娟出具的工作说明分别证明：按张朝臣供认购买作案用的尖刀地点，经查找，未找到卖刀的地摊；经走访望京地区未找到2009年4月4日上午发放环保袋的情况；在办案过程中，办案人员依法办案，没有引供诱供、刑讯逼供的行为。

32. 北京市公安局朝阳分局刑侦支队重案三队王宇、何杰出具的工作说明证明：2009年4月6日在北京昌平区阳坊镇卫生院附近将张朝臣抓获后，带至朝阳刑侦支队对其进行讯问，在讯问中严格遵守相关规定，未对张朝臣刑讯逼供、引供诱供。

33. 北京市公安局朝阳分局预审大队刘伟、王磊出具的工作说明证明：在办案过程中，办案人员严格依法办案，没有引供诱供、刑讯逼供的行为。

34. 赃、证物移送清单证明移送扣押物品的情况。

35. 入所体检表证明：张朝臣分别于 2009 年 4 月 7 日进入北京市公安局朝阳分局看守所、5 月 12 日进入北京市第一看守所时进行身体检查，张朝臣体表没有任何异常情况。

36. 被告人张朝臣在侦查阶段和第一次庭审的供述及辨认笔录等相关录像证明：2009 年 4 月 4 日早上 6 点多钟，其在五环路仰山桥下睡醒后沿着五环路向东走，11 点多钟走到了望京，在望京一个学校门口东侧的公交站的马路牙子边上睡了一会儿，睡醒后就在那儿站着。这时，其看见一个小伙子到其东侧路边上的一辆宝马吉普车的后备箱拿东西时，突然产生抢车的念头，就冲小伙子过去，当时小伙子把汽车钥匙装在后屁股兜里了。其过去用左手按住小伙子的脖子，右手到他后裤兜掏钥匙，小伙子起身反抗，其就用右手从挂在左腕的绿色购物袋里掏出刀朝小伙子后背扎了两三刀，小伙子想转过身体面对其与其厮打，但在小伙子没有完全转过来时，其又用刀扎了小伙子后背和后腰几下，其和小伙子都倒在地上，小伙子侧身倒在便道的马路牙子上不动了。其看到刀上有血，就将刀放回绿色购物袋里，又从小伙子的兜里掏出车钥匙，把后备箱关上就上了车，上车后其找不到钥匙孔，后在方向盘边上找到一个按钮，按了几下车就起动了。开车时，其用右手翻过副驾驶的手扣，还翻过档把后面的储物盒，盒里有行驶证和加油卡。其开车上了一条高速路，后来知道是五环路，上了五环先往东，然后往南往西，最后从北边一个出口出去开到一小河边停车，把车的前后两个牌子拽下来放在后排座脚下面。后开车一直向北到了阳坊，走到一条小路停车后下车把刀子插在路边，绿色袋子扔在边上，又开车回到阳坊，看见一个院子就把车开进院里，停在院西墙中间的车位，车头朝墙。停车后其去了卫生院一层的洗手间，出来后又上车喝了一瓶水，后拿着其羽绒服外套下车离开，在院子外面看到牌子上写着阳坊卫生院。作案当天其上身穿灰白色横条的羊毛衫、内穿灰色套头毛衣（被抓当天穿），下穿黑色裤子、黑色皮鞋，羽绒服外套一直没有穿，放在绿色购物袋里。在抢劫过程中其没有受伤,灰白色横条的毛衣上有血,后来其把带血的刀放回购物袋时,羽绒服也沾上了血。当晚,其将有血的羽绒服、毛衣烧了,当天是清明节好多人烧纸,其也想趁此把衣服烧了,不易引起别人怀疑。4月6日,其回到阳坊,想看看那辆车还在不在,到了阳坊后在路边走了两圈,下午4点多钟就被抓了。当时其就知道怎么回事,说了车钥匙在裤兜里,警察就从其裤兜里把车钥匙掏出来。抢的车是银灰色的宝马吉普车,车牌号为京N5C5××。其翻过后备箱,里面有两个包和一箱矿泉水,包里好像是打球用的杆,车里还有半个披萨饼。作案的刀是其在地摊上买的,单刃尖刀,约15公分长。

辨认笔录、照片及辨认录像证明:张朝臣指认朝阳区望京地区求实职业学校北门外东侧停车位是抢走车号为京N5C5××的宝马车的犯罪地点;昌平区阳坊镇卫生院院内西墙中间车位是抛弃宝马车的地点;北京市昌平区博泰鑫源彩钢有限公司西墙外是抛弃作案时所用刀的地点;北京钟楼北桥北侧河边是焚烧作案时所穿衣物的地点。录像显示张朝臣在辨认过程中,给侦查员指路时表情自然,方向明确,声音清晰。

对于被告人张朝臣所提其没有杀人、没有抢车也没有去过案发地的辩解,经查,从被抢的宝马车内提取被告人张朝臣的指纹,汽车内留有的矿泉水瓶上检出张朝臣的脱落细胞,在车的后排发现该宝马车车牌等证据,印证了张朝臣关于抢劫后开车时用右手翻过副驾驶的手扣、在阳坊镇卫生院停车时喝了车里一瓶矿泉水、开车途中卸车牌及放车牌的地方等情节,证明张朝臣系驾驶宝马车的作案人。张朝臣供述的刀的特征与于某飞受损伤的特点相符,经法医鉴定于某飞身上的典型创口为单刃锐器所形成,印证了张朝臣作案时实施暴力使用的工具为单刃尖刀的供述。而到案经过及手印鉴定书、法医物证鉴定书等又证明抓获张朝臣后,从张朝臣穿着的裤子兜内起获了被抢劫的宝马车钥匙等供述的真实客观。在案证人王某东、张某会的证言证明在案发时间、地点目击两名男子厮打,其中一人被打倒在地,另一持刀男子驾车向东行驶离开现场。两位目击证人的证言均证实驾车逃离现场的男子就是持刀抢劫的作案人。五环路上及昌平区阳坊镇卫生院内的监控录像证明,被抢宝马小型越野客车案发后逃离现场的行驶轨迹,并于案发约一个半小时后到达昌平区阳坊镇卫生院,张朝臣即时出现在该卫生院门诊大厅并步行出阳坊镇卫生院，上述证据足以证明张朝臣系实施抢劫并致被害人死亡的作案人，故对其辩解不予采信。

对于张朝臣所提在公安机关侦查、预审期间所作的供述不实，系刑讯逼供取得的辩解，经查，当庭播放的张朝臣辨认作案地点、抛弃车辆及作案工具等地点的录像，显示在辨认过程中张朝臣表情自然，身体体表未见外伤，给侦查员指路的方向明确，声音清楚；在案还有张朝臣被抓获后送入北京市公安局朝阳分局看守所和北京市第一看守所时进行的入所身体检查表，均证明张朝臣进入看守所时的身体体表没有任何异常情况，另有侦查人员出具的书证，证实从抓获张朝臣到对张朝臣进行讯问、进行辨认等办案过程中，均严格依法办案，没有引供诱供、刑讯逼供的行为。上述证据证明张朝臣所提在公安机关侦查、预审期间所作的供述不实，系刑讯逼供取得的辩解完全没有事实根据和证据支持，本院亦不予采信。

对于张朝臣辩护人所提张朝臣是系激情犯罪，主观恶性较轻，系初犯、偶犯，归案后在预审及原一审期间，能够坦白交代所犯罪行，认罪态度好，希望法庭对张朝臣从轻处罚的辩护意见，经查，张朝臣为满足欲望而抢劫财物，在公共场所持刀刺扎被害人数刀，导致被害人死亡，虽张朝臣系临时起意抢劫，但不属于激情犯罪，且其所犯抢劫罪行极其严重，社会危害性极大；张朝臣虽在侦查阶段及原一审期间能如实供述，但随后又推翻原供述，在本次审理中拒不供认相关事实，且张朝臣不具有其他任何从轻处罚的情节，故辩护人所提辩护理由不能成立，本院不予采纳。

本院认为：被告人张朝臣无视国法，以非法占有为目的，持刀抢劫公民财物，其行为已构成抢劫罪，且抢劫数额巨大并在抢劫过程中致一人死亡，罪行极其严重，依法应予惩处。北京市人民检察院第二分院指控被告人张朝臣犯抢劫罪的事实清楚，证据确实、充分，指控的罪名成立。本院根据被告人张朝臣犯罪的事实、犯罪的性质、情节和对于社会的危害程度，依照《中华人民共和国刑法》第二百六十三条第（四）项、第（五）项、第四十八条第一款、第五十七条第一款、第五十九条、第六十一条、第六十四条判决如下：

一、被告人张朝臣犯抢劫罪，判处死刑，剥夺政治权利终身，没收个人全部财产。

二、在案扣押的物品分别予以没收、发还或变价后发还被害人家属（清单附后）。

如不服本判决，可在接到判决书的第二日起十日内，通过本院或者直接向北京市高级人民法院提出上诉。书面上诉的，应当提交上诉状正本一份，副本一份。

审　判　长　翟丽佳
审　判　员　张　浩
人民陪审员　马冬梅
二〇一二年九月五日
书　记　员　张琳琳

张荣安、马建设、卫秀云贩卖毒品案

转化运用技术侦查证据成功抗诉零口供无罪案

要 旨

对技术侦查所取得的证据如何调取、转化和运用，我国刑事诉讼法、"两高"解释及《公安机关办理刑事案件程序规定》均已作出明文规定，法律适用上本该不存在问题，但司法实践中，由于执法理念和工作步调的不一致，公安机关技术侦查部门出于各种考虑，严格限制该类证据在司法实践中的运用，导致该类证据在刑事诉讼中无法有效地发挥作用，极大地削弱了该类证据在指证、打击犯罪中的效力。本文所探讨的案例就是因为检法机关对涉案证据是否充分认定不一致，导致一起贩卖毒品案件的被告人在一审中被宣告无罪。检察机关抗诉后，通过对涉案的技术侦查证据的进一步调取和运用，最后抗诉成功。但该案例并不是一个特例，对于毒品等特殊案件，通过技术侦查所取得的证据往往是决定能否定罪的关键性证据，但如何有效地运用该类证据打击犯罪，从而节约司法成本和诉讼资源，公安部、最高人民检察院和最高人民法院应进一步明确具体实施意见，及时破解这一司法困境。

基本案情

被告人张荣安，男，1971年××月××日出生，身份证号码4128281971××××××××，汉族，文盲，农民，住河南省新蔡县龙口镇××村委××组。因涉嫌贩卖毒品，于2013年1月30日被新蔡县公安局刑事拘留；因涉嫌贩卖毒品犯罪，于2013年3月7日经新蔡县人民检察院批准，于2013年3月8日被新蔡县公安局逮捕。2015年4

月 21 日因一审判决无罪，经新蔡县人民法院决定取保候审被释放。经新蔡县人民法院决定，于 2015 年 7 月 29 日被新蔡县公安局逮捕。

被告人马建设，男，1957 年×× 月×× 日出生，身份证号码 6121251957××××××××，汉族，初中毕业，农民，住陕西省华阴市五方乡××村××组。因涉嫌贩卖毒品，于 2013 年 1 月 29 日被新蔡县公安局刑事拘留；因涉嫌贩卖毒品犯罪，于 2013 年 3 月 7 日经新蔡县人民检察院批准，于 2013 年 3 月 8 日被新蔡县公安局逮捕。

被告人卫秀云，女，1957 年×× 月×× 日出生，身份证号码 6121251957××××××××，汉族，初中毕业，农民，住陕西省华阴市五方乡××村××组。因涉嫌贩卖毒品，于 2013 年 6 月 17 日被新蔡县公安局刑事拘留；因涉嫌贩卖毒品犯罪，于 2013 年 6 月 23 日经新蔡县人民检察院批准，于 2013 年 6 月 24 日被新蔡县公安局逮捕。

经依法审查查明：

被告人马建设、卫秀云系夫妻，杨某群（在逃，另案处理）系卫秀云的表弟。杨某群提出，由其出资 13000 余元，由马建设、卫秀云帮其购买毒品，并向该二人支付好处费。后马多次与被告人张荣安（家住新蔡县）联系购买毒品，并于 2013 年 1 月 28 日，由张荣安在汝南县三门闸附近的一个菜市场以 12000 元的价格卖给马建设、卫秀云海洛因 21.93 克、底料 89.4 克。交易后，张荣安驾驶车牌号为豫 QHH2××黑色现代小轿车路过新蔡县 A 路口时被公安机关抓获，马建设、卫秀云在汝南县汽车站一辆待发的大巴汽车上被公安机关抓获，并收缴了其所购买的毒品及底料。经鉴定，马建设身上所搜出的 2 包疑似毒品的成分为海洛因，重 21.93 克。张某、马某、卫某的尿液经检测均呈阴性。

该案于 2013 年 5 月 8 日以张荣安、马建设涉嫌贩卖毒品罪、2013 年 6 月 25 日以卫秀云涉嫌贩卖毒品罪向新蔡县人民检察院移送审查起诉。因事实不清、证据不足，张荣安、马建设涉嫌贩卖毒品案于 2013 年 6 月 8 日退回侦查机关补充侦查，卫秀云涉嫌贩卖毒品案于 2013 年 6 月 28 日退回侦查机关补充侦查。新蔡县公安局经过补充侦查，于 2013 年 7 月 8 日并案后重新移送该院审查起诉；因事实不清、证据不足，于 2013 年 8 月 8 日第二次退回侦查机关补充侦查，新蔡县公安局经过补充侦查,于2013年9月8日再次移送审查起诉。新蔡县人民检察院经审查,于2013年9月22日并案后向新蔡县人民法院提起公诉。法庭审理期间,因被告人的辩护律师向法院提交的证据需调查核实,该院两次依法建议延期审理。因审理超期,新蔡县人民检察院分别于2014年8月31日、2014年12月8日向新蔡县人民法院发出《纠正违法通知书》。2015年3月18日,新蔡县人民检察院就该案的处理依法列席法院审判委员会。2015年4月21日,新蔡县人民法院以(2013)新刑初字413号刑事判决书,对被告人张荣安以事实不清、证据不足,指控的罪名不能成立为由判决宣告无罪;以犯非法持有毒品罪,对被告人马建设、卫秀云均判处有期徒刑2年6个月,并处罚金人民币5000元。新蔡县人民检察院于2015年4月24日依法提出抗诉。2015年7月27日,驻马店市中级法院以(2015)驻刑一终字第00079号刑事裁定书裁定撤销原判,发回重审。2015年12月30日,新蔡县人民法院以(2015)新少刑初字76号刑事判决书对三被告人依法改判。

主要证据:

1. 物证

侦查人员从被告人马建设处扣押毒品可疑物2包、手机一部(号码1327964×××),人民币900元;从被告人张荣安处扣押一辆黑色现代轿车(豫QHH2××)、手机2部(其中一部号码为1833858×××,系公安机关监听号码,该号码在案发前以及案发当天多次与被告人马建设号码为1327964×××的手机通话)、人民币14600元。

2. 书证

通话清单证明被告人马建设在案的手机与张荣安在案的手机于2013年1月23日、24日、27日有过三次通话,28日多次通话。

3. 视听资料

沿途监控录像照片证实了被告人张荣安于案发当日驾驶豫QHH2××号小轿车驾车从新蔡县到过汝南县三门闸。

4. 证人证言

(1)证人张某香(被告人张荣安的妻子)证实从豫QHH2××黑色现代车上搜出的手机(号码1833858×××)是拾的,车是买本庄村民张某明的,没过户,一直由张荣安开着。同时,张某明证实在案轿车是张荣安借用其身份证和户口本买的并办理的入户手续，不是自己买的，自己不会开车，没有驾驶证，也不可能买车交给张荣安开。

（2）证人马某证言（被告人马建设、卫秀云的女儿）证实其表叔杨某群让其父母来驻马店找一个新蔡的人买毒品，杨某群以前因吸毒被公安机关处理过。

（3）证人李某、徐某（侦查人员）证实2013年1月28日9时40分许，根据群众举报，其带领禁毒大队民警徐某等人，在汝南县汽车站一辆大巴汽车上抓获马建设、卫秀云夫妇的事实。

（4）证人卢某、杨某冬（侦查人员）证实2013年1月28日11时许，其带领禁毒大队民警在龙口派出所指导员杨某冬的配合下，在新蔡县某路口将驾车（车牌号码豫QHH2××）路过此处的张荣安抓获的事实。

5. 相关情况说明

（1）公安机关出具的侦破经过证实，该案是通过技侦手段锁定犯罪嫌疑人并侦破该案的事实经过。

（2）杨某某、杨某（均系检察人员）出具的情况说明证实，公检法三机关办案人员在市公安局技侦支队听到号码为1833858×××的监听资料内容，在收听中能够清晰听到被告人马建设与被告人张荣安在2013年1月23日、24日、27日就交易毒品有过三次通话，28日5：23、6：39、7：58、8：29、9：09均有通话，与其通话的买毒人的手机号码为1327964×××，证明审判机关已经联合侦查机关和公诉机关就技侦监听内容的客观真实性进行了庭外调查。

6. 被告人供述与辩解

（1）被告人张荣安到案后拒不供认犯罪事实，辩解其案发时，驾车去临泉县庙岔镇买香油，没有到汝南县。就使用一部手机1583968××××，号码为1833858×××的手机不是自己的。

（2）被告人马建设、卫秀云夫妇供述：卫的表弟杨某群给其13000余元，要其帮忙购买毒品20克和一些底料。其中12000元用来买毒品，余下的是给其的好处。杨某群买毒品除了吸还贩卖。毒品是2013年1月28日上午在汝南县三门闸菜市场附近交易的，后该夫妇在大巴汽车上被查获，毒品、底料以及剩下的900元钱都被公安民警收缴。其手机号码是1327964××××,卖毒品的人手机号码是1833858××××,卖毒品的人姓张,见到这人或者他的照片能够辨认出来。该夫妇都不吸毒。同时,马建设辨认出卖给其毒品的姓张的男子为张荣安、辨认出杨某群;被告人卫秀云辨认出杨某群。后马建设、卫秀云在一审庭审中翻供,称和其交易毒品的不是在案的张荣安。

关键问题

在技术侦查证据无法调取、转化、运用的情况下,该案是否达到"犯罪事实清楚,证据确实、充分"的证明程度?

分歧意见

新蔡县法院经审理认为,指控被告人张荣安涉嫌贩卖毒品罪事实不清、证据不足,指控的罪名不能成立;被告人马建设、卫秀云明知是毒品海洛因而非法持有21.93克,其行为均已构成非法持有毒品罪。理由如下:(1)新蔡县公安局是通过技术侦查所取得的手机通话内容确定侦查方向的,但没有对为何未在交易时实施抓捕作出合理说明;(2)公诉机关当庭出示的高速公路监控照片只显示车辆情况,而不显示驾驶人员情况;(3)虽有马建设对张荣安照片的辨认笔录,但马建设当庭否认和其交易毒品的人是张荣安;(4)作为张荣安贩卖毒品的通话手机的提取过程与其他证据相互矛盾;(5)尤其未提供其通话的录音,并就通话录音与在案的被告人语音进行同一性鉴定。对于公诉机关指控马建设、卫秀云贩卖毒品的罪名:(1)只有马建设、卫秀云供述知道杨某群以贩养吸,买的毒品吸食一部分、贩卖一部分,在案证据并无杨某群贩卖毒品的记录;(2)无其他证据印证马建设、卫秀云是为杨某群贩卖毒品而购买毒品;(3)无证据证明二被告人在购买毒品的过程中获利。根据2008年《全国部分法院审理毒品案件工作座谈会纪要》,不以营利为目的,为他人代购用于吸食的毒品,毒品数量达到刑法第348条规定的最低数量标准的,对托购者、代购者以非法持有毒品罪定罪。因此,该案马建设、卫秀云的行为应认定为非法持有毒品罪。新蔡县法院以犯非法持有毒品罪,对被告人马建设、卫秀云均判处有期徒刑2年6个月,并处罚金人民币 5000 元;以事实不清、证据不足,指控的罪名不能成立为由,判决宣告被告人张荣安无罪。

新蔡县检察院对县法院的一审判决依法审查后认为,该案在一审宣判前,相关证据已形成证明方向一致、证明结论唯一的证明体系,足以证实起诉书所指控的犯罪事实成立,依法应予认定。即使没有调取转化技侦监听的通话录音及其声纹鉴定,也不足以影响案件事实的认定。理由是:

第一,被告人张荣安的辩解依法不能成立。被告人张荣安到案后对起诉书指控的犯罪事实虽拒不供认,但对其案发期间到过汝南县三门闸这一客观事实也一概否认,对案发时段沿途监控为何拍到其车辆作不出合理解释。被告人马建设的先前供述和辨认笔录均明确指控卖给其毒品的人就是被告人张荣安,且该辨认笔录系在案发当天制作,客观性较强。被告人马建设虽当庭翻供,辩称跟他交易毒品的那个人并非被告人张荣安,但对之前为何辨认出被告人张荣安同样也作不出合理解释。其在侦查阶段多次供述是与被告人张荣安交易的毒品,且有同步录音录像,该供述和辨认笔录与被告人卫秀云供述、证人马某证言、手机通话清单、高速公路监控照片、搜查笔录、扣押物证照片等证据一一对应,相互印证,较为客观,足以采信。

第二,被告人马建设、卫秀云的行为应依法认定为贩卖毒品罪。一是指控被告人马建设、卫秀云涉嫌贩卖毒品罪,不仅有二被告人的供述相互印证,而且有证人马某证言、公安行政处罚决定书、新蔡县公安局现场检测报告书、侦查人员从被告人马建设身上查扣的 900 元现金以及通话清单、通过技术侦查手段取得的手机通话录音等证据印证,而非判决书所称除二人供述外无其他证据印证。二是虽缺少不在案的杨某群的证言佐证,但在案证据足以证明被告人马建设、卫秀云为从中牟利,为杨某群代购毒品的犯罪事实,并且在此过程中,与张荣安联系购买毒品的均为马建设,并不是杨某群,因此应当区别于《全国部分法院审理毒品案件工作座谈会纪要》中的托购者、代购者,马、卫二人依法应认定为贩卖毒品罪,而非非法持有毒品罪。新蔡县法院一审认定二被告人仅为代购毒品,没有从中谋利,违背客观事实,依法应予纠正。

第三,一审判决指出该案存在的问题均能够作出合理解释。一是因该案系通过技术侦查手段侦破,实施抓捕行动时公安民警兵分两路,由新蔡县所在的市公安局技术侦查部门民警与县公安局直接联系,该局领导根据市局指令和所提供的信息,指挥调度侦查人员进行抓捕。由于当天是大雾天气,根据技术侦查所取得的情况,反侦查能力较强的被告人张荣安并未原路返回,所以从联系指挥到确定抓捕路线再至跟踪抓捕,作为侦查机关是需要时间部署的,因此未能在交易地当场抓获该案的被告人张荣安也是符合该案侦查工作实际的。二是公安机关虽然未能当场抓获张荣安,但其驾车行驶的路线却被沿途监控录像锁定,并能与通话清单、监听内容、被告人马建设和卫秀云的供述及证人卢某、杨某伟的证言等证据印证。监控照片虽因当天大雾只能显示车辆情况,未能显示驾驶人的情况,但被告人张荣安供述,案发当天车辆一直在自己驾驶着,并未借给他人使用。结合全案证据,足以排除他人作案的可能。

第四,有无监听的通话录音及其声纹鉴定,不影响该案的认定。一是该案系依靠技术侦查手段侦破,虽然公安机关不同意提供该监听录音,经协调,新蔡县公、检、法的承办人已共同对涉案手机通话录音进行了收听审查,法院也对该证据的客观真实性进行了庭外调查,该通话内容中有明确的"小张""马哥"等称呼,能够与被告人马建设和卫秀云的供述、通话清单、证人证言等证据完全印证,从通话的声音判断,能够认定交易双方就是被告人张荣安、马建设,技术侦查所取得的通话录音能够形成对该案犯罪事实的内心确信。二是通过技术侦查所取得的手机通话录音能否调取并与该案被告人的语音作出同一性鉴定,就该案而言,只是证据充分性的问题,并不影响案件的认定。根据刑事诉讼法第152条、最高人民法院《关于适用〈中华人民共和国刑事诉讼法〉的解释》第107条、最高人民检察院《人民检察院刑事诉讼规则(试行)》第266条的规定,对该类证据,可以不在法庭上质证,由审判人员在庭外对证据进行核实,调取、鉴定并非法律硬性规定和唯一选择。

评析意见

笔者认为,法院之所以径行判决张荣安无罪,后又能自行纠正改判有罪,主要原因在于:

第一,对证明标准的不同把握,导致检、法认识大相径庭。由于该案系"零口供"案件，被告人张荣安归案后对犯罪事实一直拒不供认。对这类案件证明标准的把握，审判机关较之其他案件会更加严格。而毒品犯罪因其隐蔽性较强等原因，调查取证原本就非常困难，在行为人拒不配合的前提下，证据要做到环环相扣、无懈可击，实属不易。而侦查机关面对反侦查能力较强的被告人张荣安，在布控、抓捕的部署上明显滞后，使得被告人张荣安在交易完毒品后得以迅速逃离犯罪现场，从而为其狡辩留下余地；在随后的证据收集和调取方面，侦查机关又出现了一些不应出现的瑕疵，再次给了被告人以可乘之机，执法的规范性有待进一步加强。同时，在对关键证据的固定上，侦查机关的做法也有待改进。如被告人马建设在侦查阶段作了有罪供述并对被告人张荣安的照片进行了辨认，如果在此时组织其对被告人张荣安进行直接辨认，其在庭审中翻供就没有理由了，法官也不会对马建设指证张荣安的供述及辨认张荣安录的客观真实性产生质疑，以致该案的证据从体系上出现硬伤。正是由于侦查机关对已有证据固定的重要性认识不足、措施不力，才给被告人留下可乘之机。简言之，在对"零口供"案件的证据认定上，审判机关所要求的证明标准较高，甚至远远超出司法实践中所能保障的证明标准，导致检、法机关对同一事实和证据，得出截然不同的结论。

第二，对证据认定缺少规范，易导致恣意裁判。对该案在一些证据方面存在的瑕疵是否足以影响案件的最终认定，检、法两家也有不同认识。检察机关认为相关问题经过侦查机关的补正，足以采信，而审判机关认为虽经补正，仍不足以采信，这属于对证据的认定和采信标准把握上的分歧。相同的事实和证据，认识不同会产生不同的结论。而认识是一个主观性的评判过程，易受各种主观因素的干扰。我国各地经济发展水平、执法理念存在较大的差别，而我国刑事诉讼法所规定的对证据的证明标准过于原则，在司法实践中如何破解和减少主观因素对案件处理的不良影响，做到客观公正、不偏不倚，就要求进一步结合司法实践，规范证据认定的标准，如应进一步细化审查证据的办案指南，进一步厘清什么是瑕疵证据及其证明的效力等司法实务问题，规范司法机关对证据的认定标准，不给司法机关恣意裁判和认定留下发挥的空间。

第三，技术侦查证据在调取、转化和运用上面临的司法困境亟待解决。对通过技术侦查所取得的通话录音的调取及其鉴定问题，审判机关坚持要求必须依法调取并进行声纹鉴定。但在司法实践中，技术侦查部门往往不愿意向司法机关提供，导致该证据的调取工作一度停滞，相关工作的协调进展缓慢。该案中，在市县两级检察院积极协调下，该证据的调取工作虽有重大转机，但技术侦查部门囿于上级不成文的规定，仍然拒绝提供采取技术侦查措施的决定书等相应法律文书，给该类证据的依法调取、转化和运用设置了障碍。而且，由于级别上的不对等，作为办案机关的基层检察机关对此无法直接实施法律监督。仅依靠层层反映，由上级检察机关来监督，一是时间上不允许，二是客观上也不易落实，最终浪费大量的诉讼资源，导致对犯罪打击不力甚至放纵犯罪。而这种现象，具有一定的普遍性，已成为运用技术侦查手段打击犯罪的瓶颈，极大地削弱了技术侦查措施在打击刑事犯罪中的威力，助长了犯罪分子的嚣张气焰，亟待出台对刑事犯罪采取技术侦查及将其结果作为证据进行刑事诉讼的相关规范性文件。

第四，应进一步转变司法理念，提升证明标准。该案从提起公诉到宣告无罪，从依法抗诉到改判有罪，前后历时两年多。法庭审理期间，因被告人的家属及辩护律师向法院提交的证据需调查核实，县检察院两次依法建议延期审理，并主导开展调查核实和证据补强工作，及时澄清事实，粉碎了辩方企图混淆视听的打算。因审理超期，县检察院两次向县法院发出《纠正违法通知书》，及时履行法律监督职责。因检法之间就该案的事实证据的认定分歧较大，经主动要求，县检察院在一审判决前列席县法院审判委员会，就该案的处理依法发表检察意见。对于这样一起既无被害人，又无信访压力的个案来说，检察机关可为了统一检法之间的认识，作出各种努力和尝试。在被告人当庭翻供，导致证据发生变化而被宣告无罪后，为了维护法律的统一正确实施、打击犯罪，检察机关依法启动了抗诉程序，依法打击了犯罪，彰显了公平正义。但不可否认，无论是承办人还是原审公诉机关，在证明标准的把握上，还存在一定疏漏。如对于这起"零口供"案件，在对通过技术侦查所取得的录音材料的调取、对瑕疵证据的补正、对被告人马建设和卫秀云的犯罪定性等方面，在审查起诉前都没有引起足够重视，导致案件在提起公诉后出现反复，并为此付出了大量的诉讼资源和司法成本进行补救。从该案不难看出，作为公诉人只有进一步转变司法理念，不断提升证明标准，从案件质量上下功夫，才能更好地履行公诉职能，有力打击犯罪，切实维护法律的统一正确实施。

 **处理结果**

该案提出抗诉后，二审法院经审理，裁定撤销原判，发回重审。新蔡县法院另行组成合议庭，经公开审理后认为，被告人张荣安明知是毒品而贩卖，其行为已构成贩卖毒品罪；被告人马建设、卫秀云明知是毒品海洛因而为他人代购21.93克，其行为构成运输毒品罪。遂以贩卖毒品罪依法改判被告人张荣安有期徒刑9年，并处罚金20000元；以运输毒品罪分别判处被告人马建设有期徒刑5年10个月，并处罚金10000元；判处被告人卫秀云有期徒刑5年3个月，并处罚金10000元。三被告人不服，均提出上诉，驻马店市中级人民法院经公开审理，于2016年4月20日依法裁定驳回上诉，维持原判。

（撰稿人：杨红梅，河南省新蔡县人民检察院公诉科科长）

河南省新蔡县人民检察院
起诉书

新检刑诉〔2013〕434号

被告人张荣安，男，1971年××月××日出生，身份证号码4128281971×××××××，汉族，文盲，农民，住河南省新蔡县龙口镇××村委××组。因涉嫌贩卖毒品，于2013年1月30日被新蔡县公安局刑事拘留；因涉嫌贩卖毒品犯罪，于2013年3月7日经新蔡县人民检察院批准，于2013年3月8日被新蔡县公安局逮捕。

被告人马建设，男，1957年××月××日出生，身份证号码6121251957×××××××，汉族，初中毕业，农民，住陕西省华阴市五方乡××村××组。因涉嫌贩卖毒品，于2013年1月29日被新蔡县公安局刑事拘留；因涉嫌贩卖毒品犯罪，于2013年3月7日经新蔡县人民检察院批准，于2013年3月8日被新蔡县公安局逮捕。

被告人卫秀云，女，1957年××月××日出生，身份证号码6121251957×××××××，汉族，初中毕业，农民，住陕西省华阴市五方乡××村××组。因涉嫌贩卖毒品，于2013年6月17日被新蔡县公安局刑事拘留；因涉嫌贩卖毒品犯罪，于2013年6月23日经新蔡县人民检察院批准，于2013年6月24日被新蔡县公安局逮捕。

本案由新蔡县公安局侦查终结，以被告人张荣安、马建设、卫秀云涉嫌贩卖毒品犯罪，相继于2013年5月8日、2013年6月25日向本院移送审查起诉。本院受理后，分别于2013年5月8日、6月25日告知被告人张荣安、马建设、卫秀云有权委托辩护人，依法讯问了被告人，审查了全部案件材料。其间，因事实不清、证据不足，于2013年6月8日退回侦查机关补充侦查，新蔡县公安局经过补充侦查，于2013年7月8日重新移送我院审查起诉；因事实不清、证据不足，于2013年8

月 8 日第二次退回侦查机关补充侦查，新蔡县公安局经过补充侦查，于 2013 年 9 月 8 日再次移送我院审查起诉。

经依法审查查明：

2013 年 1 月 28 日，被告人张荣安在河南省汝南县三门闸以 12000 元的价格卖给以贩卖为目的的被告人马建设、卫秀云海洛因 21.93 克、底料 89.4 克，后被告人马建设、卫秀云在乘车返回时被公安民警查获，将毒品及底料收缴。

认定上述事实的主要证据如下：

1. 物证：赃款、作案工具等物证照片。
2. 书证：新蔡县公安局扣押物品、文件及发还清单、抓获证明、通话清单、上缴毒品单据、侦破经过、户籍证明等。
3. 证人张某香、张某明等人的证言。
4. 被告人张荣安、马建设、卫秀云的供述与辩解。
5. 鉴定意见：驻马店市公安局刑事技术鉴定书。
6. 辨认笔录。
7. 视听资料等证据。

本院认为，被告人张荣安、马建设、卫秀云违反国家规定，明知是毒品而非法销售，其行为已触犯了《中华人民共和国刑法》第三百四十七条第一款、第三款，犯罪事实清楚，证据确实、充分，应当以贩卖毒品罪追究刑事责任。根据《中华人民共和国刑事诉讼法》第一百七十二条的规定，提起公诉，请依法判处。

此致
新蔡县人民法院

检察员：肖　琼

杨　鹏

2013 年 9 月 22 日

附：

1. 被告人张荣安、马建设、卫秀云现押于新蔡县看守所；
2. 全案卷宗及证据材料。

河南省新蔡县人民检察院
刑事抗诉书

新检刑诉刑抗〔2015〕号

新蔡县人民法院以（2013）新刑初字413号刑事判决书对被告人张荣安以事实不清、证据不足、指控的罪名不能成立为由判决宣告无罪；以犯非法持有毒品罪，对被告人马建设判处有期徒刑二年六个月，并处罚金人民币5000元；以犯非法持有毒品罪，对被告人卫秀云判处有期徒刑二年六个月，并处罚金人民币5000元。本院依法审查后认为，该判决认定事实、适用法律确有错误，理由如下：

一、被告人张荣安涉嫌贩卖毒品犯罪事实清楚、证据确实、充分，已形成完整的证明体系，依法应予认定

首先，本案指控被告人张荣安涉嫌贩卖毒品罪已形成完整的证明体系，足以认定。一是被告人马建设的先前供述和辨认笔录均证明卖给其毒品的人就是被告人张荣安，该供述与被告人卫秀云供述、通话清单、卡口照片、物证等印证。二是被告人卫秀云的供述证明案发当天在汝南县三门闸交易的毒品，与被告人马建设供述印证。三是证人马某（马建设女儿）证言证明其表叔杨某群让其父母来驻马店找一个新蔡的人买毒品，与被告人马建设、卫秀云的供述印证。证人卢某和杨某冬证言证明公安机关将被告人张荣安抓获的事实与经过，与被告人马建设、卫秀云供述以及通话清单、卡口照片、物证等印证。四是从被告人马建设身上搜缴的物证毒品，被告人张荣安驾驶的车辆（豫QHH2××）以及从车内搜出的现金14600元、2部手机（其中一部号码为1833858××××，系公安机关监听号码）被公安机关扣押，豫QHH2××号车辆的卡口照片，证明该车于2013年1月28日7：42从黄楼卡口由东向西、8：19从平汝卡口由东向西、8：53汝南城东出口由西向东、8：59从平汝卡口

由西向东、9：14 从驻马店方向入口由西向东、10：06 平舆城东出口由西向东出现。通话清单证明被告人马建设所使用的手机1327964×××与公安民警从被告人张荣安车上搜出的号码为1833858×××的手机在 2013 年 1 月 23 日、24 日、27 日有过三次通话，28 日 5：23、6：39、7：58、8：29、9：09 均有过通话。侦破经过证明本案系通过技侦手段锁定的犯罪嫌疑人，后经民警抓获、讯问，将本案侦破的事实与经过。情况说明证实公、检、法办案人员在驻马店市公安局技侦支队听到的监听资料内容，与被告人马建设、卫秀云的供述印证。被告人张荣安在案发当天驾车沿途所经卡口照片和调取的通话清单印证，与办案人员出具的归案证明印证，与公、检、法办案人员在驻马店市公安局技侦支队听到的监听资料印证。被告人张荣安到案后虽拒不供认，但上述证据已形成证明方向一致、证明结论唯一的证明体系，足以证实起诉书所指控的犯罪事实。

其次，本案被告人马建设的先前供述和指认客观真实，并与卷内其他证据相互印证，足以认定。根据被告人马建设的先前供述，其明确指认与其交易毒品的人就是被告人张荣安，且经照片混杂辨认，被告人马建设明确辨认出被告人张荣安。该辨认不仅符合法律规定，而且与供述一样，均是在案发当天所做，时间及时，客观性较强。本案当庭审理时，被告人马建设虽当庭翻供，辩解称跟他交易毒品的那个人并非被告人张荣安，但对之前为何辨认出被告人张荣安却没有作出合理解释，而且被告人马建设先前供述不仅有辨认笔录印证，还有同步录音录像、被告人卫秀云供述、证人马某证言等证据印证，已自成体系，足以认定。

再次，有无声纹鉴定不影响本案的事实认定。

最后，判决指出的本案存在的问题均能够作出合理解释。因本案系技侦监听侦破，抓获时公安民警兵分几路，市公安技侦民警是与新蔡县公安局相关领导直接联系，该局领导接到市局指令和信息后再指挥调度办案人员采取相应措施，当天又是大雾天气，根据监听情况，被告人张荣安并未原路返回，所以从联系指挥到确定抓捕路线再至跟踪抓捕中间需要时间，导致未能当场将其抓获，卡口照片因当天大雾也只能显示车辆情况而未能显示驾驶人员情况。被告人张荣安贩卖毒品的通话手机的提取证明与其他证据相矛盾，系公安民警笔误所致。侦查人员的上述解释符合客观事实,且有证据支持,应予认定。

二、被告人马建设、卫秀云的行为应依法认定为贩卖毒品罪

指控被告人马建设、卫秀云贩卖毒品,有以下证据支持:被告人马建设、卫秀云的供述,证明帮杨某群购买毒品用于贩卖,并从中谋取好处,二被告人对该事实供述相互印证;证人马某证言证明其表叔杨某群让其父母马建设、卫秀云来找新蔡的人买毒品,与被告人马建设、卫秀云供述印证;物证毒品、毒品交易手机、乘车证照片、通话清单等证据与上述被告人供述和证人证言印证;华阴市公安局强制隔离戒毒决定书、公安行政处罚决定书等证明杨某群系长期吸毒人员并受过行政处罚。新蔡县公安局现场检测报告书载明二被告人尿检均呈阴性。上述证据,足以证明被告人马建设、卫秀云的行为已构成贩卖毒品罪,而非简单的非法持有毒品。新蔡县人民法院认定二被告人仅为代购毒品,没有从中谋利,违背客观事实,缺乏证据依据,依法应予纠正。

三、被告人张荣安、马建设的辩解经核实并不客观,现有证据足以认定起诉书指控的事实

被告人张荣安归案后虽拒不供认案发当天到汝南三门闸交易毒品,但供述案发当天自己的车辆没有借给别人用过。其虽辩解案发时段自己开车到庙岔买油,并与证人胡某沟的证言印证,但沿途卡口照片和通话清单显示2013年1月28日案发当天豫QHH2××号车辆7:42从黄楼卡口由东向西、8:19从平汝卡口由东向西、8:53汝南城东出口由西向东、8:59从平汝卡口由西向东、9:14从驻马店方向入口由西向东、10:06平奥城东出口由西向东出现,先后途经新蔡、平奥、汝南等地,通话清单证明马建设所使用的手机1327964×××与公安民警从张荣安车上搜出的手机1833858×××在2013年1月23日、24日、27日有过三次通话,案发当天28日在5:23、6:39、7:58、8:29、9:09均有过通话。不仅其到案后的辩解没有证据支持,对侦查机关依法提取的卡口照片及作案工具、通话清单等,其也不能作出合理解释。本案起诉到法院后,其家属提供的证人证言不仅与其他证据矛盾,而且客观性不强。且被告人张荣安被抓获归案后,就在案发当天下午,买毒人杨某伟仍在与被告人张荣安号码为1833858×××的手机联系购买10万元的毒品,新蔡县公安局民警接听后冒充被告人张荣安与其约定交易时将

杨某伟查获。证人杨某伟同时证明，其妹夫左某以前从"张哥"那买过毒品，手机里存的"张哥"的1833858××××的号码就是跟他买毒品联系用的。另通过监听资料，可以明确被告人张荣安所使用的手机1833858××××与多人有过多次毒品交易。

综上所述，新蔡县人民法院无视本案事实、证据和情节，对被告人张荣安涉嫌贩卖毒品犯罪不予认定，对被告人马建设、卫秀云涉嫌贩卖毒品的行为错误认定为非法持有毒品犯罪，认定事实、适用法律确有错误。为维护司法公正，准确惩治犯罪，依照《中华人民共和国刑事诉讼法》第二百一十七条的规定，特提出抗诉，请依法判处。

此致
驻马店市中级人民法院

新蔡县人民检察院
2015年4月22日

附：

1. 被告人张荣安现已无罪释放，被告人马建设、卫秀云均羁押于新蔡县看守所；
2. 其他有关材料。

河南省新蔡县人民法院
刑事判决书

(2015)新少刑初字76号

公诉机关河南省新蔡县人民检察院。

被告人张荣安,男,1971年××月××日出生于河南省新蔡县,身份证号码4128281971×××××××,汉族,文盲,农民,住新蔡县龙口镇××村××寨××组。因涉嫌犯贩卖毒品罪,于2013年1月28日被新蔡县公安局抓获,2013年1月30日被新蔡县公安局刑事拘留,经新蔡县人民检察院批准,于2013年3月8日被新蔡县公安局执行逮捕。2015年4月21日因一审判决无罪,经本院决定取保候审被释放。经本院决定,于2015年7月29日被新蔡县公安局逮捕。现押新蔡县看守所。

辩护人王伟,河南北纬律师事务所律师。

被告人马建设,男,1957年××月××日出生于陕西省华阴市,身份证号码6121251957×××××××,汉族,初中毕业,农民,住陕西省华阴市五方乡××村××组。因涉嫌犯贩卖毒品罪,于2013年1月28日被新蔡县公安局抓获,次日被新蔡县公安局刑事拘留,经新蔡县人民检察院批准,于2013年3月8日被新蔡县公安局执行逮捕。现押新蔡县看守所。

辩护人李运华,河南良策律师事务所律师。

被告人卫秀云,女,1957年××月××日出生于陕西省华阴市,身份证号码6121251957×××××××,汉族,初中毕业,农民,住陕西省华阴市五方乡××村××组。因涉嫌犯贩卖毒品罪,于2013年1月28日被新蔡县公安局抓获,次日被新蔡县公安局刑事拘留,因患有严重疾病,2013年3月7日新蔡县人民检察院决定对其不予批准逮捕,同年3月8日被新蔡县公安局监视居住；于2013年6月17日被新蔡县公安局刑事拘留，经新蔡县人民检察院批准，于2013年6月24日被新蔡县公安局执行逮捕。现押新蔡县看守所。

辩护人韩建民，河南问津律师事务所律师。

新蔡县人民检察院以新检刑诉〔2013〕513号起诉书指控被告人张荣安、马建设、卫秀云犯贩卖毒品罪，于2013年10月12日向本院提起公诉。本院依法组成合议庭，于2015年4月15日作出（2013）新刑初字413号刑事判决书，新蔡县人民检察院提出抗诉，驻马店市中级人民法院于2015年7月17日以部分事实不清为由作出（2015）驻刑一终字第00079号刑事裁定，撤销原判，发回重审。本院依法另行组成合议庭，于2015年10月8日、11月11日公开开庭审理了本案，新蔡县人民检察院指派检察员杨鹏、李丹丹出庭支持公诉，被告人张荣安及其辩护人王伟，被告人马建设及其辩护人李运华，卫秀云及其辩护人韩建民到庭参加了诉讼。在审理过程中，因案情复杂，经驻马店市中级人民法院批准，延长审限三个月。现已审理终结。

河南省新蔡县人民检察院指控，2013年1月28日，被告人张荣安在汝南县三门闸以12000元的价格卖给以贩卖为目的的被告人马建设、卫秀云海洛因21.93克，底料89.4克。后被告人马建设、卫秀云在乘车返回时被公安民警查获，将毒品及底料收缴。

公诉机关提供了相关证据，认为被告人张荣安、马建设、卫秀云的行为均已构成贩卖毒品罪。请依法惩处。

被告人张荣安辩解，2013年1月28日那天他没有去汝南，如果是其去的，应该有新蔡和龙口卡口的照片，他去庙岔拉客，还买了三桶香油，车上的手机不知道是谁的。其辩护人的意见是，本案事实不清，证据不足。

被告人马建设辩解，他之前只是知道来汝南县是给杨某群取东西，不知道是毒品，被公安机关抓获才知道是毒品。其辩护人的意见是马建设只是为杨某群代购毒品，没有获取利益，不构成贩卖毒品罪。本案发生在武汉会议纪要之前，不应以运输毒品罪定罪。

被告人卫秀云辩解，她只是来帮杨某群拿货，不是贩卖。其辩护人的意见是卫秀云只是为杨某群代购毒品，没有获取利益，不应认定为贩卖毒品，应以非法持有毒品定罪。

经审理查明，2013年1月下旬，陕西省华阴市吸毒人员杨某群电话联系张荣安欲购买毒品，拿出13000元人民币委托被告人马建设、卫秀云夫妇到驻马店帮其购买12000元的毒品，余下1000元是其二人的路费。2013年1月28日被告人马建设经多次与张荣安联系，于当天上午8点多，被告人马建设、卫秀云在河南省汝南县三门闸以12000元的价格购一包毒品及底料，后被告人马建设、卫秀云携带毒品和底料返回时，在汝南县汽车站一辆发往郑州市的公共汽车上被新蔡县公安局民警抓获，从被告人马建设身上收缴毒品可疑物两包。经驻马店市公安局鉴定，其中一包含海洛因成分，重21.93克，另一包为底料89.4克。毒品和底料已上缴。

上述事实，有经法庭质证、认证的下列证据予以证明：

（一）物证

1. 查获的毒品照片，记载了从马建设身上收缴毒品、底料。

2. 张荣安驾驶的汽车的照片、卡口照片，记载了豫QHH2××黑色现代轿车经过新蔡黄楼、平舆、汝南卡口的事实。

（二）书证

1. 抓获证明，证明了禁毒大队指导员李某亮带领民警徐某斌等人于2013年1月28日9时40分许，在汝南县一辆汝南发到郑州市的大巴汽车上将马建设、卫秀云抓获，并当场从马建设身上收缴毒品可疑物两包。

2. 新蔡县公安局扣押物品、文件清单，记载了2013年1月28日扣押马建设毒品可疑物2包，手机一部，现金900元，汝南到郑州市的乘车证一张。

3. 三被告人的户籍证明，记载了三被告人的基本情况及其具有刑事责任能力。

4. 华阴市公安局桃下派出所的户籍证明信、证明，记载了杨某群出生于1965年5月13日，长期不在家。

5. 华阴市公安局强制隔离戒毒决定书、现场检测报告书、行政处罚决定书，记载了华阴市公安局2011年5月17日13时25分对杨某群尿检呈阳性，作出对杨某群行政拘留十五日的行政处罚决定，并对杨某群强制隔离戒毒两年。

6. 新蔡县公安局禁毒大队 2013 年 8 月 7 日证明两份。2013 年 1 月 28 日新蔡县公安局禁毒大队根据掌握的情况，了解到龙口镇张荣安用 1833858×××的号码与一男子联系，在汝南交易毒品。禁毒大队立即派出两路侦查员跟踪张荣安驾驶的豫 QHH2××黑色现代轿车，从新蔡经平舆到汝南三门闸，在其交易毒品后，又跟踪从汝南经平舆返回新蔡县，在龙口镇张寨路口将张荣安抓获。同时，另一路侦查员在汝南汽车站将马建设、卫秀云抓获。

7. 辨认笔录

（1）马建设 2013 年 1 月 28 日 21 时 40 分的辨认笔录，记录了在新蔡县古吕街道办事处居民王某春的见证下，马建设从 12 张男性照片中指认张荣安。

（2）马建设 2013 年 2 月 1 日 15 时 20 分的辨认笔录，记录了在新蔡县看守所民警李某勤的见证下，马建设从 12 张男性照片中指认杨某群。

（3）卫秀云 2013 年 2 月 1 日 15 时 50 分的辨认笔录，记录了卫秀云在新蔡县看守所民警李某勤的见证下，卫秀云从 12 张男性照片中指认杨某群。

8. 河南省罚没收入统一票据两张，记载了 2013 年 4 月 22 日新蔡县公安局将从张荣安车上收缴的 14600 元钱开具毒资 12000 元，收马建设 900 元开具毒资已上缴。

9. 驻马店市公安局上缴毒品单据，记载了新蔡县公安局 2013 年 2 月 7 日上缴从马建设身上收缴的毒品海洛因 21.93 克，底料 89.4 克。

10. 新蔡县公安局扣押物品清单证明在王某春见证下，由卢某、徐某斌扣押张荣安一辆豫 QHH2××黑色现代轿车，14600 元现金，一部卡号为 1833858×××直板灰色手机，一部卡号为 1583968×××手机。

11. 搜查笔录证明侦查人员杨某冬、孔某娜对张荣安驾驶的一辆豫 QHH2××黑色现代轿车进行搜查，从该车内一只拎包里搜查出 4600 元现金，车内操作台的工具箱里搜查出 1 万元现金，操作台仪表盘处搜查出一部手机，经查该手机里面卡号为 1583968×××，从该车驾驶员车座下面收查出一部标有"OPSSON"的直板灰色手机，经查该手机里面卡号为1833858×××。从车内检查有三小壶香油。

12. 通话记录证明2013年1月23日、1月24日、1月27日马建设用的手机1327964×××与卡号为1833858×××的分别有一次通话，2013年1月28日，马建设用的手机1327964×××与卡号为1833858×××有5次通话。

13. 新蔡县公安局民警卢某、徐某斌情况说明，证明马建设辨认张荣安事实存在，过程合法，不存在引供、诱供辨认现象。

14. 见证人王某春情况说明，证明马建设辨认张荣安事实存在，过程合法，不存在引供、诱供辨认现象。

15. 新蔡县公安局禁毒大队情况说明，证明声纹鉴定检材由驻马店市公安局技侦支队民警提供，鉴定样本由新蔡县人民检察院干警提供。

16. 孔某娜、杨某冬情况说明，证明对被告人张荣安驾驶的车辆是2013年1月28日下午搜查，因当时没有带搜查笔录，于2013年1月29日补办，并于2013年1月29日搜查笔录上签名。

17. 徐某斌、卢某情况说明，证明2013年1月28日对张荣安的车辆及人身搜查后，因没有及时开具《扣押物品、文件清单》，次日补开，故《扣押物品、文件清单》显示日期是2013年1月29日。

18. 王某春证明，证明其于2013年1月28日见证了新蔡县公安局禁毒大队对张荣安车辆的搜查，因当时办案民警没有带搜查笔录和《扣押物品、文件清单》，其于2013年1月29日在搜查笔录和《扣押物品、文件清单》上签名，并写2013年1月29日的日期。

19. 新蔡县公安局禁毒大队破案经过，证明接群众匿名举报称张荣安有重大涉毒嫌疑，与驻马店市公安局技侦支队联系，对张荣安进行技术侦查。根据驻马店市公安局技侦支队的反馈信息，张荣安将与购买人在汝南县三门闸进行毒品交易，并对张荣安进行跟踪，在民警抵达汝南县三门闸时，交易已经结束。禁毒大队民警分两路进行跟踪，并在汝南县汽车站从发往郑州的大巴车上将购买毒品的马建设和卫秀云抓获，从马建设上衣口袋搜出毒品20克及底料。另一路跟踪人员在新蔡县龙口镇张寨路口将张荣安抓获，从车上搜出现金14600元和技侦支队监控的手机一部。

20. 新蔡县人民检察院情况说明，证明2014年11月24日新蔡县公安局禁毒大队大队长何某松与新蔡县人民检察院杨某梅、杨某、新蔡县人民法院承办人张某芝一起在驻马店市公安局技侦支队收听了被告人张荣安、马建设、卫秀云贩卖毒品一案的通话记录，听到的内容是张荣安和马建设涉案毒品的交易数量、交易地点的通话，二被告人的通话记录和卷宗材料能够相互印证。

21. 新蔡县公安局禁毒大队在2014年11月3日证明：对犯罪嫌疑人张荣安没有进行活体辨认是因为禁毒大队在辨认过程中一直用的都是相片辨认，现在张荣安、马建设在看守所关押近两年，体特也发生了变化，且目前看守所也没有活体辨认室进行活体辨认。

（三）被告人供述

1. 被告人马建设供述：在来驻马店的前几天，我表弟杨某群找到我和我妻子卫秀云说让我们去驻马店帮他买点毒品带回去。2014年1月27日下午，杨某群告诉我说已经和驻马店那个卖毒品的联系好了，给我们拿了13000多元，让我们用12000元买20克毒品和一些底料，余下的1000元作为路费，并给了卖毒品的人的手机号，让我下了火车好联系。1月28日，我和卫秀云就坐火车到了驻马店，和卖毒品的那人联系，让我们去三门闸菜市场，大概8点多，我们见了面，我把12000元钱给卖毒品的人，那个卖毒品的人把毒品和底料给了之后就各走各的。我把毒品装在我的上衣口袋里，和妻子从三门闸坐车到汝南汽车站，在一辆发往郑州的大巴上被公安机关查获了。我和妻子都不吸毒，我只知道卖毒品的人姓张，交易现场只有我和那个卖毒品的人。

2. 被告人卫秀云供述：在案发的三四天前，杨某群给我打电话让帮他到河南买毒品，给了我13000多元，叫我买12000元的毒品，1000元当路费。1月27日，杨某群打电话告诉我用电话和卖毒品的人联系。1月28日凌晨3时许，一个男的打电话告诉我丈夫说下了火车后到三门闸给他联系。上午8时许，我们到了三门闸菜市场，我把12000元给我丈夫让其过去买毒品。买完后，我们就到汝南汽车站，在一辆发往郑州的大巴上被公安机关查获了。

（四）证人证言

1. 证人马某证言：2013年1月30日19时许，我表叔杨某群给我打电话说找不到我爸妈了，几天前他让我爸妈帮他到驻马店买毒品，一直没有回来。我到新蔡县公安局询问,才知道我爸妈被抓了。我知道杨某群吸毒,以前还被公安机关处理过。

2. 证人张某香证言(2013年1月28日),证明从豫QHH2××的黑色现代牌轿车上收缴的"0PSSON"的直板手机是一个月前其和丈夫张荣安一起在临泉庙岔南路上拾的,一直放在其家的现代车上,号码记不清了。

(五)鉴定意见

1. 驻马店市公安局公(驻)鉴(毒)字〔2013〕096号刑事技术鉴定书,2013年1月28日从马建设身上查获的毒品可疑物,检1(可疑物小包)检出海洛因成分;检2(可疑物大包)未检测出海洛因、吗啡及可待因成分。

2. 新蔡县公安局禁毒大队现场检测报告书,分别记载了2013年1月29日14时10分对张荣安、马建设的尿检呈阴性;2013年1月28日15时20分对卫秀云的尿检呈阴性。

3. 河南省公安刑事科学技术研究所(豫)公(刑)鉴(特)字(2014)11号图像检验意见书,记载了扣押车辆照片"CAM00069.jpg"与涉案人提供照片"IMGl010070002.jpg"对比,两幅照片中轿车尾部镀铬装饰条和号牌边框遮蔽存在差异。两部照片中的轿车尾部特征不一致。

4. 公安部公物证鉴字(2015)1813号物证鉴定书,证明检材1中主叫方说话人是样本2中的马建设;检材1中被叫方说话人是样本1中的张荣安;检材2中主叫方说话人是样本2中的马建设;检材2中被叫方说话人是样本1中的张荣安;检材3中主叫方说话人是样本1中的张荣安;检材3中被叫方说话人是样本2中的马建设;检材4中主叫方说话人是样本1中的张荣安;检材4中被叫方说话人是样本2中的马建设。

本院认为,被告人张荣安违反毒品管理法规定,明知是毒品而贩卖,其行为已构成贩卖毒品罪;马建设、卫秀云违反毒品管理法规定,明知是毒品海洛因而为他人代购21.93克,其行为均已构成运输毒品罪;对公诉机关指控的张荣安的罪名,本院予以支持。对于公诉机关指控马建设、卫秀云构成贩卖毒品罪,经查,虽然马建设、卫秀云最初供述为杨某群代购毒品能够获得利益，但庭审中二人均翻供，认为杨某群没有允诺给予他们利益，而且没有杨某群的材料证实是否给予马建设、卫秀云好处，因此指控马建设、卫秀云能够获得利益的证据不足。同时也只有马建设、卫秀云供述知道杨某群以贩养吸，买的毒品吸食一部分、贩卖一部分，从华阴市公安局提供的材料显示杨某群只是吸食毒品者，无贩卖毒品的记录，无其他证据印证马建设、卫秀云是为杨某群贩卖毒品而购买毒品，也无证据证明二被告人在购买毒品的过程中获利。被告人马建设、卫秀云为吸毒者杨某群代购毒品，在运输过程中被查获，没有证据证明托购者、代购者是为了实施贩卖毒品等其他犯罪，毒品数量达到较大以上的，对托购者、代购者以运输毒品罪的共犯论处。因此本案马建设、卫秀云的行为应定为运输毒品罪，故对公诉机关指控马建设、卫秀云构成贩卖毒品罪的罪名予以纠正。

被告人张荣安及辩护人认为张荣安贩卖毒品事实不清、证据不足的辩解和辩护意见，经查，公安部公物证鉴字（2015）1813号物证鉴定书证明被告人张荣安在毒品交易前就与购买人马建设联系，并且从其车上搜查出了其与马建设就毒品买卖相互联系的手机，其车辆也有毒品交易当日途经新蔡黄楼、平舆、汝南的卡口监控，故对其辩解和辩护意见本院不予采纳。

对于卫秀云的辩护人认为卫秀云构成非法持有毒品罪，马建设的辩护人认为，本案发生在武汉会议纪要之前，不应以运输毒品罪定罪的意见。经查，武汉会议纪要是对大连会议纪要的具体与细化，是为了正确适用法律，故此，对辩护人的意见本院不予采纳。

被告人马建设、卫秀云为他人代购毒品，在犯罪中起次要作用，系从犯，应当从轻或减轻处罚。被告人卫秀云到案后如实供述自己的罪行，系坦白，可从轻处罚。

综上，根据被告人张荣安、马建设、卫秀云的犯罪事实、性质、情节及对社会的危害程度，决定对马建设、卫秀云减轻处罚。依照《中华人民共和国刑法》第三百四十七条第一款、第三款，第二十五条第一款，第二十七条，第六十七条第三款，第五十二条，第五十三条，和最高人民法院《关于适用财产刑若干问题的规定》第二条第一款、第八条之规定，判决如下：

一、被告人张荣安犯贩卖毒品罪,判处有期徒刑九年,并处罚金人民币20000元。

(刑期从判决执行之日起计算;判决执行以前先行羁押的,羁押一日折抵刑期一日。即自2015年7月29日起至2022年5月4日止。罚金于判决生效后十日内缴纳。)

二、被告人马建设犯运输毒品罪,判处有期徒刑五年十个月,并处罚金人民币10000元。

(刑期从判决执行之日起计算;判决执行以前先行羁押的,羁押一日折抵刑期一日。即自2013年1月28日起至2018年11月27日止。罚金于判决生效后十日内缴纳。)

三、被告人卫秀云犯运输毒品罪,判处有期徒刑五年三个月,并处罚金人民币10000元。

(刑期从判决执行之日起计算;判决执行以前先行羁押的,羁押一日折抵刑期一日。即自2013年6月17日起至2018年8月6日止。罚金于判决生效后十日内缴纳。)

如不服本判决,可在接到判决书的第二日起十日内,通过本院或直接向河南省驻马店中级人民法院提出上诉。书面上诉的,应当提交上诉状正本一份,副本两份。

审判长　胡　鹏
审判员　时明生
审判员　张　莹
二〇一五年十二月三十日
书记员　崔　灿

河南省驻马店市中级人民法院
刑事裁定书

(2016)豫17刑终33号

原公诉机关新蔡县人民检察院。

上诉人(原审被告人)张荣安,男,1971年××月××日出生于河南省新蔡县,身份证号码4128281971××××××××,汉族,文盲,农民,住新蔡县龙口镇××村××寨××组。因涉嫌犯贩卖毒品罪,于2013年1月28日被新蔡县公安局抓获,2013年1月30日被新蔡县公安局刑事拘留,经新蔡县人民检察院批准,于2013年3月8日被新蔡县公安局执行逮捕。2015年4月21日因一审判决无罪,经新蔡县人民法院决定取保候审被释放。经新蔡县人民法院决定,于2015年7月29日被新蔡县公安局逮捕。现羁押于新蔡县看守所。

辩护人王伟,河南北纬律师事务所律师。

上诉人(原审被告人)马建设,男,1957年××月××日出生于陕西省华阴市,身份证号码6121251957××××××××,汉族,初中毕业,农民,住陕西省华阴市五方乡××村××组。因涉嫌犯贩卖毒品罪,于2013年1月28日被新蔡县公安局抓获,次日被新蔡县公安局刑事拘留,经新蔡县人民检察院批准,于2013年3月8日被新蔡县公安局执行逮捕。现羁押于新蔡县看守所。

上诉人(原审被告人)卫秀云,女,1957年××月××日出生于陕西省华阴市,身份证号码6121251957××××××××,汉族,初中毕业,农民,住陕西省华阴市五方乡××村××组。因涉嫌犯贩卖毒品罪,于2013年1月28日被新蔡县公安局抓获,次日被新蔡县公安局刑事拘留,因患有严重疾病,2013年3月7日新蔡县人民检察院决定对其不予批准逮捕,同年3月8日被新蔡县公安局监视居住;于2013年6月

17日被新蔡县公安局刑事拘留，经新蔡县人民检察院批准，于2013年6月24日被新蔡县公安局执行逮捕。现羁押于新蔡县看守所。

新蔡县人民法院审理新蔡县人民检察院指控被告人张荣安、马建设、卫秀云犯贩卖毒品罪一案，于2015年4月15日作出（2013）新刑初字第413号刑事判决。宣判后，新蔡县人民检察院提出抗诉。本院于2015年7月17日作出（2015）驻刑一终字第00079号刑事裁定，撤销原判，发回新蔡县人民法院重新审判。新蔡县人民法院重审后于2015年12月30日作出（2015）新少刑初字第76号刑事判决。原审被告人张荣安、马建设、卫秀云不服，提出上诉。本院依法组成合议庭，于2016年4月13日公开开庭审理了本案。驻马店市人民检察院指派代理检察员关菊、李贺梅出庭履行职务，上诉人张荣安及其辩护人王伟，上诉人马建设、卫秀云到庭参加诉讼。现已审理终结。

原判认定：2013年1月下旬，陕西省华阴市吸毒人员杨某群电话联系张荣安欲购买毒品，拿出13000元人民币委托被告人马建设、卫秀云夫妇到驻马店帮其购买12000元的毒品，余下1000元是其二人的路费。2013年1月28日马建设经多次与张荣安联系，于当天上午8点多，马建设、卫秀云在河南省汝南县三门闸以12000元的价格购一包毒品及底料，后马建设、卫秀云携带毒品和底料返回时，在汝南县汽车站一辆发往郑州市的公共汽车上被新蔡县公安局民警抓获，从马建设身上收缴毒品可疑物两包。经驻马店市公安局鉴定，其中一包含海洛因成分，重21.93克，另一包为底料89.4克。毒品和底料已上缴。

认定上述事实的证据有：查获的毒品照片，张荣安驾驶的汽车的照片、卡口照片，抓获证明，新蔡县公安局扣押物品、文件清单，三被告人的户籍证明，华阴市公安局桃下派出所的户籍证明信、证明，华阴市公安局强制隔离戒毒决定书、现场检测报告书、行政处罚决定书，新蔡县公安局禁毒大队2013年8月7日证明两份，辨认笔录，河南省罚没收入统一票据两张，驻马店市公安局上缴毒品单据，新蔡县公安局扣押物品清单，搜查笔录，通话记录，新蔡县公安局民警卢某、徐某斌情况说明，见证人王某春情况说明，新蔡县公安局禁毒大队情况说明，孔某娜、杨某冬情况说明，徐某斌、卢某情况说明，王某春证明，新蔡县公安局禁毒大队破案经过，新蔡县人民检察院情况说明，新蔡县公安局禁毒大队在 2014 年 11 月 3 日证明，被告人马建设、卫秀云供述，证人马某、张某香证言，驻马店市公安局公（驻）鉴（毒）字〔2013〕096 号刑事技术鉴定书，新蔡县公安局禁毒大队现场检测报告书，河南省公安刑事科学技术研究所（豫）公（刑）鉴（特）字（2014）11 号图像检验意见书，公安部公物证鉴字（2015）1813 号物证鉴定书等。

　　根据上述事实和证据，新蔡县人民法院认为，被告人张荣安违反毒品管理法规定，明知是毒品而贩卖，其行为已构成贩卖毒品罪；马建设、卫秀云违反毒品管理法规定，明知是毒品海洛因而为他人代购 21.93 克，其行为均已构成运输毒品罪。对于公诉机关指控马建设、卫秀云构成贩卖毒品罪，经查，虽然马建设、卫秀云最初供述为杨某群代购毒品能够获得利益，但庭审中二人均翻供，认为杨某群没有允诺给予他们利益，而且没有杨某群的材料证实是否给予马建设、卫秀云好处，因此指控马建设、卫秀云能够获得利益的证据不足。同时也只有马建设、卫秀云供述知道杨某群以贩养吸，买的毒品吸食一部分、贩卖一部分，从华阴市公安局提供的材料显示杨某群只是吸食毒品者，无贩卖毒品的记录，无其他证据印证马建设、卫秀云是为杨某群贩卖毒品而购买毒品，也无证据证明二被告人在购买毒品的过程中获利，故马建设、卫秀云的行为应定为运输毒品罪。被告人张荣安及辩护人认为张荣安贩卖毒品事实不清、证据不足的辩解和辩护意见，经查，公安部公物证鉴字（2015）1813 号物证鉴定书证明张荣安在毒品交易前就与购买人马建设联系，并且从其车上搜查出了其与马建设就毒品买卖相互联系的手机，其车辆也有毒品交易当日途经新蔡黄楼、平舆、汝南的卡口监控，故对其辩解和辩护意见不予采纳。马建设、卫秀云为他人代购毒品，在犯罪中起次要作用，系从犯，应当从轻或减轻处罚。卫秀云到案后如实供述自己的罪行，系坦白，可从轻处罚。根据马建设、卫秀云的犯罪事实、性质、情节及对社会的危害程度，决定对马建设、卫秀云减轻处罚。依照《中华人民共和国刑法》第三百四十七条第一款、第三款，第二十五条第一款，第二十七条，第六十七条第三款，第五十二条，第五十三条，和最高人民法院《关于适用财产刑若干问题的规定》第二条第一款、第八条之规定，判决：一、被告人张荣安犯贩卖毒品罪，判处有期徒刑九年，并处罚金人民币 20000 元。（罚金于判决生效后十日内缴纳。）二、被告人马建设犯运输毒品罪，判处有期徒刑五年十个月，并处罚金人民币 10000 元。（罚金于判决生效后十日内缴纳。）三、被告人卫秀云犯运输毒品罪，判处有期徒刑五年三个月，并处罚金人民币 10000 元。（罚金于判决生效后十日内缴纳。）

上诉人张荣安上诉及其辩护人辩护称，原判认定事实不清、证据不足，请求依法改判张荣安无罪。

上诉人马建设、卫秀云上诉均辩称其只是为杨某群代购毒品，没有获取利益，不构成运输毒品罪，请求依法改判。

出庭代理检察员的意见，本案事实清楚，证据确实、充分，建议二审维持原判。

经二审审理查明的事实与原判认定相同，原判认定的证据经一审当庭举证、质证，查证属实，本院予以确认。

本院认为，上诉人张荣安违反毒品管理法规定，明知是毒品而贩卖，其行为已构成贩卖毒品罪；上诉人马建设、卫秀云违反毒品管理法规定，明知是毒品海洛因而为他人代购 21.93 克，其行为均已构成运输毒品罪。关于张荣安上诉及其辩护人辩护称原判认定事实不清、证据不足，请求依法改判张荣安无罪的意见，经查，公安部公物证鉴字（2015）1813 号物证鉴定书证明张荣安在毒品交易前就与购买人马建设联系，并且从其车上搜查出了其与马建设就毒品买卖相互联系的手机，其车辆也有毒品交易当日途经新蔡黄楼、平舆、汝南的卡口监控，结合马建设、卫秀云的供述及其他证据，已形成完整的证据链条，足以认定张荣安贩卖毒品的行为，故对其辩解和辩护意见本院不予采纳。关于马建设、卫秀云上诉均辩称其只是为杨某群代购毒品，没有获取利益，不构成运输毒品罪，请求依法改判的辩解，经查，马建设、卫秀云为吸毒者杨某群代购毒品，在运输过程中被查获，没有证据证明托购者、代购者是为了实施贩卖毒品等其他犯罪，毒品数量达到较大以上的，对托购者、代购者以运输毒品罪的共犯论处，故对二上诉人的辩解，本院不予采纳。马建设、卫秀云系运输毒品罪的从犯，卫秀云系坦白，依法可对马建设、卫秀云减轻处罚。原判对张荣安、马建设、卫秀云行为定罪准确，量刑适当，审判程序合法。上诉人张荣安、马建设、卫秀云的上诉理由不足，不予采纳。依照《中华人民共和国刑事诉讼法》第二百二十五条第一款第（一）项之规定，裁定如下：
驳回上诉，维持原判。
本裁定为终审裁定。

审　判　长　马洪涛
代理审判员　任蕴力
代理审判员　郭建平
二〇一六年四月二十日
书　记　员　王　丹

丁元海受贿案

何为合理怀疑及排除合理怀疑的证明标准应当如何适用

要　旨

证据确实、充分是我国刑事诉讼的证明标准，刑事诉讼法第53条将"综合全案证据，对所认定事实已排除合理怀疑"规定为"证据确实、充分"的条件之一，但是目前对于合理怀疑以及排除合理怀疑的内涵并没有清晰的界定，在司法实践中缺乏审查判断的具体认定标准，导致难以准确适用。

本案的理论和指导意义在于，刑事诉讼中合理怀疑的形成应当建立在对全案证据的证明力和证明体系进行慎重、细致的分析推理基础之上，应当有具有证据能力和证明力的证据支持且符合常理、经验判断与逻辑法则，应当从细节入手并综合全案证据审查判断犯罪嫌疑人、被告人的辩解是否具有合理性，对于无法形成合理怀疑的辩解不应当采信，不影响对犯罪事实的认定。

基本案情

原审被告人丁元海，男，59岁，系原大连假肢厂厂长。

同案被告人李佐，男，60岁，系原大连假肢厂党支部书记。

原大连假肢厂系全民所有制企业，原审被告人丁元海于1998年8月至2003年12月担任大连假肢厂党支部书记，2003年12月开始担任大连假肢厂厂长。

2004年初，许某通过朋友认识原审被告人丁元海并从其口中得知大连假肢厂准备改制，遂有意收购该厂。由于许某非大连假肢厂员工，收购假肢厂存在难度,遂与原审被告人丁元海协商收购事宜。原审被告人丁元海承诺帮助许某完成收购,但是要求许某在改制后给付其该厂10%的股份、一套房子和一台车作为条件,许某表示同意。

由于大连市民政局鼓励其所属企业改制后经营者相对持大股、经营班子成员领办企业,许某作为非经营班子成员,为了使改制顺利进行,与原审被告人丁元海协商,由原审被告人丁元海在未出资的情况下持有大连假肢厂有限责任公司的49%的股份,改制后将其中的39%通过股权转让的方式返还给许某,剩余10%的股份由原审被告人丁元海继续持有,作为双方事先约定的许某获得其帮助的条件。

2005年4月,大连假肢厂开始改制,2005年8月改制完毕。原审被告人丁元海利用职务便利,帮助许某完成企业收购,并收受许某给付的大连假肢厂有限责任公司10%的干股(股本金人民币50000元)。原审被告人丁元海在企业改制后担任大连假肢厂有限责任公司法定代表人,直到2008年3月。

另查,原审被告人丁元海曾于1999年为大连假肢厂办理厂房所有权证及土地使用权证,办证的费用由大连假肢厂所出。2005年,在许某买断大连假肢厂之前,丁元海告诉许某厂房要动迁。2005年10月,大连假肢厂动迁完毕,许某在大连市西岗区八一路57号购买了厂房。

2005年八九月改制完毕后,丁元海要求许某将当初约定的一套房屋折成30万元现金,但是许某并不情愿。直到2007年4月,许某将自己家房子卖掉后将30万元现金付给丁元海。随后,丁元海书写了《关于奖励现金的说明》并要求许某签字,内容为:"原企业大连假肢厂丁元海同志在办理企业自管产、公产房屋产权证明,产权证变名及土地使用证工作中表现突出,在无原始资料和档案资料情况下,能够克服困难多方查找相关资料,为企业办理完毕房屋自管产权证、公产房屋变名、土地使用证。为此,兑现奖金人民币叁拾万元整。"

2010年5月13日,大连市沙河口区人民检察院反贪局将丁元海、李佐涉嫌受贿一案移送该院公诉科审查起诉。2010年9月26日,大连市沙河口区人民检察院转至西岗院审查起诉,西岗区人民检察院于同日向大连市西岗区人民法院提起公诉。

2010年12月8日,大连市西岗区人民法院以(2010)西刑初字第

286号判决书以受贿罪判处丁元海有期徒刑5年3个月，但是对于丁元海在原大连假肢厂改制后收受人民币30万元的事实不予支持。判决后二被告人均提起上诉，大连市中级人民法院于2011年4月29日作出维持原判的裁定。

2011年8月4日，大连市人民检察院就丁元海受贿30万元的事实未予认定提请辽宁省人民检察院抗诉，辽宁省人民检察院于2013年7月7日向辽宁省高级人民法院提出抗诉。主要意见为：一、二审法院采信丁元海的辩解，认定30万元可能是奖励款，没有认定30万元为受贿款是错误的。

2014年3月10日，辽宁省高级人民法院指令大连市中级人民法院再审。大连市中级人民法院裁定发回大连市西岗区人民法院重新审理。

2014年12月25日，大连市西岗区人民法院以（2014）西审刑初再字第2号刑事判决书判决丁元海犯受贿罪，判处有期徒刑5年3个月，对于丁元海受贿30万元的事实仍然不予支持。

2014年12月30日，大连市西岗区人民检察院认为该一审判决确有错误，向大连市中级人民法院提出抗诉。

大连市人民检察院支持西岗区人民检察院抗诉，支持抗诉意见认为：第一，在证据的真实性与可采性上，许某的证言真实、客观、稳定，能够与客观事实相印证，应予采信；丁元海的供述与辩解不具有真实性、稳定性，不应采信。第二，现有证据足以排除丁元海收受的30万元人民币是奖励款的可能，不属于"合理怀疑"。第三，丁元海非法收受许某财物，为许某谋取利益，二者具有因果关系，符合受贿罪的主体要件，构成受贿罪。

证据情况如下：

1. 原审被告人丁元海的供述与辩解

2005年4月大连假肢厂在改制过程中，丁元海与许某经多次协商，许某在充分了解企业后同意买断假肢厂。在第一次职工代表大会没通过的情况下，经李佐做职工的动员工作，说服职工使第二次职工代表大会通过买断决议。丁元海称在企业改制过程中，向许某借款24.5万元出资，但没有书面借款合同只是口头约定，借款期限也记不清了，由许某替丁元海垫资24.5万元，丁元海占有企业股份的49%，随后丁元海将其中39%的股份以24.5万元又转让给许某,通过转让股份的形式,丁元海在没有出资的情况下占有企业股份的10%。李佐也是向许某借钱出资,占有企业股份的10%。改制时职工安置费、银行贷款等100多万都是许某一人出资。

1999年,丁元海给大连假肢厂在北京街的旧厂房办理了厂房所有权证、土地使用证,费用是大连假肢厂出的。2005年北京街的房子动迁后企业增值了,2007年4月,许某个人主动奖励丁元海30万元现金,这30万元一直在家里放着。

2. 同案被告人李佐的供述与辩解

在假肢厂改制过程中,李佐、丁元海为许某收购假肢厂提供便利条件,使许某顺利收购假肢厂。二人在没有出资的情况下,接受许某给付的10%的股份,成为改制后企业的股东,李佐随后又将10%的股份以18万元的价格转让给许某。

关于许某奖励丁元海30万元的情况肯定不是事实,因为假肢厂办理产权证是九几年的事,跟2005年改制以后的企业和许某都没有关系,而且办产权证当初是大连市民政局出钱办的,也不应该给丁元海什么奖励。李佐知道在改制过程中,丁元海帮许某暗箱操作,把假肢厂500多万的房产和其他不动产低价转让给许某,自己从中捞取好处。而且许某给了丁元海一台车,这台车一直由丁元海开着。

3. 证人证言

(1)证人许某证实:许某在丁元海、李佐的协助下,顺利买断了假肢厂,在改制前期经协商,许某同意给丁元海10%的股份、一套房子、一辆车,给李佐10%的股份。在改制出资时,全部的注册资金和改制相关费用都是许某一人出资,根本不存在许某借钱给丁元海和李佐出资的情况,这也能说明为什么不存在任何借款协议。

之所以改制后丁元海占49%的股份,是因为民政局改制时鼓励原来的领导班子成员持大股,为了顺利买断企业,许某先把39%的股份暂放在丁元海名下,在完成改制出资后仅一个多月,许某和丁元海就签订了股份转让协议,将39%的股份转让给许某,丁元海在未出资的情况下就持有许某承诺给他的10%股份。

改制后不长时间,丁元海在办公室说他不要房子了,要折合成人民币,丁元海开始说要折合35万元,经多次商量最后确定折合成30万元。当初答应给丁元海房子是因为办理买断假肢厂的事,没办法才答应给他房子,等假肢厂被买断后,许某就不想给丁元海了。后来丁元海多次索要,2007年许某把家里房子卖了,在4月30日以现金的形式给了丁元海。

奖励说明是丁元海打印好的,许某在上面签的字,丁元海说就把这个当作理由,至于说明中所写的内容,许某不知道怎么回事。30万元奖励说明只是丁元海为了掩盖跟许某要30万元这件事。

2005年6月许某还给了丁元海一台车。

(2) 证人刘某(许某妻子)证实:许某为了购买假肢厂给丁元海、李佐各10%的股份,还答应给丁元海一套房子、一辆车。后来房子没给,给了30万元。

(3) 证人宗某(大连民政局副局长)证实:李佐和丁元海在大连假肢厂改制过程中负责本企业改制领导工作。尽管许某只答应给丁元海10%的股份,但在改制时丁元海却占49%的股份,其原因就是改制时市体改委鼓励,并开会要求企业经营者在改制中持大比例股份。因此,许某称为了顺利买断企业才暂时把39%的股份放在丁元海处是符合当时客观实际的。办理假肢厂的厂房所有权证和土地使用权证是企业行为,无论是假肢厂和民政局都不可能奖励任何人。

(4) 证人朱某(原大连市轻工总公司综合业务处处长)证实:许某对其说过他买断假肢厂的时候丁元海向其要10%的股份和房子。一直都是许某出钱买这个企业,不是丁元海向许某借钱买股份。

(5) 证人郑某(大连民政局原副局长)证实:1998年前后郑某指派丁元海负责办理厂房使用权证和与土地使用权证,是由大连假肢厂出办理费用的钱。民政局不会也不应该因为这件事奖励丁元海。

4. 书证

(1) 产权改制政策文件证实:大连市民政局所属企业产权制度改革工作意见提出在改制过程中提倡经营者相对持大股,鼓励企业经营者、经营班子成员、企业机关管理人员领办企业。

(2) 大连市政府国有资产监督管理委员会文件关于假肢厂改制为有限责任公司的批复证实:同意丁元海、许某、李佐共同出资改制为有限责任公司,住所为大连市西岗区泰公街99号。改建后,注册资本为50万元,丁元海占49%,许某占41%,李佐占10%。大连假肢厂经评估的净资产做相应抵扣后不足补部分84.44万元由出资人丁元海、许某、李佐按比例用货币补齐。

(3) 企业申请变更登记注册书、公司设立登记申请书、公司章程证实:2005年8月11日,大连假肢厂经济性质由全民所有制变更为有限责任公司。公司法定代表人是丁元海,注册资本是50万元。出资额丁元海占49%,许某占41%,李佐占10%。

(4) 产权交易成交确认书、产权交易合同书、验资事项说明、银行现金交款单、出售协议书、出资人协议书证实:收到丁元海、许某、李佐出资的注册资本50万元,以及用于补齐原企业净资产在抵扣相关安置费用后的不足部分合计人民币84.44万元。其中,实际收到丁元海65.8756万元,收到许某55.1204万元,收到李佐13.4440万元。

按规定不足部分应由出资人丁元海、许某、李佐按比例出资,尽管银行现金交款单上表明丁元海、李佐均出资,但实际丁元海、李佐均未出资,是由许某一人出资。

(5) 股权转让协议证实:2005年9月28日,丁元海将公司39%的股份以24.5万元转让给许某,抵顶在改制过程中许某为丁元海垫付的24.5万元。

(6) 公司任职文件、公司变更登记申请书、股东会决议证实:在公司成立后,李佐将5万元的股份转让给许某,丁元海将占有股权24.5万元中的19.5万元股份转让给许某。

(7) 关于奖励现金的说明证实:因丁元海在为企业办理房屋自管产权证、公产房屋变名、土地使用证的工作中表现突出,在无原始资料和档案资料情况下,能够克服困难多方查找相关资料,为企业办理完毕房屋自管产权证、公产房屋变名、土地使用证,为此2007年4月30日许某兑现奖金30万元给丁元海。

关键问题

原审被告人丁元海对于收受行贿人许某给付的30万元现金没有异议,但是辩解该30万元系行贿人对自己的奖励而非贿赂款,因此本案的关键问题在于：如何根据证据审查判断丁元海收取的30万元是奖励款还是贿赂款？该辩解对于其构成受贿罪是否形成合理怀疑？排除合理怀疑的证明标准应当如何适用？

 **分歧意见**

对于原审被告人丁元海收受许某30万元的行为是否构成受贿罪形成两种意见。

一种意见认为证实丁元海受贿30万元的证据不足，不能排除该30万元是奖励款的合理怀疑，理由是：丁元海自改制后至2008年3月一直在企业工作，担任法定代表人并帮助许某负责经营管理，为企业作出了贡献；改制后不久原大连假肢厂的厂房搬迁，房产及土地产生了增值，而厂房的房屋产权证和土地使用证是丁元海办理的；许某没有经过股东丁元海的同意，将使用原厂房搬迁补偿款购买的新厂房办到许某个人名下是违规行为，丁元海对此事提出异议，许某表示以后会给其补偿。因此，许某基于以上原因给付丁元海30万元的可能性不能排除。

另一种意见认为丁元海收受许某30万元的行为构成受贿罪，丁元海关于该30万元是奖励款的辩解不能成立，无法形成合理怀疑。

 评析意见

本案争议的焦点在于丁元海收受的30万元人民币，是许某基于丁元海对企业的贡献而给予的奖励，还是许某基于丁元海帮助其完成企业改制而给予的贿赂。一审法院认为不能排除该30万元是奖励款的可能而对该节事实未予认定，但是检察机关以及二审法院均认为综合全案证据能够排除合理怀疑，证实丁元海收受许某30万元的行为构成受贿罪。理由如下：

首先，合理怀疑的形成应当建立在对全案证据的证明力和证据体系进行慎重、细致的分析推理基础之上，同时应当对证据的真实性与可采性进行详细的审查判断。

本案中，在丁元海收受许某给付的30万元款项的性质上，丁元海和许某分别给出了奖励款和贿赂款两种截然相反的陈述。丁元海的辩解和许某的证言均为言词证据,此时首先应当从对言词证据的审查认定方法出发,从陈述的稳定性、与其他证据的相互印证程度、与客观事实尤其是细节事实的吻合程度等方面,着重考察双方陈述的真实性和可采性,而不应当直接采信被告人的辩解。

第一,被告人有权针对被指控的犯罪事实提出辩解,在形式上对被告人的辩解进行审查时,可以从提出辩解的诉讼阶段和前后是否一致上面着手。

一方面,丁元海对于为何收受许某给付的30万元,在侦查阶段、一审庭审、再审庭审、发回重审后等不同的诉讼阶段,分别提出了"1999年为大连假肢厂办理厂房所有权证和土地使用证的奖励""厂房搬迁后资产增值的奖励""许某将使用搬迁款购买的新厂房私自登记在其个人名下的补偿""为许某管理改制后的企业的奖励""改制后的企业没有分红的补偿"等不同辩解。另一方面,丁元海对于该30万元是许某主动给的还是其向许某索要的问题上,在不同的阶段给出了不同的说法。

不稳定、易变化是言词证据的主要缺点之一。在司法实践中,对于前后不一致的证人证言在采信证据时一般都比较谨慎,认为证明力相对较低,在对被告人辩解的审查判断上,应当从内容上、证据上对该辩解的真实性、合理性进行进一步的审查,不应当直接采信。

第二,本案不存在"一对一"证据不能认定的障碍,而只有选择采信哪一方证据的难题,即如何对双方陈述的证明力进行判断进而采信证据。因此在对丁元海的陈述审查后,应当采用相同的方法和证明标准,对许某的陈述进行审查。

在以往的受贿犯罪中,经常存在行贿人供认行贿但是受贿人否认受贿的事实认定问题,在没有其他有罪证据的情况下,实践中一般以"一对一"无法认定构成受贿犯罪处理。但是在本案中,由于丁元海对于收受30万元人民币的事实是没有异议的,其只是对30万元的性质存在辩解,因此本案不存在"一对一"证据不能认定的问题,而只有采信丁元海的辩解还是许某证言的选择。

从许某给付丁元海30万元现金的原因上看,许某证实这是丁元海提出的帮助其买断假肢厂的"10%的股份、一套房子、一台车"的条件之一,且股份和车在案发前都已经兑现;从许某给付30万元现金的时间上看,许某对于为何2005年改制却直到2007年才给丁元海30万元作出了解释,即许某在改制完成后不想给丁元海房子了,但是在丁元海一直催要下才给的;在丁元海向许某要房子的细节上,许某证言中丁元海的儿子二十多岁了还没工作、没学历找不着工作的内容,均与丁元海儿子初中毕业、没工作的实际情况相符,如果丁元海没有跟许某说过,许某对于这种细节不可能知道。

因此,在采用相同的方法和标准对丁元海和许某二人陈述的真实性与稳定性进行审查后,与丁元海的辩解相比,许某的证言真实、稳定,并且能够与其他证据和客观事实相印证,其证言的证明力远远高于丁元海的辩解,应当予以采信。

其次,刑事诉讼中的合理怀疑应当有具有证据能力和证明力的证据支持且符合常理、经验判断与逻辑法则,即"有理有据"。对全案证据审查后可以发现,丁元海提出的30万元人民币是奖励款的辩解没有证据支持且不符合常理,不构成"合理怀疑"。

从"合理怀疑"这一概念的起源来看,其最初也是源自西方神学而非法学、证据学,因此如何解释合理怀疑就成为正确适用刑事证明标准的首要问题。我国修改后的刑事诉讼法将"排除合理怀疑"作为刑事诉讼的证明标准,我们首先应当依照立法机关的解释作出审查判断。

全国人大常委会法制工作委员会指出,所谓"排除合理怀疑",是指"对于事实的认定,已没有符合常理的、有根据的怀疑,实际上达到确信的程度"。由此观之,排除合理怀疑,实际上是一项经验标准,它强调对案件事实的认定以及对证据的审查、判断,必须符合逻辑和经验规则。本案的具体案件事实和证据可以为上述抽象的理论和原则作出诠释,具体分析如下:

第一,从行贿人许某的立场出发,丁元海辩解的许某给付30万元的原因并不符合许某的动机,不具有真实性和合理性。行贿人之所以行贿,必然是为了谋求更大的利益且需要通过行贿来实现这种利益。丁元海辩解的以及《关于奖励现金的说明》中所记载的30万元奖励的原因是丁元海在1999年为大连假肢厂的厂房和土地办理了更名和证件,进而使许某在假肢厂改制后的土地动迁中获得了高额补偿。但是许某在2005年改制时就已经知道有产权证和土地证,而且许某买断假肢厂的目的并不是投资经营,就是为了假肢厂以后动迁时能够获得补偿款。既然如此,一方面,许某不可能在2007年改制完成后,又基于丁元海在1999年办理产权证和土地证给其30万元的巨额奖励。另一方面,办理证件是丁元海受上级指派而实施的职务行为而不是丁元海的个人行为,办证的费用也都由假肢厂支付,丁元海与许某在1999年办证时根本就不认识,许某根本不可能等到2007年对丁元海进行奖励。

第二,"合理怀疑"的形成应当有证据支持且符合客观事实,没有证据支持的被告人辩解无法证实其具有真实性、客观性。丁元海在发回重审后提出该30万元是许某对其经营管理改制后的假肢厂的奖励,但是在侦查机关和原审阶段丁元海均未提出过该辩解,并且在原审判决书据以认定构成合理怀疑的主要证据"奖励说明"中也没有提到是基于丁元海管理改制后的企业的奖励。同时,在改制后的假肢厂是否盈利方面:许某证实假肢厂在改制后根本就没有盈利,都是处于亏损状态。而在丁元海没有提出该辩解时,其对改制后企业的经营状况与许某的证言一致,即"企业经营状况不好,一直亏损"。当丁元海提出该辩解后,又辩称其管理期间企业效益好,因此许某给其奖励,但是问到丁元海改制后企业的盈利时,其又含糊其词,称其不管财务,不知道具体盈利状况,只知道效益比较好。从以上证据的相互印证、陈述的变化情况上可以得出改制后的企业经营状况不好、处于亏损状态,因此许某没有原因奖励丁元海的结论,丁元海的辩解不真实,不应采信。

第三,"合理怀疑"应当合情合理,不符合常情、常理的被告人辩解不属于"合理"怀疑,本案中就奖励的数额来看即不具有合理性。一方面,如果许某给丁元海30万元奖励,奖励的基础是丁元海为许某的企业创造的价值远远超过30万,而实际情况是改制后的假肢厂一直亏损,许某作为正常的经营者、经济人,没有任何理由给丁元海如此巨额的奖励。另一方面,与丁元海改制后的工资相比,30万元的奖励数额明显超出了正常的范围,丁元海在改制后每月工资仅1500元,年工资不过18000元,许某却给其每年10万元的奖励,超过其工资几倍有余,甚至可以说是巨额奖励,明显不合情理。相反,从2005—2007年大连的房价看,当时房价在每平2000—3000元左右,正常一套100平的房子的价格在20万—30万,恰恰能够与许某所说的丁元海将房子折合成现金的事实相印证。

第四,"合理怀疑"的认定应当符合逻辑规则,在逻辑上能够前后自洽、自圆其说,逻辑上无法自洽的被告人辩解不能构成"合理怀疑"。其一,如果丁元海辩解的30万元是许某对其的奖励成立,那么应该用公司的钱通过正常程序和财务手续来实现,而不应当由许某使用出售自己房子所得的款项兑现。其二,丁元海对许某个人出钱兑现奖励作出的解释为企业都是许某个人的,但是这种解释又与其之前提出的"许某因为将八一路的公建落到自己名下而承诺给丁元海补偿"的辩解相矛盾。其三,如果改制后的企业是许某个人的,也就不存在许某因为违规落户要给丁元海补偿的问题;如果说许某违规落户要给丁元海补偿,那么给丁元海奖励也就应该从公司出钱而不是由许某个人出钱。因此,结合许某、丁元海、同案犯李某佐对改制时的费用都是许某个人支付的陈述,足以证实改制后的假肢厂都是许某个人的,丁元海提出的是兑现奖励的辩解无法实现逻辑上的自洽,不具有合理性、真实性。

第五,从丁元海收受30万元款项后的处置方式上看,更符合受贿人收受贿赂后的情形,而不符合一般人通过合法方式获得报酬后的反应。丁元海的妻子姜某华与丁元海均证实在收到许某给付的这30万元现金后一直没存银行,就放在家里的大衣柜里,这种处理方式并不符合正常人的生活习惯和日常逻辑:一是将如此巨额的现金放在家里十分不安全;二是如果将30万元存到银行,利息是非常可观的;三是丁元海在日后购买房屋时并未直接使用该笔钱款,反而向其亲戚借钱。因此如果这30万元现金是通过合法劳动取得的报酬,丁元海不必如此。同时,在案发以后,姜某华和丁元海还向许某提出愿意将30万元退回,这也是受贿犯罪后即将案发前的常见情形:如果丁元海认为该30万元是其应得的合法报酬,其没有理由退还;丁元海选择退还,恰恰是因为其明知许某在改制后不愿意给自己这30万元,正是因为自己多次索要,许某才被迫给付30万元,所以才在案发时丁元海提出退还该笔赃款,以躲避法律的制裁。

第六，作为认定不能排除"合理怀疑"所依据的证据必须是经过审查后具有证据资格且具有客观性、真实性的证据。原审判决认为丁元海不仅提出了辩解，而且提交了"奖励说明"来证实自己的辩解，进而采信该辩解得出不能排除合理怀疑的结论。从"奖励说明"的内容与形成过程看，"奖励说明"对丁元海所办证件的种类"房屋自管产权证、公产房屋变名、土地使用证"的详细列举，对于办证过程"在无原始资料和档案资料情况下，能够克服困难多方查找相关资料"的详细描述，许某根本不知道，而是丁元海自己所写，因此该"奖励说明"的证据资格存在疑问。在此情况下，通过以上对全案证据和案件事实的分析论证，已经得出许某给丁元海奖励的理由无法成立的结论，因此该"奖励说明"的内容也就不具有真实性了。一个在形式上不具有证据资格、内容上不具有真实性的证据，是不应当采信作为定案依据的，反而能够证实丁元海让许某出具该说明的目的就是掩饰受贿的性质。

综上所述，许某给丁元海30万元的现金无合法依据，无论是基于办证还是管理的奖励均不具有合理性，唯一的合理解释就是这30万元是丁元海提出的帮助许某完成改制的条件，但是在改制后许某不愿兑现，在丁元海多次索要后，许某没办法，才在将自己家的房子卖掉以后兑现承诺。

最后，在丁元海对于收受许某财物行为的性质无法作出合理解释、无法形成合理怀疑的情况下，证实丁元海构成受贿罪的证据完全符合犯罪事实清楚、证据确实、充分的刑事诉讼证明标准。

第一，在客观要件上，丁元海实施了非法收受许某财物并且利用职务便利为许某谋取利益的行为。一是在丁元海对收受许某人民币30万元的事实没有异议的前提下，通过对证据的分析已经排除丁元海辩称的奖励款的可能，应当认定许某给付给丁元海财物的性质为贿赂款项。二是在大连假肢厂改制的过程中，许某认识丁元海并且提出让其帮助自己收购假肢厂，丁元海利用担任该厂厂长并负责改制工作的职务便利，为许某顺利买断假肢厂出谋划策、向上汇报、对下协调，最终帮助许某顺利完成了对假肢厂的收购工作，符合受贿罪所要求的利用职务便利为他人谋取利益的构成要件。

第二，在因果关系上，丁元海收受许某给付的30万元人民币与其为许某谋取利益具有刑法上的因果关系。一是许某证实丁元海提出的帮助许某完成收购假肢厂的条件就是改制后假肢厂10%的股份、一套房子和一辆车，在案证据亦证实丁元海已经获得了上述全部非法利益，而30万元现金即条件中的"一套房子"，因此丁元海收受许某给付的包括30万元在内的全部财物都是为许某谋取利益的权力对价。二是虽然丁元海收受30万元现金是在假肢厂改制完成以后，但是本案证据证实丁元海与许某在改制之前即存在收受财物的约定，否则在改制完成及厂房动迁后，许某的利益已经获得，丁元海不可能也没有理由多次找许某继续索要财物，许某也完全可以不理会丁元海甚至可以向公安机关报案。三是对于许某在已经获得利益的情况下，仍然付给丁元海30万元的合理解释就是二人之前确实对房子或者30万元有过约定，但是许某一直没有兑现，在丁元海不断的索要下最终给付丁元海30万元。因此，丁元海收受30万元财物的行为是在一个犯罪故意支配下的延续过程、完整行为，与其利用职务便利为许某谋取利益的行为具有刑法上的因果关系。

第三，在犯罪主体上，丁元海符合受贿罪的主体要件。虽然丁元海收受30万元的行为发生在改制之后，当时已不具备国家工作人员的身份，但其受贿犯罪的犯意产生之时具有国家工作人员的身份，向许某索要财物并且为许某提供帮助、谋取利益利用的是其作为国家工作人员的身份条件和职务便利，最后收受的30万元财物也是许某对其公权力的收买和对价。因此，无论从何角度来看，丁元海的受贿行为都属于事前约定、事后受贿，符合受贿罪的主体要件。

综上所述，综合全案证据足以排除丁元海收受的30万元现金系奖励款的可能，本案证据已经形成完整的证据链条，证实丁元海有受贿30万元的犯罪事实。

处理结果

本案经大连市人民检察院审查后，于2015年3月13日以大检公诉支刑抗〔2015〕3号支持刑事抗诉意见书向大连市中级人民法院支持西岗区人民检察院的抗诉意见。

大连市中级人民法院经过开庭审理，于2015年8月14日以

（2015）大审刑再终字第 2 号《刑事判决书》作出终审判决，认为原审判决对原审被告人丁元海收受 30 万元一节未认定为构成受贿罪系适用法律不当，应予纠正，决定支持西岗区人民检察院的抗诉意见，对原审被告人丁元海由有期徒刑 5 年 3 个月改判为有期徒刑 10 年。

（撰稿人：曾腾，辽宁省大连市人民检察院
公诉二处员额检察官）

大连市西岗区人民法院
刑事判决书

（2014）西审刑初再字第 2 号

原公诉机关大连市西岗区人民检察院。

原审被告人丁元海，男，1958年××月××日生，身份证号码2102031958××××××，汉族，大专文化，原大连假肢厂厂长，住大连市中山区××巷××号。因本案于2010年3月2日被刑事拘留，于同年3月16日被逮捕。现羁押于大连市监狱。

辩护人于彬，辽宁利金律师事务所律师。

原审被告人李佐，男，1957年××月××日生，身份证号码2102021957××××××××，汉族，大专文化，原大连假肢厂党支部书记，住大连市中山区××街××号。因本案于2010年3月3日被取保候审。现羁押于营口市监狱。

原公诉机关大连市西岗区人民检察院指控原审被告人丁元海、李佐涉嫌受贿罪一案，本院于2010年12月8日作出（2010）西刑初字第286号刑事判决。丁元海、李佐均不服，提出上诉。大连市中级人民法院作出（2011）大刑二终字第69号刑事判决。该判决已经生效。辽宁省人民检察院向辽宁省高级人民法院提出抗诉。辽宁省高级人民法院作出（2014）辽刑抗字第2号再审决定书，指令大连市中级人民法院进行再审。大连市中级人民法院于2014年9月18日作出（2014）大审刑终再字第1号刑事裁定，撤销大连市中级人民法院（2011）大刑二终字第69号刑事判决及本院（2010）西刑初字第286号刑事判决，指令本院重新审理。本院依法另行组成合议庭，于2014年12月18日公开开庭进行了审理。原公诉机关大连市西岗区人民检察院指派检察员李姗姗出庭支持公诉，原审被告人丁元海及辩护人于彬到庭参加了诉讼。本案现已审理终结。

本院原审查明，大连假肢厂系全民所有制企业，被告人丁元海为原大连假肢厂厂长。2004年初，许某通过朋友认识被告人丁元海并从其口中得知大连假肢厂准备改制，遂有意收购该厂。由于许某非大连假肢厂员工，收购假肢厂存在难度，遂与被告人丁元海协商收购事宜。被告人丁元海承诺帮助许某完成收购，许某亦答应改制后给付被告人丁元海该厂10%的干股作为获得其帮助的条件。由于大连市民政局鼓励其所属企业改制后经营者相对持大股、经营班子成员领办企业，许某作为非经营班子成员，为了使改制顺利进行，与被告人丁元海协商由被告人丁元海在未出资的情况下持有大连假肢厂有限责任公司的49%的股份，改制后将其中的39%通过股权转让的方式返还给许某，剩余10%的股份由被告人丁元海继续持有作为双方事先约定的许某获得其帮助的条件，其后被告人丁元海与许某如约操作。由此，2005年，被告人丁元海利用职务便利，帮助许某完成企业收购，并收受许某给付的大连假肢厂有限责任公司10%的干股（股本金人民币50000元）。

被告人李佐作为原大连假肢厂党支部书记，在得知许某欲借改制之机收购该厂但无法通过职工代表大会决议后，承诺帮助许某说服职工以完成收购，许某亦答应改制后给付被告人李佐该厂10%的干股作为获得其帮助的条件。2005年，被告人李佐利用职务便利，帮助许某完成企业收购，并收受许某给付的大连假肢厂有限责任公司10%的干股（股本金人民币50000元）。2005年11月1日，许某以18万元价格收购被告人李佐持有的该10%股份。案发后，被告人李佐犯罪所得的部分赃款50000元已退回。

上述事实，有案件来源及抓捕经过，被告人丁元海、李佐的身份证明、干部履历表、干部任免呈报表，被告人丁元海、李佐的供述及辩解，证人许某、刘某英、宗某平、朱某庆、郑某积的证言笔录，产权改制政策文件，股权转让协议，收条，企业申请变更登记注册书，公司设立登记申请书，公司章程，关于奖励现金的说明，工业企业登记申请书，扣押物品清单、案款收据，大连假肢厂和许某签订的借款协议，大连市政府国有资产监督管理委员会文件关于假肢厂改制为有限责任公司的批复等证据证实，足以认定。

原审认为，被告人丁元海、李佐身为国家工作人员，利用职务上的便利，非法收受他人财物，为他人谋利益，其行为侵害了国家机关的正常工作秩序和国家的廉政建设制度，已构成受贿罪。大连市西岗区人民检察院指控的罪名成立，本院予以支持。关于被告人丁元海收受的10%的大连假肢厂有限公司股份的性质认定问题，即系偿还借款后形成的股份还是受贿所得，分析如下：从被告人丁元海行为的起因看，被告人李佐的供述笔录及证人许某的陈述笔录均证实，许某在大连假肢厂改制前曾许诺给予丁元海大连假肢厂10%干股以要求丁元海帮助其促成改制；从行为的过程看，证人许某、宗某平的证言笔录及产权改制政策文件均证实了改制时被告人丁元海占有49%股份的根本原因是市体改委开会要求企业经营者在改制中持大比例股份，许某与丁元海遂约定由丁元海暂时持有49%的股份事后部分转让给许某，而非被告人丁元海辩称的是其向许某借款24.5万元主动购买假肢厂49%的股份；从行为的结果看，事后，被告人丁元海仅将该其持有39%的股份转让给许某，在未实际出资的情况下继续保留大连假肢厂有限责任公司的10%的股份，该结果可以与其和许某10%干股的事先约定相吻合。由此，被告人丁元海称其预期企业房产增值而以39%的股份抵还其先前借款的辩解与事实不符。综上，被告人丁元海收受的10%的大连假肢厂有限责任公司股份的性质应当认定为受贿款，被告人丁元海及辩护人认为被告人收受10%股份的行为并非受贿的辩解及辩护意见，本院不予采纳。关于公诉机关指控被告人丁元海以兑奖名义收受许某30万元贿赂的犯罪事实，证人许某证明被告人丁元海改制前曾向其索要"一套房子"和10%的干股，改制后被告人丁元海如约得到10%干股，许某奖励丁元海30万元是"一套房子"的变现，但该证言缺乏其他证据直接佐证，公诉机关无法提供足够证据证实改制后许某给予被告人丁元海30万元存在事先约定，且与被告人丁元海为许某谋取的利益存在必然联系，无法排除该30万元确系奖励款的可能，故被告人丁元海在原大连假肢厂改制后收受的人民币30万元不应认定为受贿款，公诉机关有关该节犯罪事实的公诉意见，本院不予支持。鉴于被告人李佐自愿认罪，酌情予以从轻处罚。综上所述，依照《中华人民共和国刑法》第三百八十五条第一款、第三百八十六条、第三百八十三条第一款第（二）项、第六十四条之规定，原审判决如下：一、被告人丁元海犯受贿罪，判处有期徒刑五年三个月。（刑期从判决生效之日起计算，判决执行以前先行羁押的，羁押一日折抵刑期一日。即自2010年3月2日起至2015年6月1日止。）被告人李佐犯受贿罪，判处有期徒刑五年。（刑期从判决生效之日起计算，判决执行以前先行羁押的，羁押一日折抵刑期一日。即自2010年12月8日起至2015年12月7日止。）二、被告人丁元海犯罪所得的大连假肢厂有限责任公司10%的股份、被告人李佐犯罪所得赃款未退回部分即人民币13万元，依法予以追缴；由追缴单位上缴国库。

本次审理中原审被告人丁元海对原公诉机关指控收受许某给付的大连假肢厂有限责任公司10%干股的犯罪事实没有异议，自愿认罪。对原公诉机关指控的收受许某给付30万元的事实没有异议，但是认为不属于受贿。理由为：大连假肢厂改制完毕后，企业搬迁，得到搬迁补偿款将近500万元，许某没有经过其的同意，也没有事先和董事商量，私自将搬迁补偿款购买的厂房落在许某个人名下。丁元海对此事提出异议，许某口头表示以后会给补偿。后来，许某在2007年闲谈时说到企业房屋动迁补偿款，丁元海认为这些增值和其当时的努力分不开。许某对业务一窍不通，全是委托丁元海帮助其进行企业管理，对企业管理三年之久。许某当时说过经营好给其奖励，丁元海称其付出很多，但月工资只有1500元，所以想和许某要30万元奖励费用，许某说经营三年，每年10万元，就给其30万元。在企业改制完后2007年五六月，丁元海收到许某给的30万元补偿。形成奖励的说明是按照许某的要求写了三次，第一次是根据企业改制的业绩形成的，第二次丁元海要求将业绩作为内容，许某说不要写的那么复杂，就将30万元写为补偿，收条由丁元海和许某共同签字。所以公诉机关指控说是受贿不属实，企业是许某私人的，丁元海不是国家工作人员，所以，不构成30万元的受贿。

原审被告人丁元海辩护人的辩护意见为：针对原公诉机关指控的原审被告人丁元海受贿5万元的犯罪事实，辩护人意见同原一、二审一致。对30万元的犯罪事实，辩护人认为：原公诉机关指控犯罪事实不能成立，根据疑罪从无，不能认定丁元海犯受贿罪。对原公诉机关指控丁元海收取许某30万元的时间及以兑换奖金的名义收取30万元的事实没有异议。但是，对于认定丁元海取得该款是基于2005年帮助许某改制大连假肢厂的事实,认为二者存在因果关系缺乏证据予以证实。并且2007年,丁元海已不再是国家工作人员,其收取30万元不具备受贿罪的主体构成要件。

本次审理认定事实同原审基本一致。补充认定事实为:原审被告人丁元海于1998年8月至2003年12月担任大连假肢厂党支部书记,2003年12月开始担任大连假肢厂厂长,直到企业改制。大连假肢厂于2005年4月份开始改制,至2005年8月改制完毕。原审被告人丁元海在企业改制完后担任大连假肢厂有限责任公司法定代表人,直到2008年3月。

原审被告人丁元海曾于1999年为大连假肢厂办理厂房所有权证及土地使用权证,办证的费用是由大连假肢厂出的。

2005年,在许某买断大连假肢厂之前,丁元海告诉许某厂房要动迁。2005年10月,大连假肢厂动迁完毕,许某在大连市西岗区八一路57号购买了厂房。证人许某证明:1.购买的厂房款花了400多万元,一部分来源是大连假肢厂动迁补偿款,其余是许某个人的钱。2.2004年11月,在丁元海办公室,丁元海向其要买断后假肢厂的10%股份、一套房子和一台车,如果许某答应丁元海的三个条件,丁元海帮助许某买断大连假肢厂。3.2005年八九月,丁元海和许某商量要将房子折成30万元现金。因许某不情愿给这30万元,就一直拖到2007年,许某将自己家房子卖掉,拿出30万元给了丁元海。

2007年4月30日,原审被告人丁元海收取许某现金30万元,双方共同商议形成一份《关于奖励现金的说明》,内容为:"原企业大连假肢厂丁元海同志在办理企业自管产、公产房屋产权证明,产权证变名及土地使用证工作中表现突出,在无原始资料和档案资料情况下,能够克服困难多方查找相关资料,为企业办理完毕房屋自管产权证、公产房屋变名、土地使用证。为此,兑现奖金人民币叁拾万元整。"

本次审理依据证据同原审一致。

本院认为,原审被告人丁元海、李佐身为国家工作人员,利用职务上的便利,非法收受他人财物,为他人谋利益,其行为侵害了国家机关的正常工作秩序和国家的廉政建设制度,已构成受贿罪。大连市西岗区人民检察院指控的罪名成立,本院予以支持。

关于原公诉机关指控原审被告人丁元海收受10%干股价值5万元的犯罪事实，因原审被告人丁元海没有异议，自愿认罪。抗诉书及再审决定书对该节犯罪事实没有提出意见，因此本院对该节犯罪事实的认定及处理结果同原审一致。

关于原公诉机关指控原审被告人丁元海收受30万元的犯罪事实，本院认为，原审被告人丁元海收受该款时其身份已不属于国家工作人员，不具备受贿罪的主体身份。原公诉机关提供的能够证明丁元海有"事先约定"情形的证据有证人许某、刘某英的证言及书证《关于奖励现金的说明》证据证明。证人许某的证言和书证相互矛盾，不能形成完整的证据链条，证人刘某英系许某妻子，其证言为传来证据，不能采信。因此公诉机关提供的证据不足以证明原审被告人丁元海收取的30万元属于"事先约定，事后受贿"的情形。原审被告人丁元海辩解意见有证人许某证言及书证《关于奖励现金的说明》证据证明。其辩解的合理性在于，丁元海自2005年企业改制完后至2008年3月一直在企业工作，担任企业法定代表人，为企业作出了贡献，大连假肢厂改制后不久，厂房发生了搬迁，随后，房产及土地价值产生了增值，许某也承认将动迁款用于购买了厂房，由于大连假肢厂改制后的公司系股份制有限公司，许某将公司动迁补偿款购买的厂房办到自己名下，有违规行为。许某基于以上原因给付丁元海30万元的可能性不能排除。因此，原公诉机关指控丁元海受贿30万元犯罪事实证据不足不能排除合理怀疑，本院不予支持。

关于原公诉机关指控原审被告人李佐受贿10%干股价值5万元的犯罪事实，由于原审被告人李佐在原审时自愿认罪，抗诉书及再审决定书对其犯罪事实没有提出意见，故本院对原审被告人李佐犯罪事实的认定及处理结果同原审一致。

综上所述，依照《中华人民共和国刑法》第三百八十五条第一款、第三百八十六条、第三百八十三条第一款第（二）项、第六十四条之规定，经本院审批委员会讨论决定，判决如下：

一、被告人丁元海犯受贿罪，判处有期徒刑五年三个月。（刑期从判决生效之日起计算，判决执行以前先行羁押的，羁押一日折抵刑期一日。即自2010年3月2日起至2015年6月1日止。）

被告人李佐犯受贿罪，判处有期徒刑五年。

（刑期从判决生效之日起计算，判决执行以前先行羁押的，羁押一日折抵刑期一日。即自 2010 年 12 月 8 日起至 2015 年 12 月 7 日止。）

二、被告人丁元海犯罪所得的大连假肢厂有限责任公司 10% 的股份、被告人李佐犯罪所得赃款未退回部分即人民币 13 万元，依法予以追缴；由追缴单位上缴国库。

如不服本判决，可在接到判决书第二日起十日内，通过本院或者直接向辽宁省大连市中级人民法院提出上诉。书面上诉的，应当提交上诉状正本一份，副本二份。

审　判　长　王殿刚
人民陪审员　倪鹤平
人民陪审员　张　勤
二〇一四年十二月二十五日
书　记　员　陈慧宁

大连市人民检察院
支持刑事抗诉意见书

大检公诉支刑抗〔2015〕3号

大连市中级人民法院：

　　大连市西岗区人民检察院以西检刑抗〔2014〕20号刑事抗诉书对西岗区法院丁元海、李佐涉嫌受贿一案的刑事判决提出抗诉。本院审查后认为，抗诉正确，应予支持。

　　第一，在证据的真实性与可采性上，应当采信许某的证言，丁元海的供述与辩解不具有客观性。

　　1. 丁元海的供述与辩解不具有真实性、稳定性，不应采信。

　　首先，丁元海对于受贿10%的干股的犯罪事实，虽然其目前表示认可法院判决，口头表示认罪，但是对于10%股份的来源，其仍然辩解说是在改制时向许某借款购买的，因此，从本质上来看，其仍然不认为是许某向其行贿所得。但是，对于10%干股的来源，李佐与许某的证言能够相互印证系受贿性质，而丁元海的辩解与李佐、许某二人的证言却是矛盾的，因此可以看出丁元海的辩解不具有真实性。

　　其次，丁元海对于其收受许某30万元人民币现金的辩解前后不一致。丁元海2010年5月12日在侦查机关对于收受许某30万元的辩解是："因为我在1999年为大连假肢厂办理了厂房所有权证和土地使用证事宜"，"许某觉得他受益了，就给我奖励"，"是许某主动给我的"。

　　西岗区人民法院2010年11月8日庭审中丁元海的辩解是："我们厂从北京街搬到八一路，资产再次增值，我觉得心理不平衡，2006年年末前后，我和许某谈过两次，第一次有暗示语言，第二次就明确要，他说给20万，我说有点少，再加10万，之后他就同意了"，"奖励的原因是1999年办两证的事，之后又因为企业增值了，所以我才向许某要

30万元"。

大连市中级人民法院审判监督庭2014年6月27日庭审中丁元海的辩解是:"许某拿动迁款买了八一路的公建房子,产权写在许某的名下,许某在产权登记自己名下之前没有和股东打招呼也没有商量";"我受许某的委托由我管理这个企业,许某跟我说如果企业效益好就给我奖励,我的工资较低,企业经营较好,所以应该给我奖励,许某就同意了"。

西岗区人民法院2014年12月18日庭审中丁元海的辩解是:"许某私自将产权写在其个人名下,我对此事提出异议,许某当时做了解释,口头说以后会给我补偿";"我付出了很多,但月工资只有1500元,企业成立至今也没有分红,所以我想和许某要30万元的奖励费用,许某说经营三年,每年给我10万元,最多给我30万元"。

从丁元海自到案至今的辩解可以看出并不具有真实性、合理性与稳定性:一是检察院在抗诉之前,丁元海从未提出过该30万元的奖励是由于其对改制后公司的经营与管理;二是在该30万元是许某主动给的还是其向许某要的问题上存在反复与不一致。因此,丁元海的辩解不具有合理性,没有事实依据,不应采信。

2. 许某的证言真实、客观、稳定,能够与客观事实相印证,应予采信。

许某在侦查机关的多次证言证实:"丁元海跟我要买断后假肢厂10%的股份,还要一套房子和一台车,如果我答应了这三个条件,丁元海就帮助我参与买断。""当初答应给丁元海房子是因为他能帮助我办理买断大连假肢厂的事,我没办法才答应给他房子的,等大连假肢厂被我买断后我就不想给丁元海了,后来他多次跟我要,我才将房子折成30万元给丁元海的。丁元海跟我要一台车也给了。""丁元海当时又来找我要一套房子,跟我说他的儿子二十多岁了还没工作,将来要结婚的话他拿不出那么多钱买房子,最好是一楼的两室房子,我说他年轻轻的为什么要一楼的,他说他儿子没学历找不着工作,不行的话就开个小卖店或者小饭店。在改制后不长时间,丁元海说他不要房子了,折合成人民币吧,他儿子也不稳定,将来不一定能开成饭店,先把钱给他吧。他开始说要35万,我没同意,经过三四次商量,我给了丁元海30万元。""我们俩是2005年八九月份确定给丁元海30万的,2007年4月30日给的现金,因为第一我不是很情愿给他这笔钱,就一直拖着,第二我家也暂时拿不出那么多钱给他,直到2007年我把我家的房子卖了60多万,这才拿出30万元给了丁元海。丁元海跟我要过好多次,尤其是2007年他说他儿子找了个对象,想买房子,让我赶紧给他钱,我本来想拖时间长了就不给他了,被他催的没办法了,就只好给他了。"

与丁元海的辩解相比,许某的证言均符合客观事实,应予采信,理由如下:一是许某对于为何2005年改制却直到2007年才给丁元海30万元作出了合理解释,原因就是许某在改制完成后不想给丁元海房子了,但是丁元海一直催着要,没办法才给了;二是在丁元海向许某要房子的细节上,许某证言中丁元海的儿子二十多岁了还没工作、没学历找不着工作的内容,均与丁元海儿子初中毕业、没工作的实际情况相符,如果丁元海没有跟许某说过,许某对于这种细节不可能知道;三是许某证实丁元海帮助其买断假肢厂的条件是10%的股份、一套房子、一台车,现在丁元海收受10%的股份的事实已经没有异议。对于车的事实,西岗区人民法院2010年11月8日的庭审中李佐证实"听说许某给了丁元海一台车",虽然丁元海对此辩解称是公务用车,检察机关也没有认定为受贿,但是该细节却可以佐证许某证言的真实性。

综上所述,丁元海收受30万元人民币的事实是没有异议的,其只是对30万元的性质存在辩解,因此本案不存在"一对一"证据不能认定的问题,而只有采信丁元海的辩解还是许某证言的问题,从二人陈述的真实性与稳定性来看,许某证言的证明力远远高于丁元海的辩解。

第二,现有证据足以排除丁元海收受的30万元人民币是奖励款的可能,不属于"合理怀疑"。

根据全国人大常委会法制工作委员会的解释,所谓"排除合理怀疑",是指"对于事实的认定,已没有符合常理的、有根据的怀疑,实际上达到确信的程度"。因此,排除合理怀疑,实际上是一项经验标准,它强调对案件事实的认定以及对证据的审查、判断,必须符合逻辑和经验规则。就本案来讲,丁元海30万元系奖励款的辩解不具有合理性,不能成立,不构成证据法上所要求的"合理怀疑"。理由如下:

1. 丁元海辩解的以及《关于奖励现金的说明》中所记载的30万元奖励的原因是"为企业办理房屋自管产权证、公产房屋变名、土地使用证",但是许某在2005年改制时就已经知道有产权证和土地证,并且知道证件抵押在银行贷款,而且假肢厂处于亏损状态,许某买断假肢厂的目的就是因为假肢厂将要动迁,能够获得动迁补偿款,而不是为了投资经营。既然如此的话,许某不可能在2007年改制完成后,又基于丁元海在1999年办理产权证和土地证给其30万元的巨额奖励。

2. 就为大连假肢厂办理厂房所有权证和土地使用证本身来看,这也是丁元海1999年受上级指派而办的,属于丁元海的职务行为,办证的费用也都是假肢厂出的,并不是丁元海的个人行为,而且丁元海与许某在1999年办证时根本就不认识,许某根本不可能等到2007年对丁元海进行奖励。

3. 丁元海在检察机关提出抗诉后,又提出了在侦查机关和西岗区人民法院原审时都未提过的辩解,即该30万元是许某对丁元海受委托管理假肢厂的奖励。从该辩解提出的时间看,就不具有真实性,如果这是基于丁元海管理改制后的企业的奖励,奖励说明中应该写明,但事实却非如此,同时丁元海在侦查机关和原审阶段也未提出该辩解。

从该辩解的内容上看,丁元海辩称其管理期间企业效益好,因此许某给其奖励,但是许某证实假肢厂在改制后根本就没有盈利,都是处于亏损状态;问到丁元海改制后企业的盈利时,其又含糊其词,称其不管财务,不知道具体盈利状况,只知道效益比较好。但是,在西岗区人民法院2010年11月8日的庭审中,丁元海证实"改制之后公司没有分红,企业经营状况不好,一直亏损",而当时庭审时丁元海还没有提出30万元是对经营管理的奖励,当丁元海提出该辩解后,又改口称改制后企业效益良好了。从以上可以看出:一是改制后的经营状况不好,处于亏损状态,许某没有原因奖励丁元海;二是丁元海的供述与辩解不具有真实性、客观性,不应采信。

4. 就奖励的数额是30万元来看,丁元海在改制后每月工资仅1500元,年工资不过18000元,许某却给其每年10万元的奖励,远远超过其工资,甚至可以说是巨额奖励,根本不合理、不客观。另一方面,如果说许某给其30万元的奖励,那么也就是丁元海为许某、为企业创造的价值超过30万元,而实际情况是改制后一直亏损,许某作为正常的经营者、自然人,为何平白无故给丁元海如此巨额的奖励?另外,丁元海辩称许某说因为丁元海经营3年,所以给其每年10万元共30万元的奖励,但是假肢厂改制完成是2005年8月,许某给其奖励是2007年4月,只有两年的时间,根本不是丁元海所辩解的3年。最后,从2005—2007年期间的房价看,当时房价在每平2000—3000元左右,正常一套100平的房子的价格在20万—30万,因此,也能够与许某所说的丁元海将房子折合成现金的事实相印证。

5. 即使丁元海的辩解是许某对其的奖励成立,也不应该是许某个人出钱奖励,应该是用公司的钱走正常程序和财务手续对其奖励。丁元海辩称许某个人出钱是因为企业都是许某个人的,但是丁元海的该辩解又与其之前辩解的"许某因为将八一路的公建落到自己名下而承诺给丁元海补偿"相矛盾。因此,如果说企业都是许某的,也就不存在许某因为违规落户要给丁元海补偿的问题了;如果说许某违规落户要给丁元海补偿,那么给丁元海奖励也就应该从公司出钱而不是许某个人出钱了。再结合李佐、许某、丁元海对改制时的费用都是许某个人出的事实,足以证实改制后的假肢厂都是许某个人的,丁元海的10%的股份是其受贿所得,也就不存在丁元海所称的许某因为自己违规落户要给丁元海补偿了。

6. 从丁元海收受30万元现金后的处理来看,丁元海的妻子姜某华与丁元海均证实这30万元一直没存银行,就在家里大衣柜里放着。从正常人的逻辑看,对于30万元的现金,如果存到银行,利息都是非常可观的,而且将如此巨额的现金放在家里也不安全,因此如果这30万元现金真是正大光明的奖励的话,丁元海不必如此。而且,在案发以后,姜某华与丁元海还到许某家楼下,提出如果许某觉得给的奖励多了,他们愿意退回去。如果丁元海觉得该30万元现金是其应得的话,根本不需要退回去。能够解释的也只有当时许某不愿意给丁元海这些钱,是丁元海多次向许某索要的结果,而丁元海对于许某不愿意给也是明白的,所以才会有想退回去的行为。

7. 从奖励说明的内容与形成过程看,说明对办理的证件的种类"房屋自管产权证、公产房屋变名、土地使用证"详细的列举,对于过程"在无原始资料和档案资料情况下,能够克服困难多方查找相关资料"的详细描述,这些情况许某根本就不知道,而是丁元海自己写的,在许某给其奖励的理由无根据的前提下，该奖励说明的真实性也就不存在了，反而能够证实丁元海写该说明的目的就是为了掩饰受贿的性质。

综上所述，许某给丁元海30万元的现金无合法依据，无论是基于办证还是管理的奖励均不具有合理性，唯一的合理解释就是这30万元是丁元海提出的帮助许某完成改制的条件，但是在改制后许某不愿兑现，在丁元海多次索要后，许某没办法，才在将自己家的房子卖掉以后兑现承诺。

第三，现有证据足以证实丁元海收受30万现金的行为构成受贿罪。

受贿罪是指非法收受他人财物，为他人谋取利益的行为。司法解释规定，国家工作人员利用职务上的便利为请托人谋取利益之前或者之后，约定在其离职后收受请托人财物，并在离职后收受的，以受贿论处。国家工作人员利用职务上的便利为请托人谋取利益，离职前后连续收受请托人财物的，离职前后收受部分均应计入受贿数额。就本案来讲，丁元海收受30万元的行为符合受贿罪的构成要件，构成受贿罪，理由如下：

1. 丁元海非法收受许某的财物。如上所述，丁元海收受许某30万元现金的事实能够认定，且足以排除丁元海辩称的30万元现金是奖励款的可能性，因此应当认定该30万元现金的性质为贿赂款。

2. 丁元海为许某谋取利益。丁元海在大连假肢厂改制之前担任厂长，负责改制工作，许某通过朋友认识丁元海就是为了让其帮助收购假肢厂，并且在客观上二人就买断企业的事多次进行协商与工作，帮助许某顺利买断企业，而丁元海提出的帮助许某完成收购的条件就是10%的股份、一套房子和一辆车。现有证据足以证实丁元海利用职务便利，帮助许某完成了企业收购工作，该行为属于"为他人谋取利益"。

3. 丁元海收受许某的30万元与其为许某谋取利益具有刑法上的因果关系，其收受30万元时符合受贿罪的主体要件。

首先，现有证据足以证实丁元海与许某在改制时存在约定。如前所述，假肢厂改制时的费用全部是许某个人所出，其买断假肢厂的目的就是为了获得动迁款，但是许某获得460万的补偿款也不意味着就必须给丁元海30万的补偿。而且丁元海与许某均证实过30万元现金是丁元海向许某要的，在改制完成及厂房动迁后，许某的利益已经获得，丁元海即使多次向许某索要，许某也不会给，而且丁元海也没有底气去找许某索要，毕竟这30万是许某个人的钱，许某是商人，更何况这30万还是从许某卖完房子的钱中取出的。如果二人没有对房子或者30万有过约定，许某没有对丁元海承诺过的话，丁元海不可能多次找许某索要，许某也完全可以不理会丁元海或者告其敲诈。因此，只有一个合理解释就是二人之前确实对房子或者30万有过约定，许某承诺给丁元海一套房子，但是在改制完成后，许某不愿给丁元海了，没想到丁元海一直要，最后没办法才给丁元海30万。因此，虽然丁元海收受30万时已不具备国家工作人员的身份，但许某给丁元海30万元的原因就是基于改制时丁元海给许某的帮助，其行为属于事前约定、事后受贿可以认定。

其次，丁元海具备国家工作人员身份时，就和许某事前约定好收受贿赂，并在改制过程中为许某谋取利益，之后按照约定收受了许某的财物，尽管接受30万元的时候丁元海已不具备国家工作人员的身份，但丁元海受贿罪犯意产生之时是具有国家工作人员身份的，收受财物的原因就是基于改制时丁元海作为厂长给许某的帮助，因此丁元海符合受贿罪的主体要件。

再次，综合全案证据来看，生效判决已经认定丁元海收受10%干股的犯罪事实，本质上讲丁元海收受30万的行为性质与收受10%干股的性质相同，是一个延续的过程。改制后丁元海对企业没有其他贡献，改制后许某得到钱也不是因为效益好，而是因为其买断假肢厂后获得动迁补偿款，所以许某给丁元海30万元现金的唯一的解释就是对丁元海在改制过程中帮助许某收购企业的贿赂。

综上所述，现有证据足以排除丁元海收受许某30万元现金系奖励款的可能，形成完成的证据链条，证实丁元海受贿30万元的犯罪事实。为维护司法公正，准确惩治犯罪，依照《中华人民共和国刑事诉讼法》第二百二十四条的规定，请你院依法纠正。

大连市人民检察院
2015年3月13日

辽宁省大连市中级人民法院
刑事判决书

(2015) 大审刑再终字第 2 号

抗诉机关（原公诉机关）大连市西岗区人民检察院。

原审被告人丁元海，系原大连假肢厂厂长。因本案于 2010 年 3 月 2 日被刑事拘留，于同年 3 月 16 日被逮捕，于 2011 年 5 月 18 日羁押于大连市监狱。本案再审后二审过程中于 2015 年 6 月 1 日被取保候审，因本案于同年 8 月 7 日被逮捕，现羁押于大连市看守所。

辩护人李某男，系辽宁丰源律师事务所律师。

辩护人于某，系辽宁丰源律师事务所实习律师。

原审被告人李佐，系原大连假肢厂党支部书记。因本案于 2010 年 3 月 3 日被取保候审。现羁押于营口市监狱。

原公诉机关大连市西岗区人民检察院指控原审被告人丁元海、李佐涉嫌受贿罪一案，大连市西岗区人民法院于 2010 年 12 月 8 日作出 (2010) 西刑初字第 286 号刑事判决。丁元海、李佐均不服，上诉至本院。本院于 2011 年 4 月 29 日作出 (2011) 大刑二终字第 69 号刑事裁定，驳回上诉，维持原判。该裁定发生法律效力后，辽宁省人民检察院于 2013 年 7 月 7 日作出辽检刑抗字〔2013〕2 号刑事抗诉书抗诉于辽宁省高级人民法院。辽宁省高级人民法院于 2014 年 3 月 10 日作出 (2014) 辽刑抗字第 2 号再审决定，指令本院再审本案，再审期间不停止原判决和裁定的执行。本院于 2014 年 9 月 18 日作出 (2014) 大审刑终再字第 1 号刑事裁定，撤销一、二审裁判，发回大连市西岗区人民法院重审。大连市西岗区人民法院于 2014 年 12 月 25 日作出 (2014) 西审刑初再字第 2 号刑事判决。大连市西岗区人民检察院不服该判决，抗诉至本院。本院依法组成合议庭，公开开庭审理了本案。辽宁省大连市人民检察院指派代理检察员曾腾出庭支持抗诉。原审被告人丁元海及其辩护人李某男到庭参加诉讼。现已审理终结。

大连市西岗区人民法院一审查明,大连假肢厂系全民所有制企业,被告人丁元海为原大连假肢厂厂长。2004年初,许某通过朋友认识被告人丁元海并从其口中得知大连假肢厂准备改制,遂有意收购该厂。由于许某非大连假肢厂员工,收购假肢厂存在难度,遂与被告人丁元海协商收购事宜。被告人丁元海承诺帮助许某完成收购,许某亦答应改制后给付被告人丁元海该厂10%的干股作为获得其帮助的条件。由于大连市民政局鼓励其所属企业改制后经营者相对持大股,经营班子成员领办企业,许某作为非经营班子成员,为了使改制顺利进行,与被告人丁元海协商由被告人丁元海在未出资的情况下持有大连假肢厂有限责任公司的49%的股份,改制后将其中的39%通过股权转让的方式返还给许某,剩余10%的股份由被告人丁元海继续持有作为双方事先约定的许某获得其帮助的条件,其后被告人丁元海与许某如约操作。由此,2005年,被告人丁元海利用职务便利,帮助许某完成企业收购,并收受许某给付的大连假肢厂有限责任公司10%的干股(股本金人民币50000元)。被告人李佐作为原大连假肢厂党支部书记,在得知许某欲借改制之机收购该厂但无法通过职工代表大会决议后,承诺帮助许某说服职工以完成收购,许某亦答应改制后给付被告人李佐该厂10%的干股作为获得其帮助的条件。2005年,被告人李佐利用职务便利,帮助许某完成企业收购,并收受许某给付的大连假肢厂有限责任公司10%的干股(股本金人民币50000元)。2005年11月1日,许某以18万元价格收购被告人李佐持有的该10%股份。案发后,被告人李佐犯罪所得的部分赃款50000元已退回。

认定上述事实的证据有,案件来源及抓捕经过,被告人丁元海、李佐的身份证明、干部履历表、干部任免呈报表,被告人丁元海、李佐的供述及辩解,证人许某、刘某、宗某、朱某、郑某的证言笔录,产权改制政策文件,股权转让协议,收条,企业申请变更登记注册书,公司设立登记申请书,公司章程,关于奖励现金的说明,工业企业登记申请书,扣押物品清单、案款收据,大连假肢厂和许某签订的借款协议,大连市政府国有资产监督管理委员会文件关于假肢厂改制为有限责任公司终再字第 1 号刑事裁定，撤销一、二审裁判，发回大连市西岗区人民法院重审。

大连市西岗区人民法院重审过程中，原审被告人丁元海对原公诉机关指控收受许某给付的大连假肢厂有限责任公司 10% 干股的犯罪事实没有异议，自愿认罪。对原公诉机关指控的收受许某给付 30 万元的事实没有异议，但是认为不属于受贿。理由为，大连假肢厂改制完毕后，企业搬迁，得到搬迁补偿款将近 500 万元，许某没有经过其的同意，也没有事先和董事商量，私自将搬迁补偿款购买的厂房落在许某个人名下。丁元海对此事提出异议，许某口头表示以后会给补偿。后来，许某在 2007 年闲谈时说到企业房屋动迁补偿款，丁元海认为这些增值和其当时的努力分不开。许某对业务一窍不通，全是委托丁元海帮助其进行企业管理，对企业管理三年之久。许某当时说过经营好给其奖励，丁元海称其付出很多，但月工资只有 1500 元，所以想和许某要 30 万元奖励费用，许某说经营三年，每年 10 万元，就给其 30 万元。在企业改制完后 2007 年五六月，丁元海收到许某给的 30 万元补偿。形成奖励的说明是按照许某的要求写了三次，第一次是根据企业改制的业绩形成的，第二次丁元海要求将业绩作为内容，许某说不要写的那么复杂，就将 30 万元写为补偿，收条由丁元海和许某共同签字。所以公诉机关指控说是受贿不属实，企业是许某私人的，丁元海不是国家工作人员，所以，不构成 30 万元的受贿。

原审被告人丁元海辩护人的辩护意见为，针对原公诉机关指控的原审被告人丁元海受贿 5 万元的犯罪事实，辩护人意见同一、二审一致。对 30 万元的犯罪事实，辩护人认为，原公诉机关指控犯罪事实不能成立，根据疑罪从无，不能认定丁元海犯受贿罪。对原公诉机关指控丁元海收取许某 30 万元的时间及以兑换奖金的名义收取 30 万元的事实没有异议。但是，对于认定丁元海取得该款是基于 2005 年帮助许某改制大连假肢厂的事实，认为二者存在因果关系缺乏证据予以证实。并且 2007 年，丁元海已不再是国家工作人员，其收取 30 万元不具备受贿罪的主体构成要件。

大连市西岗区人民法院重审认定事实同一审基本一致。补充认定事实为：原审被告人丁元海于 1998 年 8 月至 2003 年 12 月担任大连假肢厂党支部书记，2003年12月开始担任大连假肢厂厂长，直到企业改制。大连假肢厂于2005年4月份开始改制，至2005年8月改制完毕。原审被告人丁元海在企业改制完后担任大连假肢厂有限责任公司法定代表人，直到2008年3月。原审被告人丁元海曾于1999年为大连假肢厂办理厂房所有权证及土地使用权证，办证的费用是由大连假肢厂出的。2005年，在许某买断大连假肢厂之前，丁元海告诉许某厂房要动迁。2005年10月份，大连假肢厂动迁完毕，许某在大连市西岗区八一路57号购买了厂房。证人许某证明：1. 购买厂房款花了400多万元，一部分来源是大连假肢厂动迁补偿款，其余是许某个人的钱。2. 2004年11月份，在丁元海办公室，丁元海向其要买断后假肢厂的10%股份、一套房子和一台车，如果许某答应丁元海的三个条件，丁元海帮助许某买断大连假肢厂。3. 2005年八九月份，丁元海和许某商量要将房子折成30万元现金。因许某不情愿给这30万元，就一直拖到2007年，许某将自己家房子卖掉，拿出30万元给了丁元海。2007年4月30日，原审被告人丁元海收取许某现金30万元，双方共同商议形成一份《关于奖励现金的说明》，内容为："原企业大连假肢厂丁元海同志在办理企业自管产、公产房屋产权证明，产权证变名及土地使用证工作中表现突出，在无原始资料和档案资料情况下，能够克服困难多方查找相关资料，为企业办理完毕房屋自管产权证、公产房屋变名、土地使用证。为此，兑现奖金人民币叁拾万元整。"

大连市西岗区人民法院重审依据证据同一审一致。

大连市西岗区人民法院重审认为，原审被告人丁元海、李佐身为国家工作人员，利用职务上的便利，非法收受他人财物，为他人谋利益，其行为侵害了国家机关的正常工作秩序和国家的廉政建设制度，已构成受贿罪。大连市西岗区人民检察院指控的罪名成立，予以支持。关于原公诉机关指控原审被告人丁元海收受10%干股价值5万元的犯罪事实，因原审被告人丁元海没有异议，自愿认罪，抗诉书及再审决定书对该节犯罪事实没有提出意见，因此对该节犯罪事实的认定及处理结果同原审一致。关于原公诉机关指控原审被告人丁元海收受30万元的犯罪事实，原审被告人丁元海收受该款时其身份已不属于国家工作人员，不具备受贿罪的主体身份。原公诉机关提供的能够证明丁元海有"事先约定"情五条第一款、第三百八十六条、第三百八十三条第一款第（二）项、第六十四条之规定，判决如下：一、被告人丁元海犯受贿罪，判处有期徒刑五年三个月。（刑期从判决生效之日起计算，判决执行以前先行羁押的，羁押一日折抵刑期一日。即自 2010 年 3 月 2 日起至 2015 年 6 月 1 日止。）被告人李佐犯受贿罪，判处有期徒刑五年。（刑期从判决生效之日起计算，判决执行以前先行羁押的，羁押一日折抵刑期一日。即自 2010 年 12 月 8 日起至 2015 年 12 月 7 日止。）二、被告人丁元海犯罪所得的大连假肢厂有限责任公司 10% 的股份、被告人李佐犯罪所得赃款未退回部分即人民币 13 万元，依法予以追缴；由追缴单位上缴国库。

丁元海上诉至本院称，在改制中取得 10% 股份的行为，不是为许某谋取利益，不构成受贿罪。其辩护人认为，没有确凿证据证明上诉人丁元海承诺帮助许某完成收购假肢厂并收受其 10% 干股的犯罪事实，丁元海不构成受贿罪。

李佐上诉至本院称，未利用职务便利，改制中厂长起主导作用，应认定为从犯。其辩护人认为，认定上诉人李佐犯受贿罪的事实不清，证据不足。

本院（2011）大刑二终字第 69 号刑事裁定认定的事实和确认的证据与一审判决一致。

本院（2011）大刑二终字第 69 号刑事裁定认为，上诉人丁元海、李佐身为国家工作人员，在企业改制过程中，利用职务上的便利，非法收受他人财物，其行为均已构成受贿罪。原审以受贿罪对二上诉人定罪科刑并无不当。二上诉人的上诉理由及其各自辩护人的辩护意见，经查，均缺乏事实和法律依据，不予采信。原判认定事实清楚，证据确实、充分，定罪准确，量刑适当，审判程序合法。依照《中华人民共和国刑事诉讼法》第一百八十九条第（一）项之规定，裁定：驳回上诉，维持原判。

该裁定发生法律效力后，经大连市人民检察院提请抗诉，辽宁省人民检察院抗诉至辽宁省高级人民法院。辽宁省人民检察院抗诉的主要意见为：一、二审法院采信丁元海的辩解，认定 30 万元可能是奖励款，没有认定 30 万元为受贿是错误的。

辽宁省高级人民法院指令本院再审本案。本院作出（2014）大审刑的批复等证据。

大连市西岗区人民法院一审认为,被告人丁元海、李佐身为国家工作人员,利用职务上的便利,非法收受他人财物,为他人谋利益,其行为侵害了国家机关的正常工作秩序和国家的廉政建设制度,已构成受贿罪。大连市西岗区人民检察院指控的罪名成立,予以支持。关于被告人丁元海收受的10%的大连假肢厂有限公司股份的性质认定问题,即系偿还借款后形成的股份还是受贿所得,分析如下:从被告人丁元海行为的起因看,被告人李佐的供述笔录及证人许某的陈述笔录均证实许某在大连假肢厂改制前曾许诺给予丁元海大连假肢厂10%干股以要求丁元海帮助其促成改制;从行为的过程看,证人许某、宗某的证言笔录及产权改制政策文件均证实了改制时被告人丁元海占有49%股份的根本原因是市体改委开会要求企业经营者在改制中持大比例股份,许某与丁元海遂约定由丁元海暂时持有49%的股份事后部分转让给许某,而非被告人丁元海辩称的是其向许某借款24.5万元主动购买假肢厂49%的股份;从行为的结果看,事后,被告人丁元海仅将该其持有39%的股份转让给许某,在未实际出资的情况下继续保留大连假肢厂有限责任公司的10%的股份,该结果可以与其和许某10%干股的事先约定相吻合。由此,被告人丁元海称其预期企业房产增值而以39%的股份抵还其先前借款的辩解与事实不符。综上,被告人丁元海收受的10%的大连假肢厂有限责任公司股份的性质应当认定为受贿款,被告人丁元海及辩护人认为被告人收受10%股份的行为并非受贿的辩解及辩护意见不予采纳。

关于公诉机关指控被告人丁元海以兑奖名义收受许某30万元贿赂的犯罪事实,证人许某证明被告人丁元海改制前曾向其索要"一套房子"和10%的干股,改制后被告人丁元海如约得到10%干股,许某奖励丁元海30万元是"一套房子"的变现,但该证言缺乏其他证据直接佐证,公诉机关无法提供足够证据证实改制后许某给予被告人丁元海30万元存在事先约定,且与被告人丁元海为许某谋取的利益存在必然联系,无法排除该30万元确系奖励款的可能,故被告人丁元海在原大连假肢厂改制后收受的人民币30万元不应认定为受贿款,公诉机关有关该节犯罪事实的公诉意见该院不予支持。鉴于被告人李佐自愿认罪,酌情予以从轻处罚。综上所述,依照《中华人民共和国刑法》第三百八十形的证据有证人许某、刘某的证言及书证《关于奖励现金的说明》。证人许某的证言和书证相互矛盾,不能形成完整的证据链条,证人刘某系许某妻子,其证言为传来证据,不能采信。因此公诉机关提供的证据不足以证明原审被告人丁元海收取的30万元属于"事先约定,事后受贿"的情形。原审被告人丁元海辩解意见有证人许某证言及书证《关于奖励现金的说明》证明。其辩解的合理性在于,丁元海自2005年企业改制完后至2008年3月一直在企业工作,担任企业法定代表人,为企业作出了贡献,大连假肢厂改制后不久,厂房发生了搬迁,随后,房产及土地价值产生了增值,许某也承认将动迁款用于购买了厂房,由于大连假肢厂改制后的公司系股份制有限公司,许某将公司动迁补偿款购买的厂房办到自己名下,有违规行为。许某基于以上原因给付丁元海30万元的可能性不能排除。因此,原公诉机关指控丁元海受贿30万元犯罪事实证据不足不能排除合理怀疑,该院不予支持。关于原公诉机关指控原审被告人李佐受贿10%干股价值5万元的犯罪事实,由于原审被告人李佐在原审时自愿认罪,抗诉书及再审决定书对其犯罪事实没有提出意见,故重审对原审被告人李佐犯罪事实的认定及处理结果同一审一致。综上所述,依照《中华人民共和国刑法》第三百八十五条第一款、第三百八十六条、第三百八十三条第一款第(二)项、第六十四条之规定,经该院审判委员会讨论决定,判决如下:一、被告人丁元海犯受贿罪,判处有期徒刑五年三个月。(刑期从判决生效之日起计算,判决执行以前先行羁押的,羁押一日折抵刑期一日。即自2010年3月2日起至2015年6月1日止。)被告人李佐犯受贿罪,判处有期徒刑五年。(刑期从判决生效之日起计算,判决执行以前先行羁押的,羁押一日折抵刑期一日。即自2010年12月8日起至2015年12月7日止。)二、被告人丁元海犯罪所得的大连假肢厂有限责任公司10%的股份、被告人李佐犯罪所得赃款未退回部分即人民币13万元,依法予以追缴;由追缴单位上缴国库。

大连市西岗区人民检察院不服该判决,抗诉至本院。理由为:原审法院采信丁元海的辩解,认定30万元可能是奖励款,没有认定30万元为受贿是错误的。1. 丁元海的辩解30万元是奖励,而许某的证言是被索取。奖励30万元,奖励的原因是丁元海1999年受上级指派,给大连假肢厂办理厂房所有权证和土地使用权证。既然属于职务行为，办理的费用也是假肢厂出的，不是丁元海的个人行为，何谈奖励一说。2. 企业改制时间是2005年，30万元给付时间是2007年，奖励的原因许某称根本不知道，这笔钱只是之前约定给丁元海的好处费，一直拖到2007年才给，因此奖励说明中的奖励理由是虚假的。3. 办理厂房所有权证和土地使用权证的时间是1999年，企业改制时间是2005年。许某在2005年购买大连假肢厂时，不但明知假肢厂有厂房所有权证和土地使用权证，而且厂房所有权证和土地使用权证抵押给建设银行沙河口支行了（卷2第111页许某证言），因此不存在许某为丁元海1999年办理厂房所有权证和土地使用权证，给丁元海奖励一说，而本案的证据证明30万元是许某给丁元海的行贿款。4. 尽管丁元海收取这笔钱的时间是2007年，此时丁元海已不具备国家工作人员的身份，但许某给丁元海30万元就是因为改制时丁元海的帮助，属于事前约定、事后受贿，应当认定。

原审被告人丁元海对原审认定的其收受许某给付的大连假肢厂有限责任公司10%干股的犯罪事实没有异议，对抗诉机关指控的应认定丁元海收受许某30万元的性质是受贿有异议。丁元海辩称该30万元系许某基于丁元海曾为企业办理两证、许某将八一路公建办理到其个人名下及丁元海工作业绩等综合原因给付的奖励款，丁元海收受30万元的行为不属于事先约定、事后受贿。

原审被告人丁元海辩护人的辩护意见为，辩护人对原审被告人丁元海收到许某给付的人民币30万元的这一事实没有异议，但是辩护人认为该笔款项是许某作为公司大股东对丁元海的奖励或赠与，抗诉机关指控系原审被告人丁元海与许某事前约定、事后兑现受贿款30万元事实不清、证据不足，依法不能成立。

本院二审查明的事实和依据的证据与原审一致。

本院二审认为，原审被告人丁元海、李佐身为国家工作人员，利用职务上的便利，非法收受他人财物，为他人谋取利益，其行为侵害了国家机关的正常工作秩序和国家的廉政建设制度，已构成受贿罪。

关于原公诉机关指控原审被告人丁元海受贿10%干股价值5万元一节，原审被告人丁元海没有异议，自愿认罪，抗诉机关对该节犯罪事实亦没有提出抗诉意见。本院认为，原审对该节犯罪事实的认定正确。

关于抗诉机关指控原审被告人丁元海受贿30万元一节，原审被告人丁元海在收受该款时已不具备国家工作人员身份，本节审理焦点为丁元海在具备国家工作人员身份时是否与许某就该笔款项存在"事先约定"。证人许某证实，2004年11月大连假肢厂改制前，丁元海跟许某要改制后企业10%股份，还要一套房子和一台车，2005年改制后不久，丁元海提出将房子变现为人民币，最后确定折合为30万人民币。证人朱某证实，2004年底，朱某听许某说丁元海跟他要10%股份，还要房子。证人朱某的证言能够与证人许某的证言相互印证，且大连假肢厂有限责任公司10%的股份已查实为丁元海与许某有事先约定的受贿所得，丁元海亦承认许某给他一辆车使用。原审被告人丁元海针对收受30万元款项的原因及是否是其索要等方面的供述与辩解在历次讯问及庭审中存在不稳定性。书证《关于奖励现金的说明》所记载的30万元奖励的原因是丁元海为大连假肢厂办理了房屋产权证及土地使用证，而办理两证的行为是1999年丁元海受上级主管机关指派的职务行为，办理两证的费用也是大连假肢厂出的，而非丁元海个人支付办证费用，许某在买断大连假肢厂之前就已经知道企业有上述两证。故书证《关于奖励现金的说明》所记载的内容不具有合理性。丁元海辩称的该30万元是许某对其管理改制后企业给予的奖励，这与丁元海在一审庭审中供述的"改制后公司没有分红，企业经营状况不好，一直亏损"相互矛盾。丁元海辩称的该30万元是企业厂房增值，许某将厂房违规办到自己名下给其的补偿，这一辩解理由与丁元海供述的企业都是许某个人的相互矛盾。综上分析，证人许某及朱某的证言应予采信。原审被告人丁元海的辩解不具有合理性，本院不予采信。该30万元应认定为丁元海与许某在改制前存在事先约定的受贿款。抗诉机关指控原审被告人丁元海收受30万元一节构成受贿罪的抗诉意见本院予以支持。

关于原公诉机关指控原审被告人李佐受贿10%干股价值5万元一节，原审被告人李佐在一审时即自愿认罪，抗诉机关对该节犯罪事实亦没有提出抗诉意见。本院认为，原审对该节犯罪事实的认定及处理结果正确，应予维持。

综上所述，原审判决对原审被告人丁元海收受30万元一节未认定为构成受贿，适用法律不当，应予纠正。抗诉机关抗诉意见本院予以支持。经本院审判委员会讨论决定，依照《中华人民共和国刑法》第三百八十五条第一款、第六十四条、第三百八十三条第一款第（一）项、第三百八十六条、《中华人民共和国刑事诉讼法》第二百二十五条第一款第（二）项之规定，判决如下：

一、维持大连市西岗区人民法院（2014）西审刑初再字第2号刑事判决中关于原审被告人丁元海的定罪部分以及原审被告人李佐的定罪、量刑、追缴违法所得部分；

二、变更大连市西岗区人民法院（2014）西审刑初再字第2号刑事判决中关于原审被告人丁元海的量刑部分为：判处有期徒刑十年（刑期从判决执行之日起计算，判决执行之前先行羁押的，羁押一日折抵刑期一日；本判决生效之前，原审被告人丁元海已被羁押五年三个月，剩余刑期四年九个月，即自2015年8月7日起至2020年5月6日止）；

三、变更大连市西岗区人民法院（2014）西审刑初再字第2号刑事判决中关于原审被告人丁元海追缴违法所得部分为：原审被告人丁元海违法所得的大连假肢厂有限责任公司10%的股份及30万元人民币，依法予以追缴；由追缴单位上缴国库。

本判决为终审判决。

审　判　长　孙利颖
审　判　员　王　亮
代理审判员　赵述云
二〇一五年八月十四日
书　记　员　迟佳雯

陈秀明、刘志嘉故意伤害案

有专门知识的人出庭的程序问题

要　旨

正义不仅应得到实现，而且要以人们看得见的方式加以实现，程序正义本身就是看得见的正义，实体正义的实现正是通过程序正义来实现的。在多份鉴定意见并存指向同一案件事实，且控辩双方争议较大的情况下，申请有专门知识的人出庭就鉴定意见进行质证，无疑可以保证被告人的辩护权和裁判结果的科学性，但是这需要有专门知识的人的诉讼程序正义来实现。2012年刑事诉讼法对该制度的规定相当简略，仅有"有专门知识的人出庭，适用鉴定人出庭的有关规定"的相关规定，但是有专门知识的人并不同于鉴定人或者证人，有专门知识的人出庭是协助控辩双方对鉴定意见进行有效的质证，所以有专门知识的人仅就一方鉴定意见的科学性发表意见。实践中宜采取在控方出示所采纳的鉴定意见后，由辩方申请其所聘请的有专门知识的人出庭发表质证意见，并接受控辩审三方的交叉询问；在控方所采纳的鉴定意见质证完毕后，由辩方出示其所采纳的鉴定意见，再由控方申请其所聘请的有专门知识的人出庭发表质证意见，并接受控辩审三方的交叉询问。

基本案情

（一）被告人基本情况

被告人陈秀明，男，31岁，汉族，大学本科文化，原系贵州省沿德高速路基工程第三合同段项目经理部项目总会计师。2014年9月15日因涉嫌故意伤害罪被沿河土家族自治县公安局刑事拘留，经沿河土家族自治县人民检察院批准，于同年10月22日被沿河土家族自治县公安局依法执行逮捕。

被告人刘志嘉，男，30岁，汉族，大学本科文化，原系贵州省沿德高速路基工程第三合同段项目经理部副经理。2014年9月15日因涉嫌故意伤害罪被沿河土家族自治县公安局刑事拘留，同年10月22日被沿河土家族自治县公安局决定监视居住。

（二）案件事实

2014年9月8日20时许，被告人陈秀明与被害人赵某刚在沿河土家族自治县淇滩镇的"沿德高速公路"三标段项目经理部办公区的院子内，因琐事发生争吵，陈秀明用力将赵某刚推倒在地，致赵某刚倒地后头部左侧受伤昏迷，陈秀明又朝赵某刚的臀部踢了一脚后离开，赵某刚被人抬回自己的房间。当晚24时许，被告人刘志嘉又因故到赵某刚所睡的203房间找赵某刚理论并发生争吵，刘志嘉朝赵某刚的脸上打了几耳光，并用脚朝赵某刚的头部右侧踢了数脚，后被他人劝走。次日凌晨2时许，刘志嘉再次冲到赵某刚的房间，将赵某刚从床上拖下，并将赵某刚从房间里拖到一楼楼梯口，后又被他人劝走。9月10日7时许，赵某刚被发现在自己的房间里死亡。经贵阳医学院法医司法鉴定中心鉴定，赵某刚系重型颅脑损伤死亡，赵某刚因钝性外力致右颞顶骨线性骨折属轻伤二级。

（三）诉讼经过

沿河土家族自治县公安局于2014年9月15日对该案立案侦查。同年12月19日移送沿河土家族自治县人民检察院审查起诉。该院根据管辖的规定于2015年1月9日报送至铜仁市人民检察院审查起诉。刘志嘉涉嫌故意伤害罪，于2015年3月12日移送铜仁市人民检察院审查起诉。后经补充侦查和延长审查起诉期限，于2015年7月13日将陈秀明、刘志嘉以故意伤害罪起诉至铜仁市中级人民法院。其间，陈秀明的辩护人提出要申请有专门知识的人出庭，法院亦决定通知相关鉴定人出庭，故本院也申请有专门知识的人出庭。铜仁市中级人民法院于2015年9月17日公开开庭审理，并于同年11月3日作出判决，并以故意伤害罪分别对陈秀明和刘志嘉予以定性。后陈秀明不服，上诉至贵州省高级人民法院，该院后改判陈秀明过失致人死亡罪。

（四）证据情况及其分析

本案认定两人犯故意伤害罪证据确实、充分，因为本案针对被害人的死因存在三份互相矛盾的尸检意见，涉及申请有专门知识的人出庭。故本案证据仅罗列相关的尸检意见。

2014年9月25日，沿河县公安局作出（沿）公（司）鉴（法尸）字（2014）033号法医学尸体检验鉴定书，载明：死者头部检见头颅右枕颞部有头皮挫擦伤，余头皮外表未检验出损伤痕迹，该右侧枕颞部损伤属致命性损伤。并认定死者赵某刚系生前立位时在外力作用下摔倒在地面（多系粗糙平面）导致颅骨骨折，引起中枢性呼吸循环衰竭死亡。根据该份鉴定意见，结合其他相关证据，沿河县公安局认定陈秀明将赵某刚推倒在地的行为是导致赵某刚头部受伤并最终死亡的原因。因刘志嘉在殴打赵某刚时并未与陈秀明形成共谋，两人不属于共同犯罪，且鉴定未能检出刘志嘉的殴打行为对赵某刚造成的伤害情况，沿河县公安局无法确定刘志嘉的刑事责任，遂于2014年10月22日决定将刘志嘉变更强制措施为监视居住。与此同时，陈秀明及其亲属在收到沿河县公安局的鉴定意见通知书后，尤其是在得知刘志嘉被变更强制措施后，即对该份鉴定意见提出了异议，并于2014年10月15日向沿河县公安局提交了重新鉴定的申请。

2014年12月19日北京华夏物证鉴定中心对本案被害人的死亡原因作出了新的鉴定意见，认为：赵某刚右颞骨骨折线长12cm延伸至右眼眶骨处，颅枕骨骨线长13cm，骨线没有重叠交叉，应为二次以上的外力作用形成。通过监控录像进行分析，赵某刚被推倒地时臀部先着地，冲击已经得到缓冲，且右颞枕部并未与地面发生碰撞，右耳廓也没有擦挫伤。因此，赵某刚的右颞枕部损伤不符合此次倒地形成，该损伤符合他人打击（如脚踢）或直接碰撞形成；在检验出尸体气管存在大量冰渣的情况下，认定其死亡原因符合在颅脑损伤的基础上，生前大量饮水后因呕吐误吸致呼吸循环衰竭死亡。根据这一鉴定意见，赵某刚的死亡似乎与陈秀明的行为无关。

2015年2月2日，贵阳医学院法医司法鉴定中心对本案被害人赵某刚的死亡原因作出了新的鉴定意见，认为：死者损伤主要集中在头部，左右两侧各有一处损伤，损伤呈外轻内重表现，其中主要以左侧损伤为重，符合减损性损伤（如摔跌伤）导致冲击性损伤以及对冲伤致伤特征，可因颅内压急剧身高，压迫脑干生命中枢导致死亡，为致命性损伤。其右颞顶骨骨折线与左枕骨不相交，相应右侧颞肌可见出血，分析为二次损伤导致，符合钝性外力致伤特征，但损伤相对轻微，不足以导致死亡，属轻伤二级。综上，赵某刚系摔跌导致重型颅脑损伤致中枢性呼吸循环衰竭死亡。

 **关键问题**

为保证鉴定意见得到有效质证，2012年刑事诉讼法首次确立了有专门知识的人出庭就鉴定意见发表鉴别意见的制度。这一制度有利于维护当事人的合法权利，保证鉴定意见作为定案证据的质量，澄清鉴定意见的异议，从而促进司法公正的实现。但是，刑事诉讼法对该制度的规定却相当简略，仅有"有专门知识的人出庭，适用鉴定人出庭的有关规定"，而最高人民法院的司法解释除了将其视为实现有专门知识的人与鉴定人进行对抗以及要求申请人说明理由和限制出庭的人数外，没有作更为详细的规定。对于有专门知识的人的诉讼地位、质证范围、提出意见的效力、具体的出庭顺序以及在法庭上的位置等问题均没有具体的规定。那么由此带来的问题就是有专门知识的人在庭审中的诉讼程序应该如何进行配置，才能保证程序正义和对法律的正确适用。

分歧意见

（一）有专门知识的人的诉讼地位问题

针对此问题主要有以下两种观点：一种观点认为有专门知识的人就等同于"专家证人"，其地位主要是对控辩双方所采纳的鉴定意见从专家的角度进行证实，以强化法官的内心确信，因此其出庭可以参照证人出庭的模式；另一种观点认为有专门知识的人是协助控辩双方进行有效的质证，其地位相当于控辩双方"所聘请的鉴定人"，因此其出庭模式可以参照鉴定人的出庭模式。

（二）有专门知识的人质证的范围

针对此问题，主要有以下观点：第一，有专门知识的人应仅仅限制于法庭上活动，对有关专门性问题进行陈述，不能在法庭之外从事相关的诉讼行为；第二，有专门知识的人除了限制于法庭上所体现的书面材料之外，还需要对检材存在的问题进行进一步的检测从而来验证鉴定意见结论的真实性。

（三）有专门知识的人质证的责任

关于此问题，主要有以下两种观点：一种观点认为，为了确保有专门知识的人对诉讼所涉及的专门性问题的说明的科学性，而不是出于其他非正常目的，必须对有专门知识的人出庭就有关专门性问题所作的说明规定相应的法律责任，如证人和鉴定人作伪证就要承担相关的刑事责任。另一种观点认为有专门知识的人不具有中立性，其意见仅仅是作为定案的辅助性材料，法庭不能让其承担不客观或者虚假的质证责任。

（四）有专门知识的人出庭的位置设置问题

有专门知识的人的位置设置直接关系到诉讼活动的行使，一旦行使不好就会造成诉讼程序的混乱，所以在实践中也存在很大的争议。有人认为根据现有法律逻辑，在鉴定人席旁边设有专门知识的人席位，无论控辩双方何方申请出庭的有专门知识的人都在此就坐，以实现其辅助功能。也有论者认为有专门知识的人的诉讼地位是诉讼辅助人，因此，其出庭法庭时直接在证人席上陈述意见即可。

（五）有专门知识的人出庭的顺序问题

关于此问题主要有以下几种观点：第一，因为有专门知识的人是辅助控辩双方就鉴定意见进行质证，所以只要在出示鉴定意见的环节就应该通知控辩双方的有专门知识的人全部一起到庭。第二，因为控辩双方私下其实已经对所要采纳的鉴定意见形成各自的意见，有专门知识的人所要证明的是对方鉴定意见不能成立，所以只需要对方在出示鉴定意见的时候通知出庭即可。

 **评析意见**

（一）有专门知识的人诉讼地位的问题

有专门知识的人不同于证人、鉴定人。证人是对案件进行感知、记忆和表达，鉴定人是运用科学技术或者专门知识，对诉讼中所涉及的专门性问题进行分析、判断形成一种鉴别意见。证人证言和鉴定意见均为证据的法定形式之一。2012年刑事诉讼法及其相关司法解释规定"有专门知识的人出庭，适用鉴定人的有关规定"，那是不是意味着有专门知识的人与鉴定人诉讼地位一致呢？答案是否定的。鉴定人受司法机关聘请，其出庭具有强制性，否则其所作的鉴定意见不能作为定案的依据，而有专门知识的人是以公诉人、当事人及其辩护人、诉讼代理人委托聘请，主要是辅助性作用，其出庭不具有强制性。鉴定人针对某一专门性问题作出结论性意见，而有专门知识的人只是就鉴定意见提出自己的意见，不具有结论性。由此带来的一个问题是，既然鉴定人和有专门知识的人存在诸多区别，相关法律将其诉讼程序规定为参照鉴定人，明显具有不合理性，明显会造成司法实践中适用相关法律条款时出现混乱。

总之，有专门知识的人出庭作证不同于证人、鉴定人，是一种独立的刑事诉讼的参与过程，其意见对庭审起辅助作用的特殊的诉讼参与人。我们期待在刑事诉讼法中对有专门知识的人的诉讼地位予以明确。

（二）有专门知识的人质证的范围及其责任

有专门知识的人是否有权在庭外收集相关材料或者仅限于法庭上的活动，是否应当对其不实或者虚假的意见承担法律责任等。这些问题都需要作出相关的明确规定，但是现有法律及其解释都是一片空白。笔者认为有专门知识的人除了限制于法庭上所体现的书面材料之外，还需要对检材存在的问题进行进一步的检测从而来验证鉴定意见结论的真实性。因为有专门知识的人只有通过相关渠道来检验鉴定意见结论的真实性，才能去质疑鉴定意见的科学性和合法性，有专门知识的人还可以就鉴定检材的来源、鉴定人鉴定资质以及鉴定程序的规范性发表意见。此外，有专门知识的人出庭作证，目的并不是提供独立的鉴定意见，而只是对一方的鉴定意见进行当庭质证，且有专门知识的人接受一方当事人的委托，与一方当事人之间往往具有利害关系，所以有专门知识的人不能说具有中立性，其意见仅仅是作为定案的辅助性材料，故法庭不能让其承担不客观或者虚假的当庭质证责任。当然，这些都有待相关的法律及其司法解释予以规定和完善。

（三）有专门知识的人出庭的位置设置及其出庭顺序问题

由于有专门知识的人不同于证人及其鉴定人，所以将有专门知识的人的位置和出庭顺序等同于证人和鉴定人，都不妥当。笔者认为有专门知识的人实际上就是代表控辩双方发表意见，在庭审中需要与委托控辩的一方进行必要的协商，所以有专门知识的人的位置与提出申请的控辩方相关，体现有专门知识的人与委托人之间对鉴定意见提出意见的辅助性。因此，将有专门知识的人的位置设置在公诉人、当事人和辩护人、诉讼代理人旁边更为适当。至于出庭顺序，宜采取在控方出示所采纳的鉴定意见后，由辩方申请其所聘请的有专门知识的人出庭发表质证意见，并接受控辩审三方的交叉询问；在控方所采纳的鉴定意见质证完毕后，由辩方出示其所采纳的鉴定意见，再由控方申请其所聘请的有专门知识的人出庭发表质证意见，并接受控辩审三方的交叉询问。

处理结果

有专门知识的人涉及的诉讼程序主要集中在法庭调查阶段。本案在开庭之前，关于有专门知识人的诉讼程序问题存在极大的争议，法、检两家就有专门知识的人的诉讼程序的问题交换了意见，最后达成以下处理意见：在法庭调查过程中，法院参照鉴定人出庭制度核实有专门知识人的基本情况并签署相关可能承担法律责任的文书。在举证质证阶段考虑到控辩双方坚持不同的鉴定意见，法庭决定对两份鉴定意见进行交叉举证、质证。在公诉人出示贵阳医学院法医司法鉴定中心的鉴定意见后，即通知作出该份鉴定意见的鉴定人出席法庭，接受控、辩、审三方的提问，同时通知辩方申请的两名专家证人到庭，向法庭提出该份鉴定意见存在的专业方面的问题，并由控方鉴定人向法庭进行逐一解答。随后，由辩护人出示北京华夏物证鉴定中心作出的鉴定意见，并通知作出该份鉴定意见的鉴定人出席法庭，接受控、辩、审三方的提问，并由控方的两名专家证人向法庭提出该份鉴定意见存在的专业方面的问题，再由辩方鉴定人向法庭进行解答。通过上述交叉举证、质证，控辩双方各自申请的专家证人、鉴定人到庭提问和解答，控辩双方均对两份鉴定意见充分发表了各自观点，既充分保障了被告人的辩护权，也确保了庭审的顺利进行，同时还有效突出了本案的争议焦点。这是贵州省对法律没有明确规定的有专门知识的人的诉讼程序中关于法律适用的一次勇敢尝试，我们期待未来的法律或者相关司法解释能够得到调整和规定。本案经铜仁市中级人民法院开庭审理后，判决认定两名被告人均应对被害人赵某刚的死亡结果承担刑事责任，即赵某刚的死亡结果和两名被告人的行为均有因果关系，判决两被告人犯故意伤害罪；判处陈秀明有期徒刑10年，赔偿附带民事诉讼原告人4万元；判处刘志嘉有期徒刑3年，缓刑5年，赔偿附带民事诉讼原告人1万元。后该案被告人陈秀明上诉至贵州省高级人民法院，贵州省高级人民法院仅对该案中陈秀明的定性提出意见，改判陈秀明构成过失致人死亡罪，判处其有期徒刑3年，缓刑5年，但是并没有对庭审程序提出意见，从一个侧面也证明一审中采取上述程序的合理性。

（撰稿人：沈鑫，贵州省铜仁市人民检察院侦查监督处副处长）

贵州省铜仁市人民检察院
起诉书

铜检公诉刑诉〔2015〕40号

被告人陈秀明，男，1983年××月××日出生，身份证号码3212841983×××××××，汉族，大学本科文化，原系贵州省沿德高速路基工程第三合同段项目经理部项目总会计师，户籍所在地北京市朝阳区××大院1号交通部公路一局，现住沿河土家族自治县淇滩镇××村。2014年9月15日因涉嫌故意伤害罪被沿河土家族自治县公安局刑事拘留，经沿河土家族自治县人民检察院批准，于同年10月22日被沿河土家族自治县公安局依法执行逮捕。

本案由沿河土家族自治县公安局侦查终结，以被告人陈秀明涉嫌故意伤害罪，于2014年12月19日移送沿河土家族自治县人民检察院审查起诉。该院根据管辖的规定于2015年1月9日报送至本院审查起诉。本院受理后，已告知被告人有权委托辩护人、被害人近亲属有权委托诉讼代理人，并依法讯问了被告人，听取了辩护人、被害人近亲属及其诉讼代理人的意见，审查了全部案件材料。审查起诉期间，本院依法退回公安机关补充侦查两次，并于2015年4月7日、2015年6月24日依法延长审查起诉期限。

经依法审查查明：2014年9月8日20时许，被告人陈秀明与被害人赵某刚在沿河土家族自治县淇滩镇的"沿德高速公路"三标段项目经理部办公区的院子内，因琐事发生争吵，陈秀明用力将赵某刚推倒在地，致赵某刚倒地后头部左侧受伤昏迷，陈秀明又朝赵某刚的臀部踢了一脚后离开，赵某刚被人抬回自己的房间。当晚24时许，刘志嘉（另案处理）又因故到赵某刚所睡的203房间找赵某刚理论并发生争吵，刘志嘉朝赵某刚的脸上打了几耳光，并用脚朝赵某刚的头部右侧踢了数脚,后被他人劝走;次日凌晨2时许,刘志嘉再次冲到赵某刚的房间,将赵某刚从床上拖下,并将赵某刚从房间里拖到一楼楼梯口,后又被他人劝走。9月10日7时许,赵某刚被发现在自己的房间里死亡。经贵阳医学院法医司法鉴定中心鉴定,赵某刚系重型颅脑损伤死亡。

  认定上述事实的证据如下:物证、书证、证人证言、被告人供述与辩解、鉴定意见、勘验检查、辨认笔录、视听资料等。

  本院认为,被告人陈秀明故意伤害他人身体,并致被害人赵某刚死亡,其行为已触犯了《中华人民共和国刑法》第二百三十四条之规定,犯罪事实清楚,证据确实、充分,应当以故意伤害罪追究其刑事责任。根据《中华人民共和国刑事诉讼法》第一百七十二条的规定,提起公诉,请依法判处。

  此致
贵州省铜仁市中级人民法院

检 察 员:邱 桢
代理检察员:沈 鑫
2015年7月13日

附:1. 被告人陈秀明现羁押于沿河土家族自治县看守所;
  2. 侦查卷七册及视听资料光盘共计四十三张。

贵州省铜仁市中级人民法院
刑事附带民事判决书

（2015）铜中刑初字第64号

公诉机关贵州省铜仁市人民检察院。

附带民事诉讼原告人张某平，女，1975年××月××日出生，汉族，初中文化，无业，住河北省邯郸市复兴区岭上路六号××号楼××单元××号。系被害人赵某刚之妻。

附带民事诉讼原告人赵某凯，男，1999年××月××日出生，汉族，在校学生，住河北省邯郸市复兴区岭上路六号××号楼××单元××号。系被害人赵某刚之子。

附带民事诉讼原告人程某芹，女，1949年××月××日出生，汉族，小学文化，退休职工，住河北省邯郸市复兴区岭上路六号××号楼××单元××号。系被害人赵某刚之母。

代理人魏宏献，河南平允律师事务所律师。

被告人陈秀明，男，1983年××月××日出生于江苏省姜堰市，汉族，大学本科文化，公司职员，公民身份证号码3212841983×××××，户籍所在地北京市朝阳区××大院××号交通部公路××局。2014年9月15日，因涉嫌犯故意伤害罪被沿河土家族自治县公安局刑事拘留，同年10月22日被依法执行逮捕。现押于沿河土家族自治县看守所。

辩护人张权，北京市大地律师事务所律师。

辩护人高建新，北京市中凯律师事务所律师。

被告人刘志嘉，男，1984年××月××日出生于吉林省德惠县，汉族，大学本科文化，公民身份证号码2201051984×××××，公司职员，户籍所在地北京市朝阳区××大院××号交通部公路××

局。2014年9月15日，因涉嫌犯故意伤害罪被沿河土家族自治县公安局刑事拘留，同年10月22日变更为监视居住。2015年8月6日由本院决定执行逮捕。现押于沿河土家族自治县看守所。

辩护人王泽富，贵州泽富律师事务所律师。

贵州省铜仁市人民检察院以铜检公诉刑诉〔2015〕39号起诉书指控被告人刘志嘉犯故意伤害罪，以铜检公诉刑诉〔2015〕40号起诉书指控被告人陈秀明犯故意伤害罪，于2015年8月4日向本院提起公诉。由于两案在事实上存在关联性，本院予以并案审理。在审理过程中，附带民事诉讼原告人张某平、赵某凯、程某芹向本院提起附带民事诉讼。本院依法组成合议庭，于2015年9月17日在沿河土家族自治县人民法院审判法庭依法公开开庭进行合并审理。铜仁市人民检察院指派检察员杨杰、代理检察员沈鑫出庭支持公诉，附带民事诉讼原告人张某平及委托代理人魏宏献，被告人陈秀明、刘志嘉及辩护人张权、高建新、王泽富，鉴定人胡某强、夏某、王甲，具有专门知识的人屈某平、赵某、王乙、李某林到庭参加诉讼。现已审理终结。

贵州省铜仁市人民检察院起诉指控，2014年9月8日20时许，被告人陈秀明与被害人赵某刚在沿河土家族自治县淇滩镇的"沿德高速公路"三标段项目经理部办公区院子内，因琐事发生争吵。陈秀明用力将赵某刚推倒在地，致赵某刚倒地后头部左侧受伤昏迷，陈秀明又朝赵某刚的腿上踢了一脚后离开。赵某刚被人抬回自己的房间。当晚24时许，被告人刘志嘉到赵某刚的房间和赵某刚理论并发生争吵，刘志嘉朝赵某刚的脸上打了几耳光，并用脚朝赵某刚的头部右侧踢了数脚。后刘志嘉被他人劝走。次日凌晨2时许，刘志嘉再次冲到赵某刚的房间，将赵某刚从床上拖下，并将赵某刚从房间里拖到一楼楼梯口。9月10日7时许，赵某刚被发现在自己的房间里死亡。经贵阳医学院法医司法鉴定中心鉴定，赵某刚系重型颅脑损伤死亡，赵某刚因钝性外力致右颞顶骨线性骨折属轻伤二级。

为证实上述事实，公诉机关当庭出示了被告人的供述、证人证言、现场监控视频、鉴定意见等相关证据，认为被告人陈秀明、刘志嘉故意伤害他人身体并致人死亡的行为触犯《中华人民共和国刑法》第二百三十四条的规定，应当以故意伤害罪追究刑事责任，根据《中华人民共和国刑事诉讼法》第一百七十二条的规定，提请本院依法判处。

附带民事诉讼原告人及委托代理人诉称，被告人陈秀明、刘志嘉故意伤害赵某刚导致其死亡，依法应赔偿死亡赔偿金413341.4元，丧葬费35000元，被抚养人生活费324080元及交通、住宿、误工费用30000元，以上共计人民币802421.4元。

被告人陈秀明提出自己并未用力推倒赵某刚，没有伤害赵某刚的故意，不构成故意伤害罪，对附带民事赔偿部分请求法庭公正判决。

辩护人提出被害人赵某刚在案发时对陈秀明的妻子郝某进行辱骂并推了郝某的胸部，赵某刚在起因上存在一定过错，公诉机关出示的现场监控录像不完整，不能客观还原事实，证人董某萍的证言不客观，侦查机关批准刘志嘉提出重新鉴定的申请违反法律程序，现场勘查笔录只有一个侦查人员签名不符合证据要求，贵阳医学院法医司法鉴定中心的鉴定意见缺乏赵某刚倒地时头部与地面接触及赵某刚倒地后昏迷的依据，其他证据不能形成证据锁链证明陈秀明的行为与赵某刚死亡结果之间存在因果关系，且陈秀明无伤害的故意，故公诉机关指控陈秀明犯罪的事实不清，证据不足。为支持上述辩护意见，辩护人当庭出示了北京华夏物证鉴定中心华夏物鉴中心〔2014〕医鉴字第844号法医病理司法鉴定意见书和监控视频截图。

被告人刘志嘉对公诉机关指控的事实和罪名无异议，提出自己不应对赵某刚的死亡结果承担责任，并表示已委托家属积极赔偿附带民事原告人经济损失，请求法庭从轻判决。

辩护人提出刘志嘉的行为与赵某刚的死亡结果之间不存在因果关系，刘志嘉只应对轻伤结果承担责任，且有自首情节和积极赔偿的意愿，建议法庭对刘志嘉判处三年以下有期徒刑，并适用缓刑。

经审理查明：2014年9月8日20时许，赵某刚酒后与公司职员张某龙、郝某等人在沿河土家族自治县淇滩镇的"沿德高速公路"三标段项目经理部办公区院子内因琐事发生争吵，在纠纷过程中，陈秀明用力将赵某刚推倒，致赵某刚后枕部着地后意识障碍，陈秀明又朝赵某刚的腿上踢了一脚后离开。赵某刚被人抬回二楼自己的房间。当晚24时许，刘志嘉得知此事后到赵某刚的房间和赵某刚发生争吵，刘志嘉朝赵某刚的脸上打了几耳光，并用脚朝赵某刚的头部右侧踹了数脚。次日凌晨2

时许，刘志嘉再次冲到赵某刚的房间，将赵某刚从床上拖下，并将赵某刚从房间里拖到一楼楼梯口并踢打赵某刚。9月10日7时许，赵某刚被发现在自己的房间里死亡。经贵阳医学院法医司法鉴定中心鉴定，赵某刚系（枕部着地）摔跌导致重型颅脑损伤致中枢性呼吸循环衰竭死亡。

另查明，附带民事诉讼原告人张某平、赵某凯、程某芹收到被告人刘志嘉亲属代为赔偿的人民币350000元，附带民事诉讼原告人对刘志嘉的行为表示谅解，请求法庭对刘志嘉从宽判处，并建议适用缓刑。

认定上述事实，有下列证据予以证实：

（一）书证

1. 受案登记表、立案决定书，记载2014年9月14日，贵州省沿河土家族自治县淇滩派出所接到淇滩镇和平村委会主任罗某凤报案，称赵某刚可能系被殴打致死，沿河土家族自治县公安局于次日立案侦查。

2. 户籍证明、拘留证、逮捕证、监视居住决定书，记载被告人陈秀明、刘志嘉的身份基本情况和被采取强制措施的时间及种类。

3. 沿河土家族自治县公安局刑侦大队出具的到案经过说明，记载陈秀明、刘志嘉于2014年9月15日主动到该局投案。

4. 调取证据清单，记载沿河土家族自治县公安局侦查人员向案发单位负责人吴某调取监控录像视频主机一台。

5. 赵某刚的住院记录，记载赵某刚于2014年9月10日10时10分入院，10时50分死亡。

6. 附带民事诉讼原告人的户籍证明，记载附带民事诉讼原告人与被害人赵某刚的身份关系。

（二）证人证言

1. 罗某凤的证言：2014年9月10日上午，我到赵某刚宿舍找赵某刚，发现他手脚冰冷，呼吸困难，就让人把他送医院，医生说他已经死了。我听人说他是被打死的。

2. 周某靠的证言：2014年9月8日晚上，公司组织聚餐，赵某刚当天喝醉了，后来组织去唱歌，出发时我老公张某龙所开的车坐满了，车开出有20米的时候我们就听见有人在骂人，郝某就说赵某刚在骂我们，我们把车倒回去，我老公张某龙就下车问赵某刚在骂谁，后来张某龙被人拉开了。赵某刚当时还在骂郝某，郝某生气就踢了赵某刚一脚，

二、刑事案件中的证据运用

后来郝某也被拉开了。当时我也去拉我老公，回头的时候就看见赵某刚倒在地上。

3. 王某家的证言：案发当晚我们聚完餐就去唱歌。唱完歌后，我和王某璞、关某飞三人坐一辆车回到项目部，看见刘志嘉和赵某刚发生冲突，有一些人在那里劝架，我去劝架的时候刘志嘉要冲上楼去，我还站在刘志嘉的前面拦他，不让他冲上去，我们将刘志嘉劝开后就走了。第二天上班后，我到赵某刚的住处，劝赵某刚看医生，但是他讲不用去。

4. 高某凯的证言：2014年9月8日晚上，我看见赵某刚和张某龙在争吵，郝某也在那里质问赵某刚，后来赵某刚骂郝某，郝某就上前去打他，我当时是挡在了郝某面前，郝某绕过我向赵某刚面前冲了过去，我一转身就看见赵某刚躺在地上了，郝某用黑色包向赵某刚扔去，陈秀明踢了倒在地上的赵某刚。

5. 关某非的证言：案发当时我们单位聚餐，后准备去沿河唱歌，后来张某龙开着车出单位大门时，赵某刚就叫张某龙把车开回来，还骂了一句。这样张某龙把车倒回来后下车质问赵某刚骂谁，张某龙还跑到墙角拿了一把铁锹，我上去抱住张某龙，把张某龙拉到一边。此时我还听见赵某刚和人在争吵，我扭头看到赵某刚在地上躺着。晚上11点左右，我在宿舍听见隔壁的刘志嘉叫赵某刚起来，我过去后看见刘志嘉在赵某刚的床边站着，两人还发生争吵，刘志嘉朝赵某刚的脸上打了一耳光，并跳起来朝赵某刚的头部踹了五六脚，赵某刚被打时都没有起来，没有还手，我把刘志嘉拉到我房间。当时刘志嘉是踹在赵某刚的右脸部位的，因为赵某刚当时是侧身，头朝床尾，面向门口躺在床上的。

6. 王某东的证言：2014年9月9日凌晨，我看见陈秀明、姚某明、郝某等几个人在公司宿舍一楼水池边，陈秀明拉着刘志嘉。我上楼进门看见屋里有赵某刚的呕吐物。我睡到中途的时候听见外面有人吵闹，起床看见刘志嘉、陈秀明、肖某等人在宿舍门口，刘志嘉向我宿舍里冲，但是被拦住了，我也拦在了门口。第二天早上我看见赵某刚右眼眶是黑的。2014年9月9日至10日，我在房间的时候，赵某刚一直在房间里面睡觉，其余时间我也没有看见赵某刚摔倒过。

7. 陈某安的证言：2014年9月9日凌晨，刘志嘉说要去找赵某刚把今天和陈秀明、郝某、张某龙的矛盾说清楚，然后刘志嘉就去宿舍找赵某刚，我和肖某跟着过去，刘志嘉进了赵某刚的房间。我和肖某站在走廊里聊天，听到刘志嘉与赵某刚在对骂。刘志嘉拉着赵某刚的手把他从房间里拖到一楼楼梯口水池处，两人还在相互对骂。陈秀明听到声音后就出来把刘志嘉拖开，被拖开后赵某刚是自己走回宿舍的。

8. 彭某生的证言：案发当晚我看到赵某刚和张某龙在吵架，像要打起来，我和关某非把张某龙和赵某刚分开。过了一会儿我看到赵某刚仰面倒在地上，陈秀明用脚踢了赵某刚的右边腰部一脚。9月9日上午我看到赵某刚走路很吃力的样子。

9. 董某萍的证言：2014年9月8日晚上大概8点20分左右，我们聚完餐准备开车去沿河，赵某刚在骂人，郝某听到后叫张某龙把车倒回去问赵某刚在骂谁，张某龙把车倒回去质问赵某刚，两人发生冲突被拉开了。这时，郝某冲过去准备打赵某刚时，我在当中把她隔起了，郝某就用她黑色的挎包向赵某刚砸去，并且还踢了赵某刚一脚。这时，郝某的丈夫陈秀明看到他妻子在打赵某刚就跑过去用手推了一下赵某刚，赵某刚就当场倒地，头砸在了地上，我听到"咚"的一声。赵某刚砸在地上是仰起的，没有动，陈秀明上去踢了赵某刚腰部，郝某也上去踢了赵某刚，赵某刚没有动。

10. 姚某明的证言：2014年9月8日晚上聚餐后我在办公室休息，听见外面有人在吵闹，我出来后看见有三四人把张某龙拉着，郝某在劝赵某刚不要骂人，后赵某刚用手指着郝某骂，郝某说赵某刚你怎么谁都骂。赵某刚倒地后，陈秀明还在向赵某刚说我丈母娘也是你骂的。赵某刚当时是仰面倒地的，后我把他们劝走了，并叫田某杰、李某文等人将赵某刚抬到宿舍休息。大概12点的时候我开车回公司，看见大院里有一两个人将刘志嘉从员工宿舍从二楼拐角拉下来，陈秀明等人把刘志嘉拉进办公室。我在院子里还看见赵某刚趴在他宿舍门口栏杆上呕吐。

11. 李某文的证言：案发当晚姚某明安排我去抬赵某刚到他宿舍，我和高某凯、田某杰把赵某刚抬到他住的203号宿舍，我们抬的途中赵某刚没有掉在地上过。

12. 田某杰的证言：案发当晚赵某刚仰躺在地上，好像睡着了一样，没有说话，也没有任何反应，我们抬他回寝室的途中，他一直没有说话，好像睡着了一样。晚上10点钟左右，高某凯打电话叫我去看一下赵某刚。我去赵某刚寝室看见他仰躺在床上,我问他要不要喝水,他翻了翻身没有说话。

13. 周某的证言:2014年9月8日20时许,姚某明喊我们去抬赵某刚,我和李某文、田某杰把赵某刚抬回寝室,抬的过程中没有掉在地上,当时赵某刚什么反应也没有,就像睡着了一样,也没有呻吟。

14. 王某璞的证言:2014年9月8日晚我们聚完餐,准备开车去沿河时听到赵某刚在骂人,陈秀明夫妇提议回去问一下。后陈秀明夫妇和赵某刚在门口争吵,张某龙去拿了一把铁锹准备打赵某刚,我赶紧过去把张某龙拦下了。后我看见赵某刚倒在地上。第二天早上八九点钟,我看到赵某刚起床到厕所呕吐过一次。我没有看到赵某刚摔倒过。

15. 耿某标的证言:2014年9月8日晚24时许,我回项目部看见水池边站了很多人,陈秀明和姚某明正在劝说刘志嘉,我和姚某明、陈秀明将刘志嘉叫回办公室叫他有事明天再说。但刘志嘉说:"不行,就要趁着酒性把他揍一顿,想办法叫赵某刚明天走人,明天早上酒醒了就下不了手了。"后来我们劝服了刘志嘉以后就睡觉去了。那天晚上我听刘志嘉说过,因为刘志嘉对赵某刚的后勤保障工作不满意,说赵某刚对刘志嘉管理的生产部在晚上加班时送的饭质量差。

16. 张某伟的证言:2014年9月8日23时许,我回寝室时同寝室的王某东和赵某刚都在床上躺着,后来我摸到我的床单上都是呕吐物,我把床单从窗口扔掉后到八号队工地来睡觉。第二天早上我回寝室时,赵某刚还在睡觉,我和赵某刚说话,他没有理我。我给赵某刚倒了一杯水在他床头的桌子上后就去上班了,中午我回食堂吃饭后,就给赵某刚打了一些饭去,叫赵某刚起来吃饭,但是他没有回答我,我早上给他倒的水已经喝了。我又给赵某刚倒了一杯水来叫他喝,他坐起来喝水,刚喝完水就开始呕吐,呕吐后又睡下,我将饭菜放在桌子上以后就到工地去了。下午回项目部吃饭时又给赵某刚打了饭菜去,看到早上给他打的饭菜没有动,只是给他打的一碗绿豆汤被喝了。我又叫赵某刚起来吃饭,但是他没有理我。在此期间我没有看到赵某刚摔倒,也没有听人说赵某刚自己摔倒过。

17. 张某红的证言:2014年9月8日晚上,我看到张某龙他们要开车出去,赵某刚在喊等等,张某龙没有停车,车开出去有五六米远的时候，赵某刚在骂人。后来我看到赵某刚在地上躺着，周某靠、陈秀明、张某龙、郝某开车走了。后来姚某明就喊三个人把赵某刚带到寝室去。到晚上11点过，我看到陈秀明、杨某、肖某、陈某安在拖刘志嘉。赵某刚在办公室管理采购和车辆管理等，因为刘志嘉管理项目部，有时需要车的时候不派车，从而对赵某刚有意见。

18. 李某的证言：2014年9月9日凌晨一点半钟，我看到陈秀明将刘志嘉用手抱住，王某东、肖某、陈某安站在旁边劝刘志嘉，但是刘志嘉还是想挣脱陈秀明往赵某刚的房间里去，陈秀明抱住刘志嘉不放手，僵持了约10分钟后，刘志嘉被陈秀明等人劝回办公室。刘志嘉和赵某刚工作上有些过节，主要是平时在采购东西时，赵某刚坚持原则没有经理吴某的签字就不采购，这样就延误了时间，还有刘志嘉又嫌弃赵某刚购买的食物质量差。刘志嘉就为这些事与赵某刚发生口角。

19. 杨某的证言：2014年9月9日凌晨一至两点钟的时候，我听见外面有吵架的声音，看到赵某刚坐在一楼的楼梯口那里，我上去将他扶起来，扶他上楼走了有两步，他自己就走着上去了。后陈秀明把刘志嘉劝走了。赵某刚住的房屋是活动板房，地板是钢板上面搭的木板，走廊和楼梯是钢板。

20. 张某龙的证言：案发当晚我们聚完餐准备去沿河县城玩，刚把车开到项目部大门口2米左右时，赵某刚从办公室出来大声喊我把车停下，我停车对他说车上座位已经满了。我刚开到大门口时就听见赵某刚在后面骂我。我将车倒回公司项目部大门口外面并停在公路上，下车走到赵某刚面前问他为什么骂我，赵某刚说我就是要骂你。我用双手推赵某刚的双手，关某非来拖我，将我拦到门卫室门口。我去门卫室旁边拿消防铲准备打赵某刚时，看到赵某刚已经仰躺在水泥地上了。之后大家又上了车，在车上郝某说"赵某刚骂我妈，我用手里的包打了他一下"。陈秀明说"我推了赵某刚一下"。晚上10点30分左右我们回到项目部还去看了一下监控视频，因为陈秀明说赵某刚当时是仰躺在水泥地上，他怕赵某刚的后脑受伤。

21. 郝某的证言：2014年9月8日晚上聚完餐，我们准备去沿河县城骑自行车，张某龙开车送我们刚出公司大门口，就听见赵某刚在大声骂张某龙，张某龙下车和赵某刚在大声对骂，看样子要打架。后张某龙拿着东西准备去打赵某刚,关某非把赵某刚拦住。赵某刚还在那里骂张某龙,我对赵某刚说:"不要骂,孩子都吓哭了"。赵某刚还在骂我,我很生气,便用手里的包砸向赵某刚,又用右脚向赵某刚踢去,但都没有碰到赵某刚。陈秀明推了赵某刚肩部将赵推倒在地还踢了赵的屁股一脚,并说"我丈母娘是你随便骂的吗?你嘴巴放干净点儿"。我们从沿河回到项目部后看了一下监控视频。当晚刘志嘉跑到赵某刚宿舍和赵某刚发生了争吵。陈秀明拉着刘志嘉,耿某标、韩某成也在劝刘志嘉。刘志嘉说我是因为工作上的事情,要把他扔出去,项目部就顺了,我今天就要逼着吴某作决定是他走还是我走。然后大家都拽着刘志嘉回办公室。过了一会儿,刘志嘉又去找赵某刚,被我老公他们拽回来了。之后我老公给刘志嘉在乌江酒店定了一个房间,叫杨某送他去了。

22. 李某的证言:2014年9月9日早上八点钟的时候,赵某刚一个人从他的宿舍来到办公室,看上去精神不好,他喝了一口水就走了。他在办公室和回宿舍的途中没有摔倒过。9月10日早上罗某凤来我们办公室说赵某刚死了。我们监控视频的录像时间快了9小时20分钟。

(三)被告人供述

1. 陈秀明的供述:2014年中秋节聚完餐我们准备坐张某龙的车去沿河县城玩,听见赵某刚在骂张某龙,张某龙下车与赵某刚吵起来,被关某非拉开了。我老婆郝某劝赵某刚有事好好说,赵某刚就骂我老婆,我走过去用左手手掌推了赵某刚右肩将他推倒在地,他倒地后还在骂,我又用脚踢了他屁股一脚,他一直躺着没起来,后我们上车走了。

我们在沿河县城开发区玩了两个小时以后,回项目部遇到刘志嘉,我跟他说了和赵某刚发生纠纷的事情。过了一会儿我听见赵某刚和刘志嘉在宿舍相互对骂,急忙跑到赵某刚宿舍里,我一把抱住刘志嘉,因为刘志嘉还想冲进赵某刚宿舍要去打赵某刚。后来人多了,大家把刘志嘉招呼走了。回宿舍不久,我又听见赵某刚和刘志嘉吵闹的声音,赶紧跑过去,看见肖某、陈某安、李某、杨某等人在现场站着,看见刘志嘉用手拖住赵某刚右手,从楼上往楼下拖,赵某刚头上脚下仰面向上躺在楼梯上,赵某刚一直在骂刘志嘉,还一边呻吟,刘志嘉又用手打了赵某刚脸部几下,我急忙去抱刘志嘉,这时在场的杨某就去扶赵某刚,我抱住刘志嘉时,刘志嘉还踢了赵某刚头部踢了几脚。我抱住刘志嘉往回走,刘志嘉挣脱开我又去打赵某刚，我赶到赵某刚的宿舍时，看见刘志嘉双手拖着赵某刚的右脚。当时赵某刚是趴在地上的，面部朝下，后我把刘志嘉招呼走了，我也回去睡觉了。当时刘志嘉说让领导决定谁走，把赵某刚开了，项目部就顺了。刘志嘉还说今天就趁喝了点酒，把这事办了，你们不敢，我敢。

2. 刘志嘉的供述：2014年9月8日晚上11点钟，我从沿河唱歌回到项目部，陈秀明到我的办公室对我说了当晚发生的事。我听说后到赵某刚的房间质问赵某刚，赵某刚喊我滚，我很生气，上去打了赵某刚两个耳光，并且朝赵某刚的腮部踢了几脚，关某非把我拖走了。次日凌晨2时许，我越想越生气，又到赵某刚房间里面，赵某刚又骂我，我把他从床上拖下来，拖到走廊楼梯的位置，他还在骂我，我又朝他的右颈腮部踢了两脚，把他拖到楼梯中间的位置。这时，陈秀明来将我抱住，并将我拖到院坝里去。杨某扶着赵某刚上楼梯，上完楼梯后，赵某刚自己走着回宿舍去了。我说今天趁赵某刚喝了酒，把这事办了，你们不敢，我敢。

（四）鉴定意见

1. 贵阳医学院法医司法鉴定中心贵医司法鉴定中心〔2015〕病鉴字第005号法医病理鉴定意见书、第2069号法医临床鉴定意见书，记载：死者赵某刚右枕部头皮见小片状挫擦伤，左枕部头皮下出血，左枕骨骨折，左侧大脑半球硬膜下血肿，左颞叶、额叶脑挫伤、出血，脑挫伤局部蛛血；右颞肌出血，右颞顶骨线性骨折，右颞部少量硬膜外出血。分析认为：死者损伤主要集中在头部，损伤呈外轻内重表现，其中主要以左侧损伤为重，符合减损性损伤（如摔跌伤，左枕部着地）导致冲击性损伤（左枕骨骨折，硬膜下血肿）以及对冲伤（左颞叶、额叶脑挫伤、蛛血）致伤特征，可因颅内压急剧升高，压迫脑干生命中枢导致死亡，为致命性损伤。其右颞顶骨骨折线于左枕骨不相交，相应右侧颞肌可见出血，分析为二次损伤导致，符合钝性外力致伤特征，但损伤相对轻微，不足以导致死亡，按《人体损伤程度鉴定标准》第5.1.4D条之规定，属轻伤二级。鉴定意见为赵某刚系（枕部着地）摔跌导致重型颅脑损伤（左颞颞叶多发脑挫裂伤、左大脑半球硬膜下血肿、蛛网膜下腔出血、左枕骨骨折）致中枢性呼吸循环衰竭死亡。

2. 铜仁市公安司法鉴定中心（铜市）公（司）鉴（理化）字

〔2014〕356号理化检验鉴定报告，记载经对赵某刚尸体内胃组织及胃内物进行检测，未检出有机磷类毒物及毒鼠强成分。

3. 贵州省公安厅物证鉴定中心（黔）公（司）鉴（理化）字〔2014〕58号检验鉴定报告，记载经对赵某刚血液中的乙醇进行定性定量检验，未检出乙醇。

4. 贵州省公安司法鉴定中心（黔）公（司）鉴（视听）字〔2014〕107号鉴定文书，记载：第一，检材监控主机显示的2014年9月10日18时至19时之间的视频内容未被删除修改，缺失内容为监控设备录制形成，该设备无局部删除视频内容功能，利用通用软件也无法局部删除视频内容。第二，主机显示的时间在9月10日18时前比北京时间快约9小时10分，9月10日18时后快约9小时30分。

（五）勘验、指认、辨认笔录

1. 现场勘验检查笔录，记载沿河县公安局于2014年9月14日14时30分对案发现场进行勘查，现场位于沿河县淇滩镇的"沿德高速公路"三标段项目经理部办公区的院子内、综合办公室及生活区的北侧宿舍楼。从现场提取监控主机中存储的视频数据一个，在调取系统时间为2014年9月10日18时至20时的监控资料时，发现该时段的所有通道的监控视频资料缺失。

2. 现场勘验指认笔录，记载2014年11月19日，陈秀明指认案发现场，以及2015年3月4日，刘志嘉指认案发现场，现场位于沿河县淇滩镇的"沿德高速公路"三标段项目经理部办公区的院子内、综合办公室及生活区的北侧宿舍楼。

3. 辨认笔录，记载2014年9月17日，在见证人程某忠见证下，受害人之弟赵某亭辨认出其兄赵某刚的过程。

（六）视听资料

记载案发当晚赵某刚与张某龙、郝某等人发生纠纷，陈秀明上前推倒赵某刚并与郝某一起踢了赵某刚的过程。

上述证据经当庭质证，证据来源合法，证据内容客观真实，又能相互印证，形成证据锁链，依法可作为本案的定案证据，即本案事实清楚，证据充分，应予确认。

关于陈秀明的辩护人出示的北京华夏物证鉴定中心华夏物鉴中心〔2014〕医鉴字第844号法医病理司法鉴定意见书（以下称华夏鉴定）

和视频截图,以及辩护人所提现有证据不能证明赵某刚倒地时头部与地面接触,亦无证据证明赵某刚倒地后昏迷的事实的辩护意见。经查,华夏鉴定意见"赵某刚头部损伤符合他人打击(如脚踢)或直接碰撞形成;其死亡原因符合在颅脑损伤的基础上,生前大量饮水后因呕吐误吸致呼吸循环衰竭死亡"的结论的重要依据是通过视频录像的部分截图分析认为赵某刚在倒地时臀部先着地后得到缓冲,故头部损伤并非倒地形成;解剖中未发现脑病形成,无明显昏迷史,而气管和支气管中发现较多的冰柱样物质。经查,公诉机关出示的视频录像记载赵某刚倒地前面朝左侧的张某龙,被从右侧冲过来的陈秀明猛烈推击而向后摔跌,躯干与头部同时着地,头部撞击地面并反弹一定高度,且尸检报告记载赵某刚后枕部相应部位头皮有软组织损伤,结合证人证言,足以认定赵某刚倒地过程中存在头部着地并发生较大力度碰撞的事实。而该鉴定意见采用单一、不完整的视频截图,认定赵某刚头部损伤不可能系跌倒形成,并以此推断作为鉴定资料,不客观、不科学。其次,该鉴定也未列举出尸检中发现有典型特征性的机械性窒息的征象和病理改变,仅凭尸检中发现气管内有冰状物质而推定死者的死因系机械性窒息死亡的结论,缺乏科学依据。且庭审中,具有专门知识的法医学高级职称人员王甲、屈某平、赵某提出冰冻尸体气管内发现冰状物系常见现象,以气管内发现冰状物作为机械性窒息死亡的结论,没有理论上的依据,亦无案例支持。另外,现场视频录像反映赵某刚倒地后没有明显自觉反应,多名证人证实赵某刚倒地后无意识,故能反映赵某刚倒地后存在意识障碍,即昏迷。综上,辩护人出示的华夏鉴定意见由于鉴定依据不客观、不科学,依法不应作为本案定案依据,辩护人所提辩护意见不能成立,不予采纳。

关于陈秀明提出没有用力推赵某刚,没有伤害的故意的辩解理由,其辩护人提出被告人陈秀明无伤害故意的辩护意见。经查,案发当晚,被害人赵某刚与张某龙及陈秀明之妻郝某发生争吵,陈秀明冲上前猛推赵某刚致其倒地,并上前脚踢赵某刚,其故意伤害他人的意图明显。故此辩解理由和辩护意见不能成立,不予采信。

关于陈秀明的辩护人提出赵某刚对陈秀明的妻子郝某进行辱骂并推了郝某的胸部,赵某刚在起因上存在一定过错的辩护意见。经查,辩护人所提事实无其他证据佐证,不予采信。但被害人赵某刚酒后无故辱骂他人而引发本案,在起因上赵某刚存在一定责任,故辩护人意见部分成立,本院部分予以采信。

关于陈秀明的辩护人提出公安机关在调取现场监控录像不完整,不能客观还原事实,证人董某萍的证言不客观,现场勘验笔录只有一个侦查人员签名,程序不合法的辩护意见。经查,现场监控视频已由贵州省公安司法鉴定中心作出鉴定,载明检材缺失内容为监控设备录制形成,但现有监控视频结合其他证据,足以证实本院认定的事实。证人董某萍的证言能与其他证据相互印证,应予采信。现场勘查笔录有公安侦查人员田某洋、余某庆的签名,并非仅一人签名。故辩护人此辩护意见不能成立,不予采信。

关于陈秀明的辩护人所提原侦查机关批准刘志嘉提出重新鉴定的申请违反法律程序的辩护意见。经查,本案发生后,贵州省沿河土家族自治县公安局司法鉴定中心与北京华夏物证鉴定中心先后作出尸检报告,鉴定结果存在重大矛盾,被告人刘志嘉据此提出再次鉴定的申请。依照《中华人民共和国刑事诉讼法》第一百四十六条关于"侦查机关应当将用作证据的鉴定意见告知犯罪嫌疑人,如果犯罪嫌疑人提出申请,可以补充鉴定或者重新鉴定"的规定,侦查机关同意刘志嘉申请进行重新鉴定符合法律规定。故此辩护理由不能成立,不予采信。

关于陈秀明的辩护人所提公诉机关提供的贵阳医学院法医司法鉴定中心所作鉴定依据不足、现有证据不能证明陈秀明的行为与赵某刚的死亡结果之间存在因果关系,被告人刘志嘉提出自己不应对赵某刚的死亡结果承担责任以及其辩护人提出刘志嘉的行为与赵某刚的死亡结果之间不存在因果关系的辩解理由和辩护意见。经查,贵阳医学院法医司法鉴定中心〔2015〕病鉴字第005号法医病理鉴定意见书是公安侦查机关依照法定程序委托贵阳医学院法医司法鉴定中心作出的鉴定意见,该鉴定书记载死者损伤主要集中在头部,以左侧损伤为重,符合减损性损伤(如摔跌伤,左枕部着地)导致冲击性损伤以及对冲伤致伤特征,可因颅内压急剧升高,压迫脑干生命中枢导致死亡,为致命性损伤。综合意见为赵某刚系摔跌(枕部着地)导致重型颅脑损伤致中枢性呼吸循环衰竭死亡。庭审中,被告人、辩护人及申请出庭具有专门知识的人也未对该鉴定提出客观的异议,该鉴定与其他证据也能相互印证,依法可作为本案的定案依据。此外，贵阳医学院法医司法鉴定中心同时对死者头部右侧损伤作出轻伤二级的法医学鉴定。在庭审中，鉴定人作出补充说明，死者头部右侧损伤达到轻伤的标准，必然会促进第一次损伤的颅内出血、脑水肿，对死亡有一定因果关系。出庭的具有专门知识的人屈某平也认为，死者赵某刚脑部右侧受到重击致颅骨骨折，必然加剧脑部先前受到的损伤，其行为对死亡结果存在因果关系。综合上述意见，本院认为，陈秀明行为虽系被害人死亡主因，但刘志嘉的行为与前者行为产生因果关系叠加，该行为也是致被害人死亡原因之一，依法应当对被害人死亡后果承担责任。故上述辩护意见和辩解理由均不能成立，不予采信。

　　本院认为，被告人陈秀明、刘志嘉故意伤害他人身体，致被害人死亡，二被告人的行为均触犯了《中华人民共和国刑法》第二百三十四条关于"故意伤害他人身体的，处三年以下有期徒刑、拘役或者管制。犯前款罪，致人死亡的，处十年以上有期徒刑、无期徒刑或者死刑"的规定，已构成故意伤害罪，依法应负刑事责任。公诉机关指控的事实清楚，罪名成立，本院予以确认。被告人陈秀明在与被害人赵某刚争吵过程中将赵某刚推倒在地，致赵某刚后枕部着地致重度颅脑损伤，系被害人死亡的主要原因，应当承担主要责任。案发后，陈秀明主动投案，如实供述主要犯罪事实，有自首情节，且被害人赵某刚酒后无故辱骂他人，对本案的引发存在一定责任，本院决定对被告人陈秀明从轻处罚。被告人刘志嘉在赵某刚头部严重受伤情况下对其头部进行踹击，致赵某刚颅骨骨折，加速其颅脑损伤程度，应当对赵某刚的死亡结果承担次要责任。此外，刘志嘉犯罪后主动投案，如实供述犯罪事实，属自首。同时，案发后刘志嘉的家属积极赔偿被害人家属经济损失人民币350000元，取得被害人家属的书面谅解，并请求本院对刘志嘉从轻判处，并建议适用缓刑。本院委托刘志嘉居住地的社区进行矫正评估，评估结果为刘志嘉符合社区矫正条件。本院综合刘志嘉的犯罪情节、危害后果、悔罪表现、自首和积极赔偿情节，决定对刘志嘉适用缓刑。

　　关于附带民事诉讼原告人请求法庭判决二被告人赔偿死亡赔偿金413341.4元、丧葬费35000元、被抚养人生活费324080元，及交通、住宿、误工费用30000元，共计人民币802421.4元的诉讼请求。经查，根据最高人民法院《关于适用〈中华人民共和国刑事诉讼法〉的解释》

第一百五十五条第二款关于"犯罪行为造成被害人人身损害的，应当赔偿医疗费、护理费、交通费等为治疗和康复支付的合理费用，以及误工减少的收入。造成被害人死亡的，还应当赔偿丧葬费等费用"的规定，附带民事诉讼原告人所提死亡赔偿金、被扶养人生活费不属刑事附带民事赔偿范围，不予支持。关于所提丧葬费的诉请。应参照受诉法院所在地上一年度职工月平均工资标准，以六个月总额计算，为21407.5元。所提交通费、住宿费、误工费的诉请，因附带民事诉讼原告人未提供相关证据，本院决定酌情支持10000元。另外，考虑到二被告人的犯罪行为对附带民事诉讼原告人确已造成其他的经济损失，本院决定酌情予以判决。

据此，依照《中华人民共和国刑法》第二百三十四条第一款、第二款，第六十七条第一款，第七十二条第一款，第六十二条，第六十三条第一款，第三十六条，第六十一条以及《中华人民共和国刑事诉讼法》第一百九十五条第（一）项的规定，判决如下：

一、被告人陈秀明犯故意伤害罪，判处有期徒刑十年。

（刑期自2014年9月15日起至2024年9月14日止。）

二、被告人刘志嘉犯故意伤害罪，判处有期徒刑三年，缓刑五年。

（缓刑考验期限自本判决确定之日起计算。）

三、附带民事诉讼原告人张某平、赵某凯、程某芹的丧葬费21407.5元、交通费10000元及其他经济损失，共计人民币50000元，由被告人陈秀明赔偿40000元，由被告人刘志嘉赔偿10000元（已支付）。

（上述赔偿款限本判决生效后三十日内付清。）

如不服本判决，可在接到判决书的第二日起十日内，通过本院或者直接向贵州省高级人民法院提出上诉。书面上诉的，应当提交上诉状正本一份，副本三份。

审　判　长　马正清
代理审判员　刘贵波
代理审判员　罗宇睿
二〇一五年十一月三日
书　记　员　田雪莲

贵州省高级人民法院
刑事附带民事判决书

（2015）黔高刑一终字第350号

原公诉机关贵州省铜仁市人民检察院。

上诉人（原审附带民事诉讼原告人）张某平，女，1975年××月××日出生，汉族，初中文化，无业，住河北省邯郸市复兴区岭上路六号××号楼××单元××号。系本案被害人赵某刚之妻。

上诉人（原审附带民事诉讼原告人）赵某凯，男，1999年××月××日出生，汉族，在校学生，住河北省邯郸市复兴区岭上路六号××号楼××单元××号。系本案被害人赵某刚之子。

上诉人（原审附带民事诉讼原告人）程某芹，女，1949年××月××日出生，汉族，小学文化，退休职工，住河北省邯郸市复兴区岭上路六号××号楼××单元××号。系本案被害人赵某刚之母。

上诉人（原审被告人）陈秀明，男，1983年××月××日出生于江苏省姜堰市，汉族，大学本科文化，公司职员，户籍所在地北京市朝阳区××大院××号交通部公路××局。因本案于2014年9月15日被刑事拘留，同年10月22日被逮捕。现押于沿河土家族自治县看守所。

辩护人高建新，北京市中凯律师事务所律师。

原审被告人刘志嘉，男，1984年××月××日出生于吉林省德惠县，汉族，大学本科文化。公司职员，户籍所在地北京市朝阳区××大院××号交通部公路××局。因本案于2014年9月15日被刑事拘留，同年10月22日变更为监视居住。2015年8月6日被逮捕。同年11月11日被取保候审。

贵州省铜仁市中级人民法院审理贵州省铜仁市人民检察院指控原审被告人陈秀明、刘志嘉犯故意伤害罪及原审附带民事诉讼原告人张某平、赵某凯、程某芹提起附带民事诉讼一案,于2015年11月3日作出(2015)铜中刑初字第64号刑事附带民事判决。原审附带民事诉讼原告人张某平、赵某凯、程某芹及原审被告人陈秀明不服,提出上诉。本院依法组成合议庭,经过阅卷,讯问被告人,听取当事人及辩护人意见,认为本案事实清楚,决定不开庭审理。现已审理终结。

原判认定:2014年9月8日20时许,赵某刚酒后与公司职员张某龙、郝某等人在沿河土家族自治县淇滩镇的"沿德高速公路"三标段项目经理部办公区院子内因琐事发生争吵,陈秀明用力将赵某刚推倒,致赵某刚后枕部着地后导致意识障碍,陈秀明又朝赵某刚的腿上踢了一脚后离开。赵某刚被人抬回二楼自己的房间。当晚24时许,刘志嘉得知此事后到赵某刚的房间和赵某刚发生争吵,刘志嘉朝赵某刚的脸上打了几耳光。并用脚朝赵某刚的头部右侧踹了数脚。次日凌晨2时许,刘志嘉再次冲到赵某刚的房间,将赵某刚从床上拖下,并将赵某刚从房间里拖到一楼楼梯口并踢打赵某刚。9月10日7时许,赵某刚被发现在自己的房间里死亡。经鉴定,赵某刚系摔跌导致重型颅脑损伤致中枢性呼吸循环衰竭死亡。

另查明,附带民事诉讼原告人张某平、赵某凯、程某芹收到被告人刘志嘉亲属代为赔偿的人民币350000元,附带民事诉讼原告人对刘志嘉的行为表示谅解,请求法庭对刘志嘉从宽判处,并建议适用缓刑。

原审法院根据上述事实和相关证据,依照《中华人民共和国刑法》第二百三十四条第一款、第二款,第六十七条第一款,第七十二条第一款,第六十二条,第六十三条第一款,第三十六条,第六十一条以及《中华人民共和国刑事诉讼法》第一百九十五条第(一)项的规定,作出如下判决:一、被告人陈秀明犯故意伤害罪,判处有期徒刑十年。二、被告人刘志嘉犯故意伤害罪,判处有期徒刑三年,缓刑五年。三、附带民事诉讼原告人张某平、赵某凯、程某芹的丧葬费21407.5元、交通费等10000元及其他经济损失,共计人民币50000元,由被告人陈秀明赔偿40000元,由被告人刘志嘉赔偿10000元(已支付)。

宣判后,原审附带民事诉讼原告人张某平、赵某凯、程某芹,原审被告人陈秀明不服，张某平、赵某凯、程某芹以"请求判处陈秀明十五年以上有期徒刑或无期徒刑，判令陈秀明赔偿死亡赔偿金、丧葬费、被扶养人生活费、交通费等641937.12元"为由提出上诉。原审被告人陈秀明以"一审判决认定事实不清、证据不足"为由提出上诉。陈秀明的辩护人以"一审认定陈秀明对赵某刚的死亡承担主要责任事实不清、证据不足，陈秀明没有伤害的故意，请求改判陈秀明过失犯罪"为由为其辩护。

在二审期间，上诉人陈秀明的家属赔偿了被害人家属人民币370000元，取得对方的谅解，被害人家属书面请求对陈秀明从轻作出处罚，并认为陈秀明推倒赵某刚无伤害故意，且事后多次阻拦他人殴打赵某刚，请求适用缓刑。

经审理查明，原判认定2014年9月8日晚，原审被告人陈秀明在沿河县淇滩镇"沿德高速公路"三标段项目部将赵某刚推倒，刘志嘉故意伤害赵某刚的事实清楚。

认定上述事实，有经一审庭审质证确认的公安机关依法提取的休闲鞋、衬衫、床单、裤子等物证，证人罗某凤、周某靠、王某家、高某凯、关某非、张某平、王某东、陈某安、彭某生、董某萍、姚某明、李某文、田某杰、周某、王某璞、耿某标、张某伟、张某红、李某、吴某、金某忠、陈某利、杨某、张某龙、郝某、李某的证言，现场勘查笔录及照片、尸体检验鉴定书及照片、辨认笔录及照片、法医临床鉴定意见书、理化检验鉴定报告、视听鉴定文书、案发现场监控视频等证据证实，上诉人陈秀明、原审被告人刘志嘉亦供认不讳，并对现场进行了指认。在本院二审期间，陈秀明、刘志嘉及陈秀明的辩护人均未提出新的证据。本院对一审判决认定事实及所列证据予以确认。

关于上诉人陈秀明所提"一审判决认定事实不清、证据不足"的上诉理由及其辩护人所提"一审认定陈秀明对赵某刚的死亡承担主要责任事实不清、证据不足"的辩护意见，经查，陈秀明将赵某刚推倒致使其昏迷，有现场监控视频、现场目击证人周某靠、董某萍、郝某等人证实，陈秀明对将赵某刚推倒的事实亦供认不讳。贵阳医学院法医司法鉴定中心法医病理鉴定意见证实赵某刚系摔跌导致重型颅脑损伤致中枢性呼吸循环衰竭死亡，陈秀明的行为系被害人赵某刚死亡的主因，应承担主要责任,一审判决认定的事实清楚、证据充分。故该上诉理由及辩护意见不能成立,本院不予采纳。

关于上诉人陈秀明的辩护人所提"陈秀明没有伤害的故意,请求改判陈秀明过失犯罪"的辩护意见,经查,陈秀明应当预见将他人推倒在水泥地面上可能造成严重的后果,但是其因疏忽大意没有预见,而将赵某刚推倒致使其头部着地因颅脑损伤死亡,陈秀明在刘志嘉殴打赵某刚时积极阻止,其主观上无伤害故意,应属疏忽大意的过失行为,故该辩护意见成立,本院予以采纳。

本院认为,上诉人陈秀明将被害人赵某刚推倒致其死亡,其行为构成过失致人死亡罪,原审被告人刘志嘉殴打被害人赵某刚的头部等部位,其行为构成故意伤害罪。原审法院根据刘志嘉的犯罪事实、情节以及对社会的危害程度,对其判处有期徒刑三年,缓刑五年,定罪准确、量刑适当。在本院审理期间,上诉人陈秀明的家属积极赔偿,取得被害人家属的谅解,被害人家属书面申请本院对陈秀明从轻判处,并请求适用缓刑,本院鉴于陈秀明投案自首,积极赔偿并得到被害人亲属谅解等情节,决定对陈秀明适用缓刑。原判认定事实清楚,证据确实、充分,民事赔偿合理,审判程序合法,但定罪错误、量刑不当,应予改判。据此,依照《中华人民共和国刑法》第二百三十三条、第二百三十四条第一款、第六十七条第一款、第七十二条第一款、第三十六条及《中华人民共和国刑事诉讼法》第二百二十五条第一款第(一)、(二)项和《中华人民共和国民事诉讼法》第一百七十条第一款第(一)项的规定,判决如下:

一、维持贵州省铜仁市中级人民法院(2015)铜中刑初字第64号刑事附带民事判决主文第二项、第三项,即被告人刘志嘉犯故意伤害罪,判处有期徒刑三年,缓刑五年;附带民事诉讼原告人张某平、赵某凯、程某芹的丧葬费21407.5元、交通费等10000元及其他经济损失共计人民币50000元,由被告人陈秀明赔偿40000元,由被告人刘志嘉赔偿10000元(已支付)。

二、撤销贵州省铜仁市中级人民法院(2015)铜中刑初字第64号刑事附带民事判决主文第一项。

三、上诉人(原审被告人)陈秀明犯过失致人死亡罪,判处有期徒刑三年,缓刑五年。

(缓刑考验期限自本判决确定之日起计算。)

本判决为终审判决。

审　判　长　赵洪波
代理审判员　刘　晖
代理审判员　许晓东
二〇一五年十二月三十日
书　记　员　杨帅昕

三、刑事附带民事案件

焦海军非法采矿刑事附带民事诉讼案

异地管辖非法采矿案件的检察机关能否代表国家提起刑事附带民事诉讼

要　旨

对于人民检察院就非法采矿犯罪提起公诉时可以提起附带民事诉讼没有争议，但相关法律对于异地管辖非法采矿案件的检察机关能否代表国家提起刑事附带民事诉讼，并未作出更为详尽、明确的规定，导致司法实践中对于异地管辖非法采矿案件的检察机关能否代表国家提起刑事附带民事诉讼存在争议。本案是河南省修武县人民检察院首例代表国家提起刑事附带民事诉讼的案件，而且是与上级检察机关指定管辖的职务犯罪案件有关联而并案处理的异地管辖非法采矿案件。本案的成功办理，厘清了异地管辖非法采矿案件的检察机关有权代表国家提起刑事附带民事诉讼，旨在促进检察机关充分履行保护国家财产、集体财产的职能。

 **基本案情**

（一）被告人基本情况[①]

被告人（系刑事案件被告人）焦海军，男，1970年出生，焦作市马村区演马街道办事处演马村民委员会（以下简称演马村委会）原村委会主任。

被告人（非刑事案件被告人）演马村委会。法定代表人焦某，系村委会主任。

（二）案件事实

2013年4月至10月，被告人焦海军在任演马村委会主任期间，为增加该村收入，在该村未办理采矿许可证的情况下，组织村民在焦作市演马矿采煤沉陷区（Ⅰ标段Ⅸ区）矿山地质环境治理工程项目区内非法采矿。其间，经相关部门责令停止采矿，仍拒不停止开采，将开采出的建筑用砂卵石对外销售，获取非法收入164万余元。经鉴定，非法开采建筑用砂卵石409080立方米，造成矿产资源损失4090800元。

2014年元月，被告人焦海军为开采演马村南耕地下的矿产牟取私利，以建设养殖小区名义到相关部门违规申请办理了农用设施用地手

---

① 最高人民检察院2012年12月27日公布、自2013年1月1日起施行的《人民检察院刑事诉讼法律文书格式样本》中《刑事附带民事起诉书》模板明确要求对刑事附带民事诉讼被告人区分刑事案件被告人、非刑事案件被告人，故此处如此列明。

另外，本案中演马村委会应否作为刑事案件被告人存在争议。有人认为《公安部关于村民委员会可否构成单位犯罪主体问题的批复》即（公复字〔2007〕1号）明确规定了"对以村民委员会名义实施犯罪的，不应以单位犯罪论"，故村民委员会不符合单位犯罪主体。笔者作为本案承办人认为：村民委员会属于单位犯罪主体。公安部批复不属于司法解释，村民委员会既属于民法上的法人，也属于刑法上单位犯罪主体中的团体法人单位，不能依据公安部该批复认为村民委员会不符合单位犯罪主体。"两高"于2008年11月20日发布的《关于办理商业贿赂刑事案件适用法律若干问题的意见》第2条明确规定："刑法第一百六十三条、第一百六十四条规定的'其他单位'，既包括事业单位、社会团体、村民委员会、居民委员会、村民小组等常设性的组织，也包括为组织体育赛事、文艺演出或者其他正当活动而成立的组委会、筹委会、工程承包队等非常设性的组织。"其他司法解释中也有类似规定。但本案向上级检察院汇报后，决定演马村委会不作为刑事案件被告人，只列为附带民事诉讼被告人。

续。2014年4月至10月，被告人焦海军在未办理采矿许可证的情况下，在该地块非法采矿，其间，经相关部门责令停止采矿，仍拒不停止开采，将开采出的建筑用砂卵石对外销售，获取非法收入约160万元。经鉴定，非法开采建筑用砂卵石181227立方米，造成矿产资源损失2355951元，60.41亩农用地被破坏。

案发后，被告人焦海军妻子李某梅将其所有的豫HM0×××黑色宝马X6越野车主动送交检察机关，愿以该车拍卖价款赔偿被告人焦海军犯罪行为给国家造成的损失。

（三）诉讼经过

犯罪嫌疑人焦海军涉嫌非法采矿犯罪一案，系修武县人民检察院在侦查焦作市人民检察院交办的犯罪嫌疑人卢某宝（焦作市国土局马村分局局长）、韩某锋（焦作市国土局马村分局演马国土所所长）涉嫌滥用职权犯罪一案过程中，发现两起案件相互关联，并案处理有利于查明案件事实和诉讼进行，于2015年7月28日依照《人民检察院刑事诉讼规则（试行）》第12条第2款之规定补充立案侦查的案件。

2015年10月29日，焦作市人民检察院指定本案由修武县人民检察院审查起诉；2015年10月27日，焦作市中级人民法院指定本案由修武县人民法院按照第一审程序审理。

本案由修武县人民检察院反渎职侵权局侦查终结，于2015年11月10日移送审查起诉。修武县人民检察院于2015年11月25日对被告人焦海军以非法采矿罪提起公诉的同时，以焦海军和演马村委会为附带民事诉讼被告人一并提起附带民事诉讼。

本案的证据有户籍证明等相关书证、关键证人陈某久等人的证言、被告人焦海军的供述和辩解、搜查笔录等。

关键问题

国家矿产资源因非法采矿犯罪行为遭受损失，异地管辖的检察机关能否代表国家提起刑事附带民事诉讼？

 **分歧意见**

对于异地管辖非法采矿案件的检察机关能否代表国家提起刑事附带民事诉讼，存在截然相反的两种观点。

一种观点认为，异地管辖非法采矿案件的检察机关不能代表国家提起刑事附带民事诉讼。此种观点认为，虽然矿产资源属于国家所有，但现实生活中各个地方的矿产由矿产所在地的人民政府或者国土资源部门行使矿产的所有权，对应的财政收入也列入当地的财政收入，而异地管辖非法采矿案件的检察机关提起刑事附带民事诉讼后，得到的附带民事赔偿却列入了检察机关当地的财政收入，造成了矿产所在地与案件管辖地的财政收入失衡。

另一种观点认为，异地管辖非法采矿案件的检察机关可以代表国家提起刑事附带民事诉讼。此种观点认为，矿产属于国家所有，法律明确赋予了检察机关可以代表国家提起刑事附带民事诉讼的权力，检察机关代表国家提起刑事附带民事诉讼并非为了地方利益，而是为了履行保护国家财产的职能，不应当因为案件的异地管辖而限制或剥夺检察机关的此项权力，对犯罪行为给国家财产造成的损失姑息或纵容。

评析意见

笔者认为，异地管辖非法采矿案件的检察机关可以代表国家提起刑事附带民事诉讼。

（一）非法采矿案中矿产所在地的人民政府或者国土资源部门并非"受损失的单位"

矿产资源法第3条第1款规定："矿产资源属于国家所有，由国务院行使国家对矿产资源的所有权。地表或者地下的矿产资源的国家所有权，不因其所依附的土地的所有权或者使用权的不同而改变。"可见，对矿产资源的所有权由国务院行使。该法第11条第1款规定："国务院地质矿产主管部门主管全国矿产资源勘查、开采的监督管理工作。国务院有关主管部门协助国务院地质矿产主管部门进行矿产资源勘查、开采的监督管理工作。"该条第2款进一步规定："省、自治区、直辖市人民政府地质矿产主管部门主管本行政区域内矿产资源勘查、开采的监督管理工作。省、自治区、直辖市人民政府有关主管部门协助同级地质矿产主管部门进行矿产资源勘查、开采的监督管理工作。"可见，国务院及省级政府地质矿产主管部门分别主管全国、本行政区域内矿产资源勘查、开采的监督管理工作，并非行使对矿产资源的所有权。因此，非法采矿犯罪中矿产所在地的人民政府或者国土资源部门并非法律规定的对矿产资源行使所有权的国务院，也就不属于非法采矿犯罪中"受损失的单位"。

（二）异地管辖非法采矿案件的检察机关代表国家提起刑事附带民事诉讼不受矿产所在地的人民政府或者国土资源部门是否提起附带民事诉讼的约束

由于非法采矿犯罪中矿产所在地的人民政府或者国土资源部门并非"受损失的单位"，也就不存在"受损失的单位未提起附带民事诉讼"的问题，最高人民法院《关于适用〈中华人民共和国刑事诉讼法〉的解释》第142条第1款规定的"国家财产、集体财产遭受损失，受损失的单位未提起附带民事诉讼，人民检察院在提起公诉时提起附带民事诉讼的，人民法院应当受理"，不应当对异地管辖非法采矿案件的检察机关代表国家提起刑事附带民事诉讼产生影响。

（三）异地管辖非法采矿案件的检察机关代表国家提起刑事附带民事诉讼并不直接影响矿产所在地与案件管辖地的财政收入

刑法第64条规定："犯罪分子违法所得的一切财物，应当予以追缴或者责令退赔；对被害人的合法财产，应当及时返还；违禁品和供犯罪所用的本人财物，应当予以没收。没收的财物和罚金，一律上缴国库，不得挪用和自行处理。"

检察机关代表国家提起刑事附带民事诉讼所获赔偿，同人民法院收取的罚金、追缴的赃款或赃物、没收的财物性质相同，均属于预算外财政收入，应当上缴国库，自无争议。尽管目前法律没有明确规定检察机关代表国家提起刑事附带民事诉讼所获赔偿应当上缴何级国库，但由最高人民法院2015年2月4日颁布的《关于全面深化人民法院改革的意见——人民法院第四个五年改革纲要（2014—2018）》中规定的"严格'收支两条线管理'，地方各级人民法院收取的诉讼费、罚金、没收的财物，以及追缴的赃款赃物等，统一上缴省级国库"可见，"统一上缴省级国库"意味着异地管辖非法采矿案件的检察机关代表国家提起刑事附带民事诉讼并不直接影响矿产所在地与案件管辖地的财政收入。贪污贿赂等职务犯罪案件多数由异地管辖也可反映出这一点，异地管辖的根本目的是保障刑事诉讼的顺利进行，追缴赃款或赃物对于两地财政的影响相对于刑事诉讼的根本目的而言，孰轻孰重，不言自明。退一步而言，即使异地管辖非法采矿案件对矿产所在地与案件管辖地的财政收入略有影响，也不能成为限制异地管辖检察机关代表国家提起刑事附带民事诉讼这一法定权力的理由。

处理结果

2016年5月24日，修武县人民法院作出（2015）修刑初字第193-1号刑事附带民事判决。附带民事诉讼被告人演马村委会不服该一审判决，于2016年5月30日提出上诉。2016年10月20日焦作市中级人民法院（2016）豫08刑终193号刑事附带民事裁定书，该民事裁定书中对案件事实确认"经本院审理查明的事实和证据与一审相同"，裁定驳回上诉、维持原判。

（撰稿人：张三保，河南省修武县人民检察院
公诉科副科长、员额检察官）

修武县人民检察院
起诉书

修检公诉刑诉〔2015〕173 号

被告人焦海军，曾用名焦黑旦，男，1970年××月××日出生，居民身份证号码4108111970×××××××，汉族，初中毕业，焦作市马村区演马街道办事处演马村民委员会原村委主任，户籍所在地河南省焦作市马村区，住焦作市远大北苑××号楼××单元××层××号。因涉嫌非法采矿，于2015年7月29日经修武县人民检察院决定指定居所监视居住，于2015年7月29日被修武县公安局执行指定居所监视居住；因涉嫌非法采矿，于2015年8月19日经修武县人民检察院决定刑事拘留，于2015年8月19日被修武县公安局执行刑事拘留；因涉嫌非法采矿，于2015年9月1日经修武县人民检察院决定指定居所监视居住，于2015年9月1日被修武县公安局执行指定居所监视居住；因涉嫌犯有非法采矿罪，于2015年9月10日经焦作市人民检察院决定逮捕，于2015年9月10日由修武县公安局执行逮捕。

被告人焦海军涉嫌非法采矿罪一案，由本院侦查终结，于2015年11月10日移送审查起诉。本院于2015年11月12日已告知被告人有权委托辩护人，依法讯问了被告人，审查了全部案件材料。

经依法审查查明：

2013年4月至10月，被告人焦海军在任焦作市马村区演马街道办事处演马村民委员会主任期间，为增加该村收入，在该村未办理采矿许可证的情况下，组织村民在焦作市演马矿采煤沉陷区（Ⅰ标段Ⅸ区）矿山地质环境治理工程项目区内非法采矿，其间，经相关部门责令停止采矿，仍拒不停止开采，将开采出的建筑用砂卵石对外销售，获取非法收入164万余元。经鉴定，非法开采建筑用砂卵石409080立方米，造成矿产资源损失 4090800 元。

2014 年元月，被告人焦海军为开采焦作市马村区演马街道办事处演马村南耕地下矿产牟取私利，以建设养殖小区名义到相关部门违规申请办理了农用设施用地手续。2014 年 4 月至 10 月，被告人焦海军在未办理采矿许可证的情况下，在该地块非法采矿，其间，经相关部门责令停止采矿，仍拒不停止开采，将开采出的建筑用砂卵石对外销售，获取非法收入约 160 万元。经鉴定，非法开采建筑用砂卵石 181227 立方米，造成矿产资源损失 2355951 元，60.41 亩农用地被破坏。

认定上述事实的证据如下：

1. 书证：户籍证明、到案证明等；
2. 证人证言：证人陈某久、焦某明等人证言；
3. 被告人供述和辩解：被告人焦海军的供述和辩解；
4. 勘验、检查、辨认、侦查实验等笔录：搜查笔录；
5. 视听资料：讯问被告人同步录音录像光碟。

本院认为，被告人焦海军违反矿产资源法的规定，未取得采矿许可证擅自采矿，造成国家矿产资源损失 6446751 元，情节特别严重，其行为触犯了《中华人民共和国刑法》第三百四十三条第一款之规定，犯罪事实清楚，证据确实、充分，应当以非法采矿罪追究其刑事责任。根据《中华人民共和国刑事诉讼法》第一百七十二条的规定，提起公诉，请依法判处。

此致

修武县人民法院

检察员：张三保

陈　晨

2015 年 11 月 25 日

附：

1. 被告人焦海军现羁押于修武县看守所。
2. 案卷材料和证据 4 册。

修武县人民检察院
刑事附带民事起诉书

修检公诉刑附民诉〔2015〕1号

被告人（系刑事案件被告人）焦海军，曾用名焦黑旦，男，1970年××月××日出生，居民身份证号码4108111970×××××××，汉族，初中毕业，焦作市马村区演马街道办事处演马村原村委主任，户籍所在地河南省焦作市马村区，住焦作市远大北苑××号楼××单元××层××号。

被告人（非刑事案件被告人）焦作市马村区演马街道办事处演马村民委员会，地址：焦作市待九路以东一公里处。

法定代表人焦某，系村委主任。

诉讼请求：

一、被告人焦海军非法采矿给国家造成矿产资源损失2355951元，应予以赔偿；

二、被告人焦海军在任焦作市马村区演马街道办事处演马村民委员会主任期间，为增加村里收入，组织村民非法采矿给国家造成矿产资源损失4090800元，焦作市马村区演马街道办事处演马村民委员会应予以赔偿。

事实证据和理由：

2013年4月至10月，被告人焦海军在任焦作市马村区演马街道办事处演马村民委员会主任期间，为增加该村收入，在该村未办理采矿许可证的情况下，组织村民在焦作市演马矿采煤沉陷区（Ⅰ标段Ⅸ区）矿山地质环境治理工程项目区内非法采矿，其间，经相关部门责令停止采矿，仍拒不停止开采，将开采出的建筑用砂卵石对外销售，获取非法收入164万余元。经鉴定，非法开采建筑用砂卵石409080立方米，造成矿产资源损失4090800元。

2014年元月,被告人焦海军为开采焦作市马村区演马街道办事处演马村南耕地下矿产牟取私利,以建设养殖小区的名义到相关部门违规申请办理了农用设施用地手续。2014年4月至10月,被告人焦海军在未办理采矿许可证的情况下,在该地块非法采矿,其间,经相关部门责令停止采矿,仍拒不停止开采,将开采出的建筑用砂卵石对外销售,获取非法收入约160万元。经鉴定,非法开采建筑用砂卵石181227立方米,造成矿产资源损失2355951元,60.41亩农用地被破坏。

　　案发后,被告人焦海军妻子李某梅将其所有的豫HM0×××黑色宝马X6越野车主动送交检察机关,愿以该车拍卖价款赔偿被告人焦海军犯罪行为给国家造成的损失。

　　本院认为,被告人焦海军在担任焦作市马村区演马街道办事处演马村民委员会主任期间,为增加村里收入,组织村民非法采矿,给国家造成矿产资源损失4090800元,同时被告人焦海军个人为牟取私利,非法采矿给国家造成矿产资源损失2355951元,依据《中华人民共和国刑法》第三十六条、《最高人民法院关于适用〈中华人民共和国刑事诉讼法〉的解释》第一百四十三条第一款第一项、第五项之规定,被告人焦海军及马村区演马街道办事处演马村民委员会应承担赔偿责任。因被告人焦海军的上述行为构成非法采矿罪,依法应当追究刑事责任,本院已于2015年11月25日以修检公诉刑诉〔2015〕173号起诉书向你院提起公诉。现根据《中华人民共和国刑事诉讼法》第九十九条第二款的规定,提起附带民事诉讼,请依法裁判。

　　此致
修武县人民法院

检 察 员:张三保
陈　晨
2015年11月25日

附:
1. 刑事附带民事起诉书副本一式两份;
2. 被告人焦海军现羁押于修武县看守所。

河南省修武县人民法院
刑事判决书

（2015）修刑初字第 193 号

公诉机关修武县人民检察院。

被告人焦海军，曾用名焦黑旦，男，1970年××月××日出生于河南省焦作市，公民身份证号码4108111970×××××××，汉族，初中文化，2005年4月至2014年11月任焦作市马村区演马街道办事处演马村村委会主任，住焦作市马村区演马街道办事处演马村。因涉嫌犯非法采矿罪，于2015年7月29日被指定居所监视居住，2015年8月19日被刑事拘留，2015年9月1日再次被指定居所监视居住，2015年9月10日被逮捕。现羁押于修武县看守所。

辩护人王国鹏，河南衡中律师事务所律师。

修武县人民检察院以修检公诉刑诉〔2015〕173号起诉书指控被告人焦海军犯非法采矿罪，于2015年11月26日向本院提起公诉，本院受理后依法适用普通程序，组成合议庭，公开开庭审理了本案。修武县人民检察院指派检察员张三保、陈晨出庭支持公诉，被告人焦海军及其辩护人王国鹏到庭参加诉讼，现已审理终结。

修武县人民检察院指控，2013年4月至10月，被告人焦海军身为演马街道办事处演马村村委会主任，未办理采矿许可证手续，组织村民在焦作市演马矿采煤沉陷区（Ⅰ标段Ⅸ区）矿山地质环境治理工程项目（以下简称演马项目区）内非法采挖砂卵石对外销售，造成演马项目区内矿产资源损失4090800元。

2014年4月26日至10月，被告人焦海军以建设养殖小区的名义，在未办理采矿许可证的情况下，在演马村南耕地下非法采挖砂卵石并出售车取私利，造成60.41亩耕地被破坏，矿产资源损失2355951元。

公诉机关为证实指控,向本院提供了证人陈某民等人证言、书证、鉴定结论以及被告人焦海军的供述与辩解等证据。被告人焦海军的行为已构成非法采矿罪。提请依据《中华人民共和国刑法》第三百四十三条第一款之规定判处。

被告人焦海军对起诉书指控罪名无异议,但辩称其未参与演马项目区开采的会议,不应承担村委会的责任;在建设养殖小区时不知道开挖砂石需要办理采矿许可证,对砂石价格每方13元认为过高,同意继续退赔损失,另有自首情节,请求从轻判处。辩护人认为焦海军主观上没有非法采矿的故意,在接到纪检委的通知后主动到案,如实供述了犯罪事实,系自首,且系初犯,并积极退赔违法所得,请求从轻判处。

经审理查明,2013年4月至10月,被告人焦海军在任焦作市马村区演马街道办事处演马村民委员会主任期间,为增加该村收入,在该村未办理采矿许可证的情况下,组织村民在焦作市演马矿采煤沉陷区(Ⅰ标段Ⅸ区)矿山地质环境治理工程项目区内非法采矿,其间,经相关部门责令停止采矿,仍拒不停止开采,将开采出的建筑用砂卵石对外销售,获取非法收入164万元。经鉴定,非法开采建筑用砂卵石409080立方米,造成矿产资源损失4090800元。河南省国土资源厅豫国土矿鉴〔2015〕95号关于对焦作市马村区演马村无证开采砂卵石造成矿产资源破坏进行价值认定的批复对该鉴定予以确认。

2014年元月,被告人焦海军为开采焦作市马村区演马街道办事处演马村南耕地下矿产牟取私利,以建设养殖小区名义到相关部门违规申请办理了农用设施用地手续。2014年4月至10月,被告人焦海军在未办理采矿许可证的情况下,在该地块非法采矿,其间,经相关部门责令停止采矿,仍拒不停止开采,将开采出的建筑用砂卵石对外销售,获取非法收入约160万元。经鉴定,非法开采建筑用砂卵石181227立方米,造成矿产资源损失2355951元,60.41亩耕地被破坏。河南省国土资源厅豫国土矿鉴〔2015〕95号关于对焦作市马村区演马村无证开采砂卵石造成矿产资源破坏进行价值认定的批复、豫国土资土鉴〔2015〕62号关于焦海军非法采矿造成耕地破坏程度鉴定请示的批复对该鉴定予以确认。

上述事实,有公诉机关提交的以下证据证实:

一、证人证言

1. 证人陈某民的证言。2013年其受演马村委会指派,在演马项目区施工现场负责协调工作。2013年4月份发现演马项目区内有砂石后组织人员采挖砂石,砂石所得入了村集体账,石棚和含土量大的砂石由其和康某孩、陈某成、焦海军合伙拉到村南一空地堆放。2014年2月,其和焦海军、陈某成合伙在石棚堆放处建洗砂场,将部分石棚、砂石加工后出售,所得由三人分了。办事处杨某江、国土局孙某星、李某男,演马国土所所长韩某锋对村委会私挖砂石出售的情况从开始就比较清楚,进行过制止,但制止无效后没有进一步采取措施。2014年三四月份,焦海军为了在村南地私挖砂石,让其帮忙找钻探车进行了沿路钻探。

2. 证人陈某成的证言。2005年至2014年10月其任演马村党支部书记,村里的事都是村长焦海军说了算。2013年3月底4月初,演马矿采煤沉陷区治理项目发现有鹅卵石,焦海军组织村民采挖鹅卵石并出售。采挖鹅卵石的收入160多万入了村委的账,石棚和一些含土量大的砂石其和焦海军、陈某民成立了个洗砂厂,将石棚加工成砂石后卖了,所得200多万,除砂场支出,剩余的钱归三人所有了。

3. 证人陈某久的证言。2002年10月至2014年11月其任演马村报账员。2013年4月至10月,演马村委会组织村民在演马项目区内采挖砂卵石并出售,其负责采挖砂卵石的收款工作,卖砂石所得1646180元入了村委会的账,石棚和含土量大的砂石被焦海军、陈某民、陈某成三人拉到他们的砂场加工成水洗砂出售,收入2596180元。2014年3月份,焦海军让人在养殖小区东边的路上进行了钻探。

4. 证人焦某建的证言。2013年其受演马村委会指派,在演马项目区施工现场负责协调工作。2013年4月演马项目区开始施工,施工10天左右,演马村委会召开会议决定把演马项目区发现的石棚、砂石挖出牟利,所得收入计入村委会账目。2013年4月至2013年9月底,经村长焦海军等人组织、协调,演马村在演马项目区内采挖砂卵石出售,其负责记录销售砂石的车辆数。2013年六七月份,演马国土所下达过责令停工通知书,但经过村委领导的协调,演马村仍继续采挖到了9月底。

5. 证人焦某涛的证言。2013年3月份其受演马村委会指派,在演马项目区现场协助陈某民开展协调工作。演马项目区开始施工时发现石棚和砂石,陈某民向演马村委会反映,经村委会集体讨论研究决定采挖砂石牟利,收入计入村委会账,挖砂行为持续到2013年10月。

6. 证人杜某琦的证言。其任焦作市国土局项目管理办公室主任。2013年在演马项目区工程中演马村委会私自采挖砂卵石,造成项目无法验收。

7. 证人皇甫某某的证言。其任焦作市国土局项目管理办公室副主任,2013年四五月份,演马村委会强行在演马项目区内采挖砂卵石出售,项目办从未同意演马村委会在施工区域内采挖砂卵石。

8. 证人李某法的证言。其任施工方黄河勘测规划设计有限公司在演马项目区的负责人。2013年四五月份演马村委会在演马项目区内私自采挖砂卵石,影响了施工,但因惧怕演马村委会主任焦海军的势力,不敢阻止,只能同意演马村委会采挖砂卵石。

9. 证人崔某的证言。2013年3月28日,其受监理方河南省地质环境监测院委派到演马项目区施工现场进行监理,在2013年5月中上旬进行监理时,发现演马村委会进入施工现场采挖砂卵石外运。

10. 证人孙某星的证言。其任焦作市国土资源局马村国土分局副局长,在演马项目区中主要负责施工现场的协调工作。2013年4月初演马村村民在演马项目区施工现场开始采挖砂卵石出售破坏施工。2013年4月中旬,其和演马国土所工作人员对焦海军的行为进行制止,但均无效。

11. 证人焦某明的证言。在演马村南地申请建设的养殖小区是原村委主任焦海军的,是焦海军让其和侯某战顶的名。焦海军申请建设养殖小区有两个目的,一是在演马项目区内挖出有鹅卵石,知道村南地地下也有,想挖了卖钱;二是为了演马矿将来包赔钱。

12. 证人侯某国(又名侯某战)的证言。在演马村南地申请建设的养殖小区是原村委主任焦海军的,是焦海军让其和焦某明顶的名。焦海军申请建设养殖小区是为了演马矿将来包赔钱。其和焦某明为焦海军流转土地90亩,其中一半面积被挖。施工期间相关单位没有人监管或巡查。

13. 证人王某勇的证言。2014年6月份,演马村分局向演马村国土所反映有人举报焦海军在养殖小区内私挖砂石，其组织人员到现场进行了调查，看到施工现场在挖掘砂石并外运，但因为焦海军办有养殖小区手续，没有对他进行阻止。2013年演马国土所在动态巡查时，看到过演马项目区内施工现场有挖掘机在采挖砂石。

14. 证人李某军的证言。其系演马办事处主任，2013年演马村委会在演马项目区内采挖砂石出售牟利。2014年焦海军在申请建设的养殖小区内采挖砂石出售，演马街道办事处多次进行了制止。

15. 证人韩某锋的证言。2010年12月至今其任马村国土局演马国土所所长。2013年4月初演马村村民在演马项目区施工现场开始采挖砂卵石并出售。演马街道办事处和演马国土所的工作人员多次对演马村委会的行为进行制止，但都没有制止住。演马村委会原村委主任焦海军2014年元月申请办理了养殖用地审批手续。2014年4月份，焦海军开始动土挖坑，在养殖小区内采挖砂卵石出售。

16. 证人杨某江的证言。其任演马街道办事处副主任，分管农业、土地、交通、南水北调项目协调、新农村建设、环境卫生及设施农用地的审批等工作。2013年底其为焦海军办理了养殖用地审批手续。2014年7月，演马村民举报焦海军非法采矿、破坏耕地，其受办事处主任李某军委派前往制止。演马项目区2013年3月开始施工，施工方土地平整工程基本结束，恢复耕作层之前，演马村委会要求破除石棚，其代表演马街道办向国土局马村分局负责人孙某星提出满足村委会要求。2013年5月份左右，施工方已撤离现场，村委会组织村民在现场采挖砂石。其向街道办汇报后与演马国土所所长韩某锋先后多次到施工现场制止挖砂行为，驱赶挖砂机械，没收挖掘设备钥匙，驱离运输车辆，村民就停止了挖砂行为。后村委会现场负责人陈某民来汇报情况，其责令他抓紧停止采挖砂石的行为，回填土方，平整土地。陈某民答应后，韩某锋就把没收的钥匙还给了陈某民，离开后村里又开始挖采砂石。

17. 证人何某印的证言。2014年春，演马村村民陈某民委托河南省焦作地质勘查设计有限公司勘查分公司在演马村南耕地上进行了勘查，共钻探钻孔10个，勘查目的是看上部土层厚度、下部砾石砂层厚度。

18. 证人张某平的证言。其在焦海军的养殖小区内干活，焦海军的养殖小区实质上是在采挖砂卵石出售。

19. 证人张某玉的证言,同证人张某平的证言。

20. 证人翟某土、谢某利、范某亮的证言,均证实焦海军在养殖小区内采挖砂卵石并出售。

21. 证人史某暖、陈某的证言。演马村委会在演马项目区内采挖砂石对外出售,焦海军在养殖小区内采挖砂石对外出售。

22. 证人李某顺、王某成、焦某平的证言。演马村委会在演马项目区内采挖砂石出售。

23. 证人徐某勋的证言。焦海军在申请的养殖小区内采挖砂石并出售。

24. 证人王某的证言。2013年6月份,其经焦海军向演马村委会购买1700车砂石。

25. 证人卢某喜的证言。2013年八九月份,其向演马村委会购买了15万元左右砂石。

26. 证人张某辉的证言。2014年8月,其在演马村购买了1万元砂石。

27. 证人杨某作的证言。2014年10月,其向焦海军购买了价值24000元的砂石。

28. 证人陈某新的证言。2014年5月至10月底,其在焦海军的养殖小区拉了3400多车炼石,市场价880000元。

二、书证

1. 演马村委会于2015年8月10日出具的全体党员代表会记录本复印件三页,证实演马村委会集体讨论通过了在演马项目区内非法采挖砂卵石并牟利的决议,以及焦海军2013年10月5日组织村委会集体讨论挖砂善后事宜。

2. 陈某久出具的情况说明以及演马村挖砂销量表、演马村挖砂账面收入表、演马村挖砂实际收入表、康某孩(康某军)拉炼石大块明细表,证实陈某久原任演马村委会会计(报账员),在演马项目区施工过程中负责记录以及报账,在焦海军洗砂场兼任记录员,负责记录以及报账工作。2013年4月8日至2013年10月11日,演马村委会在演马项目区非法采矿10657车(另有大车138车),除88车用于修缮本村道路外,其他全部外售并计入村集体收入,演马村委会共获利164.618万元。康某军、焦海军等人将矿石9592车运往洗砂场加工后出售牟利，获利259.618万元。

3. 演马村委会2013年银行存款总账、明细账、会计凭证复印件，证实演马村委会2013年销售矿产资源获利共计164.618万元。

4. 焦海军洗砂场会计账簿、明细账复印件，证实焦海军、陈某民、陈某成系洗砂场实际所有人，2014年1月13日至2015年2月27日，三人共从演马项目区拉走矿产资源9590车，经加工销售后获利259.618万元。

5. 演马国土所于2015年7月29日出具的焦海军养殖小区审批表、申请书复印件，及国土所公章使用审批表复印件，证实被告人焦海军以演马村委会名义申请办理养殖用地审批的情况。

6. 焦作市国土资源局马村分局演马国土所下达的责令停止违法行为通知书、送达回证、情况汇报，证实2013年6月26日，演马国土所以下达责令停止违法行为通知书的方式认定演马村委会在演马项目区内采挖砂石行为属于非法采矿行为，并向演马街道办事处汇报。2014年9月19日，演马国土所下达责令停止违法行为通知书要求焦海军停止采挖砂石。

7. 查封、扣押清单以及修武县人民检察院收款票据，被告人焦海军妻子李某梅缴纳8万元，并自愿将其购买的豫HM0×××宝马车一辆用于退赔损失；修武县人民检察院将位于演马村西南处砂场的128831方砂卵石予以查封。

8. 户籍证明、任职证明，证实被告人焦海军于1970年4月23日出生，2011年任第七届演马村委会主任，任期自2005年4月至2014年11月。

9. 修武县人民检察院出具的到案证明，证实2015年7月28日，被告人焦海军经通知到检察机关接受询问。同日以涉嫌非法采矿犯罪对被告人焦海军补充立案侦查。2015年7月29日，经该院侦查人员传唤，被告人焦海军到修武县人民检察院讯问室接受讯问，其如实供述了自己涉嫌非法采矿的犯罪事实。

三、鉴定意见

1.《河南省国土资源厅关于焦海军非法采矿造成耕地破坏程度鉴定

请示的批复》(豫国土资土鉴〔2015〕62号)、《焦海军非法占用焦作市马村区演马街道办事处演马村土地采矿造成农用地严重毁坏的鉴定报告》,证实焦海军非法占用焦作市马村区演马街道办事处演马村土地采矿,造成60.41亩耕地被严重毁坏。

2.《河南省国土资源厅关于对焦作市马村区演马村无证开采砂卵石造成矿产资源破坏进行价值认定的批复》(豫国土资矿鉴〔2015〕95号)、《河南省焦作市马村区演马村无证开采建筑用砂卵石价值鉴定报告》,证实焦作市马村区演马矿采煤沉陷区地质环境治理工程项目区域施工形成的采坑(简称大采坑),价值4090800元;挖鱼塘形成的采坑(简称小采坑)共采出砂卵石矿为181227立方米,价值2355951元。

3. 河南省国土资源科学研究院的补充说明,证实河南省国土资源科学研究院鉴定报告中开采矿石涉及的矿种为建筑用砂卵石,属于矿产资源的一种。

四、被告人焦海军供述

2013年2月(过完年)在演马村地质灾害治理工程中,村委委员陈某民发现施工区域土层下有砂石,为了给村里增加收入,经全体村委会成员开会研究决定在项目区私自采挖砂石。陈某民汇报,其拍板后组织人员开始采挖砂石进行销售,卖砂石所得一部分入了村集体的账上(具体数字以账上为准),石棚和一些质量不好的砂石拉到村西南角堆放。2014年3月份,其和陈某民、陈某成在这个地方建了个砂场,将拉的石棚、砂石加工后卖了,卖了有260多万。2013年在村治理项目区平整土地过程中,发现地层下有鹅卵石和河砂,其想紧挨项目区的地块下肯定也有砂石,就想在紧挨项目区的地块申请建设一个养殖小区,采挖砂石资源。挖过砂石后会有利润,再建个养殖小区承包给村民挣钱,将来这块地演马矿可能要开采,采煤后国家还能包赔其部分钱。2013年12月,其让村民侯某战、焦某明,从其他村民手中流转80多亩耕地,并且办理了养殖审批表。2014年5月1日正式开始动工,在没有取得采矿许可证的情况下,在养殖小区内采挖砂石并进行了出售。大概挖了40多亩,10米深,挖出的砂石对外销售了,毛收入160多万。9月份韩某锋给其下了一份停工通知书,10月底,其才停止采挖砂石。

上述证据,经当庭举证、质证、确实、充分,足以认定。

本院认为，被告人焦海军违反矿产资源法相关规定，未取得采矿许可证擅自采矿，造成矿产资源破坏，情节特别严重，其行为已构成非法采矿罪。修武县人民检察院指控成立。本案依法应处三年以上七年以下有期徒刑，并处罚金。被告人焦海军当庭自愿认罪，可以从轻处罚；亲属代为退还部分赃款，可以酌情从轻处罚。被告人焦海军及其辩护人就上述问题的辩护意见成立，予以采纳。被告人焦海军在接到通知后到马村纪检委接受调查，后被修武县人民检察院侦查人员带走，并非自动投案，不符合自首的构成要件。被告人焦海军及辩护人就此辩护意见不成立，本院不予采纳。依照《中华人民共和国刑法》第三百四十三条第一款、第五十二条、第六十七条第三款之规定，判决如下：

被告人焦海军犯非法采矿罪，判处有期徒刑四年，并处罚金人民币250万元。

（刑期从判决执行之日起计算，判决执行前先行羁押的，羁押一日折抵刑期一日，指定居所监视居住的，二日折抵刑期一日，即自2015年9月10日起至2019年8月12日止；罚金于判决生效后三十日内缴纳。）

如不服本判决，可在收到判决书的第二日起十日内，通过本院或直接上诉于河南省焦作市中级人民法院，书面上诉的，应提交上诉状正本一份，副本六份。

审 判 长 刘艳丽
审 判 员 苗小艳
人民陪审员 宋瑞娟
二〇一五年十二月十四日
书 记 员 王 震

河南省焦作市中级人民法院
刑事附带民事裁定书

(2016)豫 08 刑终 193 号

原审附带民事诉讼原告人修武县人民检察院。

上诉人(原审附带民事诉讼被告人)焦作市马村区演马街道办事处演马村村委会。

法定代表人焦某,该村村委会主任。

诉讼代理人吕洪兴,河南光裕律师事务所律师。

原审被告人焦海军,曾用名焦黑旦,男,1970 年××月××日出生于河南省焦作市,身份证号码 4108111970××××××××,汉族,初中文化,2005 年 4 月至 2014 年 11 月任焦作市马村区演马街道办事处演马村村委会(以下简称演马村委会)主任,户籍地焦作市马村区。住焦作市远大北苑××号楼××单元××层××号。2015 年 12 月 15 日被修武县人民法院以非法采矿罪判处有期徒刑四年,并处罚金人民币 250 万元。现羁押于修武县看守所。

修武县人民法院审理修武县人民检察院对刑事案件被告人焦海军、非刑事案件被告人演马村委会提起附带民事赔偿一案,于 2016 年 5 月 24 日作出(2015)修刑初字第 193-1 号刑事附带民事判决。

宣判后,原审附带民事诉讼被告人演马村委会不服,提出上诉。本院受理后,依法组成合议庭审理了本案。现已审理终结。

原判认定,2013 年 4 月至 10 月,被告人焦海军在任演马村委会主任期间,为增加该村收入,在该村未办理采矿许可证的情况下,组织村民在焦作市演马矿采煤沉陷区(Ⅰ标段Ⅸ区)矿山地质环境治理工程项目区内非法采矿,其间,经相关部门责令停止采矿,仍拒不停止开采,将开采出的建筑用砂卵石对外销售,获取非法收入 164 万元。经鉴定,非法开采建筑用砂卵石 40.908 万立方米,造成矿产资源损失 409.08 万元。河南省国土资源厅豫国土矿鉴〔2015〕95 号关于对焦作市马村区演马村无证开采砂卵石造成矿产资源破坏进行价值认定的批复对该鉴定予以确认。

2014 年元月,被告人焦海军为开采焦作市马村区演马街道办事处演马村南耕地下矿产牟取私利,以建设养殖小区名义到相关部门违规申请办理了农用设施用地手续。2014 年 4 月至 10 月,被告人焦海军在未办理采矿许可证的情况下,在该地块非法采矿,其间,经相关部门责令停止采矿,仍拒不停止开采,将开采出的建筑用砂卵石对外销售,获取非法收入约 160 万元。经鉴定,非法开采建筑用砂卵石 18.1227 万立方米,造成矿产资源损失 235.5951 万元,60.41 亩耕地被破坏。河南省国土资源厅豫国土矿鉴〔2015〕95 号关于对焦作市马村区演马村无证开采砂卵石造成矿产资源破坏进行价值认定的批复、豫国土资土鉴〔2015〕62 号关于焦海军非法采矿造成耕地破坏程度鉴定请示的批复对该鉴定予以确认。

案发后,被告人焦海军的妻子李某梅向修武县人民检察院缴纳 8 万元,并将其所有的豫 HM0×××黑色宝马 X6 越野车主动送交检察机关,愿以该车拍卖价款赔偿被告人焦海军给国家造成的损失。

认定上述事实的证据有:

一、证人证言

1. 证人陈某民证实,2013 年 4 月份发现演马项目区内有砂石后,组织人员采挖砂石出售,所得入了村集体账,石棚和含土量大的砂石由其和康某孩、陈某成、焦某军合伙拉到村南一空地堆放。2014 年 2 月,其和焦海军、陈某成合伙在石棚堆放处建洗砂场,将部分石棚、砂石加工后出售,所得由三人分了。办事处杨某江,国土局孙某星、李某男,演马国土所所长韩某锋对村委会私挖砂石出售的情况从开始就比较清楚,进行过制止,但制止无效后没有进一步采取措施。2014 年三四月份,焦海军为了在村南地私挖砂石,让其帮忙找钻探车进行了沿路钻探。

2. 证人陈某成证实,2013 年 3 月底 4 月初,演马矿采煤沉陷区治理项目发现有鹅卵石,焦海军组织村民采挖鹅卵石并出售。采挖鹅卵石的收入160多万入了村委的账，其和焦海军、陈某民成立了个洗砂厂，将石棚加工成砂石后卖了，所得200多万，除砂场支出，剩余的钱归三人所有了。

3. 证人陈某久证实，2013年4月至10月，演马村委会组织村民在演马项目区内采挖砂卵石并出售，其负责采挖砂卵石的收款工作，卖砂石所得164.618万元入了村委会的账，石棚和含土量大的砂石被焦海军、陈某民、陈某成三人拉到他们的砂场加工成水洗砂出售，收259.618万元。2014年3月份，焦海军让人在养殖小区东边的路上进行了钻探。

4. 证人焦某建证实，2013年4月演马项目区施工10天左右，演马村委会召开会议决定把演马项目区发现的石棚、砂石挖出牟利，所得收入计入村委会账目。2013年4月至2013年9月底，经村长焦海军等人组织、协调，演马村在演马项目区内采挖砂卵石出售，其负责记录销售砂石的车辆数。2013年六七月份，演马国土所下达过责令停工通知书，但演马村仍继续采挖到了9月底。

5. 证人焦某涛证实，演马项目区施工时发现石棚和砂石，陈某民向演马村委会反映，经村委会集体讨论研究决定采挖砂石牟利，收入计入村委会账，挖砂行为持续到2013年10月。

6. 证人杜某琦证实，2013年在演马项目区工程中演马村委会私自采挖砂卵石，造成项目无法验收。

7. 证人皇甫某某证实，2013年四五月份，演马村委会强行在演马项目区内采挖砂卵石出售，项目办从未同意演马村委会在施工区域内采挖砂卵石。

8. 证人李某法证实，2013年四五月份演马村委会在演马项目区内私自采挖砂卵石，影响了施工，但因惧怕演马村委会主任焦海军的势力，不敢阻止，只能同意演马村委会采挖砂卵石。

9. 证人崔某证实，在2013年5月中上旬进行监理时，发现演马村委会进入施工现场采挖砂卵石外运。

10. 证人孙某星证实，2013年4月初演马村村民在演马项目区施工现场开始采挖砂卵石出售破坏施工。

11. 证人焦某明证实，演马村南地申请建设的养殖小区是原村委主任焦海军的,是焦海军让其和侯某战顶的名。焦海军申请建设养殖小区有两个目的,一是知道村南地地下也有鹅卵石,想挖了卖钱;二是为了演马矿将来包赔钱。

12. 证人侯某国(又名侯某战)证实,在演马村南地申请建设的养殖小区是原村委主任焦海军的,是焦海军让其和焦某明顶的名。焦海军申请建设养殖小区是为了演马矿将来包赔钱。其和焦某明为焦海军流转土地90亩,其中一半面积被挖。施工期间相关单位没有人监管或巡查。

13. 证人王某勇证实,2014年6月份,马村分局向马村国土所反映焦海军在养殖小区内私挖砂石,其组织人员到现场进行了调查,看到施工现场在挖掘砂石并外运,但因为焦海军办有养殖小区手续,没有对他进行阻止。2013年演马国土所在动态巡查时,看到过演马项目区内施工现场有挖掘机在采挖砂石。

14. 证人李某军证实,2013年演马村委会在演马项目区内采挖砂石出售牟利。2014年焦海军在申请建设的养殖小区内采挖砂石出售,演马街道办事处多次进行了制止。

15. 证人韩某锋证实,2013年4月初,演马村村民在演马项目区施工现场采挖砂卵石并出售,演马街道办事处和演马国土所的工作人员多次对演马村委会的行为进行制止,但都没有制止住。演马村委会原村委主任焦海军2014年元月申请办理了养殖用地审批手续,2014年4月份,开始在养殖小区内采挖砂卵石出售。

16. 证人杨某江证实,2013年底其为焦海军办理了养殖用地审批手续。演马项目区2013年3月开始施工,施工方土地平整工程基本结束,恢复耕作层之前,演马村委会要求破除石棚,其代表演马街道办向国土局马村分局负责人孙某星提出满足村委会要求。2013年5月份左右,施工方已撤离现场,村委会组织村民在现场采挖砂石。其与演马国土所所长韩某锋先后多次到施工现场制止,均没有制止住。

17. 证人何某印证实,2014年春,演马村村民陈某民委托河南省焦作地质勘查设计有限公司勘查分公司在演马村南耕地上进行了勘查,共钻探钻孔10个,勘查目的是看上部土层厚度、下部砾石砂层厚度。

18. 证人李某顺、王某成、焦某平证实，演马村委会在演马项目区内采挖砂石出售。

19. 证人史某某、陈某证实，演马村委会在演马项目区内采挖砂石对外出售，焦海军在养殖小区内采挖砂石对外出售。

20. 证人张某平、张某玉证实，其在焦海军的养殖小区内干活，焦海军的养殖小区实质上是在采挖砂卵石出售。

21. 证人翟某生、谢某利、范某亮、徐某勋证实，焦海军在养殖小区内采挖砂卵石并出售。

22. 证人王某证实，其经焦海军向演马村委会购买1700车砂石。

23. 证人卢某喜证实，其向演马村委会购买了15万元左右砂石。

24. 证人张某辉证实，其在演马村购买了1万元砂石。

25. 证人杨某作证实，其向焦海军购买了价值24000元的砂石。

26. 证人陈某新证实，其在焦海军的养殖小区拉了3400多车炼石，市场价88万元。

二、书证

1. 演马村委会的全体党员代表会记录本复印件三页，证实演马村委会集体讨论通过了在演马项目区内非法采挖砂卵石并牟利的决议以及焦海军2013年10月5日组织村委会集体讨论挖砂善后事宜。

2. 陈某久出具的情况说明以及演马村挖砂销量表、演马村挖砂账面收入表、演马村挖砂实际收入表、康某孩（康某军）拉炼石大块明细表，证实2013年4月8日至2013年10月11日，演马村委会在演马项目区非法采矿10657车（另有大车138车），除88车用于修缮本村道路外，其他全部外售并计入村集体收入，演马村委会共获利164.618万元。康某军、焦海军等人将矿石9592车运往洗砂场加工后出售牟利，获利259.618万元。

3. 演马村委会2013年银行存款总账、明细账、会计凭证复印件，证实演马村委会2013年销售矿产资源获利共计164.618万元。

4. 焦海军洗砂场会计账簿、明细账复印件，证实焦海军、陈某民、陈某成系洗砂场实际所有人，2014年1月13日至2015年2月27日，三人共从演马项目区拉走矿产资源9590车，经加工销售后获利259.618万元。

5. 焦海军养殖小区审批表、申请书复印件，及国土所公章使用审批表复印件，证实被告人焦海军以演马村委会名义申请办理养殖用地审批的情况。

6. 焦作市国土资源局马村分局演马国土所下达的责令停止违法行为通知书、送达回证、情况汇报，证实2013年6月26日，演马国土所以下达责令停止违法行为通知书的方式认定演马村委会在演马项目区内采挖砂石行为属于非法采矿行为。2014年9月19日，演马国土所下达责令停止违法行为通知书要求焦海军停止采挖砂石。

7. 修武县人民检察院查封、扣押清单以及收款票据，证实被告人焦海军的妻子李某梅缴纳8万元，并自愿将豫HM0×××宝马2979CC越野车X6一辆用于退赔损失；修武县人民检察院将位于演马村西南处砂场的128831方砂卵石予以查封。

8. 户籍证明、任职证明，证实被告人焦海军于1970年4月23日出生，2011年任第七届演马村委会主任，任期自2005年4月至2014年11月。

三、鉴定意见

1. 《河南省国土资源厅关于焦海军非法采矿造成耕地破坏程度鉴定请示的批复》（豫国土资土鉴〔2015〕62号）、《焦海军非法占用焦作市马村区演马街道办事处演马村土地采矿造成农用地严重毁坏的鉴定报告》，证实焦海军非法占用焦作市马村区演马街道办事处演马村土地采矿，造成60.41亩耕地被严重毁坏。

2. 《河南省国土资源厅关于对焦作市马村区演马村无证开采砂卵石造成矿产资源破坏进行价值认定的批复》（豫国土资矿鉴〔2015〕95号）、《河南省焦作市马村区演马村无证开采建筑用砂卵石价值鉴定报告》，证实焦作市马村区演马矿采煤沉陷区地质环境治理工程项目区域施工形成的采坑（简称大采坑），价值409.8万元；挖鱼塘形成的采坑（简称小采坑）共采出砂卵石矿为18.1227万立方米，价值235.5951万元。

3. 河南省国土资源科学研究院的补充说明，证实河南省国土资源科学研究院鉴定报告中开采矿石涉及的矿种为建筑用砂卵石，属于矿产资源的一种。

4. 修武县人民法院（2015）修刑初字第193号刑事判决书证实被告人焦海军因非法采矿罪被判处有期徒刑四年，并处罚金人民币250万元。

四、被告人焦海军供述

2013年2月（过完年）在演马村地质灾害治理工程中，村委委员陈某民发现施工区域土层下有砂石，为了给村里增加收入，经全体村委会成员开会研究决定在项目区私自采挖砂石销售，卖砂石所得一部分入了村集体的账上（具体数字以账上为准），石棚和一些质量不好的砂石拉到村西南角堆放。2014年3月份，其和陈某民、陈某成在这个地方建了个砂场，将石棚、砂石加工后卖了260多万。在村治理项目区平整土地发现地层下有鹅卵石和河砂，其想紧挨项目区的地块下肯定也有砂石，就想在紧挨项目区的地块申请建设一个养殖小区，采挖砂石资源。挖过砂石后，再建个养殖小区承包给村民挣钱，将来这块地演马矿可能要开采，国家还能包赔其部分钱。2013年12月，其让村民侯某战、焦某明，从其他村民手中流转80多亩耕地，并且办理了养殖审批表。2014年5月1日正式开始动工，在没有取得采矿许可证的情况下，在养殖小区内采挖砂石并进行了出售。大概挖了40多亩、10米深，挖出的砂石对外销售了，毛收入160多万。9月份韩某锋给其下了一份停工通知书，10月底，其停止采挖砂石。

根据上述事实和证据，修武县人民法院判决：1. 被告人焦海军于判决生效后三十日内赔偿因犯罪行为给国家造成的损失人民币235.5951万元。被告人焦海军妻子李某梅向修武县人民检察院缴纳的8万元以及豫HM0××宝马2979CC黑色越野车X6一辆拍卖后的价款用于折抵其给国家造成的损失。2. 附带民事诉讼被告人焦作市马村区演马街道办事处演马村民委员会于判决生效后三十日内赔偿给国家造成的损失人民币409.08万元。位于演马村西南处被修武县人民检察院查封的12.8831万方砂卵石，由查封机关依法处理后折抵演马村民委员会给国家造成的损失。

上诉人演马村委会认为：1. 只有在焦作市马村区人民政府或所属国土资源局不提起附带民事诉讼的情况下，检察机关才可以提起附带民事诉讼。修武县人民检察院直接提起附带民事诉讼，该案审理程序违法。2. 根据《村民委员会组织法》规定，村内涉及重大事项，应当经村民委员会研究决定。村内研究非法采矿事项，并没有达到符合人数的村民代表签字，因此该非法采矿行为不能认定为村委会的行为。

经本院审理查明的事实和证据与一审相同，且认定本案事实的证据均经一审法院当庭举证、质证，查证属实，本院核实无误，予以确认。

关于修武县人民检察院能否直接作为附带民事诉讼原告人附带民事诉讼的问题，经查，《最高人民法院关于适用〈中华人民共和国刑事诉讼法〉的解释》第一百四十二条第一款规定，国家财产、集体财产遭受损失，受损单位未提起附带民事诉讼，人民检察院在提起公诉时提起附带民事诉讼的，人民法院应当受理。上诉人演马村委会及原审被告人焦海军在未办理采矿许可证的情况下，私自采矿，造成国家损失，焦作市马村区人民政府或国土资源局并未代表国家提起附带民事诉讼，修武县人民检察院依职权，依法代表国家提起附带民事诉讼，符合法律规定。

关于演马村委会认为村内研究非法采矿事项，并没有达到符合人数的村民代表签字，因此该非法采矿行为不能认定为村委会的行为之理由。经查，2013年4月5日，演马村全体党员代表26人，经开会研究，决定在平整土地时，如果石棚下有石头、砂要由村委会负责处理，收入归村委会。会后，演马村委会在没有采矿许可证情况下，组织采挖砂卵石对外销售，非法获利1646180元，用于村内事务，并因此造成国家损失人民币409.08万元。因此，该非法采矿行为应当是演马村委会的行为。

本院认为，上诉人演马村委员会违反国土资源管理法规，以村民委员会的名义组织村民在焦作市演马矿采煤沉陷区（Ⅰ标段Ⅸ区）矿山地质环境治理工程项目内非法采挖砂卵石对外销售，为村委牟取利益。给国家造成矿产资源损失409.08万元，演马村委会依法应予赔偿。原审被告人焦海军在演马村南耕地下非法采挖砂卵石并出售牟取私利，造成国家矿产资源损失235.5951万元，焦海军依法应予赔偿。原判认定事实清楚，证据确实、充分，适用法律正确、审判程序合法。上诉人的上诉理由不能成立。依照《最高人民法院关于适用〈中华人民共和国刑事诉讼法〉的解释》第三百一十三条之规定，裁定如下：

驳回上诉，维持原判。

本裁定为终审裁定。

审　判　长　李元成
审　判　员　张爱国
代理审判员　张雪娇
二〇一六年十月二十日
书　记　员　邵宝琳

赵宇、赵景海、申业鹏非法占用农用地案
检察机关提起刑事附带民事诉讼的可行性及具体操作

要 旨

本案是沈阳市浑南区人民检察院首次以原告的身份对刑事案件被告人提起刑事附带民事诉讼。此次诉讼是检察机关支持民事诉讼、维护国有资产的有益尝试,体现了检察机关的法律监督职能,发挥了检察机关在办理类似破坏环境生态案件中的主动权,从而实现从促进修复公共利益向促进改进社会管理跨越,提升监督效果。

基本案情

被告人赵宇,男,1989年××月××日出生于沈阳市,身份证号码2101121989×××××××,满族,初中文化,无职业,现住沈阳市浑南区王滨乡××村××号。

被告人赵景海,系被告人赵宇的父亲,男,1965年××月××日出生于沈阳市,身份证号码2101121965×××××××,满族,初中文化,无职业,现住沈阳市浑南区王滨乡××村××号。

被告人申业鹏,男,1980年××月××日出生于沈阳市,身份证号码2101121980×××××××,汉族,初中文化,无职业,现住沈阳市沈河区××街××号××。

被害单位沈阳浑南现代农业示范区王滨沟社区居民委员会,党支部书记为王某顺。

2014年12月16日,沈阳市浑南区森林公安局接到纪委移交案件线索,位于浑南区王滨乡温家沟村的二处山体被挖,环境遭到严重破坏。该局得知情况立即进行现场调查,并于当日立案侦查。沈阳市森林公安

局以沈森公刑诉字〔2015〕11号起诉意见书将本案移送至沈阳市浑南区人民检察院。经过两次退回补充侦查，2015年6月25日，沈阳市浑南区检察院将本案向沈阳市浑南区人民法院提起公诉，同时提起附带民事诉讼，要求3名被告人赔偿被害单位沈阳浑南现代农业示范区王滨沟社区居民委员会林木资产损失及土地复垦费共计人民币441407元。

2011年，被告人赵宇、申业鹏从他人手中承包了位于沈阳市浑南区王滨乡温家沟村北山的一处农用地后，从2011年夏天至2012年，被告人赵宇、赵景海、申业鹏在没有取得相关部门批准的情况下，违法对该农用地进行挖掘取土后销售。经鉴定，温家沟村（北山）占地面积24.9亩，在占用林地范围内，原有林地和森林植被遭受严重毁坏，已丧失林业种植条件，经济损失总计人民币273899元，其中林地面积14.25亩，造成经济损失价值为人民币195847元，包括：毁坏林木资产价值人民币26723元，土地复垦费169124元；占用非林地面积10.65亩，造成经济损失为人民币78052元。

2013年，被告人赵宇从他人手中承包了位于沈阳市浑南区王滨乡温家沟村南沟里的一处农用地后，在没有取得相关部门批准的情况下，被告人赵宇、赵景海违法对该农用地进行挖掘取土并销售。经鉴定，温家沟村（南沟里）占用林业用地面积11.55亩，在占用林地范围内，原有林地和森林植被遭受严重毁坏，已丧失林业种植条件，造成经济损失总价值为人民币167508元，其中，毁坏林木资产价值人民币30982元，土地复垦费人民币136526元。

证据情况如下：

1. 书证

（1）被告人赵宇、申业鹏、赵景海身份证明材料，能够证明被告人赵宇、申业鹏、赵景海已满18周岁，系具备完全刑事责任能力的自然人。

（2）案件来源、到案经过、被告人申业鹏网逃证明能够证明被告人赵宇、赵景海系2014年12月16日被公安机关抓获，被告人申业鹏系2015年1月15日被公安机关抓获。

（3）违法人员前科劣迹证明、被告人赵景海刑事判决书及刑满释放证明书，能够证明被告人赵景海曾因犯赌博罪，于2006年被辽宁省抚顺市顺城区人民法院判处有期徒刑11个月，2006年4月6日被刑满释放。

（4）郑某杰、方某平荒山承包协议，能够证明荒山最初系由郑某杰、方某平二人从王滨村民委员会承包，用途为种植业、林果业、畜牧业。

（5）沈阳市浑南区林业局出具的土地性质证明，能够证明被非法占用的土地均为农用地及其权属。

（6）扣押决定书及扣押清单，能够证明被告人赵宇、赵景海用非法获利所购得车辆已经被侦查机关扣押。

2. 证人证言

（1）证人王滨村委会书记王某顺证言能够证明被告人赵宇、赵景海、申业鹏三人非法占用农用地挖山取土的犯罪事实、被挖土地属于村集体及被挖土地原貌为种有树木的山坡。

（2）证人温家沟村农民方某平证言能够证明其将从村里承包的北山转包给被告人赵宇、申业鹏的事实及赵景海、赵宇、申业鹏三人在北山挖土销售的行为。

（3）证人温家沟农民郑某杰证言能够证明其将从村里承包的南沟土地转包给赵宇的事实，及赵宇、赵景海父子一同在南沟挖山毁林的事实。

（4）证人温家沟村护林员温某证言能够证明被告人赵宇、赵景海、申业鹏三人非法占用农用地挖山取土犯罪事实。

（5）证人申某泽证言证明其对赵宇、赵景海、申业鹏挖山取土一事不知情。

（6）证人方某平辨认被告人赵宇、申业鹏、赵景海笔录、照片，证人郑某杰辨认被告人赵宇、赵景海笔录、照片，方某平能够辨认出被告人赵宇、申业鹏、赵景海，郑某杰能够辨认出被告人赵宇、赵景海。

3. 鉴定意见

（1）沈阳嘉森森林资源资产价格评估事务所鉴定意见书沈嘉林鉴字〔2014〕第562号、〔2015〕第158号证明温家沟村（北山）占地面积24.9亩，在占用林地范围内，原有林地和森林植被遭受严重毁坏，已丧失林业种植条件，经济损失总计人民币273899元，其中林地面积14.25亩，造成经济损失价值为人民币195847元，包括：毁坏林木资产价值人民币26723元，土地复垦费169124元；占用非林地面积10.65亩，造成经济损失为人民币78052元。

（2）沈阳嘉森森林资源资产价格评估事务所鉴定意见书沈嘉林鉴字〔2014〕第563号、〔2015〕第159号证明温家沟（南沟里）占用林地面积11.55亩，在占用林地范围内，原有林地和森林植被遭受严重毁坏，已丧失林业种植条件，造成经济损失总价值为人民币167508元，其中，毁坏林木资产价值人民币30982元，土地复垦费人民币136526元。

4. 现场勘查笔录、照片

证明被非法占用土地被毁坏现状。

5. 被告人的供述和辩解

（1）被告人赵宇的供述和辩解，证明其与赵景海、申业鹏非法占用农用地进行挖土销售的犯罪事实。

（2）被告人申业鹏的供述和辩解证明其与赵景海、赵宇非法占用农用地进行挖土销售的犯罪事实。

（3）赵景海的供述和辩解能够证明其与赵宇、申业鹏非法占用农用地进行挖土销售的犯罪事实。

（4）被告人赵宇、赵景海指认现场、扣押车辆照片证明非法占用土地地点及非法获利所购得车辆。

关键问题

检察机关以何种身份提起刑事附带民事诉讼，如何确定诉讼请求中的损害赔偿数额，诉讼程序如何进行？

分歧意见

1. 因在实践中，极少有检察机关主动提起的刑附民案件，有学者认为刑事诉讼法第99条第2款规定的检察机关可提起附带民事诉讼属于鸡肋法条。

2. 检察机关提起附带民事诉讼，其诉讼请求中损失数额怎么计算，如果依据被害人提供的证据进行计算，一是被害人提供证据的合法性问题，二是其收集证据有一定的局限性、困难性。

3. 检察机关提起的附带民事诉讼,其诉讼程序与一般的被害人提起附带民事诉讼的区别,是尤其在庭审过程中需要注意的问题。有检察同人认为检察机关既当控诉人又当原告,为节约诉讼成本,不必将庭审程序细化成刑事与民事两部分重复进行讯问、举证等,可一并进行。

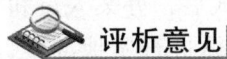 **评析意见**

检察院办案人员在审查本案刑事部分的过程中发现,如果被告人缴纳了罚金,则法院的判决即为有期徒刑缓刑的较轻刑罚。而被害人往往由于急于行使权利,导致国家和集体受到的损失不能够及时得到赔偿。在翻阅了大量关于农业类型犯罪案件办理情况后获知,一些外省检察机关起诉的非法占用农用地案中,绝大部分对被告人判处有期徒刑缓刑,并处几万元罚金,而对于被挖的山地、林地的恢复和赔偿问题,却毫无涉及。发现这一有关生态、民生的重大问题后,办案人员决定以起诉的方式挽回国有资产损失。而关于起诉的身份问题,如果让被害人对被告人提出损失赔偿,那将与普通的刑事附带民事案件一样,如交通肇事案件,原告与被告处于平等的地位,导致民事赔偿部分即使判决了也得不到较好执行,如果以检察机关的名义提起不但可以使民事赔偿得到更好的执行还能够震慑犯罪。经过查阅法条及大量资料,并经过细致研究,办案人员最后决定依据刑法第 36 条、刑事诉讼法第 99 条第 2 款、民法通则第 106 条和第 117 条的规定,在提起刑事起诉的同时,以检察机关的名义对 3 名被告人提起刑事附带民事诉讼,要求其赔偿被害单位沈阳浑南现代农业示范区王滨沟社区居民委员会林木资产损失及土地复垦费共计人民币 441407 元。

关于如何确定本案的诉讼请求中损害赔偿数额,办案人员查阅了大量的资料,同时请教了农业专家,得知林地、山地等农用地一般归属村集体,在案件中即为被害人。而农用地的损失如何认定,在公安机关提供的证据中没有体现,为了完善证据,使该案诉得出、判得住,检察院将本案退回沈阳市浑南区森林公安局进行补充侦查,并提出若干补充侦查意见:第一,查明涉案两块林地的土地性质;第二,要求公安机关对涉案土地进行经济损失鉴定,并要求公安机关在侦查过程中发现任何问题随时与检察机关沟通。这两条意见的目的在于:一是查清涉案土地是归属何种部门所有，确定被害人；二是有了涉案土地经济损失进行鉴定的依据后，确定向3名被告人提出诉讼请求的具体数额。在补充侦查期间，办案人员与鉴定机构沈阳嘉森森林资源资产价格评估事务所进行探讨，最后确定损失计算为两大方面，一是地上物林木等植物的资产损失，二是土价、土地平整土壤恢复等复垦费。在确定了损失计算方式后，办案人员和检察院技术人员介入公安机关侦查，到案发地对被挖山体进行实地勘察，初步估算涉案土地面积和取土体积，再经过鉴定机构的细致核算最终确定了具体损失数额，使案件在侦查过程中得到检察机关的全面指导和监督。

在对本案提起公诉后，庭审程序问题随之而来，浑南区人民法院没有审理过检察院提起的刑事附带民事案件，而其他区的法院也没有经验可循。无论是宣读刑事附带民事起诉书的时间、举证讯问是否分为刑事和民事两部分等事项都有待确定。检、法两家经多次沟通，确定了庭审程序，如在宣读刑事起诉书后，被告人对起诉书指控的犯罪事实进行陈述，再由公诉人宣读附带民事起诉书；而在讯问环节，先对刑事部分进行讯问，而民事部分讯问在刑事部分已经讯问过的问题不再重复讯问，仅针对诉讼请求等方面进行简要讯问；在举证环节，同样是对刑事部分先行举证，民事部分的证据不再重复列举刑事部分已经举证的证据，仅针对民事部分进行补充举证。2015年9月23日，沈阳市浑南区人民法院对该案刑事及附带民事部分合并公开审理，最终庭审现场流畅规范，既突出了检察机关提起民事诉讼对犯罪的震慑力度，又节约了诉讼成本，得到了来到庭审现场观摩的市检察院领导和基层检察院同志的认可。

处理结果

2015年10月27日，浑南区人民法院对该案作出一审判决：被告人赵宇、赵景海有期徒刑1年6个月，缓刑2年，并处罚金人民币3万元；被告人申业鹏有期徒刑1年缓刑2年，并处罚金人民币3万元；被告人赵宇、赵景海、申业鹏赔偿沈阳浑南现代农业示范区王滨沟社区居民委员会人民币441407元。现赔偿款和罚金均已缴纳。

（撰稿人：支爽，辽宁省沈阳市浑南区人民检察院公诉科副科长、员额检察官）

沈阳市东陵区人民检察院
起诉书

沈陵检公诉刑诉〔2015〕202号

被告人赵宇,男,1989年××月××日出生于沈阳市,身份证号码2101121989××××××××,满族,初中文化,无职业,现住沈阳市浑南区王滨乡××村××号。因涉嫌非法占用农用地罪,于2014年12月17日被沈阳市森林公安局刑事拘留,2015年1月20日被该局取保候审。

被告人赵景海,系被告人赵宇的父亲,男,1965年××月××日出生于沈阳市,身份证号码2101121965××××××××,满族,初中文化,无职业,现住沈阳市浑南区王滨乡××村××号。曾因犯赌博罪,于2006年被辽宁省抚顺市顺城区人民法院判处有期徒刑十一个月,2006年4月6日被刑满释放。因涉嫌非法占用农用地罪,于2014年12月16日被沈阳市森林公安局取保候审。

被告人申业鹏,男,1980年××月××日出生于沈阳市,身份证号码2101121980××××××××,汉族,初中文化,无职业,现住沈阳市沈河区××街××号××(户籍所在地:沈阳市浑南区王滨乡××村××号)。因涉嫌非法占用农用地罪,于2015年1月15日被沈阳市森林公安局刑事拘留,同年2月4日被该局取保候审。

本案由沈阳市森林公安局侦查终结,以被告人赵宇、赵景海、申业鹏涉嫌非法占用农用地罪,于2015年4月2日向本院移送审查起诉。本院受理后,于2015年4月2日已告知被告人有权委托辩护人,2015年4月2日已告知被害人有权委托诉讼代理人,依法讯问了被告人,审查了全部案件材料。我院于2015年4月30日将此案退回沈阳市森林公安局补充侦查,该局于2015年5月29日经补充侦查后重新移送我院审查起诉。

经依法审查查明：1. 2011年，被告人赵宇、申业鹏从他人手中承包了位于沈阳市浑南区王滨乡温家沟村北山的一处农用地后，从2011年夏天至2012年，被告人赵宇、赵景海、申业鹏在没有取得相关部门批准的情况下，违法对该农用地进行挖掘取土后销售。经鉴定，温家沟村（北山）占地面积24.9亩，在占用林地范围内，原有林地和森林植被遭受严重毁坏，已丧失林业种植条件，经济损失总计人民币273899元，其中林地面积14.25亩，造成经济损失价值为人民币195847元，包括：毁坏林木资产价值人民币26723元，土地复垦费169124元；占用非林地面积10.65亩，造成经济损失人民币78052元。

2. 2013年，被告人赵宇从他人手中承包了位于沈阳市浑南区王滨乡温家沟村南沟里的一处农用地后，被告人赵宇、赵景海在没有取得相关部门批准的情况下，违法对该农用地进行挖掘取土并销售。经鉴定，温家沟村（南沟里）占用林业用地面积11.55亩，在占用林地范围内，原有林地和森林植被遭受严重毁坏，已丧失林业种植条件，造成经济损失总价值为人民币167508元，其中：毁坏林木资产价值人民币30982元，土地复垦费人民币136526元。

2014年12月16日，公安机关在沈阳市浑南区王滨乡将被告人赵宇、赵景海抓获；2015年1月15日，公安机关在辽宁省××大酒店将被告人申业鹏抓获。

认定上述事实的证据如下：

1. 书证：案件来源，到案经过，被告人赵宇、赵景海、申业鹏身份证明材料、违法人员前科劣迹证明，被告人申业鹏网逃证明，鉴定聘请书，郑某杰、方某平荒山承包协议，扣押决定书，扣押清单，刑事判决书，刑满释放证明书，沈阳市浑南区林业局出具的土地性质证明。

2. 证人王某顺、方某平、郑某杰、温某、申某泽的证言。

3. 鉴定意见：沈阳嘉森森林资源资产价格评估事务所鉴定意见书4份。

4. 现场勘查笔录、照片。

5. 被告人赵宇、赵景海指认犯罪地点、扣押车辆照片，方某平辨认被告人赵宇、申业鹏、赵景海笔录、照片，郑某杰辨认被告人赵宇、赵景海笔录、照片,被告人赵宇辨认被告人申业鹏笔录、照片。

6. 被告人赵宇、赵景海、申业鹏的供述和辩解。

本院认为,被告人赵宇、赵景海、申业鹏违反土地管理法规,非法占用农用地,改变土地用途进行取土销售,造成农用地大量毁坏,其行为均触犯了《中华人民共和国刑法》第三百四十二条之规定,犯罪事实清楚,证据确实、充分,应当以非法占用农用地罪追究其刑事责任。根据《中华人民共和国刑事诉讼法》第一百七十二条的规定,提起公诉,请依法判处。

此致
沈阳市浑南区人民法院

检察员:支 爽
2015 年 6 月 25 日

附:
1. 被告人赵宇、赵景海、申业鹏取保候审于现住所。
2. 案卷材料和证据三册。

沈阳市东陵区人民检察院
刑事附带民事起诉书

沈陵检公诉刑附民诉〔2015〕1号

被告人赵宇，男，1989年××月××日出生于沈阳市，身份证号码2101121989××××××××，满族，初中文化，无职业，现住沈阳市浑南区王滨乡××村××号。系非法占用农用地案被告人。

被告人赵景海，系被告人赵宇的父亲，男，1965年××月××日出生于沈阳市，身份证号码2101121965××××××××，满族，初中文化，无职业，现住沈阳市浑南区王滨乡××村××号。系非法占用农用地案被告人。

被告人申业鹏，男，1980年××月××日出生于沈阳市，身份证号码2101121980××××××××，汉族，初中文化，无职业，现住沈阳市沈河区××街××号××（户籍所在地：沈阳市浑南区王滨乡××村××号）。系非法占用农用地案被告人。

被害单位沈阳浑南现代农业示范区王滨沟社区居民委员会。（党支部）书记：王某顺。

诉讼请求：

赔偿被害单位沈阳浑南现代农业示范区王滨沟社区居民委员会林木资产损失及土地复垦费共计人民币441407元。

事实证据和理由：

1.2011年，被告人赵宇、申业鹏从他人手中承包了位于沈阳市浑南区王滨乡温家沟村北山的一处农用地后，从2011年夏天至2012年，被告人赵宇、赵景海、申业鹏在没有取得相关部门批准的情况下，违法对该农用地进行挖掘取土后销售。经鉴定，温家沟村（北山）占地面积24.9亩，在占用林地范围内，原有林地和森林植被遭受严重毁坏，已丧失林业种植条件，经济损失总计人民币273899元，其中林地面积14.25亩，造成经济损失价值为人民币195847元，包括：毁坏林木资产价值人民币26723元，土地复垦费169124元；占用非林地面积10.65亩，造成经济损失为人民币78052元。

2.2013年，被告人赵宇从他人手中承包了位于沈阳市浑南区王滨乡温家沟村南沟里的一处农用地后，被告人赵宇、赵景海在没有取得相关部门批准的情况下，违法对该农用地进行挖掘取土并销售。经鉴定，温家沟村（南沟里）占用林业用地面积11.55亩，在占用林地范围内，原有林地和森林植被遭受严重毁坏，已丧失林业种植条件，造成经济损失总价值为人民币167508元，其中，毁坏林木资产价值人民币30982元，土地复垦费人民币136526元。

认定上述事实的证据如下：

1. 书证：案件来源、到案经过，被告人赵宇、申业鹏、赵景海身份证明材料、违法人员前科劣迹证明、被告人申业鹏网逃证明、鉴定聘请书，郑某杰、方某平荒山承包协议，扣押决定书、扣押清单、刑事判决书、刑满释放证明书、沈阳市浑南区林业局出具的土地性质证明。

2. 证人王某顺、方某平、郑某杰、温某、申某泽证言。

3. 鉴定意见：沈阳嘉森森林资源资产价格评估事务所鉴定意见书四份。

4. 现场勘查笔录、照片。

5. 被告人赵宇、赵景海指认犯罪地点、扣押车辆照片，方某平辨认被告人赵宇、申业鹏、赵景海笔录、照片，郑某杰辨认被告人赵宇、赵景海笔录、照片，被告人赵宇辨认被告人申业鹏笔录、照片。

6. 被告人赵宇、赵景海、申业鹏的供述和辩解。

本院认为被告人赵宇、赵景海、申业鹏违反土地管理法规，非法占用农用地，改变土地用途进行取土销售，造成农用地大量毁坏，根据《中华人民共和国刑法》第三十六条、《中华人民共和国民法通则》第一百零六条、第一百一十七条的规定，应承担赔偿责任。因被告人赵宇、赵景海、申业鹏的上述行为构成非法占用农用地罪，依法应当追究刑事责任，本院已以沈陵检公诉刑诉〔2015〕202号起诉书向你院提起公诉。现根据《中华人民共和国刑事诉讼法》第九十九条第二款的规定，提起附带民事诉讼，请依法裁判。
此致
沈阳市浑南区人民法院

检察员：支　爽
2015 年 6 月 25 日

附：
刑事附带民事起诉书副本一式二十份。

沈阳市浑南区人民法院
刑事附带民事判决书

〔2015〕浑南刑初字第 00278 号

公诉机关沈阳市东陵区人民检察院。

附带民事诉讼原告沈阳市东陵区人民检察院。

被告人赵宇，男，1989 年××月××日出生于沈阳市，身份证号码 2101121989×××××××，满族，初中文化，无职业，现住沈阳市浑南区王滨乡××村××号。因涉嫌非法占用农用地罪，于 2014 年 12 月 17 日被刑事拘留，2015 年 1 月 20 日被取保候审。

被告人赵景海，男，1965 年××月××日出生于沈阳市，身份证号码 2101121965×××××××，满族，初中文化，无职业，现住沈阳市浑南区王滨乡××村××号。曾因犯赌博罪，于 2006 年被判处有期徒刑十一个月，于 2006 年 4 月 6 日被刑满释放。现因涉嫌非法占用农用地罪，于 2014 年 12 月 16 日被取保候审。

被告人申业鹏，男，1980 年××月××日出生于沈阳市，身份证号码 2101121980×××××××，汉族，初中文化，无职业，现住沈阳市沈河区××街××号××（户籍所在地：沈阳市浑南区王滨乡××村××号）。因涉嫌非法占用农用地罪，于 2015 年 1 月 15 日被刑事拘留，同年 2 月 4 日被取保候审。

沈阳市东陵区人民检察院以沈陵检公诉刑诉〔2015〕202 号起诉书指控被告人赵宇、赵景海、申业鹏犯非法占用农用地罪，于 2015 年 7 月 2 日向本院提起公诉；在诉讼过程中，附带民事诉讼原告沈阳市东陵区人民检察院代表被害单位沈阳浑南现代农业示范区王滨沟社区居民委员会要求被告人赵宇、赵景海、申业鹏赔偿经济损失，向本院提起附带民事诉讼。本院依法组成合议庭，公开开庭合并审理了本案。沈阳市东陵区人民检察院指派检察员支爽、代理检察员陈强出庭支持公诉并作为附带民事诉讼原告参加诉讼，被告人赵宇、赵景海、申业鹏均到庭参加诉讼。本案现已审理终结。

沈阳市东陵区人民检察院指控：

1.2011年，被告人赵宇、申业鹏从他人手中承包了位于沈阳市浑南区王滨乡温家沟村北山的一处农用地后，从2011年夏天至2012年，被告人赵宇、赵景海、申业鹏在没有取得相关部门批准的情况下，违法对该农用地进行挖掘取土后销售。经鉴定，温家沟村（北山）占地面积24.9亩，在占用林地范围内，原有林地和森林植被遭受严重毁坏，已丧失林业种植条件，经济损失总计人民币273899元，其中林地面积14.25亩，造成经济损失价值人民币195847元，包括：毁坏林木资产价值人民币26723元，土地复垦费169124元；占用非林地面积10.65亩，造成经济损失为人民币78052元。

2.2013年，被告人赵宇从他人手中承包了位于沈阳市浑南区王滨乡温家沟村南沟里的一处农用地后，被告人赵宇、赵景海在没有取得相关部门批准的情况下，违法对该农用地进行挖掘取土并销售。经鉴定，温家沟村（南沟里）占用林地用地面积11.55亩，在占用林地范围内，原有林地和森林植被遭受严重毁坏，已丧失林业种植条件，造成经济损失总价值人民币167508元，其中：毁坏林木资产价值人民币30982元，土地复垦费人民币136526元。

2014年12月16日，公安机关在沈阳市浑南区王滨乡将被告人赵宇、赵景海抓获；2015年1月15日，公安机关在辽宁省××大酒店将被告人申业鹏抓获。

沈阳市东陵区人民检察院认为，被告人赵宇、赵景海、申业鹏违反土地管理法规，非法占用农用地，改变土地用途进行取土销售，造成农用地大量毁坏，其行为均触犯了《中华人民共和国刑法》第三百四十二条之规定，犯罪事实清楚，证据确实、充分，应当以非法占用农用地罪追究其刑事责任。

附带民事诉讼原告人沈阳市东陵区人民检察院诉称，要求被告人赵宇、赵景海、申业鹏赔偿：林木资产损失及土地复垦费共计人民币441407元。

三、刑事附带民事案件

被告人赵宇、赵景海、申业鹏对公诉机关指控的犯罪事实均无异议,均表示愿意赔偿给被害单位造成的经济损失。

经审理查明,被告人赵宇系被告人赵景海的儿子,与被告人申业鹏系朋友。

1. 2011年,被告人赵宇、申业鹏从他人手中承包了位于沈阳市浑南区王滨乡温家沟村(北山)1林班9小班的农用地。2011年夏天至2012年,被告人赵宇、赵景海、申业鹏在没有取得相关部门审批的情况下,违反土地管理法规,对该农用地进行挖掘采土并销售。经鉴定,温家沟村(北山)占地面积24.9亩,其中林地面积14.25亩,非林地面积10.65亩。在占用林地范围内,原有林地和森林植被遭受严重毁坏,已丧失林业种植条件,经济损失总计人民币273899元,其中,占用林地造成经济损失价值人民币195847元,包括:毁坏林木资产价值人民币26723元,土地复垦费人民币169124元;占用非林地造成经济损失人民币78052元。

2. 2013年,被告人赵宇从他人手中承包了位于沈阳市浑南区王滨乡温家沟村(南沟里)东陵林场王滨工区2林班1小班农用地后,被告人赵宇、赵景海在没有取得相关部门审批的情况下,违反土地管理法规,对该农用地进行挖掘采土并销售。经鉴定,温家沟村(南沟里)占用林地用地面积11.55亩,在占用林地范围内,原有林地和森林植被遭受严重毁坏,已丧失林业种植条件,造成经济损失总价值人民币167508元,其中:毁坏林木资产价值人民币30982元,土地复垦费人民币136526元。

2014年12月16日,被告人赵宇、赵景海被公安机关抓获归案;2015年1月15日,被告人申业鹏被公安机关抓获归案。

附带民事诉讼原告人沈阳市东陵区人民检察院诉求的被害单位沈阳浑南现代农业示范区王滨沟社区居民委员会的合理经济损失为:1.温家沟(北山)林木资产价值人民币26723元,土地复垦费人民币169124元、非林地经济损失人民币78052元;2.温家沟(南沟里)林木资产价值人民币30982元、土地复垦费人民币136526元,共计人民币441407元。

另查明,被告人赵宇使用本案的违法所得购买的车牌号为辽AT23

××的丰田霸道小型越野客车（车辆识别代号 JTEBX3FJ3×××××××，发动机号码2T×××××××）、被告人赵景海使用本案的违法所得购买的车牌号为辽AS9×××的江铃牌轻型厢式货车（车辆识别代号 LEFEDDEl4×××××××，发动机号码D9××××××）已被沈阳市森林公安局依法扣押。

上述事实，被告人赵宇、赵景海、申业鹏在庭审过程中无异议，并有书证案件来源、到案经过，被告人赵宇、赵景海、申业鹏身份证明材料，违法人员前科劣迹证明，被告人申业鹏网逃证明，鉴定聘请书，郑某杰、方某平荒山承包协议，扣押决定书，扣押清单，刑事判决书，刑满释放证明书，沈阳市浑南区林业局出具的土地性质证明；证人王某顺、方某平、郑某杰、温某、申某泽证言；鉴定意见——沈阳嘉森森林资源资产价格评估事务所鉴定意见书四份；现场勘查笔录、照片；被告人赵宇、赵景海指认犯罪地点、扣押车辆照片，方某平辨认被告人赵宇、申业鹏、赵景海笔录、照片，郑某杰辨认被告人赵宇、赵景海笔录、照片，被告人赵宇辨认被告人申业鹏笔录、照片；被告人赵宇、赵景海、申业鹏的供述和辩解等证据证实，足以认定。

本院认为，本案被告人赵宇、赵景海、申业鹏违反土地管理法规，非法占用农用地，改变土地用途进行取土销售，造成农用地大量毁坏，其行为已构成非法占用农用地罪。沈阳市东陵区人民检察院的指控事实清楚，证据确实、充分，罪名成立，本院予以支持。由于被告人赵宇、赵景海、申业鹏的行为而使被害单位遭受经济损失，被告人赵宇、赵景海、申业鹏除承担刑事责任外，还应承担民事赔偿责任。附带民事诉讼原告人沈阳市东陵区人民检察院提出的合理诉讼请求，本院予以支持。我国刑法规定，违反土地管理法规，非法占用耕地、林地等农用地，改变被占土地用途，数量较大，造成耕地、林地等农用地大量毁坏的，处五年以下有期徒刑或者拘役，并处或者单处罚金。被告人赵宇、赵景海、申业鹏依法应在上述幅度内量刑。鉴于被告人赵宇、赵景海、申业鹏当庭表示自愿认罪，积极赔偿被害单位损失，主动缴纳罚金，故可对三被告人酌情予以从轻处罚。依照《中华人民共和国刑法》第三百四十二条、第二十五条、第六十七条第三款、第七十二条、第七十三条、第五十二条、第五十三条、第三十六条、第六十四条之规定，判决如下：

一、被告人赵宇犯非法占用农用地罪,判处有期徒刑一年六个月,缓刑二年,并处罚金人民币三万元(已缴纳)。

(缓刑考验期从判决确定之日起计算。)

被告人赵景海犯非法占用农用地罪,判处有期徒刑一年六个月,缓刑二年,并处罚金人民币三万元(已缴纳)。

(缓刑考验期从判决确定之日起计算。)

被告人申业鹏犯非法占用农用地罪,判处有期徒刑一年,缓刑二年,并处罚金人民币三万元(已缴纳)。

二、被告人赵宇、赵景海、申业鹏一次性赔偿被害单位沈阳浑南现代农业示范区王滨沟社区居民委员会林木资产损失、土地复垦费等各项经济损失共计人民币441407元(已返还被害单位沈阳浑南现代农业示范区王滨沟社区居民委员会)。

三、依法追缴被告人赵宇违法所得辽AT23××的丰田霸道小型越野客车(车辆识别代号JTEBX3FJ3××××××××,发动机号码2T××××××××),依法追缴被告人赵景海违法所得车牌号为辽AS9×××的江铃牌轻型厢式货车(车辆识别代号LEFEDDEl4××××××,发动机号码D9××××××),上缴国库。

如不服本判决,可在接到判决书的第二日起十日内,通过本院或者直接向辽宁省沈阳市中级人民法院提出上诉。书面上诉的,应当提交上诉状正本一份,副本两份。

审　判　长　郝小丽
代理审判员　高亚男
人民陪审员　韩淑娴
二〇一五年十月二十七日
书　记　员　袁林

四、死刑复核程序案件

刘俊康等贩卖、制造、运输毒品案

死刑复核程序中"撤销原判,发回重审"
指撤销全案裁判,发回后全案重审,还是
仅撤销部分裁判,发回后部分重审

要　旨

最高人民法院《关于复核死刑案件若干问题的规定》第3条规定,最高人民法院复核后认为原判认定事实不清、证据不足的,裁定不予核准,并撤销原判,发回重新审判。第7条规定,一案中两名以上被告人被判处死刑,最高人民法院复核后,认为其中部分被告人的死刑裁判认定事实不清、证据不足的,对全案裁定不予核准,并撤销原判,发回重新审判。

对于最高人民法院《关于复核死刑案件若干问题的规定》这两条中的"裁定不予核准"很好理解,即对各地高院报请最高人民法院核准的死刑案件不予以核准。但对于"撤销原判"则容易产生分歧:当死刑案件中的被告人均被判处死刑时,"撤销原判"则应理解为撤销整个原有裁判,当死刑案件中有的被告人被判处死刑,有的被告人被判处其他刑罚时,是撤销整个原裁判,还是仅撤销原裁判中被判处死刑的被告人的相关判项?对于"发回重新审判"也容易产生歧义:当一案中既有被判处死刑的被告人,也有未被判处死刑的被告人时，案件被发回一审或二审重审时，是仅审查被判处死刑的被告人的犯罪事实和定罪量刑，还是同案的未被判处死刑的其他被告人的犯罪事实和定罪量刑也一并审查？

最高人民法院《关于复核死刑案件若干问题的规定》对"撤销原判，发回重新审判"的模糊规定会使办案人员产生歧义，影响案件的办理，因此，有必要明确"撤销原判，发回重新审判"的含义，以便于司法办案。

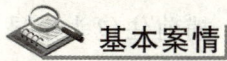 **基本案情**

（一）原审被告人基本情况

原审被告人刘俊康，绰号刘老幺，男，汉族，1971年××月××日出生，身份证号码5101301971××××××××，小学文化，无职业，户籍所在地四川省××镇××村××组，捕前住址同上。2001年3月28日因犯盗窃罪被四川省浦江县人民法院判处有期徒刑1年6个月，2004年3月25日因犯收购赃物罪被四川省新津县人民法院判处有期徒刑7个月，2004年8月24日因犯盗窃罪被四川省邛崃市人民法院判处有期徒刑1年。2009年12月29日因涉嫌贩卖毒品罪被包头市公安局九原区分局刑事拘留，2010年1月27日被包头市九原区人民检察院以贩卖毒品罪批准逮捕。

原审被告人王逸峰，曾用名王跃中，绰号三毛、小三毛，男，汉族，1974年××月××日出生，身份证号码1502021974××××××××，初中文化，无职业，户籍所在地包头市东河区××街×号××宿舍××栋××号，捕前住包头市东河区南圪洞广场小区。2005年8月17日因犯故意伤害罪被包头市中级人民法院判处有期徒刑2年，缓刑2年；2008年4月4日因犯故意伤害罪被包头市青山区人民法院判处有期徒刑6个月，撤销缓刑，决定执行有期徒刑2年。2009年12月29日因涉嫌贩卖毒品罪被包头市公安局九原区分局刑事拘留，2010年1月27日被包头市九原区人民检察院以贩卖毒品罪批准逮捕。

原审被告人吴火红，曾用名吴小花，绰号龙娃，男，汉族，1980年××月××日出生，身份证号码5101211980××××××××，初中文化，无职业，户籍所在地四川省金堂县，捕前住四川省金堂县××乡××村××组。2007年4月16日因犯贩卖毒品罪被四川省双流县人民法院判处有期徒刑8个月；2008年10月22日因犯贩卖毒品罪被四川省双流县人民法院判处有期徒刑1年6个月。2010年1月3日因涉嫌贩卖毒品罪被包头市公安局九原区分局刑事拘留，同年1月25日被包头市九原区人民检察院以贩卖毒品罪批准逮捕。

原审被告人吴昌荣，别名吴国峰，绰号小峰、马峰，男，汉族，1985年××月××日出生，身份证号码5105221985×××××××，初中文化，无职业，户籍所在地四川省合江县××镇，捕前住包头市昆区××街××公寓出租房。2009年12月29日因涉嫌贩卖毒品罪被包头市公安局九原区分局刑事拘留，2010年1月27日被包头市九原区人民检察院以贩卖毒品罪批准逮捕。

原审被告人贾飞，别名贾忠、二奎，男，汉族，1987年××月××日出生，身份证号码1525291987×××××××，初中文化，无职业，户籍所在地内蒙古自治区正镶白旗，捕前住呼和浩特市新城区××小区出租房。2009年12月29日因贩卖毒品罪被包头市公安局九原区分局刑事拘留，2010年1月27日被包头市九原区人民检察院以贩卖毒品罪批准逮捕。

原审被告人刘斌，别名韩兆国、斌斌，男，汉族，1976年××月××日出生，身份证号码1502021976×××××××，小学文化，个体，户籍所在地内蒙古包头市东河区××号街坊市一建楼××栋××单元××号，捕前住包头市东河区××路××号街坊市建楼××栋××号。1995年9月12日因犯抢夺罪被包头市东河区人民法院判处有期徒刑1年。2002年1月16日因犯盗窃罪被包头市东河区人民法院判处有期徒刑3年，并处罚金人民币5000元。2009年12月29日因贩卖毒品罪被包头市公安局九原区分局刑事拘留，2010年1月27日被包头市九原区人民检察院以贩卖毒品罪批准逮捕。

原审被告人曹丽，别名曹爽，曾用名朱美芬，女，汉族，1988年××月××日出生，身份证号码1526301988×××××××，初中文化，无职业，户籍所在地内蒙古自治区察哈尔右翼前旗，捕前住呼和浩特市玉泉区××汽车城南楼房××单元××楼东户。2009年12月29日因贩卖毒品罪被包头市公安局九原区分局刑事拘留，2010年1月27日被包头市九原区人民检察院以贩卖毒品罪批准逮捕。

（二）案件事实

2009年7月，原审被告人刘俊康、潘利民（另案处理）二人共同出资，通过邬元光（另案处理）向巴图吉仁拉（另案处理）购买麻黄碱2千克。后刘俊康同潘利民利用该麻黄碱先后在呼和浩特市以及包头市东河区臭水井村王逸峰提供的地点制造甲基苯丙胺。由于刘、潘二人未掌握制造甲基苯丙胺技术而未能制成，剩余麻黄碱被刘俊康运回四川省成都市用于制造甲基苯丙胺。

2009年10月，原审被告人刘俊康向巴图吉仁拉提供资金，伙同巴图吉仁拉、邬元光、郄俊平（3人均另案处理）在鄂尔多斯市乌审旗购买10千克麻黄碱。刘俊康、巴图吉仁拉、邬元光、郄俊平4人驾车将10千克麻黄碱送至四川成都市，后刘俊康将该麻黄碱用于制造甲基苯丙胺。

2009年12月，原审被告人刘俊康、高明（在逃）贩卖给樊广（另案处理）甲基苯丙胺125克，后双方因甲基苯丙胺质量问题发生矛盾，樊广遂将高明的丰田越野车扣下，刘俊康让王逸峰帮忙要回该车。

2009年12月3日，原审被告人刘俊康电话联系巴图吉仁拉后，在包头市昆都仑区包钢友谊宾馆向吴丽华（另案处理）购买麻黄碱1000克。后刘俊康指使王逸峰、贾飞、"小张""强强"（二人在逃）驾车将1000克麻黄碱从包头市运至四川省成都市。刘俊康利用其中部分麻黄碱制造甲基苯丙胺失败后，将剩余麻黄碱提供给他人用于制造甲基苯丙胺。

2009年12月下旬，原审被告人刘俊康在成都其家中以每克300元的价格将850克甲基苯丙胺贩卖给王逸峰、吴昌荣，双方约定，待王逸峰、吴昌荣将甲基苯丙胺贩卖后再支付毒资。后刘俊康为王、吴二人提供车辆，由王逸峰、吴昌荣驾车将850克甲基苯丙胺运回包头市进行贩卖。

2009年12月25日，原审被告人刘俊康联系巴图吉仁拉准备购买10公斤麻黄碱，巴图吉仁拉要求其先支付部分毒资，后刘俊康联系王逸峰让其筹钱与巴图吉仁拉交易。2009年12月26日，王逸峰指使贾飞以贾飞的姓名在中国工商银行开立账户，刘俊康向该账户汇款6.5万元给王逸峰用于购买麻黄碱。王逸峰、吴昌荣筹集贩卖甲基苯丙胺所得的10.5万元后，由吴昌荣、刘斌在本市青山区少先路金鼎酒店楼下交给巴图吉仁拉购买麻黄碱10千克。巴图吉仁拉、吴丽华在运输麻黄碱返回包头市的途中被侦查人员抓获。

2009年11月，原审被告人吴火红在四川省成都市分两次向刘俊康贩卖甲基苯丙胺10克。2010年1月3日，侦查人员在四川省成都市锦汇区天仙桥北路3号附1号抓获吴火红时，从其随身物品中缴获甲基苯丙胺39.49克。

2009年12月，原审被告人王逸峰、吴昌荣将850克甲基苯丙胺运回包头市后分别向他人贩卖，已查明事实如下：（1）2009年12月下旬，王逸峰、吴昌荣、贾飞在呼和浩特市向贾奎贩卖甲基苯丙胺100克。（2）2009年12月下旬，吴昌荣在其租住的居安公寓内向曾某凡贩卖甲基苯丙胺9克。（3）2009年12月下旬，王逸峰与吴昌荣事先联系后，让贾飞从吴昌荣处取走150克甲基苯丙胺带至包头市东河区与张海明（另案处理）交换丰田卡罗拉汽车一辆。（4）2009年12月下旬，王逸峰、吴昌荣在包头市青山区金鼎酒店向贾飞、曹丽贩卖甲基苯丙胺10克，后曹丽帮助贾飞将10克甲基苯丙胺贩卖给呼和浩特市的"二哥"。（5）2009年12月下旬，刘斌在包头市东河区上岛咖啡店附近分两次向范某贩卖甲基苯丙胺10克；在包头市东河区分多次向杨某文贩卖甲基苯丙胺30克。（6）2009年12月28日，原审被告人吴昌荣被抓捕时，侦查人员从其租住的××公寓内搜缴到尚未贩卖的甲基苯丙胺14.98克。

2009年10月至12月，刘斌分多次向张某军贩卖甲基苯丙胺3克，分两次向范某龙贩卖甲基苯丙胺1.4克，另向范某贩卖甲基苯丙胺2克。

2009年10月至11月，贾飞伙同樊广在呼和浩特市分三次向曹丽贩卖甲基苯丙胺15克。经查，曹丽系为赚取报酬而帮助他人向贾、樊二人购买毒品。

2009年12月28日，侦查人员在抓获吴昌荣时，从其位于昆区××大街××公寓××号租住房间内搜缴改装运动手枪一支、气枪两支、子弹八发。经鉴定，吴昌荣持有的改装运动手枪属足以致人伤害的改制5.6毫米运动手枪；两支气枪属不足以致人伤害或死亡的仿真枪。

2009年3月12日凌晨，原审被告人刘斌伙同付成、鲁大伟（二人在逃）在呼和浩特市金桥开发区××小区连续入室盗窃，盗窃财物价值21253元，现金2605元，总计23858元。具体事实如下：（1）盗窃该小区××号楼××单元一层西户沈某辉现金100元、价值2492元手机一部，合计价值2592元。（2）盗窃该小区××号楼××单元1楼东户赵某利现金2505元、三星MP3一部、价值3792元黄金项链一条、价值120元警服一套、价值40元作训服一套、价值24元运动上衣一件，合计价值6481元。（3）盗窃该小区××号楼××单元东户崇某刚价值9347元电箱琴两把、价值4480元电贝司一把、价值558元电吉他一把、价值300元花瓶两个、价值80元红色棉衣一件、价值20元旅行箱一个，合计价值14785元。

综上，原审人刘俊康贩卖、运输毒品甲基苯丙胺986克，为制造毒品贩卖麻黄碱22.86千克，王逸峰贩卖、运输甲基苯丙胺850克，为制造毒品参与贩卖麻黄碱10.86千克，吴昌荣贩卖、运输甲基苯丙胺850克，为制造毒品参与贩卖麻黄碱9.86千克，其行为均构成贩卖、运输、制造毒品罪。贾飞贩卖毒品甲基苯丙胺275克，为制造毒品参与贩卖麻黄碱10.86千克，刘斌贩卖毒品甲基苯丙胺106.4克，为制造毒品参与贩卖麻黄碱9.86千克，其行为均构成贩卖、制造毒品罪。吴火红贩卖毒品甲基苯丙胺49.49克，曹丽贩卖甲基苯丙胺25克，其行为均构成贩卖毒品罪。吴昌荣违反国家枪支管理规定，非法持有足以致人伤害的枪支的行为又构成非法持有枪支罪。刘斌伙同他人盗窃财物数额较大的行为又构成盗窃罪。

（三）诉讼经过

2009年12月29日，包头市公安局九原区分局对贾飞、曹丽贩卖毒品案，吴火红非法持有毒品案，刘俊康制造、贩卖毒品案，王逸峰、刘斌、吴昌荣贩卖毒品案立案侦查。包头市公安局九原区分局侦查终结，以刘俊康、吴昌荣、王逸峰、吴火红、刘斌、贾飞、曹丽涉嫌贩卖毒品罪，于2010年3月24日以九公包刑诉字（2010）48号起诉意见书向九原区人民检察院移送审查起诉。九原区检察院于2010年4月6日报送包头市人民检察院管辖。包头市检察院受理后，分别于2010年5月21日、2010年8月5日两次退回补充侦查，2010年11月12日九原区公安分局补充侦查完毕，重新移送审查起诉。因案情重大、复杂，包头市检察院于2010年7月21日延长审查起诉期限15日，并于2010年12月3日以内包检刑诉〔2010〕67号起诉书指控刘俊康、王逸峰犯贩卖、运输、制造毒品罪，吴昌荣犯贩卖、运输、制造毒品罪、非法持有枪支罪，吴火红、贾飞犯贩卖、制造毒品罪，刘斌犯贩卖、制造毒品罪、盗窃罪，曹丽犯贩卖毒品罪向包头市中级人民法院提起公诉。因有部分事实证据需要补充侦查，2011年4月12日、6月17日，包头市检察院建议延期审理两次。包头市中级法院于2012年3月13日以（2011）包刑一初字第13号刑事判决书作出判决。以被告人刘俊康、王逸峰犯贩卖、运输、制造毒品罪，判处死刑，剥夺政治权利终身，并处没收个人全部财产。以被告人吴昌荣犯贩卖、运输、制造毒品罪，判处死刑，剥夺政治权利终身，并处没收个人全部财产；以非法持有枪支罪，判处有期徒刑1年；数罪并罚，决定执行死刑，剥夺政治权利终身，并处没收个人全部财产。以被告人贾飞犯贩卖、制造毒品罪，判处无期徒刑，剥夺政治权利终身，并处没收个人全部财产。以被告人吴火红犯贩卖毒品罪，判处有期徒刑15年，并处没收个人财产人民币5万元。以被告人刘斌犯贩卖、制造毒品罪，判处有期徒刑15年，剥夺政治权利3年，并处没收个人财产人民币3万元；以盗窃罪，判处有期徒刑6年，并处罚金人民币2万元；数罪并罚，决定执行有期徒刑19年，剥夺政治权利3年，并处没收个人财产人民币3万元，并处罚金人民币2万元。以被告人曹丽犯贩卖毒品罪，判处有期徒刑10年，并处罚金人民币1万元。被告人刘俊康、王逸峰、吴昌荣、贾飞、刘斌、曹丽在法定期限内提出上诉。

2014年6月9日，内蒙古自治区高级人民法院以（2012）内刑一终字第76号刑事判定书作出判决，维持原审对上诉人刘俊康、王逸峰、贾飞、曹丽、被告人吴火红的定罪量刑，刘斌贩卖、制造毒品罪和吴昌荣非法持有枪支罪的定罪量刑，上诉人吴昌荣贩卖、运输、制造毒品和刘斌盗窃罪的定罪部分；撤销原审对上诉人吴昌荣贩卖、运输、制造毒品罪和刘斌盗窃罪的量刑部分;上诉人吴昌荣犯贩卖、运输、制造毒品罪,判处死刑,缓期2年执行,剥夺政治权利终身,并处没收个人全部财产,与非法持有枪支罪判处有期徒刑1年并罚,决定执行死刑,缓期2年执行,剥夺政治权利终身,并处没收个人全部财产;上诉人刘斌犯盗窃罪,判处有期徒刑3年,并处罚金人民币2万元,与贩卖、制造毒品罪判处有期徒刑15年,剥夺政治权利3年,并处没收个人财产人民币3万元并罚,决定执行有期徒刑17年,剥夺政治权利3年,并处没收个人财产人民币3万元,并处罚金人民币2万元。

2014年9月2日,内蒙古自治区高级人民法院报请最高人民法院核准死刑。2015年12月10日,最高人民法院以(2014)刑五复49183100号刑事裁定书作出裁定,不核准内蒙古自治区高级人民法院(2012)内刑一终字第76号维持第一审以贩卖、运输、制造毒品罪判处被告人刘俊康、王逸峰死刑,剥夺政治权利终身,并处没收个人全部财产的刑事判决;撤销内蒙古自治区高级人民法院(2012)内刑一终字第76号刑事判决中维持第一审以贩卖、运输、制造毒品罪判处被告人刘俊康、王逸峰死刑,剥夺政治权利终身,并处没收个人全部财产的部分;发回内蒙古自治区高级人民法院重新审判。

2016年6月20日,内蒙古高院作出(2016)内刑终45号刑事判决书。

关键问题

最高人民法院死刑复核程序中"撤销原判,发回重审"是撤销全案裁判,发回后全案重审,还是撤销部分裁判,发回后部分重审?

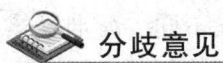

分歧意见

第一种意见认为,"撤销原判"指撤销原裁判中的所有判项,不仅撤销原裁判中被判处死刑的被告人的有关判项,而且应撤销原裁判中未被判处死刑的被告人的有关判项。因为在一案多人的案件中,被告人之间很可能是共犯关系或上下家关系,他们的犯罪行为互相关联,如果仅撤销被判处死刑的被告人的有关判项,而不撤销未被判处死刑的被告人的有关判项，可能会造成错案，对未被判处死刑的被告人不公平。同样的道理，"发回重审"指发回后全案重审。

第二种意见认为，"撤销原判"仅指撤销原裁判文书中被判处死刑的被告人的相关判项。未被判处死刑的被告人的相关裁判内容已经生效，不能被撤销。"发回重新审判"的审理内容为部分审，即仅对被判处死刑的被告人的犯罪事实进行审理，未被判处死刑的被告人的犯罪事实则不再审理，为了查明被判处死刑的被告人的犯罪事实，在发回重审时也可对未被判处死刑的被告人进行讯问或让他们参加庭审。

 评析意见

笔者同意第二种意见。理由如下：

第一，死刑复核程序是一个仅适用于被判处死刑的被告人的特别程序。我国的刑事审判制度为两审终审制，一般案件最多经过两次审判即结束。但因为死刑是极刑，是最为严厉的刑罚，生命一旦被剥夺则不可恢复，因此，为了确保死刑的正确适用，也为了给被判处死刑的被告人多一层保障，我国刑事诉讼法又增加了死刑复核程序。死刑复核程序是一个特别程序，仅适用于被判处死刑的被告人，对于未被判处死刑的被告人则不适用，因此最高人民法院死刑复核的裁定不应涉及未被判处死刑的被告人。

第二，在死刑复核程序中，最高人民法院仅有权对被判处死刑的被告人进行复核，对于未被判处死刑的被告人的裁定则无权撤销与发回重审。因为未被判处死刑的被告人的裁判已经生效，最高人民法院无权通过死刑复核程序对原裁判撤销和发回重审。

因此，死刑复核程序中的"撤销原判，发回重新审判"的含义与刑事诉讼二审程序中的"撤销原判，发回重新审判"含义不同。死刑复核程序中的"撤销原判"指撤销被判处死刑的被告人的相关判项，而二审程序中的"撤销原判"指原审判决整体被撤销。死刑复核程序中的"发回重新审判"是部分审，仅审理被判处死刑的被告人的犯罪事实，对于未被判处死刑的被告人则不再评价；而二审程序中的"发回重新审判"为全案审，即对全案重新进行审理，所有被告人的犯罪事实均应审理。

第三，如果把最高人民法院关于死刑复核裁定中的"撤销原判，发回重新审判"理解为撤销原判中的所有内容，并发回重新审理全案，则与我国的刑事诉讼制度相违背。如果依照以上理解，会出现如下情况：在一案多人的案件中，部分被告人被判处死刑，未被判处死刑的被告人虽经历了一审、二审，但仍然会因为被判处死刑的同案人需上报最高人民法院复核死刑而处于一种裁判不确定的状态，如果案件被撤销原判，发回重审，未被判处死刑的被告人也可能会被改变定罪量刑，这是把死刑复核的对象由被判处死刑的被告人扩大到未被判处死刑的被告人，是一种不当的扩大解释，是不可取的。

如果对未被判处死刑但同案有被判处死刑的被告人适用死刑复核程序中的"撤销原判，发回重审"，则意味着未被判处死刑的被告人又多了一次机会。而对未被判处死刑但没有同案犯或同案没有被判处死刑的被告人适用二审终审制，对于后者就是一种不公平，有违公民在法律面前一律平等的刑事诉讼法原则。因此，不能对前者撤销原有判决并发回重审。死刑复核程序中的"撤销原判，发回重新审判"应理解为仅撤销原判中关于被判处死刑的被告人的判项，发回重新审判也仅审理原判决中被判处死刑的被告人。

综上所述，死刑复核程序仅适用于被判处死刑的被告人，不适用于未被判处死刑的被告人。经过发回重审后，如果被判处死刑的被告人的犯罪事实认定发生改变，该犯罪事实与同案的其他被告人相联系的，其他被告人的定罪量刑应当通过审判监督程序予以纠正。如贩卖毒品案件中的共犯，如果对判处死刑的被告人不认定为贩卖毒品的，对未被判处死刑的共犯也不应当认定为贩卖毒品，因此对未被判处死刑的共犯的定罪量刑应当纠正，可以通过审判监督程序来予以纠正。

因为死刑复核程序中的"撤销原判，发回重新审理"的含义与刑事诉讼法二审程序中的"撤销原判，发回重新审理"的含义不同，因此，对死刑复核程序中的"撤销原判，发回重新审理"的理解容易产生歧义，为了便于理论研究和司法实践，笔者建议立法机关和"两高"对死刑复核程序中的"撤销原判"和"发回重新审判"予以细化，明确："撤销原判"为仅撤销原裁判中被判处死刑的被告人的相关判项，而不是整个原裁判；"发回重新审理"为仅审理被判处死刑的被告人的相关犯罪事实，其他被告人的犯罪事实则不再审理，如果发现其他被告人的裁判有错误的，应当通过审判监督程序予以纠正。

 **处理结果**

本案被发回二审重审后，检察机关办案人员与最高人民法院刑一庭进行了沟通，刑一庭开会讨论后也认为最高人民法院（2014）刑五复49183100号刑事裁定书中的撤销原判为仅撤销被判处死刑的刘俊康、王逸峰相关判项，发回重审为只重新审理刘俊康、王逸峰的相关犯罪事实。在本案重审开庭时，只有刘俊康和王逸峰参加了庭审，其他原审被告人均未参加庭审，庭审时也仅审理了关于刘俊康和王逸峰二人的犯罪事实。

2016年6月20日，内蒙古高院作出（2016）内刑终45号刑事判决书，维持包头市中级人民法院（2011）包刑一初字第13号对刘俊康、王逸峰的定罪部分，撤销对二人的量刑部分，判处刘俊康、王逸峰二人犯贩卖、运输、制造毒品罪，判处二人死刑，缓期2年执行，剥夺政治权利终身，并处没收个人全部财产，并限制减刑。

（撰稿人：郭利娜，内蒙古自治区人民检察院公诉二处检察官助理）

包头市人民检察院
起诉书

内包检刑诉〔2010〕67号

　　被告人刘俊康,绰号刘老幺,男,1971年××月××日出生,身份证号码:5101301971×××××××,汉族,小学文化,无业,捕前住四川省邛崃市××镇××村×组。2001年3月28日因犯盗窃罪被四川省蒲江县人民法院判处有期徒刑一年六个月;2004年3月25日因犯收购赃物罪被四川省新津县人民法院判处有期徒刑七个月;2004年8月24日因犯盗窃罪被四川省邛崃市人民法院判处有期徒刑一年,2005年5月14日刑满释放。2009年12月29日因涉嫌贩卖毒品罪被包头市公安局九原区分局刑事拘留,2010年1月27日经包头市九原区人民检察院批准逮捕。

　　被告人吴火红,曾用名吴小花,绰号龙娃,男,1980年××月××日出生,身份证号码:5101211980×××××××,汉族,初中文化,无业,捕前住四川省金堂县××乡××村××组。2007年4月16日因犯贩卖毒品罪被四川省双流县人民法院判处有期徒刑八个月;2008年10月22日因犯贩卖毒品罪被四川省双流县人民法院判处有期徒刑一年六个月,2009年5月22日刑满释放。2010年1月3日因涉嫌贩卖毒品罪被包头市公安局九原区分局刑事拘留,2010年1月25日经包头市九原区人民检察院批准逮捕。

　　被告人王逸峰,曾用名王跃忠,绰号三毛、小三毛,男,1974年××月××日出生,身份证号码:1502021974×××××××,汉族,初中文化,无业,捕前住包头市东河区××街××号××宿舍××栋××号。2005年8月17日因犯故意伤害罪被包头市中级人民法院判处有期徒刑二年,缓刑二年;2008年4月4日因犯故意伤害罪被包头市青山区人民法院判处有期徒刑六个月,撤销缓刑,决定执行有期徒刑二年。2009年12月29日因涉嫌贩卖毒品罪被包头市公安局九原区分局刑事拘留，2010年1月27日经包头市九原区人民检察院批准逮捕。

被告人吴昌荣，别名吴国峰，绰号小峰、马峰，男，汉族，1985年××月××日出生，身份证号码：5105221985×××××××，初中文化，无业，捕前住包头市昆区××大街××公寓租住房。2009年12月29日因涉嫌贩卖毒品罪被包头市公安局九原区分局刑事拘留，2010年1月27日经包头市九原区人民检察院批准逮捕。

被告人贾飞，别名贾忠、二奎，男，1987年××月××日出生，身份证号码：1525291987×××××××，汉族，初中文化，无业，捕前住呼和浩特市新城区××小区租住房。2009年12月29日因涉嫌贩卖毒品罪被包头市公安局九原区分局刑事拘留，2010年1月27日经包头市九原区人民检察院批准逮捕。

被告人刘斌，别名韩兆国、斌斌，男，1976年××月××日出生，身份证号码：1502021976×××××××，汉族，个体，捕前住包头市东河区××路××号街坊市建楼××栋××号。2002年1月16日因犯盗窃罪被包头市东河区人民法院判处有期徒刑三年，并处罚金人民币5000元。2009年12月29日因涉嫌贩卖毒品罪被包头市公安局九原区分局刑事拘留，2010年1月27日经包头市九原区人民检察院批准逮捕。

被告人曹丽，别名曹爽，女，1988年××月××日出生，身份证号码：1526301988×××××××，汉族，初中文化，无业，捕前住呼和浩特市玉泉区××汽车城南楼房××单元××楼东户。2009年12月29日因涉嫌贩卖毒品罪被包头市公安局九原区分局刑事拘留，2010年1月27日经包头市九原区人民检察院批准逮捕。

本案由包头市公安局九原区分局侦查终结，于2010年4月6日移送包头市人民检察院审查起诉。本院受理后，已依法告知被告人有权委托辩护人，依法讯问了被告人，审查了全部案件材料。因本案事实不清，证据不足，分别于2010年5月21日、2010年8月5日退回公安机关补充侦查，公安机关经补充侦查重新移送我院审查起诉。

经依法审查查明：

1. 2009年7月份，被告人刘俊康、潘利民（另案处理）二人共同出资，通过邬元光（另案处理）向巴图吉仁拉（另案处理）购买2千克麻黄碱。后刘俊康和潘利民利用该麻黄碱先后在呼和浩特市以及包头市东河区臭水井村王逸峰提供的地点制造甲基苯丙胺。由于刘、潘二人未掌握制造甲基苯丙胺技术而未能制成，剩余麻黄碱被刘俊康运回四川省成都市用于制造甲基苯丙胺。

2. 2009年10月份，刘俊康向巴图吉仁拉提供资金，伙同巴图吉仁拉、邬元光、郄俊平（二人均另案处理）在鄂尔多斯市乌审旗向布音贺喜格（另案处理）购买10千克麻黄碱。后刘俊康、巴图吉仁拉、邬元光、郄俊平四人驾车将10千克麻黄碱运至四川省成都市用于制造甲基苯丙胺。

3. 2009年12月，刘俊康、高明（在逃）贩卖给樊广（另案处理）甲基苯丙胺125克，后双方因甲基苯丙胺质量发生矛盾，樊广将高明的丰田越野车占有。刘俊康找到王逸峰，让其帮助要回该车。后刘、樊、王三人商定，樊广将丰田越野车还给刘俊康，樊广出资给刘俊康购买麻黄碱，刘俊康制成甲基苯丙胺后再贩卖给樊广。事后刘俊康为感谢王逸峰帮忙要回丰田越野车，将20克甲基苯丙胺交给王逸峰作为报酬。

4. 2009年12月3日，刘俊康在与巴图吉仁拉事先联系后，在包头市昆都仑区包钢友谊宾馆向吴丽华（另案处理）购买麻黄碱1千克。刘俊康让王逸峰、贾飞、小张、强强（二人在逃）驾车将1千克麻黄碱从包头市运至四川省成都市。刘俊康利用其中部分麻黄碱制造甲基苯丙胺失败后，将剩余麻黄碱提供给吴火红用于制造甲基苯丙胺。

5. 2009年12月下旬，刘俊康在四川省成都市将此前从巴图吉仁拉处购得的3千克麻黄碱及试制甲基苯丙胺残留的麻黄碱交给吴火红，吴火红将其制成850克甲基苯丙胺后交给刘俊康。刘俊康在成都市的家中以每克300元的价格将850克甲基苯丙胺贩卖给王逸峰、吴昌荣。双方约定，待王逸峰、吴昌荣将甲基苯丙胺贩卖后再支付毒资。后刘俊康为王、吴二人提供车辆，由王逸峰、吴昌荣驾车将850克甲基苯丙胺运回包头市进行贩卖。

6. 2009年12月25日，刘俊康联系巴图吉仁拉表示准备购买10公斤麻黄碱，巴图吉仁拉同意并要求刘先支付部分毒资，后刘俊康联系王逸峰让其筹钱准备与巴图吉仁拉交易。2009年12月26日，王逸峰让贾飞以贾飞的姓名在中国工商银行开立账户，刘俊康向该账户汇款6万5

千元给王逸峰用于购买麻黄碱。王逸峰、吴昌荣筹集贩卖甲基苯丙胺所得的10万5千元,由吴昌荣、刘斌在青山区少先路金鼎酒店楼下交给巴图吉仁拉、吴丽华购买麻黄碱10公斤,用于制造甲基苯丙胺。巴图吉仁拉、吴丽华在运输麻黄碱返回包头市的途中被侦查人员抓获。

7.2009年11月间,吴火红在四川省成都市分两次向刘俊康贩卖甲基苯丙胺10克。2010年1月3日,侦查人员在四川省成都市锦汇区天仙桥北路3号附1号抓获吴火红时,从其随身物品中缴获甲基苯丙胺39.49克。

8.2009年12月间,王逸峰、吴昌荣将850克甲基苯丙胺运回包头市后将其分别贩卖给他人。已查明的事实如下:(1)2009年12月下旬,王逸峰、吴昌荣、贾飞在呼和浩特市向贾奎贩卖甲基苯丙胺100克。(2)2009年12月下旬,吴昌荣在其租住的××公寓内向曾国凡贩卖甲基苯丙胺9克。(3)2009年12月下旬,王逸峰在与吴昌荣事先联系后,让贾飞从吴昌荣处取走150克甲基苯丙胺带到包头市东河区与张海明(另案处理)交换丰田卡罗拉汽车一辆。后贾飞将该车开到包头市青山区金鼎酒店交给王逸峰。(4)2009年12月下旬,王逸峰、吴昌荣在包头市青山区金鼎酒店向贾飞、曹丽贩卖甲基苯丙胺10克,后曹丽帮助贾飞将10克甲基苯丙胺贩卖给呼和浩特市的"二哥"。(5)2009年12月下旬,王逸峰在吴昌荣租住的××公寓内将100克甲基苯丙胺贩卖给刘斌。后刘斌在包头市东河区上岛咖啡店附近分两次向范某贩卖甲基苯丙胺10克;在包头市东河区分多次向杨某文贩卖甲基苯丙胺30克。(6)2009年12月28日,吴昌荣被抓捕时,侦查人员从其租住的××公寓中搜缴到尚未贩卖的甲基苯丙胺14.98克。

9.2009年10月至12月间,刘斌分多次向张某军贩卖甲基苯丙胺3克;分两次向范某龙贩卖甲基苯丙胺1.4克;另向范某贩卖甲基苯丙胺2克。

10.2009年10月至11月间,贾飞伙同樊广在呼和浩特市分三次向曹丽贩卖甲基苯丙胺20克。经查,曹丽系为赚取报酬而帮助他人向贾、樊二人购买甲基苯丙胺。

11.2009年12月28日,侦查人员抓获吴昌荣时,在其位于昆区××大街××公寓××号租住房间内搜缴改装运动手枪一支,气枪两支,子弹 8 发。经包头市公安局依法鉴定，吴昌荣所持有的改装运动手枪属足以致人伤害的改制 5.6 毫米运动手枪；两支气枪属不足以致人死亡或伤害的仿真枪。

12. 2009 年 3 月 12 日凌晨，刘斌伙同付成、鲁大伟（二人在逃）在呼和浩特市金桥开发区××小区连续入室盗窃，盗窃财物价值 21253 元，现金 2605 元，总计 23858 元。具体事实如下：（1）盗窃该小区××号楼××单元一层西户沈某辉现金 100 元、价值 2492 元手机一部，累计价值 2592 元。（2）盗窃该小区××号楼××单元 1 楼东户赵某利现金 2505 元、三星 MP3 一部、价值 3792 元黄金项链一条、价值 120 元警服一套、价值 40 元作训服一套、价值 24 元运动上衣一件，累计价值 6481 元。（3）盗窃该小区××号楼××单元东户崇某刚价值 9347 元电箱琴 2 把、价值 4480 元电贝司一把、价值 558 元电吉他一把、价值 300 元花瓶 2 个、价值 80 元红色棉衣一件、价值 20 元旅行箱一个，累计价值 14785 元。

认定上述事实的证据如下：

1. 被告人刘俊康、吴火红、王逸峰、吴昌荣、贾飞、刘斌、曹丽的供述及部分供述视频光盘，分别证实其作案的过程。

2. 证人邬元光、潘利民、郊俊平、巴图吉仁拉、吴丽华、樊广、郭某孝、李某春、杨某文、张某军、范某、范某龙、曾某凡的证言，分别证实本案的部分事实。

3. 包头市公安局九原区分局出具的扣押物品清单及照片，分别证实侦查人员从吴火红随身物品中缴获甲基苯丙胺 39.49 克及作案工具，从吴昌荣住所缴获甲基苯丙胺 14.98 克、枪支 3 支、子弹 8 发及其他作案工具，以及扣押涉案车辆的事实。

4. 内蒙古公安厅出具的毒品检验鉴定书 2 份，分别证实侦查人员从吴昌荣住所缴获的物品成分为甲基苯丙胺，含量为 85.25%，净重 14.98 克。从吴火红身上缴获的白色块状晶体成分为甲基苯丙胺，含量为 84.4%，净重 9.3778 克；粉末状晶体颗粒成分为甲基苯丙胺，含量为 85.5%，净重 30.11 克。

5. 被告人刘俊康、刘斌、贾飞、曹丽分别对涉案人员的辨认笔录，证实本案的部分事实。

6. 被害人沈某辉、赵某利、崇某刚的报案陈述及证人张某强的证人证言，分别证实刘斌实施盗窃行为的事实。

7. 呼和浩特市价格认证中心出具的估价鉴定结论书，证实刘斌盗窃物品价值21253元。

8. 包头市公安局刑事科学技术研究所出具的痕迹检验鉴定书，证实吴昌荣非法持有的一支枪支为足以致人伤害的小口径运动手枪。

9. 包头市公安局九原区分局出具的抓捕经过，分别证实各被告人被抓获的过程。

10. 包头市公安局九原区分局出具的情况说明，分别证实本案的部分事实。

11. 四川省蒲江县人民法院、四川省邛崃市人民法院、四川省双流县人民法院、包头市青山区人民法院、包头市东河区人民法院刑事判决书七份，分别证实刘俊康、吴火红、王逸峰、刘斌的前科情况。

12. 各被告人的身份证明，分别证实其身份情况。

本院认为，被告人刘俊康、吴火红、王逸峰、吴昌荣、贾飞、刘斌、曹丽无视国法，相互勾结贩卖、运输、制造毒品。被告人刘俊康贩卖、运输、制造甲基苯丙胺1005克，为制造毒品贩卖麻黄碱23千克；被告人吴火红贩卖、制造甲基苯丙胺899.49克；被告人王逸峰贩卖、运输甲基苯丙胺870克，为制造毒品参与贩卖麻黄碱11千克，并为他人制造毒品提供场地；被告人吴昌荣贩卖、运输甲基苯丙胺850克，为制造毒品参与贩卖麻黄碱10千克；被告人贾飞贩卖甲基苯丙胺280克，为制造毒品参与贩卖麻黄碱11千克；被告人刘斌为贩卖而向他人购买并出售甲基苯丙胺106.4克，为制造毒品参与贩卖麻黄碱10千克；被告人曹丽贩卖甲基苯丙胺30克。七名被告人的行为触犯了《中华人民共和国刑法》第三百四十七条第二款、第三款"走私、贩卖、运输、制造毒品，有下列情形之一的，处十五年有期徒刑、无期徒刑或者死刑，并处没收财产：（一）走私、贩卖、运输、制造鸦片一千克以上、海洛因或者甲基苯丙胺五十克以上或者其他毒品数量大的……走私、贩卖、运输、制造鸦片二百克以上不满一千克、海洛因或者甲基苯丙胺十克以上不满五十克或者其他毒品数量较大的，处七年以上有期徒刑，并处罚金"以及第三百五十条第二款"明知他人制造毒品而为其提供前款规定的物品的，以制造毒品罪的共犯论处"之规定，犯罪事实清楚，证据确实、充分，应当以贩卖、运输、制造毒品罪追究刘俊康、王逸峰、吴昌荣的刑事责任，以贩卖、制造毒品罪追究吴火红、刘斌、贾飞的刑事责任，以贩卖毒品罪追究曹丽的刑事责任。被告人吴昌荣违反枪支管理规定，非法持有足以致人伤害的枪支及子弹，其行为触犯了《中华人民共和国刑法》第一百二十八条第一款"违反枪支管理规定，非法持有、私藏枪支、弹药的，处三年以下有期徒刑、拘役或者管制；情节严重的，处三年以上七年以下有期徒刑"之规定，犯罪事实清楚，证据确实、充分，应当以非法持有枪支罪依法追究其刑事责任。被告人刘斌伙同他人实施盗窃行为，盗窃财物数额巨大，其行为触犯了《中华人民共和国刑法》二百六十四条"盗窃公私财物，……数额巨大或者有其他严重情节的，处三年以上十年以下有期徒刑，并处罚金"之规定，犯罪事实清楚，证据确实、充分，应当以盗窃罪依法追究其刑事责任。被告人刘俊康、王逸峰、刘斌均曾被判处有期徒刑以上刑罚，刑罚执行完毕五年内再犯应当判处有期徒刑以上刑罚之罪，系累犯，应当适用《中华人民共和国刑法》第六十五条之规定，对其从重处罚。被告人吴火红曾于2008年10月因犯贩卖毒品罪被四川省双流县人民法院判处刑罚，应当适用《中华人民共和国刑法》第三百五十六条"因走私、贩卖、运输、制造、非法持有毒品罪被判过刑，又犯本节规定之罪的，从重处罚"之规定，对其从重处罚。根据《中华人民共和国刑事诉讼法》第一百四十一条之规定，提起公诉，请依法判处。

此致
包头市中级人民法院

检 察 员：吴经军
代理检察员：翟永宏
2010年12月3日

附：

1. 被告人刘俊康、吴火红、吴昌荣、刘斌、贾飞、曹丽现羁押于包头市看守所。被告人王逸峰现羁押于包头市九原区看守所。

2. 证据目录、证人名单各壹份；主要证据复印件叁册。

内蒙古自治区高级人民法院
刑事判决书

(2012) 内刑一终字第76号

原公诉机关内蒙古自治区包头市人民检察院。

上诉人（原审被告人）刘俊康，绰号刘老幺，男，1971年××月××日出生于四川省邛崃市，汉族，小学文化，无职业，捕前住四川省邛崃市××镇××村××组。2001年3月28日因犯盗窃罪被判处有期徒刑一年六个月；2004年3月25日因犯收购赃物罪被判处有期徒刑七个月；2004年8月24日因犯盗窃罪被判处有期徒刑一年，2005年5月14日刑满释放。2009年12月29日因涉嫌犯贩卖毒品罪被刑事拘留，2010年1月27日被逮捕。现羁押于包头市看守所。

指定辩护人谢永刚、刘东，内蒙古承达律师事务所律师。

上诉人（原审被告人）王逸峰，绰号小三毛、三毛，男，1974年××月××日出生于内蒙古自治区包头市，汉族，初中文化，无职业，捕前住包头市东河区××街××号。2005年8月17日因犯故意伤害罪被判处有期徒刑二年，缓刑二年；2008年4月4日因犯故意伤害罪被判处有期徒刑六个月，撤销缓刑，决定执行有期徒刑二年，2008年7月30日刑满释放。2009年12月29日因涉嫌犯贩卖毒品罪被刑事拘留，2010年1月27日被逮捕。现羁押于包头市看守所。

指定辩护人焦振华，内蒙古诺行律师事务所律师。

上诉人（原审被告人）吴昌荣，别名阿峰、小峰，男，汉族，1985年××月××日出生于四川省合江县，初中文化，无职业，户籍地四川省合江县××镇××村，捕前住包头市昆仑区××大街××公寓出租房。2009年12月29日因涉嫌于贩卖毒品罪被刑事拘留，2010年1月27日被逮捕。现羁押于包头市看守所。

指定辩护人任彦斌，内蒙古瑞安律师事务所律师。

上诉人（原审被告人）贾飞，别名二奎，男，1987年××月××日出生于内蒙古自治区正镶白旗，汉族，初中文化，无职业，户籍地内蒙古自治区正镶白旗××镇，捕前暂住内蒙古自治区呼和浩特市新城区××小区。2009年12月29日因涉嫌犯贩卖毒品罪被刑事拘留，2010年1月27日被逮捕。现羁押于包头市看守所。

指定辩护人张蜜，内蒙古诚誉律师事务所律师。

上诉人（原审被告人）刘斌，别名韩兆国，男，1976年××月××日出生于内蒙古自治区包头市，汉族，小学文化，个体工商户，捕前住包头市××区××路××号街坊市建楼××栋××号。1995年9月12日因犯抢夺罪被判处有期徒刑一年；2002年1月16日因犯盗窃罪被判处有期徒刑三年，并处罚金人民币5000元，2004年5月10日刑满释放。2009年12月29日因涉嫌犯贩卖毒品罪被刑事拘留，2010年1月27日被逮捕。现羁押于包头市看守所。

上诉人（原审被告人）曹丽，别名曹爽，女，1988年××月××日出生于内蒙古自治区察哈尔右翼前旗，汉族，初中文化，无职业，户籍地内蒙古自治区察哈尔右翼前旗××镇××村，捕前住内蒙古自治区呼和浩特市玉泉区××汽车城南住宅楼××单元××楼东户。2009年12月29日因涉嫌犯贩卖毒品罪被刑事拘留，2010年1月27日被逮捕。现羁押于包头市看守所。

原审被告人吴火红，别名龙娃，男，1980年××月××日出生于四川省金堂县，汉族，初中文化，无职业，捕前住四川省金堂县××乡××村××组。2007年4月16日因犯贩卖毒品罪被判处有期徒刑八个月；2008年10月2日因犯贩卖毒品罪被判处有期徒刑一年六个月。2010年1月3日因涉嫌犯贩卖毒品罪被刑事拘留，同年1月25日被逮捕。现羁押于包头市看守所。

内蒙古自治区包头市中级人民法院审理内蒙古自治区包头市人民检察院指控被告人刘俊康、王逸峰犯贩卖、运输、制造毒品罪，被告人吴昌荣犯贩卖、运输、制造毒品罪、非法持有枪支罪，被告人吴火红、贾飞犯贩卖、制造毒品罪，被告人曹丽犯贩卖毒品罪，被告人刘斌犯贩卖、制造毒品罪、盗窃罪一案，于2012年3月13日作出（2011）包刑一初第13号刑事判决。宣判后,原审被告人刘俊康、王逸峰、吴昌荣、贾飞、刘斌、曹丽均不服,分别提出上诉。本院受理后,依法组成合议庭,于2014年4月24日公开开庭审理了本案,内蒙古自治区人民检察院指派检察员刘伟光、赵明峰、王慧出庭履行职务,上诉人刘俊康及其辩护人谢永刚、刘东,上诉人王逸峰及其辩护人焦振华,上诉人吴昌荣及其辩护人任彦斌,上诉人贾飞及其辩护人张蜜,上诉人刘斌、曹丽,原审被告人吴火红均到庭参加诉讼。现已审理终结。

原审判决认定,2009年7月,被告人刘俊康、潘利民(另案处理)二人共同出资,通过邬元光(另案处理)在包头市向巴图吉仁拉(另案处理)购买麻黄碱2千克。后刘俊康、潘利民用购得的部分麻黄碱先后在呼和浩特市和被告人王逸峰提供的包头市东河区臭水井村民房内制造甲基苯丙胺未遂,刘俊康将剩余麻黄碱运回四川省成都市。

2009年10月,被告人刘俊康向巴图吉仁拉提供资金,伙同巴图吉仁拉、邬元光、郄俊平(均另案处理)在内蒙古自治区乌审旗购买麻黄碱10千克。后刘俊康、巴图吉仁拉、邬元光、郄俊平4人驾车将购得的麻黄碱运至四川省成都市。

2009年12月,被告人刘俊康、高明(在逃)在四川省贩卖给樊广(另案处理)甲基苯丙胺125克,樊广驾驶高明的丰田越野车将甲基苯丙胺运回内蒙古呼和浩特市。后樊广认为所购甲基苯丙胺质量不纯,将高明的汽车扣下。被告人刘俊康从四川省成都市来到内蒙古自治区包头下,通过被告人王逸峰将汽车要回,刘俊康将11克甲基苯丙胺送给王逸峰作为酬劳。

2009年12月3日,被告人刘俊康电话联系巴图吉仁拉后,在包头市昆都仑区包钢友谊宾馆向巴图吉仁拉的妻子吴雨华(另案处理)购买麻黄碱1千克。后刘俊康指使被告人王逸峰、贾飞及"小张""强强"(二人均在逃)驾驶从樊广处要回的丰田越野车将购得的麻黄碱运回四川省成都市,刘俊康用运回的部分麻黄碱制造甲基苯丙胺未遂。

2009年12月下旬,被告人刘俊康从四川省邛崃市的家中以每克300元的价格将850克甲基苯丙胺卖给被告人王逸峰、吴昌荣,并约定待王逸峰、吴昌荣将甲基苯丙胺贩卖后再支付毒资。刘俊康还为王逸峰、吴昌荣提供一辆比亚迪轿车作为交通工具。王逸峰、吴昌荣驾驶比亚迪轿车将850克甲基苯丙胺运回包头市,存放在吴昌荣租住的包头市昆都仑区××大街××公寓××号居室内。

2009年12月下旬,被告人王逸峰、吴昌荣分别或伙同他人将存放在吴昌荣住处的850克甲基苯丙胺进行贩卖。其中,被告人王逸峰、吴昌荣、贾飞向呼和浩特市贾某贩卖甲基苯丙胺100克。被告人吴昌荣在居安公寓的住所向曾某凡贩卖甲基苯丙胺9克。被告人王逸峰与吴昌荣事先联系后,让贾飞从吴昌荣处取走150克甲基苯丙胺向张海明(另案处理)交换王逸峰抵押的丰田卡罗拉汽车一辆。被告人王逸峰、吴昌荣在包头市青山区金鼎酒店向贾飞、曹丽贩卖甲基苯丙胺10克。曹丽帮助贾飞将10克甲基苯丙胺贩卖给呼和浩特市的"二哥"(在逃)。被告人王逸峰在××公寓吴昌荣的住处将100克甲基苯丙胺贩卖给刘斌,刘斌交给王逸峰4万元人民币。后刘斌将购得的甲基苯丙胺在包头市东河区上岛咖啡店附近分两次向范某贩卖10克;在包头市东河区分多次向杨某文贩卖30克。2009年12月28日,公安人员在被告人吴昌荣居住的包头市××公寓××号房间将其抓获,当场缴获甲基苯丙胺14.9783克、改装运动手枪1支等。经鉴定,吴昌荣处查获的改装运动手枪足以致人伤害。

2009年12月25日,被告人刘俊康联系巴图吉仁拉准备再次购买麻黄碱10千克,巴图吉仁拉要求其先支付部分毒资。刘俊康联系被告人王逸峰让其支付购买850克甲基苯丙胺的毒资,为其筹集资金购买麻黄碱,并于2009年12月26日将人民币65000元汇到王逸峰指使被告人贾飞以贾飞名义开立的中国工商银行账户上。王逸峰又指使吴昌荣、刘斌在包头市青山区少先路金鼎酒店楼下将人民币105000元交给巴图吉仁拉。巴图吉仁拉、吴丽华购买麻黄碱后返回包头市途中被公安人员抓获,当场缴获麻黄碱9.86千克。2009年12月28日,刘俊康乘坐飞机到呼和浩特市准备到包头市与巴图吉仁拉进行麻黄碱交易,王逸峰、刘斌开车到呼和浩特市接上刘俊康后,三人被公安人员抓获。

2009年10月至12月,刘斌多次向张某军贩卖甲基苯丙胺3克;分两次向范某龙贩卖甲基苯丙胺1.4克;向范某贩卖甲基苯丙胺2克。

2009年10月至11月,被告人贾飞伙同樊广在呼和浩特市分三次向被告人曹丽贩卖甲基苯丙胺15克。

2009年11月间，被告人吴火红在四川省成都市分两次向被告人刘俊康贩卖甲基苯丙胺10克。2010年1月3日，侦查人员在四川省成都市锦汇区天仙桥北路3号附1号抓获吴火红时，在其携带的物品中查获甲基苯丙胺39.49克。

另查明，2009年3月12日凌晨，被告人刘斌伙同付成、鲁大伟（二人均在逃）在呼和浩特市金桥开发区××小区连续三次撬窗入室盗窃。其中，盗窃××号楼××单元1楼西户沈某辉家现金100元、手机一部；盗窃××号楼××单元1楼东户赵某利家现金2505元、三星MP3一部、黄金项链一条、警服一套、作训服一套、运动上衣一件；盗窃××号楼××单元东户崇某刚家电箱琴2把、电贝司一把、电吉他一把、花瓶一对、红色棉衣一件、旅行箱一个。盗窃财物总价值人民币23858元。

原审法院认为，被告人刘俊康、吴火红、王逸峰、吴昌荣、贾飞、刘斌、曹丽违反国家对毒品的管理法规，非法贩卖、运输、制造甲基苯丙胺，其中被告人刘俊康贩卖、运输毒品甲基苯丙胺996克，为制造毒品贩卖麻黄碱22.86千克；被告人王逸峰贩卖、运输甲基苯丙胺861克，为制造毒品参与贩卖麻黄碱10.86千克，并为被告人刘俊康制造毒品提供场地；被告人吴昌荣贩卖、运输甲基苯丙胺850克，为制造毒品参与贩卖麻黄碱9.86千克；三被告人的行为均构成贩卖、运输、制造毒品罪。被告人贾飞贩卖甲基苯丙胺275克，为制造毒品参与贩卖麻黄碱10.86千克；被告人刘斌贩卖品甲基苯丙胺106.4克，为制造毒品参与贩卖麻黄碱9千克；二被告人的行为均构成贩卖、制造毒品罪。在制作毒品过程中，因被告人刘俊康未掌握毒品制作技术而未能得逞，故被告人刘俊康、王逸峰、吴昌荣、贾飞、刘斌制造毒品未遂。被告人吴火红贩卖甲基苯丙胺49.49克，被告人曹丽贩卖甲基苯丙胺25克，二被告人的行为均构成贩卖毒品罪。被告人吴昌荣违反国家枪支管理规定，非法持有枪支，其行为构成非法持有枪支罪，应与贩卖、运输、制造毒品罪并罚。被告人刘斌伙同他人入室盗窃，盗窃财物数额巨大，其行为构成盗窃罪，应与贩卖、制造毒品罪并罚。公诉机关指控被告人刘俊康、王逸峰、吴昌荣、刘斌、贾飞、曹丽的罪名成立。但指控被告人吴火红伙同被告人刘俊康利用麻黄碱制造甲基苯丙胺850克的证据不足，指控被告人吴火红构成制造毒品罪罪名不能成立，不予支持。被告人刘俊康、王逸峰、刘斌均被判处过有期徒刑以上刑罚,刑罚执行完毕后五年内又故意犯罪,系累犯。被告人吴火红曾因贩卖毒品罪被判处刑罚,又犯贩卖毒品罪,系毒品再犯。对被告人刘俊康、王逸峰、吴昌荣、吴火红均应依法从重处罚。被告人刘俊康、王逸峰、吴昌荣贩卖、运输、制造毒品数量大,社会危害极大,罪行极其严重,均应依法严惩。依照《中华人民共和国刑法》第三百四十七条第二款第(一)项、第三款、第七款,第三百五十条、第一百二十八条第一款、第二百六十四条、第三百五十六条、第六十五条第一款、第二十五条、第二十三条、第五十七条第一款、第六十九条之规定,认定被告人刘俊康犯贩卖、运输、制造毒品罪,判处死刑,剥夺政治权利终身,并处没收个人全部财产;被告人王逸峰犯贩卖、运输、制造毒品罪,判处死刑,剥夺政治权利终身,并处没收个人全部财产;被告人吴昌荣犯贩卖、运输、制造毒品罪,判处死刑,剥夺政治权利终身,并处没收个人全部财产,犯非法持有枪支罪,判处有期徒刑一年,数罪并罚,决定执行死刑,剥夺政治权利终身,并处没收个人全部财产;被告人贾飞犯贩卖、制造毒品罪,判处无期徒刑,剥夺政治权利终身,并处没收个人全部财产;被告人吴火红犯贩卖毒品罪,判处有期徒刑十五年,并处没收个人财产人民币五万元;被告人刘斌犯贩卖、制造毒品罪,判处有期徒刑十五年,剥夺政治权利三年,并处没收个人财产人民币三万元,犯盗窃罪,判处有期徒刑六年,并处罚金人民币二万元,决定执行有期徒刑十九年,剥夺政治权利三年,并处没收个人财产人民币三万元,并处罚金人民币二万元;被告人曹丽犯贩卖毒品罪,判处有期徒刑十年,并处罚金人民币一万元。

上诉人刘俊康提出的主要上诉理由为,原判认定其贩卖甲基苯丙胺850克、参与贩卖甲基苯丙胺125克的证据不足。其辩护人提出上诉人刘俊康到案后能如实坦白全部犯罪事实,应依法从轻处罚,原判量刑重的辩护意见。

上诉人王逸峰及其辩护人提出的上诉理由和辩护意见为,原审认定王逸峰贩卖、运输甲基苯丙胺861克,为制造毒品参与贩卖麻黄碱10.86千克,并为刘俊康制造毒品提供场地的事实不清、证据不足,对王逸峰不应当适用死刑。

上诉人吴昌荣及其辩护人提出的上诉理由和辩护意见为,原审认定吴昌荣贩卖、运输、制造冰毒、贩卖麻黄碱事实不清，证据不足，原判量刑重。

上诉人贾飞提出的上诉理由为，原审法院认定其参与向贾奎贩卖100克甲基苯丙胺，从吴昌荣处取走150克甲基苯丙胺交给张海明，参与贩卖10.86千克麻黄碱的事实不清，证据不足。贾飞的辩护人提出，贾飞在犯罪中起次要作用，请求从轻处罚的辩护意见。

上诉人刘斌提出的上诉理由为，原审认定其在吴昌荣住处向王逸峰购买100克冰毒，贩卖9.86千克麻黄碱的事实不清，证据不足；认定其盗窃数额总价值过高，量刑过重。

上诉人曹丽提出的上诉理由为，其系吸毒人员，在犯罪中起居间介绍作用，不构成贩卖毒品罪，又系初犯，请予以从轻处罚。

检察机关的出庭意见是：上诉人刘俊康、王逸峰、吴昌荣贩卖、运输、制造甲基苯丙胺数量大，应予严惩，建议二审法院根据本案证据情况对刘俊康、王逸峰、吴昌荣依法作出判决。一审判决对上诉人贾飞、曹丽、被告人吴火红定罪准确，量刑适当。但认定刘斌向王逸峰购买100克甲基苯丙胺依据不足，认定刘斌贩卖甲基苯丙胺数量有误，量刑不当，建议对刘斌所犯盗窃罪和贩卖毒品罪重新量刑后数罪并罚。

经审理查明：

（一）2009年7月，上诉人刘俊康、潘利民二人共同出资，通过邬元光在包头市向巴图吉仁拉购买麻黄碱2千克。后刘俊康、潘利民用购得的部分麻黄碱先后在呼和浩特市和上诉人王逸峰提供的包头市东河区臭水井村民房内制造甲基苯丙胺没有成功，刘俊康将剩余麻黄碱运回四川省成都市。

上述事实有下列证据证实：

1. 另案被告人潘利民供述，2009年七八月份，刘俊康在包头市给其打电话说共同购买麻黄碱，其从四川省到包头市后和刘俊康住在迎宾旅店。刘俊康联系邬元光，邬元光联系了巴图吉仁拉。其出资2.7万元，刘俊康出资5.3万元，其在住处将8万元交给邬元光。后刘俊康派其到呼和浩特市找"杨子"（在逃），其带着邬元光给的2千克麻黄碱也来到"杨子"的住处。刘俊康随后过来，购买了制毒工具后，在呼和浩特市飞机场附近的一片空地上和"杨子"的住处两次制作冰毒，均没有成功。之后,刘俊康又联系了包头的王逸峰,其和刘俊康回到包头,王逸峰派人把其二人领到包头铝厂后面一个靠河边的院子里。其和刘俊康买了制毒工具,制作两次冰毒,均没有成功。制作冰毒过程中,王逸峰打电话问了制作冰毒的事,还来看过一次,并派人送来食物。刘俊康把剩下的500克麻黄碱带回四川,交给一个叫"雄娃"(在逃)的人。

2. 另案被告人邬元光供述,2009年七八月份的一天中午,刘俊康、潘利民联系其购买麻黄碱,其联系了巴图吉仁拉,在刘俊康、潘利民住宿的包头市青山区迎宾旅店内潘利民交给其8万元钱,其把钱交给巴图吉仁拉。第二天,巴图吉仁拉在该旅店把2千克麻黄碱交给刘俊康,其当时在场。

3. 另案被告人巴图吉仁拉供述,2009年7月份左右,邬元光给其8万元,让其购买麻黄碱,其联系了布音贺喜格(另案处理)。之后,其开车到内蒙古自治区乌审旗将7万元交给布音贺喜格,买了2千克麻黄碱交给邬元光。麻黄碱是一种白色粉末状的东西。

4. 上诉人刘俊康供述,通过王逸峰认识邬元光后,知道邬元光能买到麻黄碱。2009年7月左右,与邬元光电话联系后来到包头市,又给潘利民打电话让他凑点钱,潘利民带了2万多元来到包头市,和其一起凑了8万元,由潘利民交给邬元光。之后,其让潘利民去了呼和浩特市。过了几天,邬元光领着巴图吉仁拉来到其住宿的包头市青山区迎宾旅店,给其2千克麻黄碱。其拿上麻黄碱到呼和浩特市找到潘利民,在飞机场附近的楼房里用买来的麻黄碱制作冰毒没有成功。后来又让王逸峰在包头市东河区找了一个房子制作冰毒,也没有成功,总共损失了大约1.5千克麻黄碱。制作冰毒时,王逸峰看到过。剩余麻黄碱带回了四川省。

5. 上诉人王逸峰供述,刘俊康曾经和其说过想在包头市臭水井后面其家的地里制作冰毒。其把刘俊康和潘利民安排住在包头市臭水井后面的房子里。

6. 公安机关出具指认笔录证实,潘利民指认刘俊康在包头市的制毒现场。

(二)2009年10月,上诉人刘俊康向巴图吉仁拉提供资金,伙同巴图吉仁拉、邬元光、郄俊平在内蒙古自治区乌审旗购买麻黄碱10千克。后刘俊康、巴图吉仁拉、邬元光、郄俊平四人驾车将购得的麻黄碱运至四川省。

上述事实有下列证据证实：

1. 另案被告人邬元光供述，2009年10月份，巴图吉仁拉开车拉着其和郄俊平、刘俊康一起从包头市到乌审旗买了10千克麻黄碱，刘俊康给巴图吉仁拉30万元钱。四人又一起开车把购买的麻黄碱送到四川省。刘俊康又给巴图吉仁拉5万元，给其2万元。

2. 另案被告人巴图吉仁拉供述，2009年9月初，其和刘俊康、邬元光、郄俊平一起向布音贺喜格购买了10千克麻黄碱，刘俊康给其30万元，其给了布音贺喜格。之后，四人开车拉着购买的麻黄碱一起到了四川。

3. 另案被告人郄俊平供述，2009年10月份，其和邬元光坐着巴图吉仁拉驾驶的小轿车从包头市到乌审旗。巴图吉仁拉第二天早晨出去，中午回来，四人开车又一起到了四川省成都市。在路上听到他们谈论麻黄碱的事。

4. 被告人吴火红供述，听"雄娃"说，刘俊康从包头市弄回来10千克麻黄碱准备制造冰毒。后来又听说，他把10千克麻黄碱卖给了"雄娃"。

5. 公安机关出具的工商银行存取款历史明细清单证实，2009年10月10日刘俊康的卡内取走20万元和10万元两笔款；巴图吉仁拉的卡内存入20万元。

6. 上诉人刘俊康供述，2009年10月份，其从四川省来到包头市，通过邬元光联系了巴图吉仁拉，巴图吉仁拉开车带其和邬元光来到自治区乌审旗，其给巴图吉仁拉10万元现金，从自己的工商银行卡上转到巴图吉仁拉卡上20万元，巴图吉仁拉买回10千克麻黄碱交给其。后来他们一起将其送回四川省成都市。其给巴图吉仁拉5万元，给邬元光2万元，是好处费。

（三）2009年12月，上诉人刘俊康伙同高明在四川省贩卖给樊广甲基苯丙胺125克，樊广驾驶高明的丰田越野车将甲基苯丙胺运回内蒙古呼和浩特市。后樊广认为所购甲基苯丙胺质量不纯，将高明的汽车扣下。上诉人刘俊康从四川省成都市来到包头市，通过上诉人王逸峰将高明的汽车要回。为感谢王逸峰帮忙,刘俊康将11克甲基苯丙胺送给王逸峰。

上述事实有下列证据证实:

1. 另案被告人樊广供述,2009年国庆节期间,其在四川省通过刘俊康认识高明,高明说他和刘俊康一起做冰毒生意,让其给联系卖冰毒。其打听价格时刘俊康说每克350元,其对他们说把东西拿回呼和浩特市验货后再给钱。高明派他的司机拿着125克冰毒把其送回呼和浩特市,其给了高明的司机1万元,拿上冰毒回家试验,发现质量不好,就把高明的丰田小霸道越野车扣下了。2009年12月4日,其和刘俊康分别来到包头市,在王逸峰的说和下,其把车退给刘俊康,条件是刘俊康再为其制作125克冰毒,其开着王逸峰的双龙汽车回了呼和浩特市。

2. 上诉人王逸峰供述,2009年11月20日左右,其来到四川省,刘俊康介绍其认识了高明。刘俊康说高明的车被呼和浩特市的樊广扣下了,让其帮助要回来。其和呼和浩特市的朋友电话联系后,得知刘俊康他们卖给樊广的冰毒是下等货,樊广因此扣了高明的车。离开四川省时刘俊康给其10多克冰毒,作为要车的酬劳。回到包头市后,其分别给樊广和刘俊康打电话,将二人叫到包头市进行说和,樊广同意把车退给刘俊康,条件是刘俊康再为樊广制作125克冰毒。后来,樊广让贾飞开着这辆车到了四川省,把车交给高明。其也坐这辆车到了四川省。

3. 上诉人贾飞供述,樊广因为从高明那儿买的冰毒质量不好,把高明的丰田越野车扣下了。后来刘俊康通过王逸峰找到樊广,2009年12月初,其和樊广开着高明的车来到包头市。2009年12月3日或4日,樊广让其和王逸峰等人开着这辆车到四川省,到四川省后王逸峰给刘俊康打电话,刘俊康叫高明过来把车开走了。

4. 上诉人刘俊康供述,2009年11月底,高明对其讲,他卖给樊广200克冰毒,还让樊广开着他的银灰色丰田车回了呼和浩特市。樊广回去后,发现冰毒质量不好,就把车扣下了。高明让其帮助把车要回来。其到包头市找到王逸峰,通过王逸峰把车要了回来。为酬谢王逸峰,其给了王逸峰11克冰毒。

(四)2009年12月3日,上诉人刘俊康电话联系巴图吉仁拉后,在包头市昆都仑区包钢友谊宾馆向巴图吉仁拉的妻子吴丽华购买麻黄碱

1千克。后刘俊康指使上诉人王逸峰、贾飞及"小张""强强"驾驶从樊广处要回的丰田越野车将购得的麻黄碱运回四川省成都市。刘俊康用运回的部分麻黄碱制造甲基苯丙胺没有成功。

上述事实有下列证据证实：

1. 另案被告人吴丽华供述，2009年12月初，丈夫巴图吉仁拉给其打电话，让其把一个箱子送到友谊宾馆。到宾馆后见到名个子挺高、操南方口音的40多岁的男子。其用自己的身份证开了一间房子和那人交谈，那人到工商银行给其汇了钱，其把箱子交给他。后来听巴图吉仁拉说，箱子里装的是麻黄碱。

2. 另案被告人巴图吉仁拉供述，2009年12月初的一天上午，刘俊康给其打电话要买麻黄碱，其把存放1千克麻黄碱的地方告诉妻子吴丽华，让刘俊康和她联系。他们交易后分别给其打了电话，其得知他们在友谊宾馆进行交易，刘俊康给了吴丽华5万元。

3. 上诉人贾飞供述，2009年12月3日或4日，其和王逸峰、"强强"及一个四川籍女人开着高明的丰田越野车从包头市来到四川省，其在车上看到驾驶座下面有一个牛奶箱子，里面放着一个蓝色的食品袋，袋里装着粉面状的东西。在四川省见到刘俊康后，"强强"告诉刘俊康，东西在车上。

4. 上诉人王逸峰供述，2009年12月初，其和贾飞、"强子"，还有一个姓张的四川籍女人开着其帮助高明要回的越野车一起到四川省，半路上四川籍女人从车上取下一袋麻黄碱，其和她一起坐火车到了成都市，四川籍女人把麻黄碱交给了刘俊康。

5. 上诉人刘俊康供述，2009年11月底，其和巴图吉仁拉联系购买麻黄碱，巴图吉仁拉给其一个电话号码。接电话的女人和其约好在一个宾馆见面，那个叫吴丽华的女人用自己的身份证开了一个房间，给其1千克麻黄碱，向其要了5万元。其把麻黄碱放在高明的丰田越野车上，坐飞机回了四川省。第二天，王逸峰和贾飞、"强强""小张"一起开着高明的车来到成都市把麻黄碱交给其。其用麻黄碱制作冰毒没有成功。

（五）2009年12月下旬，上诉人刘俊康在四川省邛崃市的家中以每克300元的价格将850克甲基苯丙胺卖给上诉人王逸峰、吴昌荣，并约定待王逸峰、吴昌荣将甲基苯丙胺贩卖后再支付毒资,刘俊康还为王逸峰、吴昌荣租用一辆比亚迪轿车。王逸峰、吴昌荣驾驶刘俊康提供的比亚迪轿车将850克甲基苯丙胺运回包头市,存放在吴昌荣租住的包头市昆都仑区××大街××公寓××号居室内。

2009年12月下旬,上诉人王逸峰、吴昌荣有分有合或伙同他人将存放在吴昌荣住处的850克甲基苯丙胺进行贩卖。其中,上诉人王逸峰、吴昌荣、贾飞向呼和浩特市的贾奎贩卖甲基苯丙胺100克。吴昌荣在××公寓的住处向曾某凡贩卖甲基苯丙胺9克。王逸峰与吴昌荣事先联系后,让贾飞从吴昌荣处取走150克甲基苯丙胺交换其抵押在张海明处的丰田卡罗拉汽车一辆。王逸峰、吴昌荣在包头市青山区金鼎酒店向贾飞、曹丽贩卖甲基苯丙胺10克。曹丽帮助贾飞将10克甲基苯丙胺贩卖给呼和浩特市的"二哥"。2009年12月26日,上诉人王逸峰在××公寓吴昌荣的住处将100克甲基苯丙胺贩卖给上诉人刘斌,刘斌给王逸峰4万元。刘斌将购得的甲基苯丙胺在包头市东河区上岛咖啡店附近分两次卖给范某10克,在包头市东河区卖给杨某文3克。2009年12月28日,公安人员在上诉人吴昌荣居住的包头市××公寓××号房间将其抓获,当场缴获甲基苯丙胺14.9783克,改装运动手枪1支等。经鉴定,吴昌荣处查获的5.6毫米口径改装运动手枪足以致人伤害。

上述事实有下列证据证实:

1. 上诉人吴昌荣供述证实,2009年11月,通过王逸峰认识刘俊康,得知刘俊康能弄上冰毒,就打电话跟他联系买冰毒。2010年12月13日,王逸峰给其打电话说他在刘俊康那儿,刘俊康也在电话里让其过去,其坐飞机到了四川省,和王逸峰一起住在刘俊康家。2010年12月22日晚上19点多,看见刘俊康和王逸峰在卧室里弄冰毒,刘俊康把铁盒里装的一袋冰毒分开,分别装进另外两个装冰毒的袋子里。之后,刘俊康拿出电子秤称了这两包冰毒,一包是400克,另一包是450克,加起来850克。刘俊康让其找来两个黑色塑料袋,把两包冰毒拿到客厅的沙发上,分别套上黑色塑料袋,然后找来胶带缠上。送车的人敲门时,刘俊康又把冰毒拿到了卧室。当晚11点多,其和王逸峰开着刘俊康朋友送来的比亚迪轿车回了包头市,临走时王逸峰和刘俊康说好每克冰毒300元,回包头市把冰毒卖完后再给钱,冰毒在王逸峰提着的棕色包里装着。回到包头市后，其和王逸峰把两包冰毒放在××公寓其租住的房子里。在刘俊康家时，其还见过贾奎和贾飞，贾奎想和刘俊康买冰毒，刘俊康让他回包头市找王逸峰。

从四川省回到包头市第二天，其给贾飞和曾某凡分别打了电话。在自家楼下以每克300元的价格卖给曾某凡10克冰毒，曾某凡当时给其2500元。王逸峰在金鼎酒店和贾奎、贾飞谈好以每克400元的价格卖给贾奎200克冰毒。其对贾奎说，必须现金交易。贾奎让其到呼和浩特市取钱，其回家称了200克冰毒用白色塑料袋装上，坐上贾奎的车到贾奎家取了4万元现金，其给了贾奎100克冰毒。2009年12月26日中午，贾飞到其住处说王逸峰让他来取150克冰毒去换一辆丰田车，其把王逸峰事先装在白色塑料袋的150克冰毒给了贾飞，当天下午见贾飞开回一辆丰田车放在金鼎酒店楼下。后来贾飞给其打电话要10克冰毒，其把10克冰毒送到金鼎酒店，贾飞说给他女朋友买的，钱已经给了王逸峰，当时贾飞的女朋友也在。

在毒品交易中其负责出货、送货，王逸峰负责联系和指挥，王逸峰也自行卖冰毒。公安机关在其住处扣押的冰毒是没有卖完剩下的。

2. 上诉人刘俊康供述，2009年12月下旬的一天晚上，其在四川省邛崃市的家里，把三袋冰毒装在一个黑色塑料袋里，到楼下的水果摊上称了一下，冰毒将近900克。王逸峰和吴昌荣回到其住处后，其把三袋冰毒装成两袋，用两个黑色塑料袋分别包起来，然后用胶带把两袋冰毒缠起来，吴昌荣主动上前帮忙。之后，其把两包冰毒交给王逸峰，吴昌荣也在场。其对他们说，两包冰毒加上包装900克，每克300元。还以每天300元的价格为他们租了一辆比亚迪轿车。当晚，他俩带上冰毒开车回了包头市。后来吴昌荣打电话说，拿回去的冰毒水分太大。

3. 上诉人王逸峰供述，其曾两次去四川省找刘俊康，第二次去四川省后，打电话把吴昌荣也叫去。在刘俊康家见到了贾奎和贾飞，贾奎说想和刘俊康买冰毒。在那儿住了几天后，其和吴昌荣一起开着刘俊康借来的比亚迪车回了包头市，到吴昌荣家后，吴昌荣打开从四川省带回来的冰毒和其一起吸食。回到包头市的第二天，贾奎在金鼎酒店和吴昌荣说要购买200克冰毒，吴昌荣让其把贾奎带来的1万元钱收下，他和贾奎一起到呼和浩特市去取钱。后来其和贾飞、刘斌一起开车到呼和浩特市去接吴昌荣,吴昌荣把一个装钱的茶叶盒交给其。从四川省回包头市的第二天,贾飞要买10克冰毒,给其4000元,其让他找吴昌荣,吴昌荣给他10克冰毒。其和张海明约好用150克冰毒换回抵押的丰田卡罗拉汽车,让贾飞向吴昌荣要了150克冰毒,贾飞把车换回来。刘斌曾给过其4万元钱。

4. 上诉人贾飞供述,2009年12月21日其和哥哥贾奎开车来到包头市,贾奎和吴昌荣见面说要买200克冰毒,当时给了1万元。后来听贾奎说,买了100多克。有一天凌晨1点多,吴昌荣打来电话,让其到呼和浩特接他,其和王逸峰、刘斌开车去接吴昌荣,吴昌荣把装着钱的茶叶桶给了王逸峰。2009年12月23日,其通过王逸峰向吴昌荣为曹丽买了10克冰毒,给了王逸峰4000元钱。2009年12月25日或26日中午,王逸峰让其到吴昌荣家;吴昌荣给其一个黑袋子,里面装着100多克冰毒,还给其300元钱。用王逸峰给的电话号码联系后,一个30多岁的男人把冰毒拿走,一个40多岁的男人送来一辆丰田车,其把车开回去交给王逸峰。

5. 上诉人曹丽供述,2009年12月23日或24日,在金鼎酒店通过贾飞买了10克冰毒,给了贾飞5000元,当时贾飞的"三哥"也在,贾飞把钱给了他。

6. 上诉人刘斌供述,2009年12月24日,其和贾飞、王逸峰开车去了呼和浩特市,他们进了一个小区的二楼,吴昌荣从里面出来,手里拿着一个方形的茶叶桶,里面装着钱。2009年12月26日,在××公寓吴昌荣的住处向王逸峰买了100克冰毒,是用两个透明塑料袋包装的,其给了王逸峰4万元现金,钱是通过李某春向白某借的。从居安公寓出来后,给范某打电话在上岛咖啡附近卖给他5克冰毒,他给其2500元。晚上,在东河区盘古大酒店的上岛咖啡附近又卖给他5克冰毒,也是每克500元。2009年12月27日下午,杨某文打电话要5克毒品,其在瓦窑沟附近从100克冰毒中拿出10克,分成15包,以每包600元的价格卖给杨某文5包,收了3000元。

7. 证人李某春证言证实,2009年12月份,刘斌在其和白某合伙的公司借了4万元。

8. 证人范某证言证实,2009年12月,在包头市东河区上岛咖啡附近向刘斌买过两次冰毒,每次5克,每次给他3000元。

9. 证人杨某文证言证实,向刘斌买过多次毒品,每次1克或半克。

10. 证人曾某凡证言证实,2009年12月26日下午,其在包头市昆都仑区××公寓向吴昌荣购买冰毒9克,给吴昌荣2500元。

11. 公安机关出具的搜查笔录、扣押物品、文件清单证实,2009年12月28日公安人员在包头市××公寓吴昌荣住处扣押毛重22.28克的白色晶体1包,电子天平2台、冰壶2个、电子喷枪打火机1个、白色透明塑料包装袋6个、黑色毒品包装袋2个等。其中,1个黑色包装袋内有白色透明包装袋,表面潮湿。

12. 内蒙古自治区公安厅内公(禁毒)鉴(毒品)字〔2010〕034号毒品检验鉴定书证实,送检淡黄色晶体一包,净重14.9783克,含有甲基苯丙胺成分,含量85.25%。

(六)2009年12月25日,上诉人刘俊康联系巴图吉仁拉准备购买麻黄碱10千克,巴图吉仁拉要求其先支付部分毒资。刘俊康联系上诉人王逸峰让其支付购买850克甲基苯丙胺的毒资,为其筹集资金购买麻黄碱,并于2009年12月26日将6.5万元汇到王逸峰指使上诉人贾飞以贾飞名义开立的中国工商银行账户上。王逸峰又指使上诉人吴昌荣、刘斌在包头市青山区少先路金鼎酒店楼下将人民币10.5万元交给巴图吉仁拉。巴图吉仁拉、吴丽华从内蒙古自治区乌审旗购买麻黄碱返回包头市途中被公安人员抓获,当场缴获麻黄碱9.86千克。2009年12月28日,刘俊康乘坐飞机到呼和浩特市准备到包头市与巴图吉仁拉进行交易,王逸峰、刘斌开车到呼和浩特市接上刘俊康后,三人被公安机关抓获。

上述事实有下列证据证实:

1. 上诉人刘俊康供述,2009年12月24日或25日,其和巴图吉仁拉联系好用31.5万元购买9千克麻黄碱,每千克3.5万元。给王逸峰打电话向他索要卖冰毒的钱,王逸峰让其找吴昌荣,吴昌荣说只有25万元。2009年12月27日下午,其按照王逸峰的要求把6.5万元打到贾飞的工商银行账户上。当晚,吴昌荣给其打电话说,他已经给了巴图吉仁拉10.5万元现金,货到以后再把余款给巴图吉仁拉,并和巴图吉仁拉约好第二天中午交货。第二天中午王逸峰让其到包头市,其坐飞机先到呼和浩特市,王逸峰和刘斌将其接上后,三人被公安人员抓获。

2. 上诉人王逸峰供述，2009年12月25日或26日，刘俊康打电话告诉其，他已和巴图吉仁拉谈好用31.5万元购买9千克麻黄碱，让其帮助筹款。其让贾飞用他自己的名义办了一张银行卡，刘俊康把6.5万元现金汇到那张卡上。其给了刘斌4.3万元让他和吴昌荣一起交给巴图吉仁拉，刘斌回来说他和吴昌荣一共给巴图吉仁拉10.5万元。2009年12月28日其和刘斌开车到呼和浩特市接上刘俊康后，被公安人员抓获。

3. 上诉人吴昌荣供述，2009年12月26日下午，刘俊康把巴图吉仁拉的手机号告诉其，让其和巴图吉仁拉一起到金鼎酒店取钱。其和巴图吉仁拉到金鼎酒店楼下见到刘斌，和刘斌共同给巴图吉仁拉10.5万元现金。2009年12月28日其在家中被公安人员抓获。

4. 上诉人刘斌供述，2009年12月27日或26日，王逸峰让其给吴昌荣送钱，吴昌荣领了一个不认识的人，其和吴昌荣共同给那人10.5万元现金。

5. 上诉人贾飞供述，2009年12月26日或27日下午，王逸峰说刘俊康要给他打钱，让其以自己的名义在中国银行和工商银行各开办了一个银行卡，其把两张卡都交给了王逸峰。王逸峰后来把钱取走了。

6. 另案被告人巴图吉仁拉供述，2009年12月27日下午，刘俊康给其打电话要购买麻黄碱，后来又接到吴昌荣的电话，称刘俊康让吴昌荣和其见面。双方各自开车来到一个宾馆楼下，见到一个年轻人，吴昌荣和那人共同给其10.5万元现金，并称货到后付尾款。当天下午，其联系布音贺喜格后和妻子吴丽华开车一起到乌审旗，在乌审旗到内蒙古自治区鄂托克旗收费站处将10.5万元交给布音贺喜格，他从车上取下两袋麻黄碱放到其车上，其驾车返回包头市，走到黄河大桥收费站处被公安人员抓获。

7. 另案被告人吴丽华供述，2009年12月27日晚上，和巴图吉仁拉一起开车去乌审旗，巴图吉仁拉中途把车停在路边，下车后上了停在路边的一辆车上。后来其发现自己家车上多了一袋东西。

8. 公安机关出具的工商银行牡丹灵通卡账户清单证实，贾飞于2009年12月26日开办一张银行卡，当日接收6.5万元汇款。

9. 公安机关出具的扣押物品清单及称重记录证实，2009年12月28日从巴图吉仁拉处扣押毒品疑似物2袋，毛重10千克。

10. 内蒙古自治区公安厅内公（禁毒）鉴（毒品）字〔2010〕010-1号毒品检验鉴定书证实，从巴图吉仁拉处缴获毒品疑似物中检出甲基麻黄碱成分，净重9.86千克。

（七）2009年11月间，原审被告人吴火红在四川省成都市分两次向上诉人刘俊康贩卖甲基苯丙胺10克。2010年1月3日，侦查人员在四川省成都市锦汇区天仙桥北路3号附1号抓获吴火红时，从其随身携带的物品中查获甲基苯丙胺39.49克。

上述事实有下列证据证实：

1. 公安机关扣押物品清单及照片证实，2010年1月3日在吴火红处扣押疑似毒品2包、电子秤1台等。

2. 内蒙古自治区公安厅毒品检验鉴定书证实，送检粉末状晶体颗粒净重30.1107克，成分为甲基苯丙胺，含量为85.5%；白色块状晶体净重为9.3778克，成分为甲基苯丙胺，含量为84.4%。

3. 上诉人刘俊康供述，2009年11月份，在成都市新津县花苑镇的佳源宾馆认识了吴火红，用1500元向吴火红购买5克冰毒。后来又让吴火红给其送过去5克冰毒，其又给了吴火红1500元和50元打车费。

4. 原审被告人吴火红供述，2009年11月27日，其在成都市新津县佳源酒店认识刘俊康，在该酒店409房间以每克300元的价格卖给刘俊康5包冰毒，每包1克，刘给其1500元。过了两三天，刘俊康又要买5克冰毒，其将冰毒送到佳源酒店刘俊康住的房间，刘俊康给其1500元和50元打车费。2010年1月3日公安人员将其抓捕时，从其包里搜出的40克冰毒是其当天在成都市金花镇三只鞋广场从张兵（在逃）手中买的，花了1万元，每克250元。

（八）2009年10月至12月，上诉人刘斌分多次向张某军贩卖甲基苯丙胺3克；分两次向范某龙贩卖甲基苯丙胺1.4克；另又分多次向杨某文贩卖甲基苯丙胺20克，向范某贩卖甲基苯丙胺2克。

上述事实有下列证据证实：

1. 证人张某军的证言证实，2009年10月初开始，其共向刘斌买了十一二次冰毒，有时一天买一次，有时隔两三天买一次。每次买0.3克或0.4克，共买了三四克。每次给刘300元，共花了3000元左右。交易地点在包头市东河区南疙洞早市、王鹤私房菜附近或东河区南疙洞足疗店。

2. 证人范某龙的证言证实，2009年11月份的一天下午3点左右，其在包头市东河区屹林酒店405房间，用400元向刘斌买了0.4克冰毒。十几天后的一天凌晨5点多，在包头市东河区南疙洞广场，又向刘斌用800元买了1克冰毒。

3. 证人杨某文的证言证实，2009年国庆过后，其向刘斌买过半个月冰毒，12月中旬又买过半个月，每次都是1克或半克多。

4. 证人范某的证言证实，2009年10月，在上岛咖啡附近向刘斌买了2克冰毒，给刘1200元。

5. 上诉人刘斌供述，卖给张某军冰毒十次左右，共五六克。有时卖给他0.4克，有时卖给他0.7克。交易地点一般在包头市东河区南疙洞广场或木头烧烤附近。2009年11月中旬到11月底之间，范某龙向其买过两次冰毒，每次1克，交易地点在包头市南疙洞附近。2009年10月上旬到11月下旬，杨某文向其买过两次3克的，十几次1克的，八次左右半克的冰毒，加起来大约20克左右。2009年10月中旬，在包头市南疙洞广场卖给范某1克冰毒，收了600元。交易地点基本都在上岛咖啡附近。

（九）2009年10月至11月间，上诉人贾飞伙同樊广在呼和浩特市分三次卖给上诉人曹丽甲基苯丙胺15克。

上述事实有下列证据证实：

1. 另案被告人樊广供述，2009年10月份，贾飞向其买过冰毒，是为他女朋友买的。有一次在呼和浩特市电信三分局附近买了5克，后来又让王某给送过去5克。2009年11月份，在呼和浩特市让贾奎给送过去5克，贾飞给其2500元。

2. 上诉人贾飞供述，2009年10月份的一天，曹丽让其为她买冰毒，其给王某打电话，在呼和浩特市电信三分局附近交给王某3000元。曹丽和王某上楼取了5克冰毒，在樊广车上称的。大约隔了半个月左右，曹丽又要1.0克冰毒，其到樊广在××小区租住的公寓里取了冰毒交给曹丽，曹丽把冰毒交给一个不认识的男子，那人给了5000元。隔了十几天，曹丽又打电话要5克冰毒，其从樊广处取了5克冰毒，在呼和浩特市北垣街的一个巷子里交给曹丽，曹丽给其3000元。其把钱都给了樊广。

3. 上诉人曹丽供述，2009年10月份左右，给贾飞打电话购买冰毒，在呼和浩特市电信三分局附近贾飞把冰毒交给其。2009年11月份，"二哥"让其联系购买冰毒，其给贾飞打电话，花3000元买了5克冰毒。十几天后，又为"二哥"向贾飞买了5克冰毒，价格和上次一样。

综上，上诉人刘俊康贩卖、运输甲基苯丙胺996克，为制造毒品贩卖麻黄碱22.86千克；上诉人王逸峰贩卖、运输甲基苯丙胺861克，为制造毒品参与贩卖麻黄碱10.86千克，并为被告人刘俊康制造毒品提供场地；上诉人吴昌荣贩卖、运输甲基苯丙胺850克，为制造毒品参与贩卖麻黄碱9.86千克；上诉人贾飞贩卖甲基苯丙胺275克，为制造毒品参与贩卖麻黄碱10.86千克；上诉人刘斌贩卖甲基苯丙胺106.4克，为制造毒品参与贩卖麻黄碱9.86千克；上诉人曹丽贩卖甲基苯丙胺25克；被告人吴火红贩卖毒品甲基苯丙胺49.49克。

证明上述事实的证据另有：

1. 辨认笔录证实，刘俊康在10张不同男子的照片中辨认出8号照片中的吴火红就是在四川省卖给其冰毒的"龙娃"。曹丽在10张不同男子的照片中辨认出5号照片中的王逸峰就是贾飞的"三哥"。

2. 四川省浦江县人民法院（2001）浦江刑初字第31号刑事判决书、四川省新津县人民法院（2004）新津刑初字第39号刑事判决书、四川省邛崃市人民法院（2004）邛崃刑初字第139号刑事判决书证实，2001年3月28日刘俊康因犯盗窃罪被判处有期徒刑一年六个月，并处罚金人民币3000元；2004年3月25日因犯收购赃物罪被判处有期徒刑七个月，并处罚金人民币1000元；2004年8月24日因犯盗窃罪被判处有期徒刑一年，并处罚金人民币1000元。

3. 包头市青山区人民法院（2008）青刑初字第67号刑事判决书证实，2008年4月4日王逸峰因犯故意伤害罪被判处有期徒刑二年。

4. 包头市东河区人民法院（1995）东刑初字第126号、（2002）东刑初字第38号刑事判决书证实，1995年9月12日刘斌因犯抢夺罪被判处有期徒刑一年；2002年1月16日因犯盗窃罪被判处有期徒刑三年，并处罚金人民币5000元。

5. 四川省双流县人民法院（2007）双流刑初字第166号刑事判决

书证实,被告人吴火红于 2007 年 4 月 16 日因犯贩卖毒品罪被判处有期徒刑八个月,并处罚金人民币 1500 元。

6. 公安机关出具的释放证明书,证实上诉人刘俊康、王逸峰、吴火红、刘斌刑满释放的时间。

7. 公安机关出具的毒品尿样检验鉴定书证实,被告人刘俊康、王逸峰、吴昌荣、贾飞、曹丽被抓获时毒品尿样检测均为阳性。

(十) 2009 年 3 月 12 日凌晨,上诉人刘斌伙同付成、鲁大伟(二人在逃)在呼和浩特市金桥开发区××小区连续三次撬窗入室盗窃。其中,盗窃××号楼××单元 1 楼西户沈某辉家现金 100 元、手机一部;盗窃××号楼××单元 1 楼东户赵某利家现金 2505 元、三星 MP3 一部、黄金项链一条、警服一套、作训服一套、运动上衣一件;盗窃××号楼××单元东户崇某刚家电箱琴二把、电贝司一把、电吉他一把、花瓶一对、红色棉衣一件、旅行箱一个。盗窃财物总价值人民币 23858 元。

上述事实有下列证据证实:

1. 受害人沈某辉报案材料和陈述证实,2006 年 3 月 12 日凌晨 5 时 30 分发现厨房窗户被人撬开,丢失摩托罗拉手机 1 部、电池 4 块、现金 100 余元。

受害人赵某利报案材料和陈述证实,2006 年 3 月 12 日早晨发现家中厨房窗户被撬开,丢失现金 2505 元、三星牌 MP3 一部、警服一套、作训裤一条、运动上衣一件、紫红色帽子一顶、项链一条被扔到楼下花池里。

受害人崇某刚报案材料和陈述证实,2006 年 3 月 12 日凌晨发现家中被盗,丢失两把电箱琴、一把电吉他、一把电贝司、一对古玩花瓶和一件红色羽绒服。

2. 公安机关出具的发还物品、文件清单证实被盗物品的发还情况。

3. 公安机关出具的估价鉴定结论证实,被告人刘斌等人盗窃物品价值人民币 21253 元。

4. 证人张某强证言证实,2006 年 3 月 11 日晚上,刘斌借走其的红旗轿车后,就联系不上了。

5. 上诉人刘斌供述,2006 年 3 月,其和鲁大伟、付成开着其向张某强借来的黑色红旗轿车在呼和浩特市赛罕区的一个小区一楼第一家盗窃一部手机。在××单元一楼东户盗窃3把吉他、一对花瓶还有电贝司等物。又在前面一栋楼靠边那家盗窃1010元和警服等物。是用改锥撬开窗户进入室内进行盗窃的。

上述证明上诉人刘俊康、王逸峰、吴昌荣、贾飞、刘斌、曹丽和被告人吴火红犯罪事实的证据，均经一、二审庭审举证、质证，查明属实，本院予以确认。

本院认为，上诉人刘俊康明知甲基苯丙胺是毒品而进行贩卖、运输，为制造甲基苯丙胺贩卖、运输麻黄碱；上诉人王逸峰、吴昌荣明知甲基苯丙胺是毒品为牟利进行贩卖、运输，参与刘俊康为制造甲基苯丙胺贩卖麻黄碱，王逸峰还为刘俊康制造毒品提供场所，3名上诉人的行为均构成贩卖、运输、制造毒品罪。上诉人贾飞、刘斌明知甲基苯丙胺是毒品而进行贩卖，参与刘俊康为制造甲基苯丙胺贩卖麻黄碱，2名上诉人的行为均构成贩卖、制造毒品罪。上诉人曹丽、原审被告人吴火红明知甲基苯丙胺是毒品而进行贩卖，二人的行为均构成贩卖毒品罪。上诉人吴昌荣违反枪支管理规定，非法持有枪支，其行为又构成非法持有枪支罪，应与贩卖、运输、制造毒品罪并罚。上诉人刘斌窃取他人财物数额较大，又构成盗窃罪，应与贩卖、制造毒品罪并罚。在案证据足以证实上诉人刘俊康贩卖、运输甲基苯丙胺996克，王逸峰贩卖、运输甲基苯丙胺861克，吴昌荣贩卖、运输甲基苯丙胺850克的事实，上诉人刘俊康、王逸峰、吴昌荣及其辩护人提出原审认定刘俊康贩卖、运输甲基苯丙胺996克，王逸峰贩卖、运输甲基苯丙胺861克，吴昌荣贩卖、运输甲基苯丙胺850克的事实不清、证据不足的上诉理由和辩护意见均没有事实和法律依据，不能成立，本院不予采纳。检察机关提出，一审认定刘斌贩卖100克甲基苯丙胺依据不足的出庭意见，经查，刘斌虽在检察机关审查起诉及一、二审庭审中均推翻有罪供述，但刘斌有罪供述中关于向王逸峰购买100克甲基苯丙胺的时间、地点、毒资的来源和数额及购买后将部分毒品卖给范某、杨某文的供述，与证人证实刘斌向其借款的数额及王逸峰关于从刘斌处收到钱款数额的供述相吻合，范某、杨某文证实从刘斌处购买甲基苯丙胺的时间也与刘斌的供述相吻合，足以认定。检察机关提出的该出庭意见不能成立，本院不予采纳。二审期间，根据相关法律盗窃罪的量刑标准已发生变化，对刘斌所犯盗窃罪应重新量刑。检察机关提出"对刘斌盗窃罪量刑不当,建议改判"的出庭意见正确,予以采纳。上诉人刘俊康、王逸峰、吴昌荣贩卖、运输甲基苯丙胺数量大,社会危害极大,应依法严惩。上诉人刘俊康、王逸峰、刘斌均系累犯,被告人吴火红系毒品再犯,均应依法从重处罚。但鉴于上诉人吴昌荣在贩卖、运输850克甲基苯丙胺的犯罪中所起作用相对小于刘俊康和王逸峰,对其判处死刑,可不立即执行。原审判决认定上诉人刘俊康、王逸峰贩卖、运输、制造毒品,吴昌荣贩卖、运输、制造毒品、非法持有枪支,上诉人贾飞贩卖、制造毒品,上诉人刘斌贩卖、制造毒品、盗窃,上诉人曹丽、被告人吴火红贩卖毒品的事实清楚,证据确实、充分,定罪准确,审判程序合法。但对上诉人吴昌荣、刘斌量刑不当。依照《中华人民共和国刑法》第三百四十七条第二款第(一)项、第三款、第七款,第三百五十条,第一百二十八条第一款、第二百六十四条、第三百五十六条、第六十五条第一款、第二十三条、第二十五条、第六十九条、第四十八条、第五十七条第一款和《中华人民共和国刑事诉讼法》第二百二十五条第一款第(一)项、第(二)项的规定,判决如下:

一、维持原审对上诉人刘俊康、王逸峰、贾飞、曹丽、被告人吴火红的定罪量刑和刘斌贩卖、制造毒品罪、吴昌荣非法持有枪支罪的定罪量刑及上诉人吴昌荣贩卖、运输、制造毒品、刘斌盗窃罪的定罪部分。

二、撤销原审对上诉人吴昌荣贩卖、运输、制造毒品罪、刘斌盗窃罪的量刑部分。

三、上诉人(原审被告人)吴昌荣犯贩卖、运输、制造毒品罪,判处死刑,缓期二年执行,剥夺政治权利终身,并处没收个人全部财产,与非法持有枪支罪判处有期徒刑一年并罚,决定执行死刑,缓期二年执行,剥夺政治权利终身,并处没收个人全部财产。

四、上诉人(原审被告人)刘斌犯盗窃罪,判处有期徒刑三年,并处罚金人民币二万元,与贩卖、制造毒品罪判处有期徒刑十五年,剥夺政治权利三年,并处没收个人财产人民币三万元并罚,决定执行有期徒刑十七年,剥夺政治权利三年,并处没收个人财产人民币三万元,并处罚金人民币二万元。

(刑期从判决执行之日起计算,判决执行前先行羁押的,羁押一日折抵刑期一日。即自 2009 年 12 月 29 日起至 2026 年 12 月 28 日止。)

本判决对上诉人吴昌荣、贾飞、刘斌、曹丽、被告人吴火红为终审判决。

根据《中华人民共和国刑事诉讼法》第二百三十五条的规定，对上诉人刘俊康、王逸峰的判决依法报请最高人民法院核准。

审　判　长　王　听
审　判　员　何建全
审　判　员　云　鹰
二〇一四年六月九日
书　记　员　宝　永

中华人民共和国最高人民法院
刑事裁定书

（2014）刑五复49183100号

被告人刘俊康，绰号"刘老幺"，男，汉族，1971年××月××日出生于四川省邛崃市，小学文化，无业，住邛崃市高埂镇××村××组。2001年3月28日因犯盗窃罪被判处有期徒刑一年六个月，并处罚金人民币三千元；2004年3月25日因犯收购赃物罪被判处有期徒刑七个月，并处罚金人民币一千元；2004年8月24日因犯盗窃罪被判处有期徒刑一年，并处罚金人民币一千元，2005年5月14日刑满释放。2010年1月28日因本案被逮捕。现在押。

被告人王逸峰，曾用名王跃忠，绰号"小三毛""三毛"，男，汉族，1974年××月××日出生于内蒙古自治区包头市，初中文化，无业，住包头市东河区××街××号。2005年8月17日因犯故意伤害罪被判处有期徒刑二年，缓刑二年；2008年4月4日因犯故意伤害罪被判处有期徒刑六个月，撤销缓刑，决定执行有期徒刑二年，同年7月30日刑满释放。2010年1月28日因本案被逮捕。现在押。

内蒙古自治区包头市中级人民法院审理包头市人民检察院指控被告人刘俊康、王逸峰犯贩卖、运输、制造毒品罪一案，于2012年3月13日以（2011）包刑一初字第13号刑事判决，认定被告人刘俊康犯贩卖、运输、制造毒品罪，判处死刑，剥夺政治权利终身，并处没收个人全部财产；被告人王逸峰犯贩卖、运输、制造毒品罪，判处死刑，剥夺政治权利终身，并处没收个人全部财产。宣判后，刘俊康、王逸峰均提出上诉。内蒙古自治区高级人民法院经依法开庭审理，于2014年6月9日以（2012）内刑一终字第76号刑事判决，维持原审对被告人刘俊康、王逸峰的判决，并依法报请本院核准，本院依法组成合议庭，对本案进行了复核,依法讯问了被告人,审查了最高人民检察院意见。现已复核终结。

包头市中级人民法院和内蒙古自治区高级人民法院认定:

1. 2009年7月,被告人刘俊康、潘利民(另案处理)共同出资,通过邬元光(另案处理)在内蒙古自治区包头市向巴图吉仁拉(另案处理)购买麻黄碱2千克。后刘俊康、潘利民用购得的部分麻黄碱先后在内蒙古自治区呼和浩特市和被告人王逸峰提供的包头市东河区臭水井村民房内制造甲基苯丙胺(冰毒)没有成功,刘俊康将剩余麻黄碱运回四川省成都市。

2. 2009年10月,被告人刘俊康向巴图吉仁拉提供资金,伙同巴图吉仁拉、邬元光、郄俊平(另案处理)在内蒙古自治区乌审旗购买麻黄碱10千克。后刘俊康、巴图吉仁拉、邬元光、郄俊平四人驾车将购得的麻黄碱运至四川省。

3. 2009年12月,被告人刘俊康伙同高明(在逃)在四川省贩卖给樊广(另案处理)甲基苯丙胺125克,樊广驾驶高明的丰田越野车将甲基苯丙胺运回呼和浩特市。后樊广认为所购甲基苯丙胺质量不纯,将高明的汽车扣下。刘俊康从成都市来到包头市,通过被告人王逸峰将高明的汽车要回。为感谢王逸峰帮忙,刘俊康送给王逸峰11克甲基苯丙胺。

4. 2009年12月3日,被告人刘俊康电话联系巴图吉仁拉后,在包头市昆都仑区包钢友谊宾馆向巴图吉仁拉的妻子吴丽华(另案处理)购买麻黄碱1千克。后刘俊康指使被告人王逸峰、贾飞(同案被告人,已判刑)及"小张""强强"(均在逃)驾驶从樊广处要回的丰田越野车将购得的麻黄碱运回成都市。刘俊康用运回的部分麻黄碱制造甲基苯丙胺没有成功。

5. 2009年12月下旬,被告人刘俊康在四川省邛崃市的家中以每克300元的价格将850克甲基苯丙胺卖给被告人王逸峰、吴昌荣(同案被告人,已判刑),并约定待王逸峰、吴昌荣将甲基苯丙胺贩卖后再支付毒资,刘俊康还为王逸峰、吴昌荣租用一辆比亚迪汽车。王逸峰、吴昌荣驾驶刘俊康提供的比亚迪汽车将850克甲基苯丙胺运回包头市,存放在吴昌荣租住的包头市昆都仑区××大街××公寓××号房内。

2009年12月下旬，被告人王逸峰、吴昌荣分别或伙同他人将存放在吴昌荣住处的850克甲基苯丙胺贩卖。其中，王逸峰、吴昌荣、贾飞向呼和浩特市的贾奎（在逃）贩卖甲基苯丙胺100克。吴昌荣在××公寓的住处向曾某凡贩卖甲基苯丙胺9克。王逸峰与吴昌荣事先联系后，让贾飞从吴昌荣处取走150克甲基苯丙胺交换其抵押在张海明处的丰田卡罗拉汽车一辆。王逸峰、吴昌荣在包头市青山区金鼎酒店向贾飞、曹丽（同案被告人，已判刑）贩卖甲基苯丙胺10克。曹丽帮助贾飞将10克甲基苯丙胺贩卖给呼和浩特市的"二哥"。2009年12月26日，王逸峰在××公寓吴昌荣的住处将100克甲基苯丙胺贩卖给刘斌（同案被告人，已判刑），刘斌给王逸峰4万元。刘斌将购得的甲基苯丙胺在包头市东河区上岛咖啡店附近分两次卖给范某10克，在包头市东河区卖给杨某文3克。2009年12月28日，公安人员在吴昌荣居住的包头市××公寓××号房间将其抓获，当场缴获甲基苯丙胺14.9783克、改装运动手枪1支等。

6. 2009年12月25日，被告人刘俊康联系巴图吉仁拉准备购买麻黄碱10千克，巴图吉仁拉要求其先支付部分毒资。刘俊康联系被告人王逸峰让其支付购买850克甲基苯丙胺的毒资，为其筹集资金购买麻黄碱，并于2009年12月26日将6.5万元汇到王逸峰指使贾飞开立的中国工商银行账户上。王逸峰又指使吴昌荣、刘斌在包头市青山区少先路金鼎酒店楼下将10.5万元交给巴图吉仁拉。巴图吉仁拉、吴丽华从内蒙古自治区乌审旗购买麻黄碱返回包头市途中被公安人员抓获，当场缴获麻黄碱9.86千克。2009年12月28日，刘俊康乘坐飞机到呼和浩特市准备到包头市与巴图吉仁拉进行交易，王逸峰、刘斌开车到呼和浩特市接上刘俊康后，3人被公安人员抓获。

7. 2009年11月间，吴火红（同案被告人，已判刑）在四川省成都市分两次向被告人刘俊康贩卖甲基苯丙胺10克。2010年1月3日，公安人员在成都市抓获吴火红时，从其随身携带的物品中查获甲基苯丙胺39.49克。

包头市中级人民法院和内蒙古自治区高级人民法院认定上述事实的证据，有公安机关查获的甲基苯丙胺、麻黄碱、电子秤、汽车等物证，银行卡存取款历史明细清单、证实被告人刘俊康、王逸峰等曾因犯罪被判刑的刑事判决书、释放证明等书证，证人李某春、范某、杨某文、曾某凡等的证言，毒品鉴定意见，辨认笔录，另案被告人潘利民、邬元光、巴图吉仁拉、郄俊平、樊广、吴丽华的供述，同案被告人吴昌荣、贾飞、刘斌、吴火红、曹丽的供述和被告人刘俊康、王逸峰的供述等。

本院认为，第一、二审判决认定的部分事实不清，证据不足。依照《中华人民共和国刑事诉讼法》第二百三十五条、第二百三十九条和《最高人民法院关于适用〈中华人民共和国刑事诉讼法〉的解释》第三百五十条第（三）项、第三百五十三条第一款的规定，裁定如下：

一、不核准内蒙古自治区高级人民法院（2012）内刑一终字第76号维持第一审以贩卖、运输、制造毒品罪判处被告人刘俊康、王逸峰死刑，剥夺政治权利终身，并处没收个人全部财产的刑事判决。

二、撤销内蒙古自治区高级人民法院（2012）内刑一终字第76号刑事判决中维持第一审以贩卖、运输、制造毒品罪判处被告人刘俊康、王逸峰死刑，剥夺政治权利终身，并处没收个人全部财产的部分。

三、发回内蒙古自治区高级人民法院重新审判。

本裁定自宣告之日起发生法律效力。

审 判 长 李 彤
代理审判员 王秋玲
代理审判员 彭 艳
二〇一四年十二月十日
书 记 员 张 研

内蒙古自治区高级人民法院
刑事判决书

(2016)内刑终45号

原公诉机关包头市人民检察院。

上诉人(原审被告人)刘俊康,绰号刘老幺,男,1971年××月××日出生,汉族,小学文化,无职业,捕前住四川省邛崃市高埂镇××村××组。2001年3月28日因犯盗窃罪被判处有期徒刑一年六个月,2004年3月25日因犯收购赃物罪被判处有期徒刑七个月,2004年8月24日因犯盗窃罪被判处有期徒刑一年,2005年5月14日刑满释放。2009年12月29日因涉嫌犯贩卖毒品罪被刑事拘留,2010年1月27日被逮捕。现羁押于包头市看守所。

指定辩护人谢永刚,内蒙古承达律师事务所律师。

上诉人(原审被告人)王逸峰,绰号小三毛、三毛,男,1974年××月××日出生,汉族,初中文化,无职业,捕前住内蒙古自治区包头市东河区××街××号煤气宿舍××栋××号。2005年8月17日因犯故意伤害罪被判处有期徒刑二年,缓刑二年;2008年4月4日因犯故意伤害罪被判处有期徒刑六个月,撤销缓刑,决定执行有期徒刑二年,2008年7月30日刑满释放。2009年12月29日因涉嫌犯贩卖毒品罪被刑事拘留,2010年1月27日被逮捕。现羁押于包头市看守所。

指定辩护人焦振华,内蒙古诺行律师事务所律师。

内蒙古自治区包头市中级人民法院审理包头市人民检察院指控被告人刘俊康、王逸峰犯贩卖、运输、制造毒品罪,被告人吴昌荣犯贩卖、运输、制造毒品罪和非法持有枪支罪,被告人吴火红、贾飞犯贩卖、制造毒品罪,被告人曹丽犯贩卖毒品罪,被告人刘斌犯贩卖、制造毒品罪和盗窃罪一案，于 2012 年 3 月 13 日作出（2011）包刑一初字第 13 号刑事判决。宣判送达后，检察机关未抗诉，原审被告人刘俊康、王逸峰、吴昌荣、贾飞、刘斌、曹丽均不服，分别提出上诉。本院经依法开庭审理，于 2014 年 6 月 9 日作出（2012）内刑一终字第 76 号刑事判决，维持一审对被告人刘俊康、王逸峰以贩卖、运输、制造毒品罪判处死刑，剥夺政治权利终身，并处个人全部财产的判决，并依法报请最高人民法院核准。最高人民法院于 2015 年 12 月 10 日作出（2014）刑五复 49183100 号刑事裁定，认为第一、二审判决认定的部分事实不清、证据不足，裁定不核准并撤销本院（2012）内刑一终字第 76 号刑事判决中维持第一审以贩卖、运输、制造毒品罪判处被告人刘俊康、王逸峰死刑，剥夺政治权利终身，并处没收个人全部财产的部分，发回重新审判。本院依法重新组成合议庭，于 2016 年 6 月 2 日公开开庭审理了本案，内蒙古自治区人民检察院指派检察员郭利娜、邰玉花出庭履行职务，上诉人（原审被告人）刘俊康及其指定辩护人谢永刚、上诉人（原审被告人）王逸峰及其指定辩护人焦振华到庭参加诉讼。现已审理终结。

原审判决认定：

（一）2009 年 7 月，被告人刘俊康、潘利民（另案处理）二人共同出资，通过邬元光（另案处理）在包头市向巴图吉仁拉（另案处理）购买麻黄碱 2 千克。后刘俊康、潘利民用购得的部分麻黄碱先后在呼和浩特市和被告人王逸峰提供的包头市东河区臭水井村民房内制造甲基苯丙胺没有成功，刘俊康将剩余麻黄碱运回四川省成都市。

（二）2009 年 10 月，被告人刘俊康向巴图吉仁拉提供资金，伙同巴图吉仁拉、邬元光、郄俊平（另案处理）在内蒙古自治区乌审旗购买麻黄碱 10 千克。后刘俊康、巴图吉仁拉、邬元光、郄俊平四人驾车将购得的麻黄碱运至四川省成都市。

（三）2009 年 12 月，被告人刘俊康、高明（在逃）在四川省贩卖给樊广（另案处理）甲基苯丙胺 125 克，樊广驾驶高明的丰田越野车将甲基苯丙胺运回呼和浩特市。后樊广认为所购甲基苯丙胺质量不纯，将高明的汽车扣下。被告人刘俊康从四川成都来到包头市通过被告人王逸峰将汽车要回，并将 11 克甲基苯丙胺送给王逸峰作为报酬。

(四) 2009年12月3日,被告人刘俊康电话联系巴图吉仁拉后,在包头市昆都仑区包钢友谊宾馆向巴图吉仁拉妻子吴丽华(另案处理)购买麻黄碱1千克。后刘俊康指使被告人王逸峰、贾飞及"小张""强强"(二人均在逃)驾驶从樊广处要回的丰田越野车将购得的麻黄碱运回四川省成都市,刘俊康用运回的部分麻黄碱制造甲基苯丙胺没有成功。

(五) 2009年12月下旬,被告人刘俊康在四川省邛崃市的家中以每克300元的价格将850克甲基苯丙胺卖给被告人王逸峰、吴昌荣,约定待王逸峰、吴昌荣将甲基苯丙胺贩卖后再支付毒资。刘俊康还为王逸峰、吴昌荣提供一辆比亚迪轿车,王逸峰、吴昌荣驾驶比亚迪轿车将850克甲基苯丙胺运回包头市,存放在吴昌荣租住的包头市昆都仑区××大街××公寓××号居室内。

(六) 2009年12月下旬,被告人王逸峰、吴昌荣有分有合或伙同他人将存放在吴昌荣住处的850克甲基苯丙胺进行贩卖。其中,被告人王逸峰、吴昌荣、贾飞向呼和浩特市的贾奎贩卖甲基苯丙胺100克。被告人吴昌荣在居安公寓的住所向曾某凡贩卖甲基苯丙胺9克。被告人王逸峰与吴昌荣事先联系后,让贾飞从吴昌荣处取走150克甲基苯丙胺向张海明(另案处理)交换丰田卡罗拉汽车一辆。被告人王逸峰、吴昌荣在包头市青山区金鼎酒店向贾飞、曹丽贩卖甲基苯丙胺10克。曹丽帮助贾飞将10克甲基苯丙胺贩卖给呼和浩特市的"二哥"。被告人王逸峰在××公寓吴昌荣的住处将100克甲基苯丙胺贩卖给被告人刘斌。后刘斌在包头市东河区上岛咖啡店附近分两次向范某贩卖甲基苯丙胺10克;在包头市东河区分多次向杨某文贩卖甲基苯丙胺30克。2009年12月28日,被告人吴昌荣在其住处被抓获,公安人员在其居住地××公寓××房间内搜缴甲基苯丙胺14.9783克、改装运动手枪1支等。经鉴定,被告人吴昌荣持有的改装运动手枪足以致人伤害。

(七) 2009年12月25日,被告人刘俊康联系巴图吉仁拉准备再次购买麻黄碱10千克,巴图吉仁拉要求其先支付部分毒资。刘俊康联系被告人王逸峰让其支付购买850克甲基苯丙胺的部分毒资,为其筹集资金购买麻黄碱,并于2009年12月26日将6.5万元汇到王逸峰指使被告人贾飞以贾飞的名义开立的中国工商银行账户上。王逸峰又指使吴昌荣、刘斌在包头市青山区少先路金鼎酒店楼下将人民币 10.5 万元交给巴图吉仁拉。巴图吉仁拉、吴丽华购买麻黄碱后返回包头途中被抓获，当场缴获麻黄碱 9.86 千克。2009 年 12 月 28 日，刘俊康乘坐飞机到呼和浩特准备到包头市与巴图吉仁拉交易麻黄碱，王逸峰、刘斌开车到呼和浩特接上刘俊康后，三人均被公安人员抓获。

（八）2009 年 11 月间，被告人吴火红在四川省成都市分两次向被告人刘俊康贩卖甲基苯丙胺 10 克。2010 年 1 月 3 日，侦查人员在四川省成都市锦汇区天仙桥北路 3 号附 1 号抓获吴火红时，在其住处查获甲基苯丙胺 39.49 克。

原审法院认为，被告人刘俊康、王逸峰违反国家对毒品内管理法规，非法贩卖、运输、制造毒品，其中被告人刘俊康贩卖、运输毒品甲基苯丙胺 996 克，为制造毒品贩卖麻黄碱 22.86 千克；被告人王逸峰贩卖、运输甲基苯丙胺 861 克，为制造毒品参与贩卖麻黄碱 10.86 千克，并为被告人刘俊康制造毒品提供场地；二被告人行为均构成贩卖、运输、制造毒品罪。在制造毒品过程中，因被告人刘俊康未掌握毒品制作技术而未能得逞，故被告人刘俊康、王逸峰制造毒品系未遂。公诉机关指控被告人刘俊康、王逸峰构成犯罪的事实清楚，罪名成立。被告人刘俊康、王逸峰均被判处过有期徒刑以上刑罚，刑罚执行完毕后五年内再犯应当判处有期徒刑以上刑罚之罪，系累犯，应从重处罚。被告人刘俊康、王逸峰贩卖、运输、制造毒品数量大，社会危害性极大，罪行极其严重，均应依法严惩。依照《中华人民共和国刑法》第三百四十七条第二款第（一）项、第三款、第七款、第三百五十条、第一百二十八条第一款、第二百六十四条、第三百五十六条、第六十五条第一款、第二十五条、第二十三条、第五十七条、第六十九条之规定，认定被告人刘俊康犯贩卖、运输、制造毒品罪，判处死刑，剥夺政治权利终身，并处没收个人全部财产。被告人王逸峰犯贩卖、运输、制造毒品罪，判处死刑，剥夺政治权利终身，并处没收个人全部财产。

原审被告人刘俊康的上诉理由为，原判认定其贩卖 850 克甲基苯丙胺、参与贩卖 125 克甲基苯丙胺证据不足。其指定辩护人提出的辩护意见为，刘俊康到案后能如实坦白全部犯罪事实，自愿认罪，且涉案毒品全部被查获，未流入社会，应依法从轻处罚，原判量刑重。

原审被告人王逸峰及其指定辩护人提出的上诉理由和辩护意见为，原审认定王逸峰贩卖、运输甲基苯丙胺861克，为制造毒品参与贩卖麻黄碱10.86千克，并为刘俊康制造毒品提供场地的事实不清、证据不足，对王逸峰不应当适用死刑。

检察机关的出庭意见为，原审被告人刘俊康供述两次向吴火红购买的10克甲基苯丙胺被其在宾馆吸食，不应认定为刘俊康的贩卖数。刘俊康给原审被告人王逸峰11克甲基苯丙胺作为要车的报酬，该11克不应认定为王逸峰的贩卖数量。认定王逸峰向刘斌贩卖100克甲基苯丙胺的事实不清、证据不足。原审被告人刘俊康贩卖、运输毒品甲基苯丙胺986克，为制造毒品贩卖麻黄碱22.86千克，王逸峰贩卖、运输甲基苯丙胺850克，为制造毒品参与贩卖麻黄碱10.86千克，一审判决定罪准确。原审被告人刘俊康，王逸峰贩卖、运输、制造毒品甲基苯丙胺数量大，鉴于本案刘俊康、王逸峰贩卖、运输850克甲基苯丙胺主要是依据被告人供述和同案被告人供述相互印证而作为定案依据，建议二审法院依据本案现有证据情况对原审被告人刘俊康、王逸峰依法作出判决。

经审理查明：

（一）2009年7月，上诉人刘俊康及潘利民（另案处理）二人共同出资，通过邬元光（另案处理）在包头市向巴图吉仁拉（另案处理）购买麻黄碱2千克。后刘俊康、潘利民用购得的部分麻黄碱先后在呼和浩特市和上诉人王逸峰提供的包头市东河区臭水井村民房内制造甲基苯丙胺没有成功，刘俊康将剩余麻黄碱运回四川省成都市。

上述事实有下列证据证实：

1. 另案被告人潘利民供述，2009年七八月份，刘俊康在包头给其打电话说共同购买麻黄碱，其从四川省到包头市后和刘俊康住在迎宾旅店。刘俊康联系邬元光，邬元光联系了巴图吉仁拉。其出资2.7万元，刘俊康出资5.3万元，其在住处将8万元交给邬元光。后刘俊康派其到呼和浩特市找"杨子"，自己随后带着邬元光交给他的2千克麻黄碱来到"杨子"的住处。刘俊康买了制毒工具，在呼和浩特市飞机场附近的一片空地上和"杨子"的住处两次制作冰毒均没有成功。之后，刘俊康又联系了包头的王逸峰，其和刘俊康回到包头市，王逸峰派人把其二人领到包头铝厂后面一个靠河边的院子里，其和刘俊康买了制毒工具，制作两次冰毒,没有成功。制作冰毒过程中,王逸峰打电话问了制作冰毒的事,还来看过一次,并派人送来食物。刘俊康把剩下的500克麻黄碱带回四川省,交给一个叫"雄娃"(在逃)的人。

2. 另案被告人邬元光供述,2009年七八月份的一天中午,刘俊康、潘利民联系其购买麻黄碱,其联系了巴图吉仁拉,在刘俊康、潘利民住宿的包头市青山区迎宾旅店内潘利民交给其8万元钱,其把钱交给巴图吉仁拉。第二天,巴图吉仁拉在该旅店把2千克麻黄碱交给刘俊康,其当时在场。

3. 另案被告人巴图吉仁拉供述,2009年7月份左右,邬元光给其8万元,让其购买麻黄碱,其联系了布音贺喜格(另案处理)。开车到内蒙古自治区乌审旗将7万元交给布音贺喜格,买了2千克麻黄碱交给邬元光。麻黄碱是一种白色粉末状的东西。

4. 上诉人刘俊康供述,通过王逸峰认识邬元光后,知道邬元光能买到麻黄碱。2009年7月左右,与邬元光电话联系后来到包头市,又给潘利民打电话让他凑点钱,潘利民带了2万多元来到包头,和其一起凑了8万元,由潘利民交给邬元光。之后,其让潘利民去了呼和浩特市。过了几天,邬元光领着巴图吉仁拉来到其住宿的包头市青山区迎宾旅馆旅店,给其2千克麻黄碱。其拿上麻黄碱到呼和浩特市找到潘利民,在飞机场附近的楼房里用买来的麻黄碱制作冰毒没有成功,后来又让王逸峰在包头东河区找了一个房子制作冰毒,也没有制作成功,总共损失了大约1.5千克麻黄碱,剩余麻黄碱带回了四川。制作冰毒时,王逸峰看到过。

5. 上诉人王逸峰供述,刘俊康曾经和其说过想在包头市臭水井后面其所有的地里制作冰毒。其把刘俊康和潘利民安排在包头市臭水井后面的房子里。

6. 公安机关出具指认笔录证实,潘利民指认刘俊康在包头市的制毒现场。

上列证据,均经一、二审庭审举证、质证,查明属实,本院予以确认。

(二)2009年10月,刘俊康向巴图吉仁拉提供资金,伙同巴图吉仁拉、邬元光、郊俊平(另案处理)在内蒙古自治区乌审旗购买麻黄碱

10千克。后刘俊康、巴图吉仁拉、邬元光、郄俊平四人驾车将购得的麻黄碱运至四川省。

上述事实有下列证据证实：

1. 另案被告人邬元光供述，2009年10月份，巴图吉仁拉开车拉着其和郄俊平、刘俊康一起从包头到乌审旗取了10千克麻黄碱，刘俊康给巴图吉仁拉30万元钱。四人又一起开车把购买的麻黄碱送到四川。刘俊康给巴图吉仁拉5万元，给其2万元。

2. 另案被告人巴图吉仁拉供述，2009年9月初，其和刘俊康、邬元光、郄俊平一起向布音贺喜格购买10公斤麻黄碱，刘俊康给其30万元，其给了布音贺喜格。之后，四人开车拉着购买的麻黄碱一起到了四川。

3. 另案被告人郄俊平供述，2009年10月份，其和邬元光坐着巴图吉仁拉驾驶的小轿车从包头到乌审旗。巴图吉仁拉第二天早晨出去，中午回来，四人开车又一起到了四川成都。在路上听到他们谈论麻黄碱的事。

4. 被告人吴火红供述，听"雄娃"说，刘俊康从包头市弄回来10千克麻黄碱，准备制造冰毒。后来又听说，他把10千克麻黄碱卖给了"雄娃"。

5. 公安机关出具的工商银行存取款历史明细清单证实，2009年10月10日，刘俊康的卡内取走20万元和10万元两笔款；巴图吉仁拉的卡内存入20万元。

6. 上诉人刘俊康供述，2009年10月份，其从四川来到包头，通过邬元光联系了巴图吉仁拉，巴图吉仁拉开车带其和邬元光来到乌审旗，其给巴图吉仁拉10万元现金，从自己在工商银行的卡上转到巴图吉仁拉卡上20万元，巴图吉仁拉买回10千克麻黄碱交给其。后来他们一起将其送回四川省成都市。其给巴图吉仁拉5万元，给邬元光2万元，是好处费。

上列证据，均经一、二审庭审举证、质证，查明属实，本院予以确认。

（三）2009年12月，刘俊康伙同高明（在逃）在四川省贩卖给樊广（另案处理）甲基苯丙胺125克，樊广驾驶高明的丰田越野车将甲基苯丙胺运回内蒙古呼和浩特市。后樊广认为所购甲基苯丙胺质量不纯，将高明的汽车扣下。刘俊康从四川省成都来到包头市，通过王逸峰将汽车要回。为感谢王逸峰帮忙，刘俊康将11克甲基苯丙胺送给王逸峰。

上述事实有下列证据证实：

1. 另案被告人樊广供述，2009年国庆节期间，其在四川通过刘俊康认识高明，高明说他和刘俊康一起做冰毒生意，让其给联系卖冰毒。其打听价格，刘俊康说每克350元。其和他们说把东西拿回呼和浩特市验货后再给钱，高明派他的司机拿着125克冰毒把其送回呼和浩特。其给了高明的司机1万元，拿上冰毒回家试验，发现质量不好，就把高明的丰田小霸道越野车扣下了。2009年12月4日，其和刘俊康分别来到包头，在王逸峰的说和下，其同意把车退给刘俊康，条件是刘俊康再为其制作125克冰毒，其开着王逸峰的双龙汽车回了呼和浩特。

2. 被告人贾飞供述，樊广因为从高明那儿买的冰毒质量不好，把高明的丰田越野车扣下了。后来刘俊康通过王逸峰找到樊广，2009年12月初其和樊广开着高明的车来到包头，2009年12月3日或4日，樊广让其和王逸峰等人开着这辆车到四川省，到四川省后王逸峰给刘俊康打电话，刘俊康把高明叫来把车开走了。

3. 上诉人王逸峰供述，2009年11月20日左右，其来到四川，刘俊康介绍其认识了高明。刘俊康说高明的车被呼和浩特市的樊广扣下了，让其帮助要回来。其和呼和浩特市的朋友电话联系后，得知刘俊康他们卖给樊广的冰毒是下等货，樊广就扣下了高明的车，离开四川时刘俊康给其10多克冰毒，作为让其要车的酬劳。回到包头后，其分别给樊广和刘俊康打电话，将二人叫到包头市进行说和，樊广同意把车退给刘俊康，条件是刘俊康再为樊广制作125克冰毒。后来，樊广让贾飞开着这辆车到了四川，把车交给高明，其也一起坐车到了四川。

4. 上诉人刘俊康供述，2009年11月底，高明对其讲，他卖给樊广200克冰毒，并让樊广开着他的银灰色丰田车回了呼和浩特。樊广回去后，发现冰毒质量不好，就把车扣下了。高明让其帮助把车要回来。其到包头市找到王逸峰，通过王逸峰把车要了回来。为酬谢王逸峰，其给了王逸峰11克冰毒。

上列证据，均经一、二审庭审举证、质证，查明属实，本院予以确认。

（四）2009年12月3日，刘俊康电话联系巴图吉仁拉后，在包头市昆都仑区包钢友谊宾馆向巴图吉仁拉妻子吴丽华（另案处理）购买麻黄碱1千克。后刘俊康指使王逸峰、贾飞及"小张""强强"驾驶从樊广处替高明要回的丰田越野车将购得的麻黄碱运回四川省成都市。刘俊康用运回的部分麻黄碱制造甲基苯丙胺没有成功。

上述事实有下列证据证实：

1. 另案被告人吴丽华供述，2009年12月初，丈夫巴图吉仁拉给其打电话，让其把一个箱子送到友谊宾馆。到宾馆后见到一名个子挺高、操南方口音的40多岁男子。其用自己的身份证开了一间房子和那人交谈后，那人到工商银行给其汇了钱，其把箱子交给他。后来听巴图吉仁拉说，箱子里装的是麻黄碱。

2. 另案被告人巴图吉仁拉供述，2009年12月初的一天上午，刘俊康给其打电话要麻黄碱，其把存放1千克麻黄碱的地方告诉妻子吴丽华，让刘俊康和她联系。他们交易成功后分别给其打了电话，得知他们在友谊宾馆交易的，刘俊康给了吴丽华5万元。

3. 被告人贾飞供述，2009年12月3日或4日，其和王逸峰、"强强"及一个四川籍女人开着四川人高明的丰田越野车从包头市来到了四川省。见到刘俊康后，"强强"告诉刘俊康东西在车上。其坐车时看到驾驶座下面有一个牛奶箱子，里面放着一个蓝色的食品袋，袋里装着粉面状的东西。

4. 上诉人王逸峰供述，2009年12月初，其和贾飞、"强子"，还有一个姓张的四川籍女人开着其帮助高明要回的越野车一起到四川省，半路上其和四川籍女人从车上取下一袋麻黄碱，坐火车到了成都市，姓张的四川籍女人把麻黄碱交给了刘俊康。

5. 上诉人刘俊康供述，2009年11月底，其和巴图吉仁拉联系购买麻黄碱，巴图吉仁拉给其一个电话号码。接电话的女人和其约好在一个宾馆见面，那个叫吴丽华的女人用自己的身份证开了一个房间，给其1千克麻黄碱，向其要了5万元。其把麻黄碱放在高明的丰田越野车上，坐飞机回了四川省。第二天，王逸峰和贾飞、"强强""小张"开着高明的车来到成都市把麻黄碱交给其。其用麻黄碱制作冰毒没有成功。

上列证据，均经一、二审庭审举证、质证，查明属实，本院予以确认。

（五）2009年12月下旬，刘俊康在四川省邛崃市的家中以每克300元的价格将850克甲基苯丙胺卖给王逸峰、吴昌荣，约定待王逸峰、吴昌荣将甲基苯丙胺贩卖后再支付毒资。刘俊康为王逸峰、吴昌荣租用一辆比亚迪轿车。王逸峰、吴昌荣驾驶刘俊康提供的比亚迪轿车将850克甲基苯丙胺运回包头市，存放在吴昌荣租住的包头市昆都仑区××大街××公寓××号居室内。

2009年12月下旬，王逸峰、吴昌荣有分有合或伙同他人将存放在吴昌荣住处的850克甲基苯丙胺进行贩卖。其中，上诉人王逸峰、吴昌荣、贾飞向呼和浩特市的贾奎贩卖甲基苯丙胺100克。吴昌荣在居安公寓的住处向曾某凡贩卖甲基苯丙胺9克。王逸峰与吴昌荣事先联系后，让贾飞从吴昌荣处取走150克甲基苯丙胺向张海明交换丰田卡罗拉汽车一辆。王逸峰、吴昌荣在包头市青山区金鼎酒店向贾飞、曹丽贩卖甲基苯丙胺10克。曹丽帮助贾飞将10克甲基苯丙胺贩卖给呼和浩特市的"二哥"。2009年12月26日，王逸峰在××公寓吴昌荣的住处将100克甲基苯丙胺贩卖给被告人刘斌，刘斌给王逸峰4万元。刘斌将购得的甲基苯丙胺进行贩卖，在包头市东河区上岛咖啡店附近分两次卖给范某10克，在包头市东河区卖给杨某文3克。2009年12月28日，吴昌荣在其住处被抓获，公安人员当场缴获甲基苯丙胺14.98克、改装运动手枪1支等。

上述事实有下列证据证实：

1. 被告人吴昌荣供述，2009年11月通过王逸峰认识刘俊康，知道刘俊康能弄上冰毒，就打电话跟他联系买冰毒。2010年12月13日王逸峰给其打电话说他在刘俊康那儿，刘俊康也在电话里说让其过去，其坐飞机到了四川省，和王逸峰一起住在刘俊康家。2010年12月22日晚上10点多，看见刘俊康和王逸峰在卧室里弄冰毒。刘俊康把铁盒里装的一袋冰毒分开，分别装进另外两个装冰毒的袋子里。之后，刘俊康拿出电子秤称了这两包冰毒，一包是400克，另一包是450克，加起来850克。刘俊康让其找来两个黑色塑料袋，把两包冰毒拿到客厅的沙发上，分别套上黑色塑料袋。然后找来胶带纸缠上。送车的人敲门时，刘俊康把冰毒拿到了卧室。当晚 11 点多,其和王逸峰开着刘俊康朋友送来的比亚迪轿车回了包头市。冰毒在王逸峰提着的棕色包里装着。当时王逸峰和刘俊康说好每克冰毒 300 元,回包头市把冰毒卖完后给钱。回包头市后把两包冰毒放在其在居安公寓租住的房子里。在刘俊康家还见过贾奎和贾飞,贾奎想和刘俊康买冰毒,刘俊康让他回包头市找王逸峰。

从四川省回到包头市第二天,其给贾飞和曾某凡打电话,在自家楼下以每克 300 元的价格卖给曾某凡 10 克冰毒,曾某凡当时给其 2500 元。王逸峰在金鼎酒店和贾奎、贾飞谈好以每克 400 元的价格卖给贾奎 200 克冰毒。其对贾奎说,必须现金交易。贾奎让其到呼和浩特市取钱,其回家称了 200 克冰毒用白色塑料袋装上,坐上贾奎的车到贾奎家取了 4 万元现金,其卖给贾奎 100 克冰毒。2009 年 12 月 26 日中午,贾飞到其住处说王逸峰让他来取 150 克冰毒去换一辆丰田车,其把王逸峰事先装在白色塑料袋的 150 克冰毒给了贾飞,当天下午见贾飞开回一辆丰田车,放在金鼎酒店楼下。后来贾飞给其打电话要 10 克冰毒,其把 10 克冰毒送到金鼎酒店,贾飞说给他女朋友买的,钱已经给了王逸峰,当时贾飞的女朋友也在。

在毒品交易中其负责出货、送货,王逸峰负责联系和指挥。王逸峰也自行卖冰毒,公安机关在其住处扣押的冰毒是没有卖完剩下的。

2. 上诉人刘俊康供述,2009 年 12 月下旬的一天晚上,其在四川省邛崃市的住处,把家中的三袋冰毒装在一个黑色塑料袋里,到楼下的水果摊上称完又拿回家,冰毒将近 900 克。王逸峰和吴昌荣回到其住处后,其又把三袋冰毒装成两袋,用两个黑色塑料袋分别包起来,然后用胶带纸把两袋冰毒缠起来,吴昌荣主动上前帮着缠。之后,其把两包冰毒交给王逸峰,吴昌荣在场。其对他们说,两包冰毒加上包装 900 克,每克 300 元,还以每天 300 元的价格为他们租了一辆比亚迪轿车。当晚 11 点多他俩带上冰毒开车回了包头市。后来吴昌荣打电话说,拿回去的冰毒水分太大。其对他讲,可以按 800 克算。

3. 上诉人王逸峰供述,其曾两次去四川省找刘俊康,第二次去四川省后,其打电话把吴昌荣也叫去。在刘俊康家还看见贾奎和贾飞,贾奎想和刘俊康买冰毒。在那儿住了几天后,其和吴昌荣一起开着刘俊康借来的比亚迪车回了包头市。到吴昌荣家后,吴昌荣打开从四川省带回来的冰毒和其一起吸食。回到包头市的第二天，贾奎在金鼎酒店和吴昌荣说要买 200 克冰毒，吴昌荣让其把贾奎带来的 1 万元钱收下，他和贾奎一起到呼和浩特市去取钱。后来其和贾飞、刘斌一起开车到呼和浩特把吴昌荣接上，吴昌荣把一个装钱的茶叶盒交给其。从四川回包头的第二天，贾飞要买 10 克冰毒，其让他找吴昌荣，吴昌荣给他 10 克冰毒，贾飞给其 4000 元。其和张海明约好用 150 克冰毒换回抵押的丰田卡罗拉汽车，让贾飞向吴昌荣要了 150 克冰毒，贾飞把车换回来。刘斌曾给过其 4 万元钱。

4. 被告人贾飞供述，2009 年 12 月 21 日其和哥哥贾奎开车来到包头，贾奎和吴昌荣见面说要购买 200 克冰毒。后来听贾奎说，买了 100 多克，当时给了 1 万元。有一天凌晨 1 点多，吴昌荣打来电话，让其到呼和浩特接他，其和王逸峰、刘斌开车接上吴昌荣，吴昌荣把装钱的茶叶桶给了王逸峰。2009 年 12 月 23 日，其通过王逸峰向吴昌荣为曹丽买了 10 克冰毒，把 4000 元钱给了王逸峰。2009 年 12 月 25 日或 26 日中午，王逸峰让其到吴昌荣家，吴昌荣给其一个黑袋子，里面装着 100 多克冰毒，还给其 300 元钱。王逸峰给其一个电话号码，电话联系后来了一个 30 多岁的男人把冰毒拿走，又来了一个 40 多岁的男人送来一辆丰田车，其把车开回去交给王逸峰。

5. 被告人曹丽供述，2009 年 12 月 23 或 24 日，在金鼎酒店通过贾飞买了 10 克冰毒，给贾飞 5000 元，当时贾飞的"三哥"也在，贾飞把钱给了他。

6. 被告人刘斌供述，2009 年 1 2 月 24 日，其和贾飞、王逸峰开着一辆黑色长城越野车去了呼和浩特市，他们进了一个小区的二楼，吴昌荣从里面出来，手里拿着一个方形的茶叶桶，里面装着钱。2009 年 1 2 月 26 日，在居安公寓吴昌荣的住处向王逸峰买了 100 克冰毒，是用两个透明塑料袋包装的，给了王逸峰 4 万元现金，钱是通过李某春向白某借的。从居安公寓出来后，给范某打电话在上岛咖啡附近卖给他 5 克冰毒，他给了 2500 元。晚上，在东河区盘古大酒店的上岛咖啡附近又卖给他 5 克，也是每克 500 元。2009 年 12 月 27 日下午，杨某文打电话要 5 克毒品，其在瓦窑沟附近从 100 克冰毒中拿出 10 克，分成 15 包，以每袋 600 元的价格卖给杨某文 5 袋，收了 3000 元。

7. 证人李某春证言证实,2009年12月份,刘斌在其和白某合伙的公司借了4万元。

8. 证人范某证言证实,2009年12月,在东河上岛咖啡附近向刘斌买过两次冰毒,每次5克,每次给他3000元。

9. 证人杨某文证言证实,向刘斌买过30多次毒品,每次1克或半克。

10. 证人曾某凡证言证实,2009年12月26日下午,其在包头市昆都仑区居安公寓里向吴昌荣购买冰毒9克,给了吴昌荣2500元。

11. 公安机关出具的搜查笔录、扣押物品、文件清单证实,2009年12月28日公安人员在包头市居安公寓吴昌荣住处扣押白色晶体一包,毛重22.28克,电子天平2台,冰壶2个,电子喷枪打火机1个,黑色毒品包装袋2个,其中1个内有白色透明包装袋,表面潮湿,白色透明塑料包装袋6个等。

12. 内蒙古公安厅内公(禁毒)鉴(毒品)字〔2010〕034号毒品检验鉴定书证实,送检淡黄色晶体一包,净重14.9783克,含有甲基苯丙胺成分,含量85.25%。

上列证据,均经一、二审庭审举证、质证,查明属实,本院予以确认。

(六)2009年12月25日,刘俊康联系巴图吉仁拉准备购买麻黄碱10千克,巴图吉仁拉要求其先支付部分毒资,刘俊康联系王逸峰让其支付购买850克甲基苯丙胺的部分毒资,为其筹集资金购买麻黄碱,并于2009年12月26日将6.5万元汇到王逸峰指使贾飞以贾飞的名义开立的中国工商银行账户上。王逸峰又指使吴昌荣、刘斌在包头市青山区少先路金鼎酒店楼下将人民币10.5万元交给巴图吉仁拉。巴图吉仁拉、吴丽华从内蒙古自治区乌审旗返回包头市途中被抓获,当场缴获麻黄碱9.86千克。2009年12月28日,刘俊康乘坐飞机准备到包头与王逸峰等人会合,王逸峰、刘斌到呼和浩特接站后,三人被公安机关抓获。当天,吴昌荣在其住所被抓获。

上述事实有下列证据证实:

1. 上诉人刘俊康供述,2009年12月24日或25日,其和巴图吉仁拉联系好用31.5万元购买9千克麻黄碱,每千克3.5万元。给王逸峰打电话向他索要卖冰毒的钱,王逸峰让其找吴昌荣,吴昌荣说只有25万元。2009年12月27日下午,其按照王逸峰的要求把6.5万元打到贾飞在工商银行账户上。当晚,吴昌荣给其打电话说,他已经给了巴图吉仁拉10.5万元现金,货到以后再把剩下的钱给巴图吉仁拉,他和巴图吉仁拉约好第二天中午交货。第二天中午王逸峰让其到包头市,其坐飞机先到呼和浩特市,王逸峰和刘斌将其接上后,一起被抓。

2. 上诉人王逸峰供述,2009年12月25日、26日左右,刘俊康打电话告诉其,他已和巴图吉仁拉谈好用31.5万元购买9千克麻黄碱,让其帮助筹款。其让贾飞用他自己的名义办了一张银行卡,刘俊康把6.5万元汇到那张卡上。其把4.3万元交给刘斌让他和吴昌荣一起交给巴图吉仁拉,为刘俊康购买麻黄碱,刘斌回来说他和吴昌荣一共给巴图吉仁拉10.5万元现金。2009年12月28日和刘斌一起到呼和浩特接刘俊豪时一起被抓。

3. 被告人吴昌荣供述,2009年12月26日下午,刘俊康打电话让其从巴图吉仁拉手中取麻黄碱,并把对方的手机号告诉其,又让其和巴图吉仁拉到金鼎酒店取钱,其和巴图吉仁拉到金鼎酒店楼下见到刘斌,其和刘斌一共给巴图吉仁拉10.5万元现金。2009年12月28日在家中被抓。

4. 被告人刘斌供述,2009年12月27日或26日,王逸峰让其给吴昌荣送钱,吴昌荣领了一个不认识的人,其和吴昌荣给那人10.5万元。

5. 被告人贾飞供述,2009年12月26日或27日下午,王逸峰让其以自己的名义在中国银行和工商银行各开办了一个银行卡,还说是刘俊康要给他打钱。其把两张卡都交给王逸峰了。后来王逸峰把钱取了。

6. 另案被告人巴图吉仁拉供述,2009年12月27日下午,刘俊康打电话要购买麻黄碱,后来其接一个陌生人电话说刘俊康让吴昌荣和其见面。双方各自开车来到一个宾馆楼下,那人和宾馆门口站着的一个年轻人一起,给其10.5万元,并说货到后付尾款。当天下午,其联系布音贺喜格后和妻子吴丽华开车一起到了乌审旗。第二天早上,在乌审旗到内蒙古自治区鄂托克旗收费站处将10.5万元交给布音贺喜格,他从车上取下两袋麻黄碱放到其车上,其驾车走到黄河大桥收费站处被公安人员抓了。

7. 另案被告人吴丽华供述，2009年12月27日晚上，和巴图吉仁拉一起开车去乌审旗。途中，巴图吉仁拉把车停在路边，上了停在路边的一辆车上。后来发现自家车上多了一袋东西。

8. 公安机关出具的工商银行牡丹灵通卡账户清单证实，贾飞于2009年12月26日开办银行卡上当日接收6.5万元汇款。

9. 公安机关出具的扣押物品清单及称重记录证实，2009年12月28日从巴图吉仁拉处扣押毒品疑似物2袋，毛重10千克。

10. 内蒙古自治区公安厅内公（禁毒）鉴（毒品）字〔2010〕010-1号毒品检验鉴定书证实，从巴图吉仁拉处缴获毒品疑似物中检出甲基麻黄碱成分，净重9.86千克。

上列证据，均经一、二审庭审举证、质证，查明属实，本院予以确认。

（七）2009年11月间，原审被告人吴火红在四川省成都市分两次向被告人刘俊康贩卖甲基苯丙胺10克。2010年1月3日，侦查人员在四川省成都市锦汇区天仙桥北路3号附1号抓获吴火红时，在其住处缴获甲基苯丙胺39.49克。

上述事实有下列证据证实：

1. 公安机关扣押物品清单及照片证实，2010年1月3日在吴火红处扣押疑似毒品2包、电子秤1台等。

2. 内蒙古自治区公安厅毒品检验鉴定书证实，送检粉末状晶体颗粒净重30.1107克，成分为甲基苯丙胺，含量为85.5%；白色块状晶体净重为9.3778克，成分为甲基苯丙胺，含量为84.4%。

3. 上诉人刘俊康供述，2009年11月份，在成都市新津县花苑镇佳源宾馆认识了吴火红，用1500元向吴火红购买5克冰毒。后来又让吴火红给其送过去5克冰毒，其又给了吴火红1500元和50元打车费。

4. 被告人吴火红供述，2009年11月27日，其在成都市新津县佳源酒店认识了刘俊康，在该酒店409房间以每克300元的价格卖给刘俊康5包冰毒，每包1克，刘给其1500元。又过了两三天，刘俊康又要买5克冰毒，其将冰毒送到佳源宾馆他住的房间，刘俊康给其1500元和50元打车费。2010年1月3日公安人员将其抓捕时，从其包里搜出的40克冰毒是其当天在成都市金花镇三只鞋广场从张兵（在逃）手中买的,花了1万元,每克250元。

上列证据,均经一、二审庭审举证、质证,查明属实,本院予以确认。

证明上述事实的证据另有:

1. 认笔录证实,刘俊康在10张不同男子的照片中辨认出8号照片中的吴火红,就是在四川省卖给其冰毒的"龙娃"。曹丽在10张不同男子的照片中辨认出5号照片中的王逸峰,就是贾飞的"三哥"。

2. 四川省浦江县人民法院(2001)浦江刑初字第31号刑事判决书、四川省新津县人民法院(2004)新津刑初字第39号刑事判决书、四川省邛崃市人民法院(2004)邛崃刑初字第139号刑事判决书证实,2001年3月28日刘俊康因犯盗窃罪被判处有期徒刑一年六个月,并处罚金人民币3000元;2004年3月25日因犯收购赃物罪被判处有期徒刑七个月,并处罚金人民币1000元;2004年8月24日因犯盗窃罪被判处有期徒刑一年,并处罚金人民币1000元。

3. 包头市青山区人民法院(2008)青刑初字第67号刑事判决书证实,2008年4月4日王逸峰因犯故意伤害罪被判处有期徒刑二年。

4. 公安机关出具的释放证明书证实上诉人刘俊康、王逸峰服刑期满后的释放时间。

5. 公安机关出具的毒品尿样检验鉴定书证实,被告人刘俊康、王逸峰被抓获时毒品尿样检测均为阳性。

以上证据,均经一、二审庭审举证、质证,查明属实,本院予以确认。

本院认为,上诉人刘俊康、王逸峰违反国家对毒品的管理规定,贩卖、运输、制造毒品,上诉人刘俊康贩卖、运输甲基苯丙胺986克,为制造甲基苯丙胺贩卖、运输麻黄碱22.86千克;上诉人王逸峰贩卖、运输甲基苯丙胺861克,为刘俊康制造甲基苯丙胺参与贩卖麻黄碱10.86千克,王逸峰还为刘俊康制造毒品提供场所,二上诉人的行为均构成贩卖、运输、制造毒品罪。上诉人刘俊康、王逸峰贩卖、运输甲基苯丙胺数量大,社会危害性大,应予依法惩处。上诉人刘俊康、王逸峰均系累犯,均应从重处罚。在案证据足以证实上诉人刘俊康贩卖、运输甲基苯丙胺986克及上诉人王逸峰贩卖、运输甲基苯丙胺850克,为制造毒品参与贩卖麻黄碱10.86千克,故上诉人刘俊康、王逸峰的上诉理由及辩护人的辩护意见均没有事实和法律依据,不能成立,本院不予采纳。检察机关提出一审判决认定上诉人王逸峰向原审被告人刘斌贩卖100克甲基苯丙胺的事实不清、证据不足的出庭意见。经查,刘斌供述关于向王逸峰购买100克甲基苯丙胺的时间、地点、毒资的来源和数额及购买后将部分毒品卖给范某、杨某文的供述,均与证人证实刘斌向其借款的数额及王逸峰关于从刘斌处收到钱款数额的供述相吻合,范某、杨某文证实从刘斌处购买甲基苯丙胺的时间也与刘斌的供述吻合,事实清楚,证据确实、充分,足以认定。检察机关提出一审认定该起犯罪证据不足的出庭意见不能成立,本院不予支持。检察机关提出吴火红分两次向刘俊康贩卖10克甲基苯丙胺不应认定为刘俊康的贩卖数量的意见正确,本院予以支持。但鉴于本案涉案的甲基苯丙胺实物大部分未被查获,对上诉人刘俊康、王逸峰判处死刑,可不立即执行,但上诉人刘俊康、王逸峰均系累犯,决定对二上诉人限制减刑。依照《中华人民共和国刑法》第三百四十七条第一款、第二款第(一)项、第七款,第三百五十七条、第三百五十条、第六十五条第一款、第五十九条、第六十一条、第五十七条、第五十四条、第五十条第二款及《中华人民共和国刑事诉讼法》第二百二十五条第一款第(三)项之规定,判决如下:

一、维持内蒙古自治区包头市中级人民法院(2011)包刑一初字第13号刑事判决对上诉人(原审被告人)刘俊康、王逸峰的定罪部分,即上诉人(原审被告人)刘俊康犯贩卖、运输、制造毒品罪;上诉人(原审被告人)王逸峰犯贩卖、运输、制造毒品罪。

二、撤销上述刑事判决对上诉人(原审被告人)刘俊康、王逸峰的量刑部分,即上诉人(原审被告人)刘俊康犯贩卖、运输、制造毒品罪,判处死刑,剥夺政治权利终身,并处没收个人全部财产;上诉人(原审被告人)王逸峰犯贩卖、运输、制造毒品罪,判处死刑,剥夺政治权利终身,并处没收个人全部财产。

三、上诉人(原审被告人)刘俊康犯贩卖、运输、制造毒品罪,判处死刑,缓期二年执行,剥夺政治权利终身,并处没收个人全部财产。

四、上诉人(原审被告人)王逸峰犯贩卖、运输、制造毒品罪,判处死刑，缓期二年执行，剥夺政治权利终身，并处没收个人全部财产。

五、对上诉人（原审被告人）刘俊康、王逸峰限制减刑。

本判决为终审判决。

审　判　长　郭云楼
代理审判员　郝涌溪
代理审判员　王英杰
二〇一六年六月二十日
书　记　员　张　硕

五、刑事案件中的其他问题

陈薇薇逃税案

诉讼代表人缺位时单位犯罪的指控问题

要　旨

在指控单位犯罪的过程中，人民检察院是确定诉讼代表人的第一责任人，且该职责贯穿刑事诉讼程序始终。为顺利指控单位犯罪，检察机关必须做好两项工作：第一，起诉前必须确定诉讼代表人，否则难以实现案件受理及开庭审理。第二，在诉讼代表人并非法定代表人或者主要负责人时，一旦不到庭，人民法院不能强制其到庭，此时，人民检察院需另行确定诉讼代表人，否则无法指控单位犯罪。

基本案情

上诉人陈薇薇，女，1966年××月××日出生，身份证号码1101091966×××××××，汉族，高中文化，北京恒威腾达商贸有限公司（以下简称恒威公司）法定代表人，住北京市门头沟区向阳楼××楼××单元××号。因涉嫌逃税罪，于2013年11月1日被北京市公安局门头沟分局刑事拘留，同年11月14日被门头沟检察院批准被逮捕。

经审理查明：2011年11月，上诉人陈薇薇和股东王某、梁某明共同注册成立了恒威公司，陈薇薇任法定代表人。2012年1月，恒威公司与东方巴黎房地产开发（北京）有限公司签订了房屋租赁合同，租赁该公司位于北京市门头沟区双峪路35号5层整层房产用于租给商户经营服装,恒威公司于2012年3月至2013年5月共收取商户租金人民币309万余元,但该公司隐瞒了自己取得租金收入的事实,未进行营业税的纳税申报。2013年9月29日,北京市门头沟区地方税务局稽查局对恒威公司下发税收缴款书,限其于2013年10月16日前缴纳所欠税款,但该公司到期未缴纳所欠税款,逃避缴纳营业税税款154955.53元、城市维护建设税税款10846.90元,共计逃避缴纳税款165802.43元,占应纳税额的77.42%。

2014年7月25日,门头沟检察院以陈薇薇犯逃税罪向门头沟法院提起公诉。2014年8月12日,门头沟法院判决陈薇薇犯逃税罪,判处其有期徒刑1年6个月,罚金人民币2000元。2014年10月16日,北京市人民检察院第一分院受理了陈薇薇逃税上诉一案。一分院在办案中发现,该案本应认定为单位逃税,但由于恒威公司于2013年6月变更为一人公司,法定代表人陈薇薇被采取刑事强制措施,股东王某和梁某明在案件审理期间已经不再参与公司经营且系本案证人,其余公司员工均为临时工,在公司涉案后纷纷离开,故一审检察机关无法指定单位诉讼代表人,遂只能将该案以自然人犯罪进行起诉。二审期间,经北京市检察院一分院调取王某、梁某明的证言以及恒威公司成立、变更的工商登记材料,认为本案系单位犯罪案件,一审判决认定事实错误、适用法律有误。二审法院将该案发回重审。

关键问题

在诉讼代表人缺位的情况下如何指控单位犯罪?

分歧意见

2013年1月1日起施行的最高人民法院《关于适用〈中华人民共和国刑事诉讼法〉的解释》(以下简称《解释》)对单位犯罪的诉讼代表人制度进行了细化规定,主要体现在三个方面:一是进一步拓宽了诉讼代表人的范围。《解释》第279条规定被告单位委托的其他负责人和职工可以在法定条件下成为诉讼代表人。二是进一步强化了开庭审理单位犯罪案件必须要有诉讼代表人出庭的制度设计。在《解释》修改前，针对在没有诉讼代表人的情况下能否缺席审判，理论和实务界素有争议。《解释》第280条除保留了"开庭审理单位犯罪案件，应当通知被告单位诉讼代表人出庭"的规定外，还增设新规定："没有诉讼代表人参与诉讼的，应当要求人民检察院确定。"这意味着检察机关如果想要指控单位犯罪，必须首先确定诉讼代表人。三是进一步细化了诉讼代表人拒不出庭的处理办法。新《解释》第280条第2款则根据人员类别不同分情形处理，规定在法定代表人或者主要负责人担任诉讼代表人拒不出庭的情况下，人民法院可以拘传到庭；而在诉讼代表人系被告单位的其他人员的，则不能采取拘传措施，应当要求人民检察院另行确定诉讼代表人出庭。

从《解释》的新规定可以看出，人民检察院是确定诉讼代表人的第一责任人，且该职责贯穿刑事诉讼程序始终。检察机关要想顺利指控单位犯罪，必须做好两项工作：第一，起诉前必须确定诉讼代表人，否则会影响人民法院受理单位犯罪案件以及开庭审理。第二，在诉讼代表人并非法定代表人或者主要负责人时，人民检察院还要保证其能够出庭，因为人民法院没有强制其到庭的权力，在强制到庭不能的情况下，人民检察院仍不能免除职责，需另行确定诉讼代表人。换言之，如果检察机关不能做好上述两项工作，就无法指控单位犯罪。

《解释》的新规定，一方面体现了最高人民法院对被告单位利益以及对其他诉讼代表人人权的充分维护，另一方面体现了最高人民法院全力保障庭审的顺利进行。但是其在司法解释层面为检察机关设定职责是否妥当有待商榷，同时由于新规定没有顾及实践中确实存在无法确定适格诉讼代表人的情况，其一律要求开庭审理时必须要有诉讼代表人，致使检察机关在指控单位犯罪时面临困境。在诉讼代表人缺位时如何指控单位犯罪，实践中存在分歧意见。

第一种意见认为应当变更指控为自然人犯罪。理由有两个：一是从实践上看，由于确定诉讼代表人选任困难，指控单位犯罪存在障碍，故应直接指控自然人犯罪。二是从理论上看，全国人大常委会《关于〈中华人民共和国刑法〉第三十条的解释》规定："公司、企业、事业单位、机关、团体等单位实施刑法规定的危害社会的行为，刑法分则和其他法律未规定追究单位的刑事责任的,对组织、策划、实施该危害社会行为的人依法追究刑事责任。"这表明单位实施的危害社会的行为可以依法追究自然人的刑事责任。

第二种意见认为在法律没有完善之前,应当充分发挥现有规定中可以补救的措施,依照《解释》第286条的规定,在无法确定诉讼代表人的情况下,即时通知工商部门对单位作出撤销、注销、吊销营业执照的决定,然后对直接负责的主管人员和其他直接责任人员继续审理。

第三种意见认为在没有诉讼代表人的情况下,可以比照民事诉讼法实行缺席审判。陈薇薇案在发回重审后即采用了此种做法。

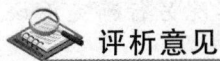 **评析意见**

上述三种意见无论采用哪一种,都不能实现打击犯罪和维护被告单位利益的双重目的,还有可能使检察机关陷入法律适用错误的困境。第一种意见虽然可以规避诉讼代表人选任难题,但是容易造成放纵单位犯罪的后果。而且在司法实践中,对单位犯罪中直接负责的主管人员和其他直接责任人员的量刑一般轻于自然人犯罪中对行为人的量刑,因此变更指控自然人犯罪的做法有可能会使罪刑不相适应。用全国人大对刑法第30条的解释支持此种做法也并不妥当,因为两者针对的情形不尽相同。全国人大常委会《关于〈中华人民共和国刑法〉第三十条的解释》所针对的是在刑法没有规定为单位犯罪的情形下应当指控自然人犯罪,但是在刑法已经规定单位犯罪的情形下,就必须追究单位的刑事责任。因为诉讼程序障碍放弃追究单位犯罪而直接指控自然人犯罪属于法律适用错误。第二种意见提出的补救措施虽然是一条可行进路,但实践可操作性不强:一是撤销、注销、吊销营业执照或者宣告破产,均需要出现法定事由,符合条件者甚少;二是从提出建议到单位消灭均需要一定时间,能否在诉讼期限内完成也是问题。第三种意见在理论和实践中也存在争议。其中,否定缺席审判的意见认为刑事诉讼和民事诉讼存在不同,认定单位犯罪是对单位名誉及其权益的一种惩罚,而诉讼代表人是为了维护单位的整体权利而设置,如果实行缺席审判,就会出现单位在未参加诉讼和未充分行使权利的情况下给其定罪的情况,这不仅损害程序公正,而且损害实体公正。肯定缺席审判的意见认为诉讼权利是一种

可以放弃的权利,当事人放弃行使自己的诉讼权利并不妨碍司法机关严格依法办案并产生各种正常的法律后果;同时,在确实找不到适格诉讼代表人的情况下,坚持要诉讼代表人出庭,只能徒具形式,根本起不到诉讼代表人应有的作用,不仅给单位犯罪案件审理程序带来不必要的麻烦,而且有悖诉讼经济原则。

造成上述法律适用难题的主要原因在于《解释》对诉讼代表人制度的规定存在疏漏,导致实践中出现诉讼程序反制实体指控的情况出现。修改后的《解释》至少以下方面存在不足。

一是对诉讼代表人的范围规定过窄。《解释》第279条规定,被告单位的诉讼代表人,应当是法定代表人或者主要负责人;法定代表人或者主要负责人被指控为单位犯罪直接负责的主管人员或者因客观原因无法出庭的,应当由被告单位委托其他负责人或者职工作为诉讼代表人。但是有关人员被指控为单位犯罪的其他责任人员或者知道案件情况、负有作证义务的除外。

根据上述司法解释,被告单位的诉讼代表人由四类人充当,分别为法定代表人或主要负责人、其他负责人以及单位的职工。可以看出,诉讼代表人的人选限定在本单位内,其他人员均不能充当诉讼代表人。但实际情况下,排除了法定代表人、主要负责任人以及已经作为证人的单位职工,往往再没有合适的诉讼代表人存在。陈薇薇逃税上诉一案就是典型的一例,当法定代表人被指控为犯罪,其他职工均为临时工,在公司涉案后纷纷离开而无法找到时,诉讼代表人的确定就存在现实障碍。而如果没有适格的诉讼代表人,诉讼程序如何进行,《解释》没有规定,只是在第280条要求由检察机关另行确定。因此,《解释》将这个现实难题留给了检察机关,检察机关只能采取变通做法,即直接指控自然人犯罪,对单位犯罪不再提出控诉。该种做法不仅从实体上不能有效打击犯罪,从程序上也损害了刑事诉讼应有的权益保障功能。

二是对诉讼代表人的出庭保障规定不细。如前述分析,《解释》针对诉讼代表人不出庭的情况分情形处理:第一,在法定代表人或者主要负责人因客观原因无法出庭的,应当由被告单位委托其他负责任人或者职工作为诉讼代表人。第二,诉讼代表人系被告单位的法定代表人或者主要负责任人,无正当理由拒不出庭的,可以拘传其到庭;因客观原因无法出庭的，应当要求人民检察院另行确定诉讼代表人。第三，诉讼代表人系被告单位的其他人员的，应当要求人民检察院另行确定诉讼代表人出庭。

可以看出，除了在一定条件下，对法定代表人和主要负责人可以强制到庭外，《解释》保障诉讼代表人出庭的措施仅有另行确定或者另行委托。但是，如果被告单位不委托怎么处理？被告单位委托是否要征得被委托人同意，被委托的人不愿意做诉讼代表人如何处理？检察机关再次确定的诉讼代表人又不出庭怎么处理？这些实践中可能遇到的情况，《解释》都没有规定。因此，《解释》只关注了要维护被告单位诉讼权利一个诉讼价值，却没有考虑到实践的可操作性。同时，其新规定是建立在总会有诉讼代表人愿意出庭的理想假设之上，忽视了现实中存在的障碍。

三是在司法解释层面为检察机关设定职责并不妥当。一方面，笔者认为由检察机关确定诉讼代表人并不妥当。诉讼代表人是为了保障单位的利益而设，与公诉机关处于对抗位置。虽然检察机关有客观公正的义务，但由检察机关确定诉讼代表人从根本上违背了刑事诉讼两造对抗平等的规律和原则，也不利于最大限度地保障单位的利益，实现诉讼代表人制度设立的宗旨。另一方面，该职责在司法解释层面由最高人民法院设定也不妥当。单位犯罪在程序上系关涉侦查机关、检察机关等多方主体的活动，而单位诉讼代表人是关系到单位犯罪诉讼中主体确定的问题，属于刑事诉讼法中基础性和共性的问题，因此，职责的设定客观上要求由三机关之外的主体进行。

针对上述问题，笔者认为，在诉讼代表人缺位的情况下应当合理设定指控单位犯罪的诉讼程序：

第一，拓宽诉讼代表人选任范围。一是建议建立由律师代表被告单位出庭的制度，将诉讼代表人的范围扩展至单位外部，被告单位可以自行委托律师担任诉讼代表人，在被告单位因经济困难无法委托诉讼代表人或者在特定条件下无法找到适格诉讼代表人的情况下，可以由人民法院指定律师担任诉讼代表人。由律师担任诉讼代表人，不仅可以解决在诉讼代表人缺位的情况下诉讼无法顺利进行的困境，而且可以最大限度保障单位的诉讼权益，符合单位诉讼代表人制度设立的宗旨。二是在被告单位委托或同意的前提下，可以将被告单位之外的人纳入诉讼代表人范围。因为诉讼代表人设立的本质是为了维护被告单位的利益，与其身份是否是本单位员工无关。即使是本单位员工，对于单位情况的了解、维护单位利益的能力也强弱有别。因此，只要能够体现单位意志、履行维护权利和承担义务职责的人都可以做诉讼代表人，不必限制为本单位职工。

第二，建立诉讼代表人追责及缺席审判制度。首先，应当进一步规定被告单位委托其他人员作诉讼代表人应当征得被委托人同意，在其无正当理由拒不出庭的情况下，应当设置处罚规定，防止诉讼程序因诉讼代表人的确定问题反复中断。其次，在被告单位拒不委托诉讼代表人，或者确实没有适格诉讼代表人的情况下，可以视情况缺席审判。实践中的情况千差万别，在规定不细致、保障又不到位的情况下，一律要求审理单位犯罪案件必须要有诉讼代表人出庭必然会遭遇障碍。因此，法律设置应当坚持原则，同时设置例外。在被告单位拒不委托诉讼代表人的情况下可以视为其对权利的放弃，进行缺席审判。在确实没有适格诉讼代表人的情况下，应当权衡诉讼代表人出庭的利弊，在实质价值不能达致的情况下，不必对形式求全责备，应当尽快缺席审判，保证诉讼程序的顺利进行。

第三，规定单位自身为确立诉讼代表人的主体。在单位的法定代表人和主要负责人不能成为诉讼代表人时，应当由单位的意思机关，如股东会、董事会等指派或委任诉讼代表人，而并非由检察机关确定诉讼代表人，这样既能有效保障单位的诉讼利益，也能解决检察机关不能起诉单位犯罪的实践难题。

第四，立法设专章规定单位犯罪的刑事诉讼程序问题。鉴于单位犯罪刑事程序问题的重要性和由立法规定的必要性，建议在刑事诉讼法中设专章规定单位犯罪的刑事诉讼程序问题，系统规定单位犯罪案件的诉讼主体地位、诉讼代表人的资格、选任等问题，切实保障被告单位的合法权益，有效解决诉讼代表人选任的可操作性问题，实现刑事诉讼法典的统一、完备和协调。

处理结果

本案发回重审后，一审法院认为应以单位犯罪定罪，对陈薇薇按照单位犯罪直接负责的主管人员予以惩处。但由于诉讼代表人的确定仍然存在障碍，故一审法院在没有诉讼代表人的情况下对本案以单位犯罪作出缺席审判。

（撰稿人：张剑，北京市人民检察院第一分院审判监督部副主任
　　　　　金鑫，北京市人民检察院第一分院审判监督部检察官助理）

北京市门头沟区人民检察院
起 诉 书

京门检公诉刑诉〔2014〕149号

被告人陈薇薇，女，1966年××月××日出生，身份证号码1101091966××××××××，汉族，高中文化，北京恒威腾达商贸有限公司法定代表人，住北京市门头沟区向阳楼××楼××单元××号（户籍所在地门头沟区大峪东建井××排××号）。因涉嫌逃税罪，于2013年11月1日被北京市公安局门头沟分局刑事拘留，同年11月14日经本院批准被逮捕。

本案由北京市公安局门头沟分局侦查终结，以被告人陈薇薇涉嫌逃税罪于2014年1月14日向本院移送审查起诉。本院受理后，于2014年1月14日已告知被告人有权委托辩护人，依法讯问了被告人，审查了全部案件材料。

经依法审查查明：

2011年11月份，被告人陈薇薇注册成立了北京恒威腾达商贸有限公司，并任该公司法定代表人，同年12月份办理了税务登记。2012年1月份，被告人陈薇薇作为北京恒威腾达商贸有限公司法定代表人与东方巴黎房地产开发（北京）有限公司签订了房屋租赁合同，租赁该公司位于北京市门头沟区双峪路35号5层整层房产，后被告人陈薇薇将上述房屋租给其他商户用于经营服装，陈于2012年3月至2013年5月间共收取商户租金人民币309万余元，未缴纳营业税等税款。2013年9月29日北京市门头沟区地方税务局稽查局对北京恒威腾达商贸有限公司下发税收缴款书，限其于2013年10月16日前缴纳所欠税款，陈到期未缴纳所欠税款，逃避缴纳营业税税款154955.53元、城市维护建设税税款10846.90元，共计逃避缴纳税款165802.43元，占应纳税额的77.42%。

认定上述事实的证据如下：

被告人陈薇薇的供述，证人刘某华、郑某林、程某玲、王某明、臧某凤、李某玲、王某华、张某娟、何某震、方某华、王某红等人的证言，租赁合同、收据、记账凭证等，地税部门稽查报告及行政处罚决定书等材料。

本院认为，被告人陈薇薇无视国家法律，违反国家税收管理法规，作为纳税人经税务机关催缴税款，仍不缴纳，数额较大，且占应纳税额的百分之十以上，其行为已触犯《中华人民共和国刑法》第二百零一条之规定，犯罪事实清楚，证据确实、充分，应当以逃税罪追究刑事责任。根据《中华人民共和国刑事诉讼法》第一百七十二条的规定，提起公诉，请依法判处。

此致
北京市门头沟区人民法院

代理检察员：贺志如
2014年7月25日

附：
1. 被告人陈薇薇现羁押于门头沟区看守所；
2. 全部案卷和证据材料；
3. 证人名单。

北京市门头沟区人民法院
刑事判决书

(2014) 门刑初字第 147 号

公诉机关北京市门头沟区人民检察院。

被告人陈薇薇，女，48岁（1966年××月××日出生），汉族，出生地北京市，高中文化，北京恒威腾达商贸有限公司法定代表人，住北京市门头沟区向阳楼××楼××单元××号（户籍所在地北京市门头沟区大峪东建井××排××号），公民身份证号码1101091966××××××；因涉嫌犯逃税罪于2013年10月31日被羁押，同年11月14日被逮捕；现羁押在北京市门头沟区看守所。

北京市门头沟区人民检察院以京门检公诉刑诉〔2014〕149号起诉书指控被告人陈薇薇犯逃税罪，于2014年7月24日向本院提起公诉。本院依法适用简易程序，公开开庭审理了本案。北京市门头沟区人民检察院指派代理检察员贺志如出庭支持公诉。被告人陈薇薇到庭参加诉讼。现已审理终结。

北京市门头沟区人民检察院指控：2011年11月份，被告人陈薇薇注册成立了北京恒威腾达商贸有限公司，并任该公司法定代表人，同年12月份办理了税务登记。2012年1月，被告人陈薇薇作为北京恒威腾达商贸有限公司法定代表人与东方巴黎房地产开发（北京）有限公司签订了房屋租赁合同，租赁该公司位于北京市门头沟区双峪路35号5层整层房产，后被告人陈薇薇将上述房屋租给其他商户用于经营服装，陈于2012年3月至2013年5月间共收取商户租金人民币309万余元，未缴纳营业税等税款。2013年9月29日北京市门头沟区地方税务局稽查局对北京恒威腾达商贸有限公司下发税收缴款书，限其于2013年10月16日前缴纳所欠税款，陈到期未缴纳所欠税款，逃避缴纳营业税税款

154955.53元、城市维护建设税税款10846.90元，共计逃避缴纳税款165802.43元，占应纳税额的77.42%。

上述事实，被告人陈薇薇在开庭审理过程中亦无异议，有证人刘某华、郑某林、程某玲、王某明、臧某凤、李某玲、王某华、张某娟、何某震、方某华、王某红等人的证言，租赁合同、收据、记账凭证、地税部门稽查报告、行政处罚决定书等书证，户籍证明、情况说明、到案经过证明材料等证据证实，足以认定。

本院认为，被告人陈薇薇违反国家税收管理法规，作为纳税人经税务机关催缴税款，仍不缴纳，数额较大，且占应纳税额的百分之十以上，其行为已构成逃税罪，应依法惩处。北京市门头沟区人民检察院指控被告人陈薇薇犯逃税罪的事实清楚，证据确实、充分，罪名成立。被告人陈薇薇系自首，可依法从轻处罚。依照《中华人民共和国刑法》第二百零一条第一款、第六十七条第一款、第五十二条、第五十三条的规定，判决如下：

被告人陈薇薇犯逃税罪，判处有期徒刑一年六个月，罚金人民币二千元。

（刑期从判决执行之日起计算。判决执行以前先行羁押的，羁押一日折刑期一日，即自2013年10月31日起至2015年4月29日止。罚金于判决书生效后三个月内缴纳。）

如不服本判决，可在接到判决书的第二日起十日内，通过本院或者直接向北京市第一中级人民法院提出上诉。书面上诉的，应当提交上诉状正本一份，副本二份。

审　判　员　赵学军
二〇一四年八月十二日
书　记　员　常　跃

北京市第一中级人民法院
刑事裁定书

（2014）一中刑终字第2909号

原公诉机关北京市门头沟区人民检察院。

上诉人（原审被告人）陈薇薇，女，48岁（1966年××月××日出生），汉族，出生地北京市，高中文化，北京恒威腾达商贸有限公司法定代表人，住北京市门头沟区大峪东建井××排××号。因涉嫌犯逃税罪于2013年10月31日被羁押，同年11月14日被逮捕。现羁押于北京市门头沟区看守所。

北京市门头沟区人民法院审理北京市门头沟区人民检察院指控被告人陈薇薇犯逃税罪一案，于2014年8月12日作出（2014）门刑初字第147号刑事判决：被告人陈薇薇犯逃税罪，判处有期徒刑一年六个月，罚金人民币二千元。宣判后，原审被告人陈薇薇不服，提出上诉。本院依法组成合议庭，公开开庭审理了本案。现已审理终结。

本院认为，一审判决认定陈薇薇犯逃税罪的事实不清，适用法律错误。据此，依照《中华人民共和国刑事诉讼法》第二百二十五条第一款第（三）项之规定，裁定如下：

一、撤销北京市门头沟区人民法院（2014）门刑初字第147号刑事判决。

二、发回北京市门头沟区人民法院重新审判。本裁定为终审裁定。

审 判 长 史 迹
代理审判员 吕 晶
代理审判员 王 岩
二〇一四年十一月十七日
书 记 员 张 冉

北京市门头沟区人民法院
刑事判决书

(2014) 门刑初字第227号

公诉机关北京市门头沟区人民检察院。

被告人陈薇薇,女,48岁(1966年××月××日出生),汉族,出生地北京市,高中文化,北京恒威腾达商贸有限公司法定代表人,住北京市门头沟区向阳楼××楼××单元××号(户籍所在地北京市门头沟区大峪东建井××排××号),公民身份证号码1101091966×××××××;因涉嫌犯逃税罪于2013年10月31日被羁押,同年11月14日被逮捕;现羁押在北京市门头沟区看守所。

北京市门头沟区人民检察院以京门检公诉刑诉〔2014〕149号起诉书指控被告人陈薇薇犯逃税罪,于2014年7月24日向本院提起公诉。本院依法适用简易程序,公开开庭审理了本案,并于2014年8月12日作出(2014)门刑初字第147号刑事判决。被告人陈薇薇不服提出上诉,北京市第一中级人民法院于2014年11月17日作出(2014)一中刑终字第2909号刑事裁定,以一审法院判决认定事实不清、适用法律错误为由,将本案发回重审。本院于2014年11月24日重新立案后,依法另行组成合议庭,公开开庭审理了本案。北京市门头沟区人民检察院指派代理检察员贺志如出庭支持公诉,被告人陈薇薇到庭参加了诉讼。现已审理终结。

北京市门头沟区人民检察院指控:2011年11月,被告人陈薇薇注册成立了北京恒威腾达商贸有限公司,并任该公司法定代表人,同年12月办理了税务登记。2012年1月,被告人陈薇薇作为北京恒威腾达商贸有限公司法定代表人与东方巴黎房地产开发(北京)有限公司签订了房屋租赁合同,租赁该公司位于北京市门头沟区双峪路35号5层整层房产,后被告人陈薇薇将上述房屋租给其他商户用于经营服装,陈于2012年3月至2013年5月间共收取商户租金人民币309万余元,未缴纳营业税等税款。2013年9月29日北京市门头沟区地方税务局稽查局对北京恒威腾达商贸有限公司下发税收缴款书,限其于2013年10月16日前缴纳所欠税款,陈到期未缴纳所欠税款,逃避缴纳营业税税款154955.53元、城市维护建设税税款10846.90元,共计逃避缴纳税款165802.43元,占应纳税额的77.42%。

为证实上述事实,公诉机关向本院提供了被告人供述与辩解、证人证言、书证等证据。公诉机关认为,被告人陈薇薇无视国家法律,违反国家税收管理法规,作为纳税人经税务机关催缴税款,仍不缴纳,数额较大,且占应纳税额的百分之十以上,其行为已构成逃税罪,提请本院依照《中华人民共和国刑法》第二百零一条之规定,对被告人陈薇薇以逃税罪追究刑事责任。被告人陈薇薇经公安机关传唤主动到案,并如实供述了犯罪事实,具有自首情节,建议对其从轻处罚。

被告人陈薇薇对起诉书指控的犯罪事实和罪名不持异议,但辩称其并不是不想缴纳税款,而是当时确实没有经济能力缴纳。

经审理查明,2011年11月,被告人陈薇薇注册成立了北京恒威腾达商贸有限公司,持有该公司50%的股份,并担任该公司法定代表人,同年12月份该公司办理了税务登记。2012年1月份,被告人陈薇薇作为北京恒威腾达商贸有限公司法定代表人与东方巴黎房地产开发(北京)有限公司签订了房屋租赁合同,租赁该公司位于北京市门头沟区双峪路35号5层整层房产,后被告人陈薇薇将上述房屋租给其他商户用于经营服装,陈于2012年3月至2013年5月间共收取商户租金人民币309万余元,未缴纳营业税等税款。被告人陈薇薇将所收租金均用于公司经营。2013年6月28日,经北京恒威腾达商贸有限公司股东会决议,该公司股东王某、梁某明将所持公司50%的股份全部转让给被告人陈薇薇。2013年9月29日,北京市门头沟区地方税务局稽查局对北京恒威腾达商贸有限公司下发税收缴款书,限其于2013年10月16日前缴纳所欠税款,陈到期未缴纳所欠税款,逃避缴纳营业税税款154955.53元、城市维护建设税税款10846.90元,共计逃避缴纳税款165802.43元,占应纳税额的77.42%。2013年10月31日,被告人陈薇薇经公安机关传唤主动到案，并如实供述了犯罪事实。

上述事实，有经法庭质证、认证的下列证据予以证实：

1. 被告人陈薇薇的供述证实，2011年年底她注册成立了北京恒威腾达商贸有限公司，并担任该公司法定代表人。2012年1月，她作为公司的法定代表人与东方巴黎房地产开发（北京）有限公司签订了房屋租赁合同，将东方巴黎位于门头沟熙旺中心5层承包，之后招商将整个五层分租给50个左右商户，用于经营服装、鞋等。从2012年3月到2013年5月，她共收取租金300多万元。她收取的租金交给东方巴黎136万多元，交物业费100多万元，交取暖费、制冷费60多万元，还有支付工人的工资每月6万多元，她收的租金还不够公司的支出，公司一直处于亏损状态。2013年9月，地方税务局给她的公司下发了处罚决定书和税收缴款书，让她在2013年10月16日前缴纳所欠税款15万多元，滞纳金1万多元，罚款15万多元。她实在没有钱了，就没有缴纳。

2. 证人王某诚的证言证实，被告人陈薇薇注册成立的北京恒威腾达商贸有限公司在2012年4月至8月间对地税城市维护建设税、教育费附加、地方教育费附加进行了申报，2012年9月至2013年6月进行了零申报。该公司从2012年3月至2013年5月的租金收入都没有进行营业税的申报。税务机关认定该公司的行为属于虚假申报，因为该公司一直在进行税务申报，但是在申报过程中隐瞒了租金收入，属于虚假申报。

3. 证人王某的证言证实，北京恒威腾达商贸有限公司是陈薇薇找人注册的，他负责公司的装修材料，梁某明负责找工人施工，陈薇薇负责办手续，与物业、开发商沟通和招商。但后来招商不顺利，他和陈薇薇闹得不愉快，在2012年七八月的时候他就退股了，但没有马上进行股权变更。他退出后没有参与公司的经营，申报税收项目他不懂也没有参与。

4. 证人梁某明的证言证实，北京恒威腾达商贸有限公司是陈薇薇找人注册的，他只负责公司的施工，陈薇薇负责招商、签合同、收钱，负责公司的总体运营。后来他和陈薇薇在施工花费上闹矛盾，在商场开业之前他就退出公司了，但当时没有马上进行股权变更，后来一直没有联系过。直到2013年6月份，陈薇薇找到他，才进行了股权变更。

5. 证人徐某梅、索某杰、郑某林、方某华、孙某、陈某男、杨某局、朱某宝、焦某红、宋某华、刘某的证言证实，他们与陈薇薇的北京恒威腾达商贸有限公司签订了租赁合同，在东方巴黎时代广场5层租了摊位用于经营。

6. 企业法人营业执照及法定代表人登记表证实，北京恒威腾达商贸有限公司于2011年11月24日注册成立，陈薇薇任该公司的法定代表人。

7. 企业变更登记及股权转让协议证实，2013年6月28日，北京恒威腾达商贸有限公司股东王某、梁某明将其所持公司股份25万元（占公司注册资本的50%）转让给陈薇薇，转让后的债权债务由陈薇薇承担。

8. 税务登记证及北京市地方税务局综合申报表、企业申报查询证实，北京恒威腾达商贸有限公司于2011年12月1日办理了税务登记，该公司自2012年1月份至2013年6月份均进行了税务申报。

9. 房屋租赁合同证实，陈薇薇作为北京恒威腾达商贸有限公司（乙方）的法定代表人，于2012年1月9日与东方巴黎房地产开发（北京）有限公司（甲方）签订了房屋租赁合同，甲方将坐落于北京市门头沟区双峪路35号（东方巴黎时代广场）5层整层房产出租给乙方招商使用。

10. 东方巴黎房地产开发（北京）有限公司出具的收据证实，2012年2月至2013年5月，陈薇薇交给该公司租赁押金及租金共计人民币1367750元。

11. 商户租赁合同证实，2012年3月至2013年5月，北京恒威腾达商贸有限公司作为甲方，将其租赁的北京市门头沟区双峪路35号（东方巴黎时代广场）5层整层分租给46个商户用于经营。

12. 收据及记账凭证证实，从2012年3月至2013年5月间，北京恒威腾达商贸有限公司共收取商户租金人民币309万余元。

13. 涉税事实认定意见书证实，2013年8月27日，北京市门头沟区地方税务局稽查局向北京恒威腾达商贸有限公司送达了门地税稽事认（2013）38号涉税事实认定意见书，认定该公司未缴纳营业税154955.53元、城市维护建设税税款10846.90元。被告人陈薇薇作为该公司的法定代表人同意认定涉税事实。

14. 地税部门稽查报告及检查纳税情况表证实，北京恒威腾达商贸有限公司在2012年取得房租租赁收入1346861.75元，2013年1月1日至5月31日取得房屋租赁收入1752248.87元，未在实际申报的账簿中记载，未缴纳应缴税款，已构成偷税，所偷抗税额占同期应纳税额的77.42%。

15. 税务处理决定书证实，2013年9月9日，北京市门头沟区地方税务局稽查局向北京恒威腾达商贸有限公司送达了门地税稽处（2013）27号税务处理决定书，认定该公司构成偷税，并决定追缴该公司营业税154955.53元、城市维护建设税10846.9元、补缴教育费附加4648.67元、补缴地方教育费附加3099.16元、加收滞纳金15277.56元。

16. 税务行政处罚决定书及送达回证证实，2013年9月9日，北京市门头沟区地方税务局稽查局向北京恒威腾达商贸有限公司送达了门地税稽罚（2013）19号税务行政处罚决定书，决定对该公司的偷税行为处以未缴营业税税款154953.53元1倍罚款154955.53元、未缴城市维护建设税税款10846.90元1倍罚款10846.90元，共计罚款165802.43元。

17. 情况说明证实，北京市门头沟区地方税务局稽查局于2013年9月29日对北京恒威腾达商贸有限公司涉嫌偷税案件所欠税款进行执行，通知该公司法人陈薇薇并向其送达了税收缴款书，要求其在2013年10月16日之前补缴应纳税款及滞纳金，陈薇薇到期未进行缴纳。

18. 受案登记表证实，2013年10月23日17时许，北京市公安局门头沟分局经济犯罪侦查大队接门头沟区地方税务局转来北京恒威腾达商贸有限公司涉嫌逃税线索：2012年4月至2013年5月间，北京恒威腾达商贸有限公司收取租金收入309万余元，未缴纳营业税154955.53元，涉嫌逃税154955.53元。

19. 常住人口登记表证实，被告人陈薇薇自然人的身份情况。

20. 到案经过证实，2013年10月31日，被告人陈薇薇经公安机关传唤主动到案。

本院认为，被告人陈薇薇的逃税行为系以公司名义实施，其将租金收入均用于公司经营，现有证据不足以证明被告人陈薇薇在收取租金后用于个人开支，亦不能证明其公司是为进行违法犯罪活动而设立，或者设立后以实施犯罪为主要活动，故对被告人陈薇薇所犯逃税罪应以单位犯罪定罪，对其应按单位犯罪直接负责的主管人员予以惩处。被告人陈薇薇作为公司直接负责的主管人员，违反国家税收管理法规，采取隐瞒手段进行虚假纳税申报，逃避缴纳税款数额较大并且占应纳税额百分之十以上，经税务机关催缴税款，仍不缴纳，其行为已构成逃税罪，应依法惩处。北京市门头沟区人民检察院指控被告人陈薇薇犯逃税罪的事实清楚，证据确实、充分，罪名成立；唯指控被告人陈薇薇所犯逃税罪为自然人犯罪的证据不足，根据现有证据，应依法认定为单位犯罪。鉴于被告人陈薇薇具有自首情节，可依法从轻处罚。综上，依照《中华人民共和国刑法》第二百零一条第一款、第二百一十一条、第三十条、第三十一条、第六十七条第一款、第五十二条、第五十三条的规定，判决如下：

被告人陈薇薇犯逃税罪，判处有期徒刑一年六个月，罚金人民币二千元。

（刑期从判决执行之日起计算。判决执行以前先行羁押的，羁押一日折抵刑期一日，即自2013年10月31日起至2015年4月29日止。罚金于判决书生效后三个月内缴纳。）

如不服本判决，可在接到判决书的第二日起十日内，通过本院或者直接向北京市第一中级人民法院提出上诉。书面上诉的，应当提交上诉状正本一份，副本二份。

审　判　长　马冬梅
人民陪审员　刘长在
人民陪审员　刘　晶
二〇一四年十二月十八日
书　记　员　李　桐

广西靖西"7·11"聚众扰乱社会秩序、寻衅滋事案

坚持群众路线与注重司法策略、严格依法办案与规范宽严相济有机结合的启示

要 旨

本案是由群体性事件引发的刑事案件，涉及人员众多，社会影响大，中央领导对此专门作了批示。靖西县人民检察院在办理该案件时，采取得当司法策略，贯彻宽严相济刑事政策，依法正确履行不起诉、起诉职责，先对6名情节轻微的被告人作相对不起诉处理，并责令其具结悔过，再对情节较轻的8人先行分案起诉，后才对12名情节较重的被告人起诉，通过公正司法让群众感受到公平正义，法制教育成效显著。同时变可能上访为主动下访，深入群众中间，了解群众诉求，开展释法说理。积极化解矛盾，使案件得到妥善处理，通过回访，没有发现任何反弹的不良现象，避免出现更大规模的上访事件，实现了办案政治效果、社会效果和法律效果的有机统一。

基本案情

2010年7月11日15时许，广西信发铝厂在对途经靖西县新甲乡庞凌村凌晚屯的矿区运输通道改道施工时，与凌晚屯群众发生了矛盾冲突。当晚20时许，靖西县新甲乡新荣街、庞凌村、新靖镇等乡村组成约500人聚集在新甲乡高美村广西信发铝电有限公司高美洗矿厂附近，围堵该厂区和320省道。被告人陆威宗等10人积极参与，伙同他人持

钢管、砍刀、木棍等工具喊杀喊打，阻碍交通，意欲冲到厂内对厂房和人员进行打砸，被现场维护秩序的警察和政府工作人员劝阻，随即又持石头等投掷到厂区内，经警察和政府工作人员劝退，仍在现场继续威胁对抗，直至次日凌晨2时许才相续散去。造成该企业工作、生产、营业无法正常进行，厂内人员被砸伤和厂房门窗等设备被砸坏，320省道该路段交通堵塞瘫痪的严重后果。

2010年7月13日14时许，新荣街、庞凌村、渠洋镇等地群众在新甲乡新荣街聚集了200多人准备非法游行，扰乱社会秩序。在有人书写"还我家园，还我河流""净化河流，美化靖西"的横幅口号后，被告人陆金诚等人积极参与，伙同他人，拉着横幅，打着鼓，沿210省道往靖西县城方向进行非法游行示威，引发千余名群众尾随参与。当游行队伍到达新圩乡政府旧址附近时，被告人陆威宗等人拦住前往维护秩序的警车桂0-L001中巴车，强行拉开车门，将司机拉下车，并对该车进行打砸。游行队伍随后继续一路往靖西县城方向前进。为控制局面和进行劝退工作，上级政府和当地政府立即调集警察在县城郊外的德爱路口实施拦截警戒。

17时许，游行队伍到达德爱路口，民警对游行人群喊话疏导劝退，要求立即撤掉标语，迅速解散，撤离现场。游行队伍中有人向执勤民警投掷石块，被告人陆威宗等人也参加了冲击民警，向执勤民警投掷石头，冲突中导致黄某、陆某等维护秩序的民警和治安队员受伤，并造成210省道受阻，交通秩序完全瘫痪，现场秩序严重混乱，严重影响社会秩序。18时许，在反复劝退无果的情况下，民警被迫强行驱散滋扰生事的人群。经法医鉴定，民警黄某、陆某等人体所受的伤为轻微伤。桂0-L001号中巴车被打砸毁坏后经修理总费用为19996元。

关键问题

群体性事件背后，往往都隐藏着许多矛盾与纠葛。靖西"7·11"群体性事件中的关键问题体现为三方面的矛盾。一是企业周边群众与信发铝业集团的利益纠纷。靖西事件是一件典型的企业快速发展与周边环境治理、保护相冲突，资源开发型企业利益最大化与资源所在地群众合理利益维护相矛盾引发的事件。冰冻三尺非一日之寒。这一事件的发生，是信发铝业集团与靖西当地村民一直存在利益冲突的结果。信发铝业集团在当地政府支持下，以超常规的速度建设、投产，短短几年时间便建成生产规模达 260 万吨、上缴税收达 4.29 亿元的超大型企业。为了发展速度，企业将开发过程中的环境保护置于一边，大规模开采铝土矿却没有进行开采后的土地回填，导致生态遭到严重破坏。生产过程中污染排放不达标，企业附近的河流、水源受到污染，农业生产、群众生活受到严重影响。这些矛盾经一个时期的积累，加上一些人的煽动，当地群众的不满与怨气可想而知。这种尖锐的矛盾，无疑增加了妥善处理案件的难度。二是当地群众对当地政府、政法机关的不信任。靖西县（2015 年经国务院批准撤县设市）矿产资源丰富，却是国家贫困县之一，当地政府为拉动地方经济，想方设法招商引资，大力发展有色金属工业，以造福一方百姓。发展的道路本无可厚非，但是，为了发展过于迁就企业要求，放松必要监督与管理，甚至不顾及当地环境以及当地百姓的合理诉求，势必事与愿违，难以得到群众的充分认同与信任。本案涉案群众的一些诉求以及企业与当地群众的矛盾、纠纷，政府相关部门不可能不了解，迟迟不予解决，以致企业周边群众、当地其他民众对政府解决问题的态度和能力失去信心。案发后政府多方劝阻，但参与群众却越来越多，手段越来越激烈，导致群众不信任情绪的总体发泄。而这种不信任情绪的蔓延，增加了检察机关严格、公正执法的外部压力，最终必然影响执法的综合效果。三是依法打击犯罪与维护边疆和谐稳定的统一。靖西县是壮族人口占 99.4% 的边境县，靖西县的和谐稳定对巩固边疆具有十分重要的战略意义。由于引发事端的信发铝业集团是山东私营企业，与当地群众产生摩擦的企业保安人员大多是山东籍退伍军人，事件的发生很容易就被一些别有用心的人涂上地域冲突、民族矛盾的色彩。一些人通过网络等方式宣称山东人欺负靖西人，号召在外打工的人员回乡保卫家园，国外一些媒体甚至进行歪曲报道。一个经济利益纠纷引发的案件无形中牵涉着国家安全、民族团结的因素，处理过程中稍有不慎，或者得不到当地人民群众的理解与认同，极有可能成为引爆边境地区和谐稳定的"地雷"。

五、刑事案件中的其他问题

分歧意见

"7·11"事件引起中央领导和广西壮族自治区、百色市党委、政府的高度重视。中央领导专门就事件的处理作出重要批示：稳妥处理，查明原因，依法平息事态。自治区人民政府领导强调，进一步采取措施，全面贯彻落实中央领导的重要批示。为全面落实中央指示精神，依法尽快、妥善处理事件，自治区党委常委、政法委书记、副书记和自治区政府副主席、公安厅厅长到现场指挥，要求各有关单位贯彻落实中央领导批示，采取措施彻底平息事态、防止事件出现反弹，并召集自治区9个部门和百色市、靖西县各相关部门会商，对群众提出的各种合理诉求逐一提出解决办法。自治区人民检察院、百色市人民检察院对此案的处理也高度重视，多次要求靖西县人民检察院注重执法方式，延伸公诉职能，努力实现执法"三个效果"的有机统一。

处于风尖浪口的信发铝业集团对本案的处理，无疑也充满多方面的期待。对一个年产值近200亿元的超大型企业而言，停产一天，意味着上百万元的损失，依法打击破坏企业正常生产和员工健康安全的各种犯罪活动，维护企业的正常生产秩序乃当务之急。但企业领导层敏锐地捕捉到案件背后的潜在危机，如果不能与企业周边群众和睦共处，要正常开展生产活动将十分困难，要进一步扩大生产规模，更是难上加难。基于此，案发后信发铝业集团迅速更换领导层，主动采取降低双方矛盾的措施，提出了一些造福周边群众、体现企业社会责任的设想；在案件的处理上，则希望检察机关落实宽严相济原则，使案件处理成为双方和解的契机。

对案发地的群众，尤其是涉案人员而言，当事件回归司法层面的时候，案件的处理涉及一批涉案人员的行为评价、责任划分及相关权利的维护，他们既希望司法机关理解其行为方式，更希望司法机关对其合理的权利诉求予以支持和保护。其间，相当一部分群众对司法机关能否公正处理心存疑虑，其中一些人员思想情绪波动较大，准备以集体上访的形式继续给司法机关和相关部门施加压力，更有一些别有用心的人员借用网络等各种方式，对事件的发生唱赞歌，鼓动群众继续以激烈手段维权、抗争。

评析意见

一个涉众广、存在深层矛盾与对抗激烈的群体性事件得以妥善处理,党委、政府的正确领导是基础,司法机关公正司法是关键。回顾靖西县人民检察院化解矛盾的策略和具体执法方法,以下方面的经验与启示值得借鉴。

(一)信息公开,以诚相待,缓和矛盾,减少对抗

突发公共事件的爆发与蔓延,信息不对称、信息不公开是重要原因。在缺乏必要信息的情况下,参与人员和潜在的参与者难以对事件的起因、进展以及政府的态度、措施作出正确判断,容易诱发困惑、迷茫和绝望心态,而这种情绪,正是各种谣言得以出现并迅速扩散的根本原因。不及时控制这种状况,事件极可能愈演愈烈,甚至走上全面对抗。信息公开、以诚相待是破解这种困境的重要法宝,通过信息及时、全面公开,体现诚心诚意为百姓解决问题、公平公正处理事件的态度,才可能减少对立情绪、平顺民心,将事件"拉回"法治处理的轨道。尤其是当今社会媒体发达,瞒是瞒不住的,而且会越描越黑、激化矛盾,导致事件的处理更加被动。靖西县人民检察院坚持信息公开的做法无疑是有效的,既减少了群众对执法办案工作的猜测心理,又有利于树立检察机关关心群众、执法为民的形象,有利于提升执法的公信力,为涉案人员接受处理结果、当地群众真心认可处理方式奠定了良好的基础。

(二)正视矛盾,表明态度,争取认同,平息事态

群体性事件背后总是隐藏着尖锐、复杂的矛盾。这些矛盾激化为暴力冲突时,通常难以一时从根本上解决,更不是检察机关职权范围内能够妥善解决的。在力有不及却必须化解矛盾的情况下,可行的办法就是正视矛盾、表明态度。从心理学角度而言,人对自己的诉求往往内置不同的目标,而且大多数人不会死盯最高目标。在群体性事件中,许多一般参与者甚至不设具体目标,只求心理上发泄不满的情绪。正视这些问题,站在公正的立场表明态度,提出解决的思路和意见,无疑有助于满足涉及案人员的心理需求,减弱其对立情绪,有助于平息事态。靖西县人民检察院在案发后立即派出17个工作组深入案发地,征询群众意见,

了解群众诉求，对涉及案人员的行为性质进行法律层面的解答，并推动党委、政府对解决群众合理诉求提出解决意见。这种不回避矛盾、积极解决矛盾的工作态度，给当地群众吃了定心丸，既明了违法行为的后果，又看到了解决问题的希望，冲动的心理迅速回归理性状态。

（三）打拉结合，宽严相济，争取多数，孤立少数

群体性事件中，对犯罪行为的司法追究方式与力度，既是化解矛盾的试金石，也是化解矛盾成果的一次检验。不严肃处理"闹事者"，不依法公正处理其中的犯罪行为，原有的矛盾得不到解决，政府相关部门、司法机关还可能落下包庇罪犯、袒护一方的骂名，进一步激化矛盾。但打击面过宽，又不易收息诉服判、案结事了之效果。解决之道是打拉结合、宽严相济，对组织者、为首者、犯罪行为情节严重者，坚决打击，绝不手软，充分发挥刑罚一般预防、特殊预防的效果。对一般参与者，落实宽严相济政策，通过教育将其从对立阵营中争取过来。靖西县人民检察院公诉了18名犯罪分子，对6名嫌疑人责令具结悔过，对一般参与人员进行广泛教育，此举旨在突出打击重点，孤立极少数挑头闹事者，争取绝大多数民众，为矛盾得以根本解决，事件得以迅速平息营造了良好的外部环境。

（四）善于借势，抓住关键，甘当配角，形成合力

作为承担指控犯罪与诉讼监督职能的司法机关，检察机关在办案过程中化解社会矛盾的法律依据、政策手段均相对不足。在群众性事件引发的犯罪案件中，化解矛盾所需要的行政资源和手段，由党委、政府掌控。化解矛盾必需的财力保障与人力支持，绝非检察机关能够承担。在此执法机制下，检察机关化解社会矛盾需要摆正位置，善于借势，抓住关键，坚持在党委的统一领导和政府的全面推动下，借势使力，抓住与执法办案紧密相关的环节发挥自身的独特作用，以实现化解效果的最大化。靖西县人民检察院借助党委政府多层面调处矛盾、平息事态的大形势，建言献策，深入重点村屯释法说理，征求民意，司法为民，形式上为配角，实则引导了案件处理的方向，把握了社会矛盾化解的关键，化解矛盾的努力事半功倍。

(五)立足长远,延伸职能,依法办案,民生执法

社会矛盾多种多样,群体性事件中的矛盾错综复杂,期望一蹴而就化解所有涉及刑事犯罪的社会矛盾不现实。检察机关在办案过程中化解社会矛盾,要有立足长远的谋划、延伸职能的思维、依法办案的作风、民生执法的理念,既要争取矛盾的迅速缓解,更要防止矛盾反弹;既要坚持严格依法办案,又要善于延伸工作触角努力恢复受损的社会关系、社会秩序;既要严厉打击刑事犯罪,又要善于通过民生执法,维护人民群众的根本利益。靖西县人民检察院立足边境地区的和谐稳定、长治久安,拓宽执法办案视角,从案件的背景和维护人民群众合法权益出发把握案件的性质和打击的重点,从执法为民、服务大局的高度投入大量人力和精力化解案件背后的深层次矛盾,执法综合效果突出乃情理之中。

 处理结果

靖西县人民检察院在办理"7·11"案件过程,着眼维稳大局,着力化解矛盾的做法取得了多方面的突出效果。

从法律层面看,"7·11"案件检察机关指控的犯罪事实清楚,证据确实、充分,定性准确,程序规范、公开,所指控的18名犯罪分子既有事件的策划者、组织者,又有积极参与、打砸烧情节严重的犯罪分子,既有事件中借机从事犯罪活动的村民,也有与当地群众发生纠纷过程中行为过激、故意伤害村民众当地的企业员工,打击犯罪重点突出,宽严相济政策落实到位,既赢得了人民群众的认同,也得到犯罪嫌疑人的认可。这样一个利益冲突巨大、矛盾错综复杂、涉案人员众多的案件,判决后无一人上诉或申诉,实属难得。

从综合效果看,通过办案过程中办案人员一系列的化解矛盾努力,信发铝业集团与当地群众都认识到和谐共处的必要性。信发铝业集团从企业社会责任的角度出发,投资为当地群众实施村道硬化,解决饮水难题,建设灯光篮球场,加大征地复垦,共建失地农民基本生活保障扶持资金,回归与周边群众和睦相处、共谋发展的健康、持续发展道路。广大群众也在这一事件中受到了深刻的教育,依法维护自身合法权利的意识增强,对党和政府大力发展当地经济社会发展的政策越发认同与支

持。2012年，靖西县财政收入超11亿元，其中，信发铝业集团的贡献占了"半壁江山"。在一次座谈会上，靖西县委领导充分肯定靖西县人民检察院在办案过程中服务党委中心工作、维护稳定促进发展的做法，称赞靖西县人民检察院是"处置事件的参谋助手、化解矛盾的排头尖兵、打击犯罪的有力武器、维护稳定的中坚力量"。

2011年4月13日，广西壮族自治区靖西县人民法院对2010年7月11日发生的聚众扰乱社会秩序案依法公开进行了一审宣判。法院以聚众扰乱社会秩序罪和寻衅滋事罪，分别判处陆威宗、陆金诚、韦光泽、曾宁宁等10名被告人1年6个月至4年2个月不等的刑期。

法院认为，被告人陆威宗等人积极参与聚众扰乱社会秩序，情节严重，致使工作、生产、营业等无法进行，造成严重损失，其行为已触犯刑法第290条第1款的规定，构成聚众扰乱社会秩序罪；被告人陆威宗等人在公共场所无事生非，随意殴打他人，情节恶劣；任意损毁公私财物，情节严重，其行为已触犯刑法第293条的规定，构成了寻衅滋事罪。根据各被告人在犯罪过程中实施的作用和犯罪情节，作出上述判决。

（撰稿人：常新征，广西纪委监委驻广西壮族自治区
　　　　　人民检察院纪检监察组主任科员）

广西壮族自治区靖西县人民检察院
起诉书

靖检刑诉〔2011〕33号

被告人陆金诚，乳名"阿诚"，男，1986年××月××日出生于广西壮族自治区靖西县，身份证号码为4526261986××××××××，壮族，初中文化，农民，住靖西县新甲乡新荣街××巷××号。因涉嫌聚众扰乱社会秩序罪，于2010年7月14日被靖西县公安局刑事拘留。2010年8月17日经本院以涉嫌寻衅滋事罪批准逮捕，次日被执行逮捕。

被告人陆威宗，曾用名陆伟宁，男，1983年××月××日出生于广西壮族自治区靖西县，身份证号码为4526261983××××××××，壮族，农民，家住靖西县新甲乡新荣街××巷××号。因涉嫌寻衅滋事罪，于2010年8月17日经本院批准逮捕，2010年9月8日被依法逮捕。

被告人韦光泽，乳名阿泽，男，1987年××月××日出生于广西壮族自治区靖西县，壮族，初中文化，身份证号码为4526261987×××××××。农民，住靖西县新甲乡新荣街××巷××号。因涉嫌聚众扰乱社会秩序罪于2010年7月14日被靖西县公安局刑事拘留。2010年8月17日，本院以涉嫌寻衅滋事罪批准逮捕，2010年8月19日被依法逮捕。

被告人王红日，男，1986年××月××日出生于广西壮族自治区靖西县，身份证号码为4526261986××××××××，壮族，农民，家住靖西县新甲乡新荣街××巷××号。因涉嫌寻衅滋事罪于2010年7月28日到靖西县公安局投案自首，当日被刑事拘留。2010年7月29日靖西县公安局变更强制措施为取保候审。

本案由靖西县公安局侦查终结，以被告人陆金诚、陆威宗、韦光泽、王红日涉嫌聚众扰乱社会秩序罪、破坏生产经营罪、寻衅滋事罪，于2010年10月18日向本院移送审查起诉，本院受理后，于2010年10月19日已告知被告人有权委托辩护人，依法讯问了被告人，审查了全部案件材料。其间，本院于2010年11月12日决定延长审查起诉期限半个月，2010年11月24日退回靖西县公安局补充侦查，2010年12月23日靖西县公安局重新移送审查起诉，2011年1月17日，本院决定延长审查起诉期限半个月。

经依法审查查明：一、广西信发铝业公司高美洗矿厂运输通道经过靖西县新甲乡庞凌村凌晚屯，2010年7月11日15时许，因地质灾害造成破坏而进行改道施工时，与群众发生矛盾冲突，造成双方各有损伤。当地及周边群众在少数不法分子的煽动下，以信发铝厂生产造成水污染影响生产生活为由，通过打砸、聚众游行等方式施加压力和发泄不满。

2010年7月11日20时许，靖西县新甲乡新荣街、庞凌村、新靖镇等乡村组成的约五百名群众聚集在新甲乡高美村广西信发铝电有限公司高美洗矿厂附近，围堵该厂区和320省道。被告人陆金诚、陆威宗、韦光泽、王红日积极参与，伙同黄日久、梁宏章、曾宁宁、周家龙、陆耀银、陆金康、陈宏浪、陈正发（均另案处理）等人持钢管、砍刀、木棍等工具喊杀喊打，阻碍交通，意欲冲到厂内对厂房和人员进行打砸，被现场维护秩序的警察和政府工作队劝阻，随即又持石头等投掷到厂区内，几经警察和政府工作人员的劝退工作仍在现场继续威胁对抗，直至次日凌晨2时许才相继散去。造成该企业工作、生产、营业无法正常进行，厂内人员被砸伤和厂房门窗等设备被砸坏，320省道该路段交通堵塞瘫痪的严重后果。经靖西县价格认定中心认定，一应被毁坏物品损失价值为752.79元。

2010年7月12日中午到傍晚，被告人陆威宗伙同黄日久、梁宏章、曾宁宁、周家龙、陆耀银等新甲乡新荣街、庞凌村等地的群众前往信发铝电有限公司建在枯庞屯附近的抽水房，多次对该抽水房房门、铁皮墙以及抽水设备进行打砸和焚烧，该厂工人李某波的电视机、一张取暖器被、一台电风扇、一个电饭锅、一个电炒锅及一台饮水机、床、被子等物品均被毁坏，抽水房的变压器、机房内的14个配电箱及房门、窗的玻璃均被砸烂。经靖西县价格认证中心鉴定，被毁坏物品价值为

177593.92元。

　　2010年7月12日16时许,渠洋镇龙岗村等村屯上百名群众聚集在广西信发铝电公司分厂恒信铝厂附近,以恒信铝厂排污影响责任田种植为由,持钢管、砍刀、汽油瓶意欲打砸。21时许,被告人陆金诚、陆威宗、韦光泽伙同韦斌、梁宏章、曾宁宁、陆耀银(均另案处理)等新甲乡新荣街、庞凌村和龙岗村的群众共上百人会合后,窜到广西信发铝电公司南大门前闹事,并用钢管、木棍、砍刀砸坏大门岗亭的电动门、路灯、岗亭玻璃等物品,接着又往铝厂内投掷石头、汽油瓶等物,致使汽油瓶发生爆炸起火后,欲冲进厂内进一步破坏滋事,铝厂的人就开了两辆铲车进行阻拦,被告人陆金诚、陆威宗、韦光泽等人才被迫后退,当铲车退回到厂内后,又用汽油瓶、石头等物向厂内投掷。在双方相互僵持时,经武警官兵和公安民警在现场维护秩序和反复做劝退工作,至23时许,被告人陆金诚、陆威宗、韦光泽等人才纷纷逃离现场。经靖西县价格认证中心鉴定,广西信发铝西北门被毁损财物价值为744.27元;广西信发铝东北门被毁损财物价值为34.27元;广西信发铝污水处理厂被毁损财物价值为104.83元;广西信发铝南大门被毁损财物价值为2000.80元。

　　2010年7月13日14时许,新荣街、庞凌村、渠洋镇等地群众在新甲乡新圩街聚集了200多人准备非法游行,扰乱社会秩序。在有人书写"还我家园,还我河流""净化河流,美化靖西"的横幅口号后,黄日久安排陆金康砍伐竹木作横幅撑杆,被告人陆金诚、陆威宗、韦光泽、王红日积极参与,伙同陆金康、杨涛、周家龙、陆敏、陆必很、莫顺富、许国元、邱盛龙、覃金疆、黄开登、叶正先、覃兵忠、翁易勇(均另案处理)等人,拉着横幅,打着鼓,沿210省道往靖西县城方向进行非法游行示威,引发千余名群众尾随参与。当游行队伍到达新圩乡政府旧址附近时,被告人陆威宗和黄日久等人拦住前往维护秩序的警车桂0-L001中巴车,强行拉开车门,将司机拉下车,并对该车进行打砸。时有靖西县人大常委会主任途经此地,便上前制止不法行为,亦遭到被告人陆威宗等人殴打。陆成宗等人随后继续一路往靖西县城方向游行示威。为控制局面和进行劝退工作,上级政府和当地政府立即调集警力在县城郊外的德爱路口实施拦截警戒。17时许,游行队伍到达德爱路口,民警对游行人群喊话疏导劝退，要求立即撤掉标语，迅速解散，撤离现场。黄日久等人不听劝阻，安排妇女、老人排在游行队伍前面加以牵制和阻挡。继而，被告人陆金诚、陆威宗、韦光泽、王红日等人冲击和袭击民警，向执勤民警投掷石块，大肆打砸，导致黄某金、陆某业、张某琦、罗某生等维护秩序的民警和治安队员受伤，并造成210省道受阻，交通秩序完全瘫痪，现场秩序严重混乱，严重影响社会秩序。18时许，在反复劝退无果的情况下，民警被迫强行驱散滋扰生事的人群。经法医鉴定，黄某金、张某琦人体所受伤未达到轻微伤，陆某业、罗某生人体所受伤害均为轻微伤。桂0－L001中巴车被打砸毁坏后，经修理总费用为19996元。

二、2007年3月4日22时许，黄心（另案处理）、周某林在靖西县龙临镇龙临街与本街的王某富因事产生口角，黄心即电话召集被告人陆金诚、陆威宗、韦光泽、王红日以及黄文力、陆琪、陆国政、陆金祥（均另案处理）等十余人携钢管、砍刀等工具前往龙临街。当晚23时许，被告人陆金诚、陆威宗、韦光泽、王红日和陆琪、陆国政、黄文力、陆金祥等十余人到达龙临街和黄心会合后，走街窜巷随意滋扰生事。当见到龙临镇龙临街张某道驾驶一辆桂10－612××福达牌多功能拖拉机在原镇政府路段时，不由分说，即往该车砸石头，扔自制钢弹爆炸，继而又用钢管等器械打砸。张某龙在自家家中听到屋外有爆炸声，出门查看，见被告人陆金诚、陆威宗、韦光泽、王红日和黄心、黄文力等人正在砸车，就上前劝阻，被黄心等人用石头砸中后，又被追赶到圩亭砍打致伤。在听到爆炸、打砸声后，张某国刚出门查看时，亦遭到被告人陆金诚、陆威宗、韦光泽、王红日和黄心、黄文力等人用刀砍伤。龙临镇龙显村内班屯的黄某学夫妇骑摩托车路过，见被告人陆金诚、陆威宗、韦光泽、王红日和黄心、黄文力等人正在爆炸和打砸，急忙跑到一居民屋里躲藏，而停靠在路边的桂LT11××大阳牌男式二轮摩托车随即被砸坏。经法医鉴定，结论是：伤者张某龙人体所受伤为轻伤。经靖西县价格认证中心鉴定，桂10－612××福达牌多功能拖拉机和桂LT11××大阳牌男式二轮摩托车损毁价值分别为2280元、330元。

认定上述事实的主要证据如下：

1. 物证照片、书证；

2. 证人证言；

3. 被告人、同案人供述；

4. 鉴定结论；

5. 现场勘查笔录及其照片。

本院认为，被告人陆金诚、陆威宗、韦光泽、王红日积极、主动参与聚众扰乱社会秩序，情节严重，致使工作、生产、营业无法进行，造成严重损失，其行为已触犯《中华人民共和国刑法》第二百九十条第一款之规定，犯罪事实清楚，证据确实、充分，应当以聚众扰乱社会秩序罪追究其刑事责任。被告人陆金诚、陆威宗、韦光泽、王红日在公共场所无事生非，随意殴打他人，情节恶劣；任意损毁公私财物，情节严重，其行为已触犯《中华人民共和国刑法》第二百九十三条之规定，犯罪事实清楚，证据确实、充分，应当以寻衅滋事罪追究其刑事责任。被告人陆金诚、陆威宗、韦光泽、王红日的行为触犯两个罪名，依照《中华人民共和国刑法》第六十九条的规定，应当执行数罪并罚。根据《中华人民共和国刑事诉讼法》第一百四十一条的规定，提起公诉，请依法判处。

此致
靖西县人民法院

代检察员：零霄宇
2011 年 1 月 31 日

附：

1. 随文移送本案证据卷宗六卷；

2. 被告人陆金诚、陆威宗、韦光泽现羁押于靖西县看守所，王红日被取保候审，电话152×××××××××。

广西壮族自治区靖西县人民法院
刑事判决书

(2011) 靖刑初字第 46 号

公诉机关广西壮族自治区靖西县人民检察院。

被告人陆威宗（曾用名"陆伟宁"，小名"阿威宁"），男，1983年××月××日出生于广西靖西县。身份证号码为4526261983××××××××，壮族，初中文化，农民，住靖西县新甲乡新荣街××巷××号。因涉嫌犯寻衅滋事罪，于2010年8月17日被靖西县人民检察院批准逮捕，9月3日被赣州铁路派出所抓获，当日羁押于赣州铁路公安处赣州看守所。9月8日被靖西县公安局执行逮捕。现羁押于靖西县看守所。

被告人陆金诚（小名"阿金诚"），男，1986年××月××日出生于广西靖西县，身份证号码为：4526261986×××××××，壮族，初中文化，农民，住靖西县新甲乡新荣街××巷××号。因涉嫌犯聚众扰乱社会秩序罪，于2010年7月14日被靖西县公安局刑事拘留，8月7日被靖西县人民检察院以涉嫌寻衅滋事罪批准逮捕，次日由靖西县公安局执行逮捕。现羁押于靖西县看守所。

被告人韦光泽（小名"阿泽"），男，1987年××月××日出生于广西靖西县，身份证号码为4526261987×××××××。壮族，小学文化，农民，住靖西县新甲乡新荣街××巷××号。因涉嫌故意伤害罪于2010年3月10日被靖西县公安局刑事拘留，4月7日被靖西县公安局取保候审；因涉嫌犯聚众扰乱社会秩序罪，于2010年7月14日被靖西县公安局刑事拘留，8月17日被靖西县人民检察院以涉嫌犯寻衅滋事罪批准逮捕，8月19日被靖西县公安局执行逮捕。现羁押于靖西县看守所。

被告人王红日（绰号"红鱼"），男，1986年××月××日出生于广西靖西县，身份证号码为4526261986××××××××，壮族，初中文化，农民，住靖西县新甲乡新荣街××巷××号。因涉嫌犯聚众扰乱社会秩序罪，于2010年7月28日到靖西县公安局投案自首。当日被靖西县公安局刑事拘留。次日由靖西县公安局变更为取保候审，2011年1月31日由本院重新办理取保候审。

靖西县人民检察院以靖检刑诉〔2011〕33号起诉书指控被告人陆金诚、陆威宗、韦光泽、王红日犯聚众扰乱社会秩序罪和寻衅滋事罪，于2011年1月31日向本院提起公诉。本院于当日立案，依法组成合议庭，在审理过程中，因需要补充侦查，靖西县人民检察院于2010年3月2日建议本院延期审理，3月10日恢复审理，于3月16日公开开庭审理了此案。靖西县人民检察院指派检察员农积德、代检察员零霄宇出庭支持公诉。被告人陆金诚、陆威宗、韦光泽、王红日到庭参加诉讼。现已审理终结。

靖西县人民检察院指控：

一、广西信发铝厂矿区运输通道经过靖西县新甲乡庞凌村凌晚屯，2010年7月11日15时许，因地质灾害造成破坏而进行改道施工时，与群众发生了矛盾冲突。

7月11日20时许，靖西县新甲乡新荣街、庞凌村、新靖镇等乡村组成的约500名群众聚集在新甲乡高美村广西信发铝电有限公司高美洗矿厂附近，围堵该厂区和320省道。被告人陆金诚、陆威宗、韦光泽、王红日积极参与，伙同他人持钢管、砍刀、木棍等工具喊杀喊打，阻碍交通，意欲冲到厂内对厂房和人员进行打砸，被现场维护秩序的警察和政府工作人员劝阻，随即又持石头等投掷到厂区内，经警察和政府工作人员劝退，仍在现场继续威胁对抗，直至次日凌晨2时许才相继散去。造成该企业工作、生产、营业无法正常进行，厂内人员被砸伤和厂房门窗等设备被砸坏，320省道该路段交通堵塞瘫痪的严重后果。经靖西县价格认证中心鉴定，被毁坏物品损失价值人民币为752.79元。

7月12日中午到傍晚，被告人陆威宗伙同他人与新甲乡新荣街、庞凌村等地群众前往信发铝电有限公司建在枯庞屯附近的抽水房，多次对该抽水房房门、铁皮墙以及抽水设备进行打砸和焚烧。该厂工人李某波的电视机、一张取暖器被、一台电风扇、一个电饭锅、一个电炒锅及一

五、刑事案件中的其他问题

台饮水机、架床、被子等物品均被毁坏。抽水房的变压器、机房内的14个配电箱及房门、窗的玻璃被砸烂。经靖西县价格认证中心鉴定，被毁坏物品价值人民币177593.92元。

7月12日16时许，渠洋镇龙岗村等村屯上百名群众聚集在广西信发铝电公司分厂恒信铝厂附近，以恒信铝厂排污影响责任田种植为由，持钢管、砍刀、汽油瓶等意欲打砸。21时许，被告人陆金诚、陆威宗、韦光泽伙同他人及新甲乡新荣街、庞凌村和龙岗村的群众共上百人会合后，窜到广西信发铝电公司南大门前闹事，并用钢管、木棍、砍刀砸坏大门岗亭的电动门、路灯、岗亭玻璃等物品，接着又往铝厂内投掷石头、汽油瓶等物，致使汽油瓶发生爆炸起火后，欲冲进厂内进一步破坏滋事。铝厂的人就开了两辆铲车进行阻拦，被告人陆金诚、陆威宗、韦光泽等人才被迫后退，当铲车退回到厂内后，又用汽油瓶、石头等物向厂内投掷。在双方相互僵持时，经武警官兵和公安民警在现场维护秩序和反复做劝退工作，至23时许，被告人陆金诚、陆威宗、韦光泽等人纷纷逃离现场。经靖西县价格认证中心鉴定，广西信发铝厂西北门被毁损财物价值为744027元；广西信发铝厂东北门被毁损财物价值为34.27元；广西信发铝厂污水处理厂被毁损财物价值为104.83元；广西信发铝厂南大门被毁损财物价值为2000.80元。

7月13日14时许，新荣街、庞凌村、渠洋镇等地群众在新甲乡新荣街聚集了200多人准备非法游行，扰乱社会秩序。在有人书写"还我家园，还我河流""净化河流，美化靖西"的横幅口号后，被告人陆金诚、陆威宗、韦光泽、王红日积极参与，伙同他人，拉着横幅，打着鼓，沿20省道往靖西县城方向进行非法游行示威，引发千余名群众尾随参与。当游行队伍到达新圩乡政府旧址附近时，被告人陆威宗等人拦住前往维护秩序的警车桂0－L001中巴车，强行拉开车门，将司机拉下车，并对该车进行打砸。时有靖西县人大常委会主任途经此地上前制止不法行为，亦遭到被告人陆威宗等人殴打。陆成宇等人随后继续一路往靖西县城方向游行示威。为控制局面和劝退工作，上级政府和当地政府立即调集警力在县城郊外的德爱路口实施拦截警戒。17时许，游行队伍到达德爱路口，民警对游行人群喊话疏导劝退，要求立即撤掉标语，迅速解散，撤离现场。被告人陆金城、陆威宗、韦光泽、王红日等人冲击和袭击民警，向执勤民警投掷石头，大肆打砸，导致黄某金、陆某业、张某琦、罗某生等维护秩序的民警和治安队员受伤，并造成210省道受阻，交通秩序完全瘫痪，现场秩序严重混乱，严重影响社会秩序。18时许，在反复劝退无果的情况下，民警被迫强行驱散滋扰生事的人群。经法医鉴定，黄某金、张某琦人体所受伤未达到轻微伤，陆某业、罗某生人体所受伤为轻微伤。桂0-L001中巴车被打砸毁坏后经修理，总费用为19996元。

二、2007年3月4日22时许，黄心（另案处理）、周某林在靖西县龙临镇龙临街与本街的王某富因事产生口角，黄心即打电话召集被告人陆金诚、陆威宗、韦光泽、王红日以及黄文力、陆琪、陆国政、陆金祥（另案处理）等十余人携带钢管、砍刀等工具前往龙临街。当晚23时许，被告人陆金诚、陆威宗、韦光泽、王红日和黄文力、陆琪、陆国政、陆金祥等十余人到达龙临街和黄心会合后，走街窜巷随意喊打喊杀，随意打砸。在原镇政府路段见到龙临镇龙临街张某道驾驶一辆桂10-612××福达牌多功能拖拉机经过时，不由分说，即往该车砸石头、扔自制钢弹爆炸，继而又用钢管等器械打砸。张某龙在自家中听到门外爆炸声，出门查看，见被告人陆金诚、陆威宗、韦光泽、王红日和黄心、黄文力等人正在砸车，就上前劝阻，被黄心等人用石头砸中后，又被追赶到圩亭砍打致伤。张某国听到爆炸和打砸声后出门查看，亦遭到被告人陆金诚、陆威宗、韦光泽、王红日和黄心、黄文力等人用刀砍伤。龙临镇龙显村内班屯的黄某学夫妇骑摩托车路过，见被告人陆金诚、陆威宗、韦光泽、王红日和黄心、黄文力等人正在爆炸和打砸，急忙跑到一居民屋躲藏，其停靠在路边的桂LT11××大阳牌两轮摩托车被砸坏。经法医鉴定，张某龙人体所受伤为轻伤。经靖西县价格认证中心鉴定，桂10-612××福达牌多功能拖拉机和桂LT11××大阳牌男式两轮摩托车毁损价值分别为2280元和330元。为证实以上指控，公诉机关提供了相关证据证实。公诉机关认为，被告人陆金诚、陆威宗、韦光泽、王红日积极、主动参与聚众扰乱社会秩序，情节严重，致使工作、生产、营业无法进行，造成严重损失，其行为已触犯《中华人民共和国刑法》第二百九十条第一款之规定，犯罪事实清楚，证据确实、充分，应当以聚众扰乱社会秩序罪追究其刑事责任。被告人陆金诚、陆威宗、韦光泽、王红日在公共场所无事生非，随意殴打他人，情节恶劣；任意损毁公私财物，情节严重，其行为已触犯《中华人民共和国刑法》第二百九十三条规定，犯罪事实清楚，证据确实、充分，应当以寻衅滋事罪追究其刑事责任。被告人陆金诚、陆威宗、韦光泽、王红日的行为触犯两个罪名，依照《中华人民共和国刑法》第六十九条的规定，应当执行数罪并罚。被告人王红日犯罪后主动到公安机关投案，如实供述自己的罪行，根据《中华人民共和国刑法》第六十七条之规定，可以从轻或者减轻处罚。提请本院依法判处。

被告人陆金诚、陆威宗、韦光泽、王红日对起诉书指控的罪名没有异议，请求从轻处罚。在指控的事实方面，被告人陆金诚、陆威宗、韦光泽辩解他们在7月12日晚没有参与打砸广西信发铝厂西北门、东北门、污水处理厂的财物，只参与打砸铝厂的南大门。被告人陆威宗辩解去龙临寻衅滋事时，他并没有动手打砸，请求对其适用缓刑。

经审理查明：

一、2010年7月11日15时许，广西信发铝厂在对途经靖西县新甲乡庞凌村凌晚屯的矿区运输通道改道施工时，与凌晚屯群众发生矛盾冲突。之后被告人陆威宗、陆金诚、韦光泽、王红日分别实施了以下行为：

1. 2010年7月11日20时许，靖西县新甲乡新荣街、庞凌村、新靖镇等乡村组成约500人聚集在新甲乡高美村广西信发铝电有限公司高美洗矿厂附近，围堵该厂区和320省道。被告人陆威宗、陆金诚、韦光泽、王红日积极参与，伙同他人持钢管、砍刀、木棍等工具喊杀喊打，阻碍交通，意欲冲到厂内对厂房和人员进行打砸，被现场维护秩序的警察和政府工作人员劝阻。随即又持石头等投掷到厂区内。经警察和政府工作人员劝退，仍在现场继续威胁对抗，直至次日凌晨2时许才相继散去。造成该企业工作、生产、营业无法正常进行，厂内人员被砸伤和厂房门窗等设备被砸坏，320省道该路段交通堵塞瘫痪的严重后果。经靖西县价格认证中心鉴定，被砸物品损失价值人民币为752.79元。

以上事实有公诉机关举出并经过庭审质证的下列证据证实：

（1）现场勘验检查笔录、现场方位图、现场照片，证实7月11日晚被告人陆金诚、陆威宗、韦光泽、王红日等在广西信发铝电有限公司高美洗矿厂闹事打砸厂房的情况。

（2）靖价认字（2010）第236号鉴定结论书，证实广西信发铝电有限公司高美洗矿厂被打砸厂房造成物品损失752.79元。

（3）证人房某壁、梁某朝、贾某、刘某风、丁某宝、黄某陆、孔某文的证言，均证实7月11日晚在广西信发铝电有限公司高美洗矿厂被闹事打砸厂房的事实。

（4）同案人何浩、陆金康、陈正发、陆耀银、曾宁宁、周家龙、陈宏浪、黄日久的供述，分别供认了他们和被告人陆威宗、陆金诚、韦光泽、王红日在广西信发铝电有限公司高美洗矿厂参与闹事打砸厂房的事实。

（5）被告人陆金诚、陆威宗、韦光泽、王红日的供述，均供认他们在广西信发铝电有限公司高美洗矿厂参与闹事打砸厂房的事实。

以上证据，均是公安机关依法提取，证据内容客观真实，证据之间相互印证，能证实四被告人参与本起犯罪的事实，且被告人对证据所证实的内容没有异议，本院对该证据的证明力予以确认，并作为认定本起事实的依据。

2. 2010年7月12日中午到傍晚，被告人陆威宗伙同他人前往信发铝电有限公司建在枯庞屯附近的抽水房，多次对该抽水房房门、铁皮墙以及抽水设备进行打砸和焚烧，该厂工人李某波的电视机、一张取暖器被、一台电风扇、一个电饭锅、一个电炒锅及一台饮水机、架床、被子等物品均被毁坏。抽水房的变压器、机房内的14个配电箱及房门、窗的玻璃被砸烂。经靖西县价格认证中心鉴定：被毁坏的物品价值人民币为177593.92元。

以上事实有公诉机关举出并经过庭审质证的下列证据证实：

（1）现场勘验检查笔录、现场方位图、现场照片，证实广西信发铝电有限公司抽水房及设备被打砸的现场。

（2）靖价认字（2010）第236号鉴定结论书，证实广西信发铝电有限公司庞凌抽水房及设备被打砸造成经济损失177593.92元。

（3）证人付某、李某波的证言，证实其管理广西信发铝电有限公司抽水房及设备，于7月12日被一帮群众打砸的情况。

（4）同案人陆耀银、曾宁宁、周家龙的供述，均证实他们和陆威宗参与了 7 月 12 日打砸抽水房的事实。

（5）被告人陆威宗的供述，证实他于 7 月 12 日和陆耀银、曾宁宁、"阿关"等人参与用石头和钢管打砸抽水房及设备的事实。

以上证据，均是公安机关依法提取，证据内容客观真实，证据之间相互印证，能证实被告人陆威宗参与本起犯罪事实。被告人对证据所证实的内容没有异议，本院对该证据的证明力予以确认，并作为认定本起事实的依据。

3. 2010 年 7 月 12 日 16 时许，渠洋镇龙岗村等附近屯上百名群众聚集在广西信发铝电公司分厂恒信铝厂附近，以恒信铝厂排污影响责任田种植为由，持钢管、砍刀、汽油瓶等意欲打砸。20 时许，被告人陆金诚、陆威宗、韦光泽伙同其他同案人与新甲乡新荣街、庞凌村和龙岗村的群众会合后，窜到广西信发铝电公司南大门前闹事，并用钢管、木棍、砍刀砸坏大门岗亭的电动门、路灯、岗亭玻璃等物品，接着又往铝厂内投掷石头、汽油瓶等物，致使汽油瓶发生爆炸起火，后欲冲进厂内破坏滋事。铝厂的人就开了两辆铲车进行阻拦，被告人陆金诚、陆威宗、韦光泽等人才被迫后退。当铲车退回到厂内后，陆金城等人又用汽油瓶、石头等物向厂内投掷。在双方相互僵持时，经武警官兵和公安民警在现场维护秩序和反复做劝退工作，至 23 时许，被告人陆金诚、陆威宗、韦光泽等人才纷纷离开现场。经靖西县价格认证中心鉴定，广西信发铝电有限公司南大门被毁损财物价值人民币为 2000.80 元。

以上事实有公诉机关举出并经过庭审质证的下列证据证实：

（1）现场勘验检查笔录、现场方位图、现场照片，证实被告人等人在广西信发铝电有限公司南大门闹事打砸的现场。

（2）靖价认字（2010）第 236 号鉴定结论书，证实广西信发铝电有限公司南大门被毁损财物价值人民币为 2000.80 元。

（3）证人庞某新、黄某稳、陆某贵的证言，证实 7 月 12 日下午在广西信发铝电有限公司南大门发生被他人打砸和闹事情况。

（4）同案人韦斌、陆耀银、曾宁宁、周家龙的供述，均供述其参与 7 月 12 日在广西信发铝电有限公司南大门闹事打砸的事实。

（5）被告人陆金诚、陆威宗、韦光泽的供述，均供述其参与 7 月 12 日下午在广西信发铝电有限公司南大门闹事打砸的事实。

以上证据,均是公安机关依法提取,证据的内容客观真实,证据之间相互印证,能证实三被告人参与本起犯罪的事实。被告人对证据所证实的内容没有异议;本院对该证据的证明力予以确认,并作为认定本起事实的依据。对于被告人陆威宗、陆金诚、韦光泽提出其没有参与打砸铝厂西北门、东北门、污水处理厂财物的辩解意见,因公诉机关举出的证据不能证实此三被告人参与打砸了上述三个地方的财物,本院对此三被告人的辩解意见予以采纳。

4. 2010年7月13日14时许,新荣街、庞凌村、渠洋镇等地群众在新甲乡新荣街聚集了200多人准备非法游行,扰乱社会秩序。在有人书写"还我家园,还我河流""净化河流,美化靖西"的横幅口号后,被告人陆金诚、陆威宗、韦光泽、王红日积极参与,伙同他人,拉着横幅,打着鼓,沿210省道往靖西县城方向进行非法游行示威,引发千余名群众尾随参与。当游行队伍到达新圩乡政府旧址附近时,被告人陆威宗等人拦住一前往维护秩序的警车桂0-L001中巴车,强行拉开车门,将司机拉下车,并对该车进行打砸。时有靖西县人大常委会主任途经此地,便上前制止不法行为,亦遭到被告人陆威宗等人殴打。游行队伍随后继续一路往靖西县城方向前进。为控制局面和进行劝退工作,上级政府和当地政府立即调集警察在县城郊外的德爱路口实施拦截警戒。17时许,游行队伍到达德爱路口,民警对游行人群喊话疏导劝退,要求立即撤掉标语,迅速解散,撤离现场。游行队伍中有人向执勤民警投掷石块,被告人陆威宗、陆金城、韦光泽、王红日等人也参加了冲击民警、向执勤民警投掷石头。冲突中导致黄某金、陆某业、张某琦、罗某生等维护秩序的民警和治安队员受伤,并造成210省道受阻,交通秩序完全瘫痪,现场秩序严重混乱,严重影响社会秩序。18时许,在反复劝退无果的情况下,民警被迫强行驱散滋扰生事的人群。经法医鉴定,黄某金、张某琦人体所受伤未达到轻微伤。陆某业、罗某生人体所受的伤为轻微伤。桂0-L001中巴车被打砸毁坏后,经修理总费用为19996元。

以上事实有公诉机关举出并经过庭审质证的下列证据证实:

(1)现场照片,证实本起闹事的现场情况。

(2)靖西县公安局法医学人体损伤程度鉴定结论书,证实黄某金、张某琦人体所受伤未达到轻微伤,陆某业、罗某生人体所受的伤为轻微伤。

(3) 被害人陆某业、张某琦、罗某生、黄某金、农某林的陈述,均证实其在维护现场秩序时,被游行人员打砸致人体受伤的事实。

(4) 证人张某春、杨某流、孔某文、黄某政、黄某锋、张某昌、黄某春、周某权、张某宽、凌某琼、庞某欢、石某璐、庞某均、颇某才、玉某、覃某福、颜某生、黄某忠、阳某连、梁某芳、农某红、陈某华、罗某芳、卢某棉等的证言,均证实2010年7月13日游行人群向县城游行闹事,打砸维护民警,造成交通受阻,现场严重混乱等事实。

(5) 同案人陆金康、杨涛、周家龙、陆敏、陆必很、莫顺富、许国元、邱盛龙、覃金疆、黄开登、叶正先、覃兵忠、翁易勇、陆耀银、曾宁宁的供述,均证实他们参与了7月13日游行,在受到维护民警阻拦时,有人用石头打砸民警的事实。

(6) 被告人陆金诚、韦光泽、王红日在侦查阶段的供述及辨认笔录,均供述其参与了7月13日的游行,并对公安机关提供的照片进行辨认,辨认出了相关同案人。

(7) 被告人陆威宗的供述,承认其参与了7月13日的游行;在新圩乡政府旧址门前,黄日久将一辆搭载警察的中巴车拦住,他用石头打砸该车几下;有一个人上前劝说时,他用拳头打中那个人的眼角;到德爱路口时,他向警察砸石头等事实。

以上证据均是公安机关依法提取,证据的内容客观真实,证据之间相互印证,能证实四被告人参与本起犯罪的事实,且被告人对证据所证实的内容没有异议。本院对该证据的证明力予以确认,并作为认定本事实的依据。

二、2007年3月4日22时许,黄心(另案处理)和周某林在靖西县龙临镇龙临街与本街的王某富因琐事产生口角,黄心即打话召集被告人陆金诚、陆威宗、韦光泽、王红日以及黄文力、陆琪、陆国政、陆金祥(将另案处理)等十余人携带钢管、砍刀等工具前往龙临街。当晚23时许,被告人陆金诚、陆威宗、韦光泽、王红日和黄文力、陆琪、陆国政、陆金祥等十余人到达龙临镇龙临街和黄心会合后,走街窜巷喊打喊杀。一伙人在原龙临镇政府路段见到龙临街张某道驾驶桂10-612

××福达牌多功能拖拉机经过时，不由分说，即向该车砸石头，扔自制钢弹进行爆炸，继而又用钢管等器械打砸。龙临街的张某龙出门查看，见被告人陆金诚一伙人正在砸车，就出言劝阻，被黄心、韦光泽、黄文力、陆金诚等人用石头砸中，又被追赶到圩亭砍打致伤。张某国听到爆炸和打砸声后出门查看，亦遭到被告人陆金诚、韦光泽、王红日和黄心、黄文力等人砍打。当时路过龙临街的龙显村内班屯的黄某学、农某龙夫妇见到被告人陆金诚等人正在爆炸和打砸，急忙弃车跑到一居民屋里躲藏，其停靠在路边的桂LT11××大阳牌男式两轮摩托车被砸坏。经法医鉴定，张某龙人体所受伤为轻伤。经靖西县价格认证中心鉴定。桂10-612××福达牌多功能拖拉机和桂LT11××大阳牌男式两轮摩托车损坏价值人民币分别为2280元和330元。

另查明，被告人王红日于2010年7月28日主动到公安机关投案，并如实供述了犯罪事实。

以上事实，有下列证据证实：

1. 被害人张某龙的陈述。2007年3月4日晚12时，他在家听到屋前有爆炸声就出门查看。见有四五个人正在砸一辆农用车，于是他上前出言制止，那些人就骂他们龙临人并向他投掷石头，他被石头砸中胸部后急忙向龙临供销社方向跑去，当时有两个人持凶器追打他，在龙临供销社马某华门前的圩亭他被追上。他被刀板打中腿部后倒在圩亭桌球台边的地板上，那两人用凶器向他身上猛打，接着又有四五个人冲过来砍打他，打得他发出惨叫声，直到有人说得了，那些人才停手离开。后他被群众送到龙临卫生院治疗。

2. 被害人黄某学、农某龙的陈述。2007年3月4日晚上，他们夫妇从龙临镇龙显村内班屯的家里骑摩托车到龙临街上玩。约23时许，在龙临派出所岔路口附近见到二十几个男青年手持钢管、刀具向他们跑过来追打他们，他们后面的一辆农用后推车被炸弹炸烂挡风玻璃。他们赶紧将摩托车停靠在路边，跑进一居民家躲藏。该家一男子出来查看，被打伤了，他们停在路边的桂LT11××大阳牌两轮摩托车也被砸烂。

3. 被害人张某道的陈述。2007年3月4日晚11时许，他听到群众议论有人来龙临街上争吵打架，他担心其砖场被人偷盗东西或破坏设备，就开自己的桂10-612××后驱动农用车去砖场查看，当车要开到张某龙家门前时,有一帮男青年手持长刀、钢管和石头气汹汹逆向走来,他赶紧停车,就在车前十米左右响起了爆炸声,接着马上有人往车的挡风玻璃砸石头,他急忙打开车门往龙临供销社方向逃命。

4. 证人张某国的证言。2007年3月4日晚11时许,他在自家听到街上张某龙家门前有爆炸声、打砸声,就出来查看,当走到张某龙家门前时,被一男子用刀砍中头部,后到龙临卫生院治疗。当晚街上张某道的一辆农用车被新圩青年砸烂玻璃,还有龙显村黄某学的一辆两轮摩托车在张某龙家门前被一群青年砸烂。张某龙全身多处被刀砍伤。

5. 证人张某鲁的证言。2007年3月4日晚11时30分许,他走到原镇府的旧门,忽然有一群人向他追来,他还未来得及反应,这帮人就有人朝他砍了三刀,但没有伤到皮肉,他忙跑开。后来听到这帮人喊打喊杀,还听到了爆炸声,过了一会这帮人往开发区公路跑开了,听说张某龙和张某国被这帮人砍伤了。

6. 证人周某林(绰号"阿虎")的证言。2007年3月4日元宵节晚上,他和新圩街上的阿心(黄心)在其家喝酒,听到在圩亭有人吵架,他就出来看。见到王某富与潘某龙吵架,他和阿心去劝架。王某富对阿心说"你想劝,我连你一起挨打"等话。阿心就和王某富吵起来,当阿心回到他家以后,王某富叫来一帮人想打阿心。阿心不服气,就打电话叫新圩街上的人来。一个小时后,阿心召集的那帮人拿着刀、钢管来到龙临街,一直寻找王某富等人,也不听他的劝说。后来在张某龙家门前碰上一辆多功能拖拉机车上载有人,新圩那帮人向车辆扔了自制炸弹。他听到爆炸声以后知道事情闹大了就跑开了。

7. 证人王某富(小名"阿找")的证言。2007年3月4日晚,他在龙临街圩亭与周某林因琐事吵架,当时周某林的朋友黄心也在场,经周某伟劝解后他们停止了吵架,过了一会周某伟叫他回家,他在回家时看到有一帮人朝他追来,就躲藏起来。他在这些人走后返回时听说是黄心为了他与周某林吵架的事找了一帮新圩街人要打他,因他躲开了,这些人就见人砍人、见物砸物,街上的张某龙、张某国被砍伤住院,张某道的车被砸烂玻璃大灯。

8. 证人周某伟的证言。2007年3月4日晚21时,他堂弟周某林(阿虎)和街上的王某富(阿找)在龙临圩亭吵架,当时新圩街的黄心

（阿心）也在场，他知道情况后就去劝阿虎不要争吵，在旁边的阿心就说：如果我不为阿虎出气，以后阿虎在龙临就被人欺负了。阿心说着边接电话，说他在龙临街上圩亭，你们进来见到人就砍得了。他听到这话以后再次劝不要乱来，但阿心不听，他感到事态严重，就到圩亭劝王某富等街上的小青年马上回家。这时阿心叫来的那帮青年拿着砍刀冲过来了，王某富等街上青年见状跑开。新圩的青年在阿心的带领下，去追打王某富等人，他和阿虎追过去劝阿心他们停下来。但阿心不听，仍然带着新圩的那帮青年到处寻找，并喊杀喊打，见到人就砍，在镇府出租房门前还有爆炸声。当晚张某龙、张某国被砍伤，张某道的车辆被砸烂。

9. 证人陈某烈、陈某帮、黄某进、张某东的证言。2007年3月4日晚，龙临街上张某道的车辆被新圩街的一帮男青年打砸致挡风玻璃损坏，同时龙临街上张某龙、张某国被殴打致伤住院治疗。

10. 现场勘验检查笔录、现场方位图、现场照片、伤者张某龙伤情照片，证实本起事实发生的现场和被害者受伤的情况。

11. 靖西县人民医院伤情鉴定书，证实张某龙全身多处刀砍伤，全身多处皮肤软组织挫裂伤，左食指、右中指伸肌膜大部分断裂，左拇指远指骨开放性骨折，剑突下区、右上臂皮肤软组织挫伤，中度贫血。

12. 张某龙伤势鉴定书、鉴定结论通知书。经靖西县公安局法医鉴定，张某龙左胸下部、右上臂、右前臂、右手背、左大腿、右大腿和右臀部伤系锐器致伤，其中左胸下部创沿皮下横行至肩胛下右侧呈创程长15cm的盲管创；左大腿中段前面和内侧两处皆为穿通伤，左拇指远节开放性指骨粉碎性骨折，为钝器所致。其中左胸下部伤、左大腿中段处伤和左拇指远节处伤均单独达到轻伤标准，结论为张某龙人体所受的伤为轻伤。

13. 价格鉴定结论书、鉴定结论通知书。经靖西县价格认证中心鉴定，桂10-612××号福达牌农用车损失价值2280元，桂LT11××大阳牌摩托车损失价值330元。

14. 同案人黄心的供述。2007年农历正月十五日晚上，他在龙临街上周某林到阿虎家吃饭。其间，阿虎打电话给老甘（陆琪）说其与别人争吵之事，后陆琪打电话来问阿虎到底发生什么事。他接了电话说阿虎与别人争吵。约过一个小时，陆琪就带一帮人到阿虎家门口。与阿虎讲了一些话以后一帮人就往靖西方向走去。他和阿虎也尾随出来，后在公路发现一辆农用车上有人喊杀喊打，那辆车停下来后，车上的人跳下来，双方乱成一团，突然有爆炸声，大家就跑开了。

15. 同案人黄文力的供述。2007年农历正月十五日晚上，陆金诚打电话给他说，阿心在龙临街被别人围打，叫他出来。他来到新圩鑫鑫网吧前，见到陆金诚、陆琪、王红日、韦光泽、陆金祥等十几个青年在那里等候，然后陆琪带十几个青年手持刀和钢管上一辆皮卡车前往龙临，他和王红日、阿祥、韦光泽开摩托车去。到龙临街阿虎家前，见到黄心等几个人在那里，接着他们约二十个青年沿龙临街圩亭、公路去找人，后在龙临派出所前路段见到一辆车开过来，车上有很多人。他见黄心用石头砸车的挡风玻璃，接着他们的人也跟着砸。

16. 同案人陆琪（绰号"阿甘"）的供述。2007年春节后的一天晚上，黄心打电话给他说其在龙临街被人围打，要他去帮忙。他和陆金诚、黄文力、陆威宁、韦光泽等十几个街上青年来到龙临街，在龙临街阿虎家门前见到黄心，他们在黄心指引下追打龙临街上的人。途中见到一辆农用车拉着几十个手持木棍、钢管的人过来，他们就从路边捡来石头朝那辆农用车打，突然听见"轰"的一声爆炸（过后听黄心说那是黄文力朝那辆农用车丢了一个自制的钢弹爆炸了），车上的人逃开了。他们的人就冲过去砍那辆车的驾驶室。有几个拿刀去追逃跑的人。当时一个人从农用车上跳下来往街亭里跑，他们追上去在街亭对那人猛砍，直到那人躺在街亭里。当时现场他见黄心手持一把钢管柄尖刀。他叫大家停手后就返回了。

17. 同案人陆国政的供述。2007年3月4日晚，黄心打电话给他说他在龙临被人打了，要他过来帮忙，在龙临街他听到了爆炸声和吵闹声。去龙临打架的有陆金诚、黄文力、王红日、韦光泽、黄心等约20人，他们都拿着长刀、铁棍等凶器。

18. 被告人陆金诚的供述。2007年春节后某天晚上22时许，他在新圩街鑫鑫网吧前，见到黄文力、陆威宁、韦光泽、王红日等二十几个街上青年在谈论，说："黄心打电话过来说，他在龙临街上与他人争吵被打了，要我们马上赶去帮忙。"他和王红日各带了把砍刀也赶到了龙临街。当晚回到新圩街后他找到黄心，黄心告诉他说其在龙临街一朋友

· 307 ·

家。因有当地人想打黄心，黄心就给他们电话求援。他们在原龙临镇政府坡下的路上见有一辆农用车开来，以为是对方载人来。不知是谁扔了几个钢弹后，他们的人冲上去用钢管、石头等砸那农用车，把车窗玻璃、挡风玻璃都砸碎了，车上的几个人见状下车逃跑，黄心追上其中一人，还用砍刀砍中对方几刀，对方就当场倒下了，不知死活。

19. 被告人陆威宗的供述。2007年3月4日晚8时许，他接到陆金诚的电话，说黄心在龙临与他人争吵，叫他找人去帮忙。他和陆琪、陆金诚，韦光泽、黄心、黄文力、陆国政、蒙高平等人来到龙临街，沿龙临供销社、圩亭、镇政府前路段往偕乐路口逛了一圈，一路喊打喊杀。当行到镇政府前路段时，他听到一声爆炸，接着陆金诚、黄心等人往爆炸声处跑去。在圩亭旁路段，陆琪、陆金诚、韦光泽、黄心、黄文力、陆国政、蒙高平等人冲向前头去追打一个人，一直追到龙临街圩亭。

20. 被告人韦光泽的供述。2007年正月十五晚10许，陆金诚给他打电话说黄心在龙临被人打了，要新圩街的青年去帮忙，他和陆金诚、黄文力等约20人拿了钢管、砍刀等一起到龙临街。见到黄心在龙临街的圩亭里，黄心拿了他携带的砍刀，带他们去追打龙临镇的人，追到卫生院的上坡路段，对方的人多了起来，他和其他人就用石头朝对方砸去，突然听到一声爆炸，是他们的人扔的，对方的人四下逃窜。他们冲上去对驾驶室里的人用砍刀、钢管、石头乱打，里面的人跑到圩亭时又被他们追上，并被殴打了约有两分钟。

21. 被告人王红日的供述。2007年农历正月十五日晚9时许，黄文力说有朋友在龙临街被人打，要组织人去龙临打架，他和陆金诚、陆琪、韦光泽、蒙高平等人拿着砍刀、钢管往龙临街走去。在龙临街市场见到黄心，黄心向他们打声招呼后就去追砍另一方，他们也跟随着他去追砍。当追到果乐方向一个陡坡时，迎面开来一辆后推车，车灯照着他们，这时黄文力往后推车扔了一枚自制钢弹，钢弹在后推车前面爆炸以后，车上的人跳下车逃跑，他们直接冲过去打砸，先是黄文力用钢管砸烂车的挡风玻璃，他也冲过去砸了后推车的大灯两下。这时有个人跑往圩亭，就跟着追过去，在市场桌球台边他们就围住那个人，他看见韦光泽、黄心、蒙高平、黄文力等人持砍刀、钢管乱打已倒在地上的那个人约有两分钟左右。当晚他们到龙临街后跟黄心冲过去喊打喊杀。也不知道被追打的是哪个人。只要不是他们一方的就追打,也不理是否打错了人。

22. 户籍证明,证实被告人陆金诚、陆威宗、韦光泽、王红日实施犯罪时已达完全刑事责任年龄。

以上证据经当庭举证、质证,证据来源合法,证据的内容客观真实,证据之间能相互印证,被告人亦无异议,本院予以确认,并作为认定本案事实的依据。

本院认为:被告人陆威宗、陆金诚、韦光泽、王红日积极参与聚众扰乱社会秩序,情节严重,致使工作、生产、营业等无法进行,造成严重损失,其行为已触犯《中华人民共和国刑法》第二百九十条第一款的规定,构成聚众扰乱社会秩序罪。被告人陆威宗、陆金诚、韦光泽、王红日在公共场所无事生非,随意殴打他人,情节恶劣;任意损毁公私财物,情节严重,其行为已触犯《中华人民共和国刑法》第二百九十三条的规定,构成了寻衅滋事罪。公诉机关指控四被告人的罪名成立。被告人陆威宗、陆金诚、韦光泽、王红日在不同时期、不同犯意支配下实施的行为构成两个罪名,依法应当予以数罪并罚。四被告人在实施寻衅滋事罪犯罪过程中皆起主要作用,均为主犯,应按其所参与的全部犯罪处罚。但因所起的具体作用不同,在量刑上应有区别。被告人王红日犯罪后主动到公安机关投案,如实供述自己的罪行,是自首,根据《中华人民共和国刑法》第六十七条之规定,可以从轻或者减轻处罚。被告人陆威宗、陆金诚、韦光泽到案后能坦白认罪,可酌情从轻处罚。对于被告人陆威宗请求对其适用缓刑的意见,鉴于其所触犯两罪的犯罪情节,本院不予采纳。根据被告人王红日的犯罪情节和悔罪表现,对其适用缓刑不致再危害社会,本院决定对王红日宣告缓刑。对被告人陆金诚、陆威宗、韦光泽依照《中华人民共和国刑法》第二百九十条第一款、第二百九十三条、第六十九条规定,对被告人王红日依照《中华人民共和国刑法》第二百九十条第一款、第二百九十三条、第六十七条第一款、第六十九条、第七十二条、第七十三条之规定,判决如下:

一、被告人陆威宗犯聚众扰乱社会秩序罪,判处有期徒刑二年零六个月;犯寻衅滋事罪,判处有期徒刑一年零八个月。总和刑期为有期徒刑四年零二个月,决定执行刑期为有期徒刑三年零十个月。

（刑期从判决执行之日起计算。判决执行以前先行羁押的，羁押一日折抵刑期一日，即自 2010 年 9 月 3 日起至 2014 年 7 月 2 日止。）

二、被告人陆金诚犯聚众扰乱社会秩序罪，判处有期徒刑两年；犯寻衅滋事罪，判处有期徒刑两年。总和刑期为有期徒刑四年，决定执行刑期为有期徒刑三年零六个月。

（刑期从判决执行之日起计算。判决执行以前先行羁押的，羁押一日折抵刑期一日，即自 2010 年 7 月 14 日起至 2014 年 1 月 13 日止。）

三、被告人韦光泽犯聚众扰乱社会秩序罪，判处有期徒刑两年；犯寻衅滋事罪，判处有期徒刑两年。总和刑期为有期徒刑四年，决定执行刑期为有期徒刑三年零六个月。

（刑期从判决执行之日起计算。判决执行以前先行羁押的，羁押一日折抵刑期一日，即自 2010 年 7 月 14 日起至 2014 年 1 月 13 日止。）

四、被告人王红日犯聚众扰乱社会秩序罪，判处有期徒刑一年零六个月；犯寻衅滋事罪，判处有期徒刑一年。总和刑期为有期徒刑二年零六个月，决定执行刑期为有期徒刑二年，缓刑四年。

（缓刑考验期限，自判决确定之日起计算。）

如不服本判决，可在接到判决书的第二日起十日内，通过本院或者直接向百色市中级人民法院提出上诉。书面上诉的，应提交上诉状正本一份，副本四份。

审　判　长　梁蓬勃
代理审判员　卢荣旗
人民陪审员　黄秋玲
二〇一一年四月十一日
书　记　员　李卉华

广西壮族自治区靖西县人民检察院
不起诉决定书

靖检刑不诉〔2011〕9号

被不起诉人黄开登，乳名阿开登，男，1990年××月××日出生于广西壮族自治区靖西县，身份证号码为4526261990××××××××，壮族，初中文化，农民，家住靖西县新甲乡新荣街××屯××号。因涉嫌扰乱社会秩序罪于2010年8月24日被靖西县公安局刑事拘留，2010年9月17日变更强制措施为监视居住。

本案由靖西县公安局侦查终结，以被不起诉人黄开登涉嫌聚众扰乱社会秩序罪，于2010年10月18日向本院移送审查起诉，2010年11月24日退回靖西县公安局补充侦查，2010年12月23日重新移送审查起诉。

经本院依法审查查明：广西信发铝业公司高美洗矿厂运输通道经过靖西县新甲乡庞凌村凌晚屯，2010年7月11日15时许，因地质灾害造成破坏而进行改道施工时，与群众发生矛盾冲突。

2010年7月13日14时许，新荣街、庞凌村、渠洋镇等地群众在新甲乡新圩街聚集了200多人准备非法游行，扰乱社会秩序。在有人书写"还我家园，还我河流""净化河流，美化靖西"的横幅口号后，黄日久安排陆金康砍伐竹木作横幅撑杆，犯罪嫌疑人黄开登亦跟随参与，伙同陆金诚、陆威宗、韦光泽、王红日、陆金康、杨涛、周家龙、陆敏、陆必很、莫顺富、许国元、覃金疆、邱盛龙、叶正先、覃兵忠、翁易勇（均另案处理）等人拉着横幅，打着鼓，沿210省道往靖西县城方向进行非法游行示威，引发千余名群众尾随参与。当游行队伍到达新圩乡政府旧址附近时，陆威宗、黄日久等人拦住前往维护秩序的警车桂0-L001中巴车，强行拉开车门，将司机拉下车，并对该车进行打砸。

时有靖西县人大常委会主任途经此地,便上前制止不法行为,亦遭到陆威宗等人殴打。(黄开登等人)随后继续一路往靖西县城方向游行示威。为控制局面和开展劝退工作,上级政府和当地政府立即调集警力在县城郊外的德爱路口实施拦截警戒。17时许,游行队伍到达德爱路口,民警对游行人群喊话疏导劝退,要求立即撤掉标语,迅速解散,撤离现场。黄日久等人不听劝阻,安排妇女、老人排在游行队伍前面加以牵制和阻挡。继而,陆金诚、陆威宗、韦光泽、王红日等人冲击和袭击民警,向执勤民警投掷石块,大肆打砸,导致黄某金、陆某业、张某琦、罗某生等维护秩序的民警和治安队员受伤,并造成210省道受阻,交通秩序完全瘫痪,现场秩序严重混乱,严重影响社会秩序。18时许,在反复劝退无果的情况下,民警被迫强行驱散滋扰生事的人群。

认定以上犯罪事实的证据如下:1.物证照片、书证;2.证人证言;3.犯罪嫌疑人黄开登供述、同案人供述;4.鉴定结论;5.现场勘查笔录及其照片。

本院认为,犯罪嫌疑人黄开登实施了《中华人民共和国刑法》第二百九十条第一款规定的行为,但犯罪情节轻微,根据《中华人民共和国刑法》第三十七条的规定,不需要判处刑罚。依据《中华人民共和国刑事诉讼法》第一百四十条第二款的规定,决定对黄开登不起诉。

被不起诉人如不服本决定,可以自收到本决定书后七日内向本院申诉。

被害人如不服本决定,可以自收到本决定书后七日内向百色市人民检察院申诉,请求提起公诉;也可以不经申诉,直接向靖西县人民法院提起自诉。

靖西县人民检察院
2011年4月13日

庞庆华、吴家玲等受贿案
共同受贿中主从犯及受贿数额的认定

要　旨

在共同受贿犯罪中，原则上应当参照共同受贿犯罪行为人参与或者组织、指挥的全部受贿数额对其进行处罚，例外情形下仅就其个人实际所得数额追究刑事责任。

基本案情

2007年以来，为提高生猪标准化规模饲养水平，转变饲养方式，促进生猪生产稳定发展，中央每年投资20多亿资金，用于支持生猪标准化规模养殖场项目建设。2009年，中央投资2300万元至广西壮族自治区博白县生猪标准化规模养殖场改扩建项目，博白县则按照每个养殖场补助10万元人民币（以下均指人民币）的标准，最终确定227个生猪养殖场获得该项建设补贴资金。

2011年3月间，庞庆华（时任博白县发展和改革局副局长）、刘洋（时任博白县水产畜牧兽医局畜牧与饲料股负责人）、陈俊先（时任博白县环境保护局环境监察大队养殖中队副中队长）、宋小川（时任博白县财政局经济建设股股长）、王祥锋（时任博白县林业局的借调工作人员）、吴家玲（时任博白县水产畜牧兽医局副局长）、廖芳（时任博白县发展和改革局农业经济股股长）、陶秀兰（时任博白县环境保护局环境监察大队副大队长）、李勇胜（时任博白县纪律检查委员会正科级纪律检查员）、庞卓（时任博白县财政局工作人员）受所在单位指派成为2009年度博白县生猪标准化规模养殖场（小区）建设项目竣工验收组成员，并分片区负责开展博白县内猪场或养殖场（小区）建设项目的验收工作。其中，庞庆华、刘洋、陈俊先、宋小川、王祥锋等5人负责博白县东片区东平镇等12个乡镇110个养殖场的建设项目竣工验收工作，庞庆华担任验收组组长；吴家玲、廖芳、陶秀兰、李勇胜、庞卓等5人则负责博白县西片区博白镇等12个乡镇112个养殖场的建设项目竣工验收工作，吴家玲担任验收组组长。在养殖场建设项目验收前，东片区验收组成员庞庆华（组长）、刘洋与西片区验收组成员吴家玲（组长）、廖芳4人在县水产畜牧兽医局吴家玲的办公室讨论验收工作，经商量后，一致同意东西片区验收组成员（每组5人）向各自片区内每户养殖户收取100元至200元不等的好处费，并分别由刘洋、吴家玲负责电话通知东西片区各乡镇畜牧站长，让各站长通知每个养殖户准备好钱财待验收组成员到达验收现场后收取。验收工作开始时，东片区验收组庞庆华、刘洋和西片区验收组吴家玲、廖芳又分别与验收组内其他成员商量，一致同意由各自片区验收组向所在片区每个养殖户收取好处费，并分别由刘洋、吴家玲负责通知其验收片区内各乡镇畜牧站长，让各站长告知每个养殖户需向5个验收组成员送好处费。验收过程中，东片区验收组庞庆华、刘洋、陈俊先、宋小川、王祥锋5人向博白县东片区东平镇等12个乡镇110个养殖户共收取了好处费190300元并进行私分，其中庞庆华、刘洋、陈俊先、宋小川、王祥锋各分得21500元，验收组司机朱某分得21500元，余下61300元由刘洋保管；西片区验收组吴家玲、廖芳、陶秀兰、李勇胜、庞卓5人向博白县西片区博白镇等12个乡镇112个养殖户共收取了好处费159800元并进行私分，其中吴家玲、廖芳、陶秀兰、李勇胜、庞卓各分得好处费21300元，验收组司机刘某刚分得21300元，吃饭支出1000元，余下的31000元由廖芳保管。

庞庆华、吴家玲等10人受贿一案，由广西壮族自治区博白县人民检察院反贪污贿赂局于2011年6月20日立案侦查，2011年8月17日侦查终结并移送审查起诉，于2011年10月10日分别以庞庆华、刘洋、陈俊先、宋小川、王祥锋涉嫌受贿罪，吴家玲、廖芳、陶秀兰、李勇胜、庞卓涉嫌受贿罪，向博白县人民法院提起公诉。同年11月25日，博白县人民法院经开庭审理后作出一审判决，庞庆华、吴家玲等10人不服一审判决遂上诉至玉林市中级人民法院，玉林市中级人民法院于2012年2月23日对庞庆华、刘洋、陈俊先、宋小川、王祥锋5人涉嫌受贿罪作出二审判决,于 2012 年 2 月 24 日对吴家玲、廖芳、陶秀兰、李勇胜、庞卓 5 人涉嫌受贿罪作出二审裁定。

关键问题

本案的争议焦点在于如何确定共同受贿犯罪的范围以及如何认定各行为人在共同受贿犯罪中的作用大小、受贿数额。

分歧意见

围绕争议焦点,主要存在以下两种不同的处理意见:

一种意见认为,行为人整体上构成共同受贿犯罪,其中东片区验收组庞庆华(组长)、刘洋与西片区验收组吴家玲(组长)、廖芳 4 人是主犯,其余 6 人是从犯,按照"部分实行全部责任"的共犯通说,受贿数额东西片区累计计算,即各行为人应对受贿总额人民币 350100 元承担刑事责任。

另一种意见则认为,东片区验收组庞庆华、刘洋、陈俊先、宋小川、王祥锋 5 人以及西片区验收组吴家玲、廖芳、陶秀兰、李勇胜、庞卓 5 人分别成立共同受贿犯罪,其中,庞庆华、刘洋、吴家玲 3 人是主犯,其余 7 人是从犯,各行为人受贿数额按照其参与验收片区收取贿赂总额分别计算,即东片区验收组庞庆华、刘洋、陈俊先、宋小川、王祥锋 5 人应对东片区收取贿赂总额人民币 190300 元承担刑事责任,西片区验收组吴家玲、廖芳、陶秀兰、李勇胜、庞卓 5 人应对西片区收取贿赂总额人民币 159800 元承担刑事责任。

评析意见

本文支持第二种意见。理由如下:

(一)东片区验收组成员 5 人与西片区验收组成员 5 人之间分别成立共同受贿犯罪,10 人之间不构成共同受贿犯罪

共同犯罪是指二人以上共同故意犯罪。顾名思义,共同受贿犯罪是指二人以上共同实施受贿犯罪,因受贿罪的犯罪主体为特殊主体,因此共同受贿可以理解为国家工作人员之间或者国家工作人员与非国家工作

人员之间两人以上共同故意实施受贿罪客观构成要件的行为。由此可见，成立共同受贿犯罪需具备以下几个条件：一是行为人人数达到两人以上，且其中一人是国家工作人员；二是行为人主观上都具有共同受贿的故意；三是行为人客观上共同实施了受贿罪的犯罪客观构成要件的行为，即利用国家工作人员的职务便利，索要或收取请托人贿赂，为请托人谋取利益。其中，共同受贿故意的成立，在认识因素上要求行为人认识到不是一个人在实施犯罪，而是与其他共同犯罪行为人一起实施利用国家工作人员的职务便利，为请托人谋取利益，并索要或收取请托人贿赂的行为，另外还应认识到这些行为会侵害国家工作人员的廉洁性和不可收买性。行为人的认识要达到这种程度，必须通过共同犯罪行为人之间相互联络加以实现。这种意思联络，可称为犯意联络。犯意联络实现的方式多种多样，既包括直接的犯意联络，如行为人聚集在一起商量，也包括间接的犯意联络，如通过一个或者以上的行为人作为意思联络的枢纽，向各共同犯罪行为人传达信息或者指令。无论是直接或者间接的犯意联络，行为人应当认识到是和谁在一起实施犯罪行为，至于认识其他共同犯罪行为人的程度，不限于对方的姓名，可以是对方的绰号、别名、特征等。

　　本案中，首先，在养殖场建设项目验收前，东片区验收组庞庆华、刘洋与西片区验收组吴家玲、廖芳4人在县水产畜牧兽医局吴家玲的办公室商量向各自片区的养殖户收取好处费时，陈俊先、宋小川、王祥锋、陶秀兰、李勇胜、庞卓等6人并没有在场参与。其次，在验收工作开始时，陈俊先、宋小川、王祥锋、陶秀兰、李勇胜、庞卓等6人只是与所负责片区的其他验收组成员商量，并决定向各自负责验收片区内养殖户收取好处费；验收前曾参与讨论向东西片区养殖户收取好处费的庞庆华、刘洋、吴家玲、廖芳4人并未向所属片区验收组的其他成员告知验收前4人商量的结果。因此，陈俊先、宋小川、王祥锋、陶秀兰、李勇胜、庞卓等6人对庞庆华、刘洋、吴家玲、廖芳4人商量决定向东西片区养殖户收取好处费不知情。最后，在验收过程中，东西片区两验收组也仅在各自负责验收片区收取养殖户好处费，相互之间不存在意思联络，对于对方验收组收取的好处费数额以及如何分配，也均互不知情。综上，由于东西片区验收组成员10人之间不存在共同受贿的意思联络，共同受贿的主观故意难以认定,因此,10人之间不成立共同受贿犯罪。相反,在验收工作开始时,东片区验收组庞庆华、刘洋、陈俊先、宋小川、王祥锋5人,西片区验收组吴家玲、廖芳、陶秀兰、李勇胜、庞卓5人,分别与所负责片区的其他验收组成员商量并实际向所负责验收片区内养殖户收取了好处费,主观上分别具有共同受贿的犯罪故意,客观上分别实施了利用职务便利,索要好处费,为他人谋取利益的行为,分别具备了共同受贿的主客观要件,分别构成共同受贿犯罪。

(二)根据行为人在共同受贿犯罪中的地位和作用,庞庆华、吴家玲、刘洋在相应共同受贿犯罪中是主犯,其余7人应认定为从犯

根据我国刑法第26条、第27条之规定,在共同犯罪中起主要作用的行为人是主犯,起次要或者辅助作用是从犯。行为人在共同犯罪中所起作用大小是划分主从犯的依据,而判断行为人是否起主要作用,一方面要分析行为人实施了哪些具体犯罪行为,对结果的发生起什么作用,另一方面要分析行为人对其他共犯的支配作用。[①] 具体可以从以下三个方面判断:第一,是否犯意的发起者。行为人在共同犯罪中是犯意的发起者,同时又实施了犯罪实现行为,一般可认定其起到主要作用,应认定为主犯。第二,是否共同犯罪的组织、指挥、策划者。在共同犯罪中,各行为人参与共同犯罪的主动性和积极性往往不同。组织者将各行为人纠集在一起,提升行为人之间的凝聚力,使之形成相对紧密的整体,对法益的威胁及侵害更大,实践中也往往造成更严重的危害后果。而指挥、策划者的作用主要在于将各行为人的行为进行配置,促使各行为人分工合作,提高犯罪的效能,使共同犯罪更具高效性、威胁性和破坏性。组织、指挥、策划者在共同犯罪中发挥着重要作用,一般应当认定为主犯。第三,是否犯罪实行行为的积极实施者。犯罪实行行为是犯罪性质的客观反映,也是社会危害性的集中体现,更是造成法益受威胁或者侵害的直接原因。行为人实施实行行为越主动、越积极,主观恶性越大,人身危险性也可能更大,社会危害性也就更大。因此,积极实施

[①] 张明楷:《刑法学》(第四版),法律出版社2011年版,第406页。

犯罪实行行为的，应当认定为主犯。需要注意的是，作案次数多的不一定就是主犯，在某些多次实施同类犯罪行为的共同犯罪中，某些犯罪分子可能参与的次数较多，甚至是每次实施行为都有参与，但这并不代表其在每次犯罪过程中都实施了实行行为，也可能他在每一次犯罪中均起次要作用或者辅助作用，因此不能片面地将其认定为主犯。① 对于从犯的认定，要根据行为人在共同犯罪中所处的地位、对共同故意形成的作用、实际参与的程度、具体行为的形态、对结果所起的作用等进行分析，判断其是否在共同犯罪中起次要或辅助作用。② 总而言之，判断行为人在共同犯罪中所起的作用大小，需综合考量，不仅要关注行为人实施了何种性质及形态的行为，而且应考虑危害后果的大小，分析行为人的行为与危害后果是否存在因果关系以及原因力的大小。

本案中，如前所述，东片区验收组成员5人与西片区验收组成员5人之间分别成立共同受贿犯罪。关于各行为人在共同犯罪中的地位以及作用，首先，从犯意的提出来看，在养殖场建设项目验收前和验收工作开始时，庞庆华、刘洋、吴家玲、廖芳4人在县水产畜牧兽医局吴家玲的办公室商量讨论验收工作，庞庆华、刘洋首先提出验收时向每户养殖户收取好处费，吴家玲、廖芳表示同意。另外，在第一次下乡验收时，东西片区验收组分别由刘洋和吴爱玲、廖芳首先提出验收时向每户养殖户收取好处费，其他验收组成员则表示同意。其次，从犯意的形成上看，庞庆华身为县发改局副局长兼验收组组长、吴家玲身为县畜牧局副局长兼验收组组长均参与商量甚至提出向每户养殖户收取好处费，并取得了其他验收组成员的同意，对犯意的形成起到了主要和关键作用。最后，从受贿的实行行为上来看，刘洋、吴家玲负责电话通知东西片区各乡镇畜牧站长，让各站长通知每个养殖户准备好钱财，并在到达验收现场后和其他验收组成员一起实际收取了养殖户的好处费，积极实施了利用职务便利向他人索取贿赂的行为。综上，庞庆华、刘洋、庞庆华、廖芳4人是共同受贿中犯意的主要提出者，同时，庞庆华、吴家玲也是共

---

① 廖鸿飞：《共同受贿中主从犯及共同受贿数额的认定研究》，西南政法大学2014年硕士学位论文。

② 张明楷：《刑法学》（第四版），法律出版社2011年版，第409页。

同受贿中的主要决策者,吴家玲和刘洋则是积极实施者,庞庆华、吴家玲、刘洋3人的行为贯穿于犯罪的全过程,无疑在共同受贿中起到主要作用,应认定为主犯。而廖芳虽然参与提出犯意,但在决策形成过程中所起作用较小,且实行行为与其余6人一致,仅实施了收取养殖户好处费的行为,在共同受贿中起到次要作用,因此,廖芳与陈俊先、宋小川、王祥锋、陶秀兰、李勇胜、庞卓应认定为从犯,但廖芳在从犯中所起作用较大。

(三)庞庆华、刘洋、陈俊先、宋小川、王祥锋5人应对受贿数额190300元承担刑事责任,吴家玲等5人应对受贿数额159800元承担刑事责任

根据刑法第26条、第27条之规定,对于共同犯罪中犯罪集团的首要分子以外的主犯,应当按照其所参与或者组织、指挥的全部犯罪处罚;对于从犯,则应当从轻、减轻处罚或者免除处罚。而刑法第386条、第383条又规定,犯受贿罪的,根据受贿所得数额及情节处罚,多次受贿未经处理的,按照累计受贿数额处罚。从以上规定不难看出,我国刑法只是在总则规定对于共同受贿中的主犯必须应当按照其所参与的或者组织、指挥的受贿数额进行处罚,规定了从犯应当从轻、减轻处罚或者免除处罚,却没有明确对于共同受贿中的从犯以及简单共犯应以何种数额进行处罚,① 以致实践中存在犯罪总额说和分赃数额说等观点。最高人民法院研究室《关于共同受贿案件中受贿数额认定问题的研究意见》(以下简称为《研究意见》)认为,根据罪责刑相适应的刑法原则以及体系解释的刑法解释方法,对于共同受贿中的从犯以及简单共犯原则上按照其参与的共同受贿数额处罚,而作为例外,对于难以区分主从犯的受贿共犯,行贿人的贿赂款分别或者明确送给多人,且按照个人实际所得数额处罚更能实现罪刑相适应的,可以按照其个人所得数额处

---

① 简单共同犯罪,又称共同正犯,是指二人以上共同故意实行犯罪。成立共同正犯必须具备两个基本条件:其一是有共同实行的意思,即二人以上不仅均有实施实行行为的意思,而且具有相互利用、补充对方行为的意思。其二是有共同实行的事实,即二人以上共同实施了某种犯罪的实行行为,不管是分别来看还是作为整体来看,各共犯人的行为都具有导致结果的现实危险性。

罚。主要包括以下三种情形：一是行贿人虽然将贿赂款交给一人，但行贿人明确是送给多人，甚至明确了每个人的数额，收钱人只是根据行贿人要求转交他人。这种情形下，收钱人一般对共同受贿总额清楚，但其不一定得钱最多，也不一定是共同犯罪中作用最重要的人，而其他受贿人对他人的受贿数额和受贿总额往往不清楚。二是行贿人以宴请、游玩等名义将多人聚在一起，当面将贿赂款送给每个人。各受贿人对共同受贿的事实清楚，但对其他人的受贿数额及受贿总额往往不清楚。三是行贿人私下将贿赂款分别送给多人。各受贿人之间对彼此受贿事实有盖然性认识，但对他人是否接受贿赂及受贿数额欠缺明确认知。[①] 该《研究意见》虽然在性质上不属于司法解释，在形式上也不具有普遍的司法效力，但从内容上明确了在现有的法律框架下，共同受贿中从犯及简单共犯受贿数额认定的原则和例外情形，具有很强的针对性和可操作性，有效弥补了现行刑事立法的不足，充分体现了罪责刑相适应的立法精神和宽严相济刑事政策，在司法实践中具有重要的指导意义。

本案中，东片区验收组成员5人共收取了好处费190300元，每人分得21500元，61300元由刘洋保管；而西片区验收组5人共收取了好处费159800元，每人分得好处费21300元，31000元由廖芳保管。从个人实际分得的数额来看，验收前就商量决定向养殖户收取好处费的庞庆华、刘洋、吴家玲、廖芳之间数额差异不大，其实际分得的数额与其他共同受贿行为人相比亦不存在明显差距，即便如此，也并不意味着各行为人在共同受贿犯罪中的地位和作用相当、主从犯无法区分。个人实际分得数额的大小一定程度上反映了行为人主观恶性以及对国家工作人员职务行为廉洁性的侵害程度，甚至可能一定程度上体现了行为人在共同受贿中的作用（如国家工作人员与非国家工作人员互相勾结，国家工作人员利用职务便利为他人成功谋取利益且起到关键作用，请托人为表示感谢给予较大数额的好处费），但并不是区分主从犯的唯一依据。区分共同受贿犯罪中的主从犯除了需考量行为人是否起到组织、策划作用、是否积极实施实行行为，还应考虑行为人是否为他人谋取利益或者给国

---

① 黄应生：《司法研究与指导》（2012年第2辑），人民法院出版社2012年版，第155—156页。

家造成重大损失。另外,有人认为,从意思联络上看,东片区验收组庞庆华、刘洋与西片区验收组吴家玲、廖芳4人除了在验收前进行过商量外,在验收工作开始直至收取好处费后进行分配期间,相互之间不存在沟通、协调,双方对对方验收组成员是否收取好处费、收取好处费的总额以及个人实际分得的数额并不知情,因此,东片区验收组庞庆华、刘洋与西片区验收组吴家玲、廖芳4人的行为类似于《研究意见》提及的对于难以区分主从犯的受贿共犯按照其个人所得数额处罚的第三种例外情形,即"行贿人私下将贿赂款分别送给多人。各受贿人之间对彼此受贿事实有盖然性认识,但对他人是否接受贿赂及受贿数额欠缺明确认知",两者只是存在主动索贿与被动收受贿赂的区别,应当按照个人所得数额进行处罚。如前所述,东片区验收组成员庞庆华、刘洋、陈俊先、宋小川、王祥锋5人与西片区验收组成员吴家玲、廖芳、陶秀兰、李勇胜、庞卓5人之间分别成立共同受贿犯罪,虽然各共同受贿行为人均实施了利用职务便利、收取他人好处费的行为,属于刑法上的简单共犯(共同正犯),但东西片区验收组共同受贿犯罪中均存在犯意提出者、决策者和积极实施者,主从犯是可以明显区分的,由此,庞庆华、刘洋、吴家玲、廖芳不具备按照其个人所得数额处罚的前提条件——主从犯无法区分,而应当按照"部分实行全部责任"的原则追究其刑事责任。在东片区验收组成员庞庆华、刘洋、陈俊先、宋小川、王祥锋5人共同受贿犯罪中,5人的行为形成一个整体,每个人的行为都是他人行为的一部分,他人的行为也是自己行为的一部分。同样,西片区验收组成员吴家玲、廖芳、陶秀兰、李勇胜、庞卓5人的行为亦是如此。故各人不仅要对自己的行为及其结果承担刑事责任,而且所有共犯均须对其参与的整个共同犯罪行为及其结果承担刑事责任,即庞庆华、刘洋、陈俊先、宋小川、王祥锋5人应对其所在东片验收组受贿的总数额190300元承担刑事责任;吴家玲、廖芳、陶秀兰、李勇胜、庞卓5人应对其所在西片验收组受贿的总数额159800元承担刑事责任。

处理结果

1. 一、二审法院均认为:庞庆华、刘洋、陈俊先、宋小川、王祥锋的行为构成受贿罪。庞庆华、刘洋、陈俊先、宋小川、王祥锋共同故意实施受贿犯罪，是共同犯罪。在受贿的共同犯罪中，庞庆华、刘洋起主要作用，是主犯，陈俊先、宋小川、王祥锋起次要作用，是从犯。王祥锋具有自首情节。刘洋有立功表现。陈俊先、宋小川有坦白情节。

玉林市中级人民法院根据庞庆华、刘洋、陈俊先、宋小川、王祥锋5人犯罪的事实，犯罪的性质、情节、悔罪表现及对社会的危害程度，最终判决如下：（1）上诉人庞庆华犯受贿罪，判处有期徒刑10年；（2）上诉人刘洋犯受贿罪，判处有期徒刑6年6个月；（3）上诉人陈俊先犯受贿罪，判处有期徒刑6年；（4）上诉人宋小川犯受贿罪，判处有期徒刑6年；（5）上诉人王祥锋犯受贿罪，判处有期徒刑5年。

2. 一、二审法院均认为：吴家玲、廖芳、陶秀兰、李勇胜、庞卓的行为构成受贿罪。吴家玲、廖芳、陶秀兰、李勇胜、庞卓共同故意实施犯罪属共同犯罪。在共同受贿犯罪中，吴家玲是主犯，廖芳、陶秀兰、李勇胜、庞卓起次要作用，是从犯，在从犯之中，廖芳的作用相对较大。吴家玲、李勇胜、庞卓具有自首情节。

玉林市中级人民法院根据庞吴家玲、廖芳、陶秀兰、李勇胜、庞卓5人犯罪的事实，犯罪的性质、情节、悔罪表现及对社会的危害程度，最终裁决如下：（1）上诉人吴家玲犯受贿罪，判处有期徒刑8年；（2）上诉人廖芳犯受贿罪，判处有期徒刑8年6个月；（3）上诉人陶秀兰犯受贿罪，判处有期徒刑6年6个月；（4）上诉人李勇胜犯受贿罪，判处有期徒刑5年；（5）上诉人庞卓犯受贿罪，判处有期徒刑5年。

（撰稿人：黎大勋，中共广西玉林市纪律检查委员会、
玉林市监察委员会副科级纪检员
胡杰，广西壮族自治区玉林市容县人民检察院
公诉科副主任科员、员额检察官）

广西壮族自治区博白县人民检察院
起诉书

博检刑诉〔2011〕349号

被告人庞庆华，男，1958年××月××日出生于广西壮族自治区博白县，公民身份证号码4525281958×××××××，汉族，大专文化，国家干部，中共党员，1991年9月至2007年1月，在博白县交通局工作，2007年1月至今，在博白县发展和改革局工作，任该局副局长，住博白县博白镇××路××号。因涉嫌受贿罪，于2011年7月19日经本院决定取保候审，同年10月9日经本院决定刑事拘留，同日由博白县公安局宣布刑事拘留。

被告人刘洋，男，1965年××月××日出生于广西壮族自治区博白县，公民身份证号码4525281965×××××××，汉族，大学本科文化，国家干部，中共党员，1987年7月至2008年6月，在博白县畜牧兽医站工作，2008年6月至今，在博白县水产畜牧兽医局工作，任该局畜牧与饲料股负责人，住博白县农贸市场私宅（户籍所在地：博白县博白镇××街××号）。因涉嫌受贿罪，于2011年7月19经本院决定取保候审，同年10月9日经本院决定刑事拘留，次日由博白县公安局宣布刑事拘留。

被告人陈俊先（曾用名：陈东），男，1972年××月××日出生于广西壮族自治区博白县，公民身份证号码4525281972×××××××，汉族，大专文化，国家干部，中共党员，1995年7月至今，在博白县环境保护局工作，其间，2008年5月，任该局环境监察大队养殖中队副中队长，住博白县职业技术学校宿舍（户籍所在地：博白县博白镇××路××号）。因涉嫌受贿罪，于2011年7月21日经本院决定取保候审，同年10月9日经本院决定刑事拘留，同日由博白县公安局宣布刑

· 323 ·

事拘留。

被告人宋小川，男，1961年××月××日出生于广西壮族自治区博白县，公民身份证号码4525281961×××××××，汉族，大专文化，国家干部，中共党员，1992年4月至今，在博白县财政局工作，其间，2006年3月至今，任该局经济建设股股长，住博白县财政局宿舍（户籍所在地：博白县博白镇××路××号）。因涉嫌受贿罪，于2011年7月19日经本院决定取保候审。

被告人王祥锋，男，1982年××月××日出生于广西壮族自治区博白县，公民身份证号码4525281982×××××××，汉族，大学本科文化，合同制干部，中共党员，2001年7月至今，在博白县三滩镇林业管理站工作，其间，2009年11月至今，借调到博白县林业局工作，住博白县种子公司仓库北楼××号房（户籍所在地：博白县博白镇××路××号）。因涉嫌受贿罪，于2011年7月19日经本院决定取保候审。

被告人庞庆华、刘洋、陈俊先、宋小川、王祥锋涉嫌受贿罪一案，由本院侦查终结。本院于2011年9月9日已告知被告人有权委托辩护人，依法讯问了被告人，审查了全部案件材料。因案情重大、复杂，延长审查起诉期限半个月。

经依法审查查明：

2011年3月间，被告人庞庆华、刘洋、陈俊先、宋小川、王祥锋受所在单位指派，参加了2009年度博白县生猪标准化规模养殖场（小区）建设项目竣工验收组。在对博白县内获得2009年度国家生猪标准化规模养殖场（小区）建设项目的猪场或者养殖场进行验收前，被告人庞庆华、刘洋、宋小川、陈俊先、王祥锋5人经商量后，同意收取需要进行验收的猪场或者养殖场经营者的好处费，并由被告人刘洋负责通知所在乡镇的水产畜牧兽医站负责人，通过各乡镇站负责人再通知猪场或者养殖场经营者准备好。被告人庞庆华、刘洋、宋小川、陈俊先、王祥锋在对博白县凤山镇、宁潭镇、文地镇、英桥镇、那卜镇、大垌镇、新田镇、沙陂镇、双旺镇、松旺镇、东平镇、沙河镇共12个乡镇的110个猪场或者养殖场经营者索要人民币190300元。其中被告人庞庆华、刘洋、宋小川、陈俊先、王祥锋均从中分得赃款21500元，验收组司机朱某也分得21500元，剩下的61300元在被告人刘洋处保管。

案发后，被告人庞庆华、刘洋、陈俊先、宋小川、王祥锋均将所分得的赃款退出在本院财会处。

认定上述事实的证据有：证人证言、书证、被告人供述与辩解。

本院认为，被告人庞庆华、刘洋、陈俊先、宋小川、王祥锋身为国家工作人员，利用职务之便索取他人财物，为他人谋取利益，其行为已触犯《中华人民共和国刑法》第三百八十五条、第三百八十六条、第三百八十三条第一款第（一）项，犯罪事实清楚，证据确实、充分，应当以受贿罪追究其刑事责任。在受贿犯罪过程中，被告人庞庆华、刘洋起主要作用，依照《中华人民共和国刑法》第二十六条之规定，应当按照其所参与的或者组织指挥的全部犯罪处罚；被告人陈俊先、宋小川、王祥锋起次要作用，是从犯，依照《中华人民共和国刑法》第二十七条之规定，应当从轻、减轻处罚或者免除处罚。被告人庞庆华犯罪后自动投案，如实供述自己的罪行，是自首，依照《中华人民共和国刑法》第六十七条之规定，可以从轻或者减轻处罚。被告人刘洋在接受检察机关调查期间，提供重要线索，从而得以侦破其他案件，有立功表现，依照《中华人民共和国刑法》第六十八条之规定，可以从轻或者减轻处罚。根据《中华人民共和国刑事诉讼法》第一百四十一条之规定，提起公诉，对其非法所得予以没收，请依法判处。

此致
博白县人民法院

检察员：黄学上
2011 年 10 月 10 日

附：

1. 被告人庞庆华、刘洋、陈俊先现羁押于博白县看守所。

2. 被告人宋小川现住博白县财政局宿舍；被告人王祥锋现住博白县种子公司仓库北楼××号房。

3. 本案证人名单、证据目录及主要证据复印件随文移送。

广西壮族自治区博白县人民检察院
起 诉 书

博检刑诉〔2011〕350号

被告人吴家玲（曾用名：吴渡飞），男，1963年××月××日出生于广西壮族自治区博白县，公民身份证号码4525281963×××××××，汉族，大学本科文化，国家干部，中共党员，1997年5月至今，在博白县水产畜牧兽医局工作，其间，1999年1月至今，任该局副局长，住博白县博白镇××街××号。因涉嫌受贿罪，于2011年7月21日经本院决定取保候审，同年10月9日经本院决定刑事拘留，同日由博白县公安局宣布刑事拘留。

被告人廖芳，女，1963年××月××日出生于广西壮族自治区博白县，公民身份证号码4525281963×××××××，汉族，大专文化，国家干部，1992年2月至今，在博白县发展和改革局工作，其间，2006年8月至今，任该局农业经济股股长，住博白县博白镇南城××幢××号（户籍所在地：博白县博白镇××号）。因涉嫌受贿罪，于2011年7月19日经本院决定取保候审，同年10月9日经本院决定刑事拘留，同日由博白县公安局宣布刑事拘留。

被告人陶秀兰，女，1965年××月××日出生于广西壮族自治区博白县，公民身份证号码4525281965×××××××，汉族，大专文化，国家干部，1995年12月至今，在博白县环境保护局工作，其间，任该局环境监察大队副大队长，住博白县环境保护局宿舍（户籍所在地：博白县博白镇××路××号）。因涉嫌受贿罪，于2011年7月19日经本院决定取保候审，同年10月9日经本院决定刑事拘留，同日由博白县公安局宣布刑事拘留。

被告人李勇胜，男，1956年××月××日出生于广西壮族自治区博白县，公民身份证号码4525281956××××××××，汉族，中专文化，国家干部，中共党员，1986年2月至2011年6月，在博白县监察局工作，其间，2000年8月，任中共博白县纪律检查委员会正科级纪律检查员，住博白县博白镇××花园××单元××号房（户籍所在地：博白县博白镇××号）。因涉嫌受贿罪，于2011年7月19日经本院决定取保候审。

被告人庞卓，男，1975年××月××日出生于广西壮族自治区博白县，公民身份证号码4525281975××××××××，汉族，大学本科文化，国家干部，1995年9月至今，在博白县财政局工作，住博白县博白镇××开发区私宅（户籍所在地：博白县博白镇××路××号）。因涉嫌受贿罪，于2011年7月21日经本院决定取保候审。

被告人吴家玲、廖芳、陶秀兰、李勇胜、庞卓涉嫌受贿罪一案，由本院侦查终结。本院于2011年9月8日已告知被告人有权委托辩护人，依法讯问了被告人，审查了全部案件材料。因案情重大、复杂，延长审查起诉期限半个月。

经依法审查查明：

2011年3月间，被告人吴家玲、廖芳、陶秀兰、李勇胜、庞卓受所在单位指派，参加了2009年度博白县生猪标准化规模养殖场（小区）建设项目竣工验收组。在对博白县内获得2009年度国家生猪标准化规模养殖场（小区）建设项目的猪场或者养殖场进行验收前，被告人吴家玲、廖芳、陶秀兰、李勇胜、庞卓5人经商量后，同意收取需要进行验收的猪场或者养殖场经营者的好处费，并由被告人吴家玲负责通知所在乡镇的水产畜牧兽医站负责人，通过各乡镇站负责人再通知猪场或者养殖场经营者准备好。被告人吴家玲、廖芳、陶秀兰、李勇胜、庞卓在对博白县博白镇、径口镇、亚山镇、三滩镇、黄凌镇、旺茂镇、龙潭镇、大坝镇、顿谷镇、永安镇、水鸣镇、浪平乡共12个乡镇的112个猪场或者养殖场经营者索要人民币159800元。其中，被告人吴家玲、廖芳、陶秀兰、李勇胜、庞卓均从中分得赃款21300元，验收组司机刘某刚也分得21500元，验收组还将其中的1000元用于吃饭开支，剩下的31000元在被告人廖芳处保管。

案发后，被告人吴家玲、廖芳、陶秀兰、李勇胜、庞卓均将所分得的赃款退出在本院财会处。

认定上述事实的证据有：证人证言、书证、被告人供述与辩解。

本院认为，被告人吴家玲、廖芳、陶秀兰、李勇胜、庞卓身为国家工作人员，利用职务之便索取他人财物，为他人谋取利益，其行为已触犯《中华人民共和国刑法》第三百八十五条、第三百八十六条、第三百八十三条第一款第（一）项，犯罪事实清楚，证据确实、充分，应当以受贿罪追究其刑事责任。在受贿犯罪过程中，被告人吴家玲、廖芳起主要作用，是主犯，依照《中华人民共和国刑法》第二十六条之规定，应当按照其所参与的或者组织指挥的全部犯罪处罚；被告人陶秀兰、李勇胜、庞卓起次要作用，是从犯，依照《中华人民共和国刑法》第二十七条之规定，应当从轻、减轻处罚或者免除处罚。被告人吴家玲、李勇胜、庞卓犯罪以后自动投案，如实供述自己的罪行，是自首，依照《中华人民共和国刑法》第六十七条之规定，可以从轻或者减轻处罚。根据《中华人民共和国刑事诉讼法》第一百四十一条之规定，提起公诉，对其非法所得予以没收，请依法判处。

此致
博白县人民法院

检 察 员：黄学上
2011 年 10 月 10 日

附：

1. 被告人吴家玲、廖芳、陶秀兰现羁押于博白县看守所。
2. 被告人李勇胜现住博白县博白镇××花园××单元××号房；被告人庞卓现住博白县博白镇××开发区私宅。
3. 本案证人名单、证据目录及主要证据复印件随文移送。

广西壮族自治区玉林市中级人民法院
刑事判决书

（2012）玉中刑二终字第4号

原公诉机关广西壮族自治区博白县人民检察院。

上诉人（原审被告人）庞庆华，男，1958年××月××日出生于广西壮族自治区博白县，汉族，大专文化，国家干部，捕前任博白县发展和改革局副局长，住博白县博白镇××路××号。2011年7月19日因本案被博白县人民检察院取保候审，同年10月9日被刑事拘留，同月13日被逮捕。现羁押于博白县看守所。

辩护人张九尚，广西顺运律师事务所律师。

上诉人（原审被告人）刘洋，男，1965年××月××日出生于广西壮族自治区博白县，汉族，大学本科文化，国家干部，捕前任博白县水产畜牧兽医局畜牧饲料股负责人，住博白县农贸市场私宅。2011年7月19日因本案被博白县人民检察院取保候审，同年10月10日被刑事拘留，同月13日被逮捕。现羁押于博白县看守所。

辩护人吴恩，广西纳百川律师事务所律师。

上诉人（原审被告人）陈俊先（曾用名陈东），男，1972年××月××日出生于广西壮族自治区博白县，汉族，大专文化，国家干部，捕前任博白县环境保护局环境监察大队养殖中队副中队长，住博白县职业技术学校宿舍。2011年7月21日因本案被博白县人民检察院取保候审，同年10月9日被刑事拘留，同月13日被逮捕。现羁押于博白县看守所。

辩护人黄德伟，广西纳百川律师事务所律师。

上诉人（原审被告人）宋小川，男，1961年××月××日出生于广西壮族自治区博白县，汉族，大专文化，国家干部，捕前任博白县财政局经济建设股股长,住博白县财政局宿舍。2011年7月19日因本案被博白县人民检察院取保候审,同年10月14日被博白县人民法院取保候审,同月28日被逮捕。现羁押于博白县看守所。辩护人曾家勇,广西纳百川律师事务所律师。

上诉人(原审被告人)王祥锋,男,1982年××月××日出生于广西壮族自治区博白县,汉族,大学本科文化,合同制干部,捕前从博白县三滩镇林业管理站借调到博白县林业局工作,住博白县种子公司××楼××号房。2011年7月19日因本案被博白县人民检察院取保候审,同年10月14日被博白县人民法院取保候审,同月28日被逮捕。现羁押于博白县看守所。

辩护人杨雄,广西纳百川律师事务所律师。

广西壮族自治区博白县人民法院审理广西壮族自治区博白县人民检察院指控原审被告人庞庆华、刘洋、陈俊先、宋小川、王祥锋犯受贿罪一案,于2011年11月25日作出(2011)博刑初字第423号刑事判决。原审被告人庞庆华、刘洋、陈俊先、宋小川、王祥锋不服,提出上诉。本院于2011年12月21日立案并依法组成合议庭,2012年1月10日公开开庭进行了审理。广西壮族自治区玉林市人民检察院指派检察员陈志飘、郑燕出庭履行职务,上诉人庞庆华及其辩护人张九尚、上诉人刘洋及其辩护人吴恩、上诉人陈俊先及其辩护人黄德伟、上诉人宋小川及其辩护人曾家勇、上诉人王祥锋及其辩护人杨雄到庭参加诉讼。在本院审理期间,广西壮族自治区玉林市人民检察院以本案需补充侦查为由,于2012年2月3日建议对本案延期审理,本院于同日决定延期审理;同月16日,本院根据检察机关的建议,决定恢复审理。现已审理终结。

原判认定,2011年3月,庞庆华、刘洋、陈俊先、宋小川、王祥锋受所在单位指派,参加了2009年度博白县生猪标准化规模养殖场(小区)建设项目竣工验收组,对博白县内获得2009年度国家生猪标准化规模养殖场(小区)建设项目的猪场或养殖场进行验收。在验收前,庞庆华、刘洋、陈俊先、宋小川、王祥锋经商量后,一致同意收取需验收的猪场或养殖场经营者的好处费,并由刘洋负责通知参与验收的各乡镇水产畜牧兽医站负责人,通过各负责人转知猪场或者养殖场经营者准备好钱财。在验收过程中,庞庆华、刘洋、陈俊先、宋小川、王祥锋向博白县内的凤山镇、宁潭镇、文地镇、英桥镇、那卜镇、大垌镇、新田镇、沙陂镇、双旺镇、松旺镇、东平镇、沙河镇共12个乡镇的110个猪场或者养殖场经营者共索得190300元好处费并进行私分,其中庞庆华、刘洋、陈俊先、宋小川、王祥锋各分得21500元,另外,还分给验收组的司机朱某21500元,余下61300元由刘洋保管。案发后,庞庆华、刘洋、陈俊先、宋小川、王祥锋分别将个人分得的赃款21500元及将刘洋保管的赃款61300元全部退出到广西壮族自治区博白县人民检察院。

原判另认定,刘洋在接受检察机关调查期间,提供重要线索,从而得以侦破其他案件。王祥锋在检察机关对其调查前,于2011年5月主动向其所在站站长刘某永交代自己的犯罪事实。

原判认定上述事实,有证人何某茂、黎某松、阮某河、庞某良、詹某云、邓某、周某、阙某良、庞某、刘某升、吴甲、阮某海、莫某君、罗某章、凌某云、祁某锋、刘甲、雷某伟、蓝某伦、冯某、项某辉、黎某辉、莫某欢、廖某华、何某宝、黄某爽、莫某华、黄某强、李某光、黄某军、曾某富、黎某森、黄甲、莫某光、阮某辉、阮某、詹某燕、曾某传、阮某林、何某林、黄某锋、黄某玉、李某明、李某锋、李甲、朱甲、黄某虎、罗某奎、江某宝、冯某玉、潘某英、梁某富、刘某富、易某权、许某初、莫某新、黎某英、黄某娟、冯某东、冯某权、陈某清、陈某金、刘某程、阮某林、陈某钦、陈某伟、黄某华、庞某理、谭某国、李某鸿、吴乙、张某、黄某昌、梁某干、梁某、吴某俊、吴某芹、廖某平、廖甲、李某态、李乙、庞某平、邓某琴、庞某军、陈某强、严某、黄某轩、罗某全、梁某、朱某怡、朱某彬、朱某雄、朱某章、林某、姚某、陈某益、黄乙、刘某春、黄丙、自某、张某贵、李某锋、林某章、王某贵、刘乙、陈某、李丙、林某伟、刘某旺、刘某江、林某、李某辉、梁某、黄某琴、庞某东、吴某宏、李某生、侯某有、张某华、刘某荣、朱乙、吴某玲、廖乙的证言,博白县水产畜牧兽医局证明,博白县环境保护局证明,博白县林业局证明,从博白县林业局提取复印的《关于借调秦某等三位同志工作的通知》、干部履历表、任职文件,2009年度博白县生猪标准化规模养殖场(小区)建设项目竣工验收分组表,博白县2009年生猪标准化规模养殖场(小区)建设项目单个项目竣工验收登记表，整改通知书，广西壮族自治区检察机关暂扣押款专用票据，博白县人民检察院反贪局的破案经过，博白县三滩镇林业管理站证明，户籍证明，庞庆华、刘洋、陈俊先、宋小川、王祥锋在侦查阶段的供述等证据证实。

原审法院认为，庞庆华、刘洋、陈俊先、宋小川、王祥锋身为国家工作人员，利用职务之便利，索取他人财物，其行为均构成了受贿罪。在受贿的共同犯罪中，庞庆华、刘洋起主要作用，是主犯，依法应当按照其所参与的全部犯罪处罚；陈俊先、宋小川、王祥锋起次要作用，是从犯，依法应从轻、减轻处罚或免除处罚。王祥锋犯罪后自动向其所在单位领导投案，如实供述自己的罪行，是自首，依法可以从轻或减轻处罚。刘洋在接受检察机关调查期间，提供重要线索，从而得以侦破其他案件，有立功表现，依法可以从轻或者减轻处罚。陈俊先、宋小川如实供述自己的罪行，且当庭认罪，属坦白，依法可以从轻处罚。原审法院根据庞庆华、刘洋、陈俊先、宋小川、王祥锋犯罪的事实、犯罪的性质、情节、悔罪表现及对社会的危害程度，决定对庞庆华从轻处罚，对刘洋、陈俊先、宋小川、王祥锋减轻处罚。原审法院依照《中华人民共和国刑法》第三百八十五条第一款、第三百八十六条、第三百八十三条第一款第（一）项、第二十五条第一款、第二十六条第一款和第四款、第二十七条、第六十七条第一款和第三款、第六十八条第一款、第六十四条及《最高人民法院关于处理自首和立功具体应用法律若干问题的解释》第一条第（一）项第二目、第（二）项第三目和第四目和第三条、第五条的规定，作出判决：一、被告人庞庆华犯受贿罪，判处有期徒刑十年；二、被告人刘洋犯受贿罪，判处有期徒刑八年六个月；三、被告人陈俊先犯受贿罪，判处有期徒刑六年；四、被告人宋小川犯受贿罪，判处有期徒刑六年；五、被告人王祥锋犯受贿罪，判处有期徒刑五年；六、庞庆华、刘洋、陈俊先、宋小川、王祥锋退出违法所得各21500元，予以没收，上缴国库；刘洋退出其保管的61300元，予以没收，上缴国库。

庞庆华上诉提出，其行为不构成共同犯罪；收取的款项包含劳务报酬的性质，不属于索贿，且有自首情节，原判量刑过重，请求对其免予刑事处罚。

庞庆华的辩护人提出，庞庆华单独收受的每一笔钱款的数额未达受贿罪的立案标准；收受的款项属于验收费和业务招待费，是合法收入；侦查机关违法取证，故此，庞庆华的行为不构成犯罪。

刘洋上诉提出，其不是本案的主犯，不属于索贿；其有自首情节，原判量刑过重，请求对其免予刑事处罚。

刘洋的辩护人提出，刘洋的行为不构成共同犯罪，不属于索贿；刘洋在本案中有自首情节，原判量刑过重，请求对刘洋减轻处罚。

陈俊先上诉提出，其行为不构成共同犯罪，不属于索贿，其有自首情节，原判量刑过重，请求对其免予刑事处罚。

陈俊先的辩护人提出，陈俊先收受的款项属于验收费，是合法收入，故此，陈俊先的行为不构成犯罪。

宋小川上诉及其辩护人提出，宋小川的行为不构成共同犯罪，不属于索贿，宋小川有自首情节，原判量刑过重，请求对宋小川宣告缓刑或免予刑事处罚。

王祥锋上诉及其辩护人提出，本案认定为共同犯罪不当，不属于索贿，原判量刑过重，请求对王祥锋宣告缓刑或免予刑事处罚。

广西壮族自治区玉林市人民检察院的出庭意见是，原判认定事实清楚，证据确实、充分，定罪准确，量刑适当，请求二审法院驳回上诉人庞庆华、刘洋、陈俊先、宋小川、王祥锋的上诉，维持原判。

经二审审理查明的事实与原判认定的事实相同。原判认定事实的证据来源合法，内容客观真实，证据间能相互印证，且经原审法院庭审质证、认证属实，本院予以确认。在本院审理期间，上诉人庞庆华的辩护人提交庞庆华的经济员技术证书以及博白县发展和改革局出具的证明材料两份，证明庞庆华是经济员，工作表现出色，在生猪标准化规模养殖建设工程项目验收期间未报销过下乡补助；上诉人刘洋的辩护人提交谅解书一份以及博白县水产畜牧兽医局出具的证明材料两份，证明刘洋工作表现出色，部分养殖场的业主对刘洋等人的行为表示谅解；上诉人陈俊先的辩护人提交博白县环保局出具的证明材料两份，证明陈俊先平时工作表现好，在生猪标准化规模养殖建设工程项目验收期间没有在单位报销过差旅费；上诉人宋小川的辩护人提交技术资格证书以及博白县财政局出具的证明材料一份，证明宋小川是助理经济师，在单位平时工作表现好。对于辩护人当庭提交的上述材料，经核查，辩护人所提交的上述材料所反映的内容均为各上诉人的平时工作表现及应从单位获得差旅费用而尚未取得的情况，与各上诉人利用职务之便共同实施受贿犯罪的行为无关，即这些材料与本案定罪量刑没有关联性，不属我国刑事诉讼法第四十二条所规定的证据，故此，本院依法不予采纳。

对庞庆华、刘洋、陈俊先、宋小川、王祥锋上诉提出的理由及其辩护人提出的辩护意见，本院综合评析如下：

1. 关于本案是否属于共同受贿犯罪及是否构成索贿的问题

原判及检察机关认定庞庆华、刘洋、陈俊先、宋小川、王祥锋共同实施索贿犯罪，而五上诉人及辩护人提出异议，经核查，根据庞庆华、刘洋的供述及证人吴某玲、廖某的证言，四人在吴某玲的办公室讨论生猪标准化规模养殖场（小区）建设项目验收工作时，经商量一致同意向猪场老板收取好处费，且庞庆华、刘洋还供述在其二人参加的验收组第一次出发验收前，在车上与其他组员陈俊先、宋小川、王祥锋一起商量向猪场老板收取好处费的事宜，一致同意由刘洋打电话通知各乡镇畜牧站长，让各站长告知被验收猪场老板准备好处费，之后在每次验收中均由刘洋打电话通知各乡镇畜牧站长，共同收受了被验收猪场老板给的好处费。庞庆华、刘洋的上述供述与陈俊先、宋小川、王祥锋的供述相互印证，且有博白县凤山镇、宁潭镇等12个乡镇的畜牧站长或负责人以及被验收猪场老板和经营者的证言证实。故此，庞庆华、刘洋、陈俊先、宋小川、王祥锋等五人主观上有共同的受贿犯罪故意，客观上实施了共同收取好处费并进行私分的行为，其行为符合受贿共同犯罪的构成要件，构成共同犯罪；且五人属于利用职务便利，索取好处费，应认定为索贿犯罪。

2. 关于本案涉案的款项是合法收入还是受贿所得的问题

原判及检察机关认定上诉人所取得的款项属受贿所得，而庞庆华、陈俊先的辩护人提出这些款项为合法收入，经核查，根据博白县水产畜牧兽医局、环境保护局、财政局等单位出具的证明，证实本案庞庆华等五上诉人均由单位安排参加2009年度博白县生猪标准化规模养殖场（小区）建设项目竣工验收工作，属于履行职务的行为，并不包括收费的职责，且庞庆华等五上诉人的供述及相关畜牧站长、猪场老板和经营者的证言证明庞庆华等五上诉人系利用职务的便利，事先通过各畜牧站长通知被验收猪场的老板准备好处费，然后在每次验收后收取这些好处费，故此，本案庞庆华等五上诉人收取的款项是受贿所得，不属于合法收入。

3. 关于本案侦查机关是否违法取证的问题

经核查，根据最高人民法院、最高人民检察院、公安部、国家安全部、司法部《关于办理刑事案件排除非法证据若干问题的规定》第六条规定，被告人或辩护人提出侦查机关所取得的证据属非法证据的，应当提供涉嫌非法取证的人员、时间、地点、方式、内容等相关线索或者证据。而本案中，上诉人及辩护人均未能提供相关线索或证据；同时，本案原审法院采纳并据以对上诉人定罪量刑的证据，均由侦查机关根据其职能依法进行取证，来源合法，内容客观真实，证据间能相互印证，并没有违反《中华人民共和国刑事诉讼法》的行为。

4. 关于本案的受贿数额的认定问题

庞庆华、陈俊先的辩护人提出本案涉案的每一笔款均属单独收取，均不达受贿罪的立案标准；原判及检察机关认为对庞庆华等五人所收受的贿赂款应以累计的总数定罪处罚，经核查，刑法第三百八十六条、第三百八十三条规定，对多次受贿未经处理的，按照累计的数额处罚；同时，根据刑法第二十五条、第二十六条规定行为人共同实施犯罪的，均应对所造成的后果承担责任。本案中，庞庆华等五上诉人共同多次受贿犯罪，故庞庆华等五人的受贿数额应予累计，且五人均应对累计总额承担刑事责任，而不能只按个人分得的受贿数额来确定其法定刑。

5. 关于庞庆华、刘洋、陈俊先、宋小川是否具有自首情节问题

庞庆华、刘洋、陈俊先及宋小川的辩护人提出庞庆华、刘洋、陈俊先、宋小川有自首情节；原判及检察机关认为四人均不具有自首情节，经核查，（1）庞庆华犯罪后虽自动投案，但其在一审法庭上否认验收前其参与共同商量收受猪场经营者好处费的事实，且在一审宣判前对该主要犯罪事实始终不予供认。根据《最高人民法院关于处理自首和立功具体应用法律若干问题的解释》第一条"犯罪嫌疑人自动投案并如实供述自己的罪行后又翻供的，不能认定为自首"的规定，不能认定庞庆华具有自首情节；（2）刘洋、宋小川、陈俊先均是侦查机关掌握了其犯罪事

实，通知其到案后，才如实供述本案犯罪事实的。另外，陈俊先是在侦查机关讯问后才向其所在单位反映本案所犯罪的事实。根据《最高人民法院、最高人民检察院关于办理职务犯罪案件认定自首、立功等量刑情节若干问题的意见》第一条"没有自动投案，在办案机关调查谈话、讯问、采取调查措施或者强制措施期间，犯罪分子如实交代办案机关掌握的线索所针对的事实的，不能认定为自首"的规定，刘洋、宋小川、陈俊先的行为不符合自首的构成要件，依法亦不能认定其三人具有自首情节。

6. 刘洋上诉提出其不是本案的主犯问题

刘洋上诉提出其不是本案的主犯，而原判及检察机关均认为刘洋是本案的主犯，经核查，刘洋作案前参与商量收取验收对象的好处费，并由其负责通知所在验收组的各乡镇的水产畜牧兽医站负责人与猪场（或养殖场）经营者联系收取好处费，且在获得好处费后参与私分及保管。上述事实有证人何某茂、黎某松、阮某河、庞某良、詹某云、邓某、周某、阙某良、庞某、刘某升、吴某、阮某海、莫某君、朱某、吴某玲、廖某的证言以及五上诉人在侦查阶段的供述证实，刘洋在本案中积极实施犯罪，起主要作用，原判认定其是本案的主犯，是正确的，但刘洋是按共同犯罪人的决策而具体实施收受贿赂款的，其相对于本案的犯意提出者及收受贿赂的决策者而言，作用相对较小，原审法院在量刑时对该情节尚未予以充分考虑，本院将结合刘洋参与犯罪的原因及其他量刑情节一并予以考虑。

7. 关于本案的量刑是否过重及是否可以适用缓刑、免予刑事处罚问题

五上诉人及部分辩护人提出原判量刑过重，请求对五人适用缓刑或免予刑事处罚，经核查：（1）庞庆华等五上诉人共同受贿的数额为190300元，依法应判处十年以上有期徒刑。刑法第六十三条第一款规定，犯罪分子具有法定减轻处罚情节的，在有数个量刑幅度时，应当在法定量刑幅度的下一个量刑幅度内判处刑罚。而受贿犯罪"十年以上有期徒刑或者无期徒刑"法定刑的下一个量刑幅度为五年以上有期徒刑，也就是即使庞庆华等五人因具有法定减轻情节而予以减轻处罚的，其最低刑只能为五年有期徒刑。原判对庞庆华、陈俊先、宋小川、王祥锋的处罚

已充分考虑了其在本案中所起的作用、情节、悔罪表现等具体情况,在法定刑幅度内对庞庆华、陈俊先、宋小川、王祥锋处以刑罚,符合罪刑相适应原则,是恰当的,处刑并不为重。(2)根据《中华人民共和国刑法》第七十二条的规定,有条件宣告缓刑的对象必须是被判处拘役、三年以下有期徒刑的犯罪分子;第三十七条规定,对于犯罪情节轻微不需要判处刑罚的,可以免予刑事处罚。本案中根据庞庆华、刘洋、陈俊先、宋小川、王祥锋等五人的犯罪事实和犯罪情节等,依法均应判处五年以上或十年以上的有期徒刑,且五人所犯罪行均不属于犯罪情节轻微不需要判处刑罚的情形,因此,依法不能对上述五人宣告缓刑和判处免予刑事处罚。

本院认为,上诉人(原审被告人)庞庆华、刘洋、陈俊先、宋小川、王祥锋身为国家工作人员,利用职务上的便利,索取他人财物,为他人谋取利益,其行为已构成了受贿罪。庞庆华、刘洋、陈俊先、宋小川、王祥锋共同故意实施受贿犯罪,是共同犯罪。在受贿的共同犯罪中,庞庆华、刘洋起主要作用,是主犯,依法应当按照其所参与的全部犯罪处罚。陈俊先、宋小川、王祥锋起次要作用,是从犯,依法应当从轻或者减轻处罚。王祥锋犯罪后自动向其所在单位投案,如实供述自己的罪行,是自首,依法可以从轻或者减轻处罚。刘洋在接受检察机关调查期间,提供重要线索,从而得以侦破其他案件,有立功表现,依法可以从轻或者减轻处罚。陈俊先、宋小川如实坦白交代自己的罪行,依法可以从轻处罚。原审法院综合考虑庞庆华、刘洋、陈俊先、宋小川、王祥锋犯罪的事实,犯罪的情节及悔罪表现等,决定对庞庆华予以从轻处罚,对刘洋、陈俊先、宋小川、王祥锋予以减轻处罚是正确的。综上,原审法院认定事实清楚,证据确实、充分,定罪准确,审判程序合法,适用法律正确,对庞庆华、陈俊先、宋小川、王祥锋的量刑适当,但对刘洋的量刑畸重,本院决定对刘洋的刑罚予以改判。本院依照《中华人民共和国刑事诉讼法》第一百八十九条第(一)项和第(二)项,《中华人民共和国刑法》第三百八十五条第一款、第三百八十六条、第三百八十三条第一款第(一)项、第二十五条第一款、第二十六条第一款和第四款、第二十七条、第六十七条第一款和第三款、第六十八条第一款、第六十四条,最高人民法院《关于处理自首和立功具体应用法律若干问题的解释》第一条、第三条、第五条的规定，判决如下：

一、维持广西壮族自治区博白县人民法院（2011）博刑初字第423号刑事判决第一项和第三项至第六项，即：被告人庞庆华犯受贿罪，判处有期徒刑十年；被告人陈俊先犯受贿罪，判处有期徒刑六年；被告人宋小川犯受贿罪，判处有期徒刑六年；被告人王祥锋犯受贿罪，判处有期徒刑五年；被告人庞庆华、刘洋、陈俊先、宋小川、王祥锋退出违法所得各21500元，予以没收，上缴国库，被告人刘洋退出其保管的61300元，予以没收，上缴国库。

二、撤销广西壮族自治区博白县人民法院（2011）博刑初字第423号刑事判决第二项，即：被告人刘洋犯受贿罪，判处有期徒刑八年六个月。

三、上诉人（原审被告人）刘洋犯受贿罪，判处有期徒刑六年六个月。

（刑期从判决执行之日起计算。判决执行之前先行羁押的，羁押一日折抵刑期一日，即自2011年10月10日起至2018年4月9日止。）

本判决为终审判决。

审　判　长　粟春雄
审　判　员　彭嘉崎
代理审判员　植勇建
二〇一二年二月二十三日
书　记　员　黎　乾

广西壮族自治区玉林市中级人民法院
刑事裁定书

(2012) 玉中刑二终字第 3 号

原公诉机关广西壮族自治区博白县人民检察院。

上诉人（原审被告人）吴家玲（曾用名吴渡飞），男，1963年××月××日出生于广西壮族自治区博白县，汉族，大学本科文化，国家干部，原系博白县水产畜牧兽医局副局长，住广西壮族自治区博白县博白镇××街××号。2011年7月21日因本案被广西壮族自治区博白县人民检察院取保候审，同年10月9日被刑事拘留，同月13日被逮捕。现羁押于博白县看守所。

辩护人张九尚，广西顺运律师事务所律师。

上诉人（原审被告人）廖芳，女，1963年××月××日出生于广西壮族自治区博白县，汉族，大专文化，国家干部，原系博白县发展和改革局农业经济股股长，住广西壮族自治区博白县博白镇南城××幢××号。2011年7月19日因本案被广西壮族自治区博白县人民检察院取保候审，同年10月9日被刑事拘留，同月13日被逮捕。现羁押于博白县看守所。

辩护人黄超华，广西纳百川律师事务所律师。

上诉人（原审被告人）陶秀兰，女，1965年××月××日出生于广西壮族自治区博白县，汉族，大专文化，国家干部，原系博白县环境保护局环境监察大队副大队长，住广西壮族自治区博白县环境保护局宿舍。2011年7月19日因本案被广西壮族自治区博白县人民检察院取保候审，同年10月9日被刑事拘留，同月13日被逮捕。现羁押于博白县看守所。

辩护人梁振武，广西方园律师事务所律师。

上诉人（原审被告人）李勇胜，男，1956年××月××日出生于广西壮族自治区博白县，汉族，中专文化，国家干部，原系博白县科学技术协会工作人员，住广西壮族自治区博白县博白镇××花园××单元××号。2011年7月19日因本案被广西壮族自治区博白县人民检察院取保候审，同年10月14日被广西壮族自治区博白县人民法院取保候审，同月28日被逮捕。现羁押于博白县看守所。

辩护人朱其文，广西顺运律师事务所律师。

上诉人（原审被告人）庞卓，男，1975年××月××日出生于广西壮族自治区博白县，汉族，大学本科文化，国家干部，原系博白县财政局工作人员，住广西壮族自治区博白县博白镇××开发区私人住宅。2011年7月21日因本案被广西壮族自治区博白县人民检察院取保候审，同年10月14日被广西壮族自治区博白县人民法院取保候审，同月28日被逮捕。现羁押于博白县看守所。

辩护人黄德伟，广西纳百川律师事务所律师。

广西壮族自治区博白县人民法院审理广西壮族自治区博白县人民检察院指控原审被告人吴家玲、廖芳、陶秀兰、李勇胜、庞卓犯受贿罪一案，于2011年11月25日作出（2011）博刑初字第422号刑事判决。原审被告人吴家玲、廖芳、陶秀兰、李勇胜、庞卓不服，提出上诉。本院于2011年12月21日受理后，依法组成合议庭，于2012年1月10日公开开庭进行审理。广西壮族自治区玉林市人民检察院指派检察员陈志飘、郑燕出庭履行职务，上诉人吴家玲及其辩护人张九尚，上诉人廖芳及其辩护人黄超华，上诉人陶秀兰及其辩护人梁振武，上诉人李勇胜及其辩护人朱其文，上诉人庞卓及其辩护人黄德伟到庭参加诉讼。现已审理终结。

原判认定，2011年3月间，吴家玲、廖芳、陶秀兰、李勇胜、庞卓受所在单位指派，参加2009年度博白县生猪标准化规模养殖场（小区）建设项目竣工验收组。在对博白县获得2009年度国家生猪标准化规模养殖场（小区）建设项目的猪场或者养殖场进行验收前，吴家玲、廖芳、陶秀兰、李勇胜、庞卓5人经商量后，一致同意收取被验收的猪场或者养殖场经营者的好处费，由吴家玲负责通知所在乡镇的水产畜牧兽医站负责人转知猪场或者养殖场经营者准备好处费。在验收过程中，吴家玲、廖芳、陶秀兰、李勇胜、庞卓共向博白县博白镇、径口镇、亚山镇、三滩镇、黄凌镇、旺茂镇、龙潭镇、大坝镇、顿谷镇、永安镇、水鸣镇、浪平乡共12个乡镇的112个猪场或者养殖场经营者索得好处费合计159800元，其中吴家玲、廖芳、陶秀兰、李勇胜、庞卓各分得好处费21300元，另有司机刘某刚分得21300元，吃饭用去1000元，余下的31000元由廖芳保管。案发后，吴家玲、陶秀兰、李勇胜、庞卓分别将个人分得的赃款21300元，廖芳将所得及保管的赃款52300元全部退至广西壮族自治区博白县人民检察院。

原判还认定，广西壮族自治区玉林市人民检察院于2011年6月2日将吴家玲、廖芳、陶秀兰、李勇胜、庞卓涉嫌共同受贿一案交博白县人民检察院反贪污贿赂局依法查处。博白县人民检察院反贪污贿赂局于同年6月15日通知陶秀兰、廖芳、庞卓到该局接受询问。庞卓在接到检察机关的询问通知前，已主动向其所在单位的纪检组交代其在验收工作中收受好处费的问题并退出违法所得；吴家玲、李勇胜于同年6月16日主动到博白县人民检察院投案。

原判认定上述事实，有博白镇、顿谷镇等12个乡镇水产畜牧兽医站的站长邹甲、陈某武、秦某、冯某任、黄某奕、莫某、甘某毅、张某、程某旺、麦某林、覃甲、梁某明的证言，博白镇、顿谷镇等12个乡镇的猪场或者养殖场的经营者刘某、唐某林、庞某礼、李某坤、郑某连、王某威、麦某平、李某兰、梁甲、黄某发、邓某生、秦某、苏某春、黄某婷、李某龙、庞某龙、庞某林、苏某、覃某德、张某东、李甲、林某飞、蔡某明、何某绍、冯某旺、黄某、林某云、刘某勇、黄某志、刘甲、赵某强、何某、刘乙、谢某成、王某、陈某记、陈某东、覃某芳、邓某流、邹某辉、揭某富、陈甲、邹乙、周某杰、周某昌、揭某桂、周某、揭某连、钟某光、吴某、覃某育、张某宝、邓某东、阮某梅、庞某玲、张某明、李某华、覃乙、梁某强、李某勇、蓝某、蓝某博、覃某凯、刘某结、刘某运、梁乙、刘丙、王某宏、凌某明、陈某生、陈某玉、王某付、李乙、陈某彬、宁某林、陈某言、王某明、梁某东、陈乙、蔡某明、陈某富、梁某东、蒙某仁、刘丁、冯某锋、梁某毅、朱某明、甘某宇、张某明、杨某、冯某华、宾某雄、梁某兰、官某、赵某刚、赵某玉、赵某林、王某远、肖某汉、庞某文、梁某才、庞某刚、梁某霖、朱某斌、王某兴的证言，博白县水产畜牧兽医局、环境保护局、财政局出具的证明，2009年博白县生猪标准化规模养殖场（小区）建设项目验收分组表，博白县2009年生猪标准化规模养殖场（小区）建设项目单个项目竣工验收登记表，整改通知书，交办函，立案决定书，破案经过，博白县财政局纪检组证明及证人余某的证言，暂扣押款专用票据，证人庞某华、刘戊、刘某刚的证言以及陶秀兰、李勇胜、庞卓、廖芳、吴家玲在侦查阶段的供述等证据证实。

原审法院认为，吴家玲、廖芳、陶秀兰、李勇胜、庞卓身为国家工作人员，利用职务便利索取他人财物，五人的行为已构成受贿罪。吴家玲、廖芳、陶秀兰、李勇胜、庞卓共同故意犯罪，是共同犯罪。在受贿的共同犯罪中，吴家玲参与策划并积极组织实施犯罪，起主要作用，是主犯，应当按照其所参与的全部犯罪处罚。廖芳、陶秀兰、李勇胜、庞卓起次要作用，是从犯，应当减轻处罚。在从犯中，廖芳的作用比其他从犯作用相对较大。吴家玲、李勇胜、庞卓犯罪以后自动投案，如实供述自己的罪行，是自首，可以从轻或者减轻处罚。根据吴家玲、廖芳、陶秀兰、李勇胜、庞卓犯罪的事实，犯罪的性质、情节及对于社会的危害程度，决定对吴家玲、廖芳、陶秀兰、李勇胜、庞卓减轻处罚。依照《中华人民共和国刑法》第三百八十五条、第三百八十六条、第三百八十三条第一款第（一）项、第二十五条、第二十六条第一款和第四款、第二十七条、第六十七条第一款、第六十四条及最高人民法院《关于处理自首和立功具体应用法律若干问题的解释》第一条、第三条的规定，作出判决：一、被告人吴家玲犯受贿罪，判处有期徒刑八年。二、被告人廖芳犯受贿罪，判处有期徒刑七年六个月。三、被告人陶秀兰犯受贿罪，判处有期徒刑六年六个月。四、被告人李勇胜犯受贿罪，判处有期徒刑五年。五、被告人庞卓犯受贿罪，判处有期徒刑五年。六、被告人吴家玲、廖芳、陶秀兰、李勇胜、庞卓分别退出的违法所得各21300元及廖芳退出其保管的31000元，共137500元，予以没收上交国库。

吴家玲上诉提出，其行为不构成共同犯罪；收取的款项包含劳务报酬的性质，不属于索贿，且有自首情节，原判量刑过重，请求减轻处罚。

吴家玲委托的辩护人提出，吴家玲单独受收的每一笔钱款的数额未达受贿罪的立案标准；收受的款项属于验收费和业务招待费，是合法收入；吴家玲没有为他人谋取利益，且侦查机关违法取证，故此，吴家玲的行为不构成犯罪。

廖芳上诉及其辩护人提出，廖芳的行为不构成共同犯罪，不属于索贿；侦查机关有违法取证的行为，且廖芳在本案有自首情节，原判量刑过重，请求减轻处罚。

陶秀兰上诉及其辩护人提出，陶秀兰的行为不构成索贿，且陶秀兰积极退赃，有自首的情节，犯罪情节轻微，原判量刑过重，请求对陶秀兰免予刑事处罚。

李勇胜上诉及其辩护人提出，原审法院把收受红包的金额累加起来计算犯罪数额没有法律依据，且收受的款项属劳务性质，李勇胜的行为仅属违纪行为，请求二审法院改判李勇胜无罪。庞卓上诉及其辩护人提出，本案认定为共同犯罪不当，且庞卓认罪态度好，有自首情节，原判量刑过重，请求对庞卓适用缓刑。

广西壮族自治区玉林市人民检察院的出庭意见是，原判认定事实清楚，证据确实、充分，定罪准确，量刑适当，请求二审法院驳回上诉人吴家玲、廖芳、陶秀兰、李勇胜、庞卓的上诉，维持原判。

经二审审理查明的事实与原判认定的事实相同，原判认定事实的证据来源合法，内容客观真实，证据间能相互印证，且经原审法院庭审质证、认证属实，应予以确认。本院二审庭审中，上诉人吴家玲的辩护人提交吴家玲的高级兽医师证以及博白县水产畜牧兽医局出具的证明材料两份，证明吴家玲是该局的主要技术骨干，2011年3月至9月没有在该局报销任何费用；上诉人廖芳的辩护人提交谅解书一份以及博白县发展和改革局出具的证明材料两份，证明廖芳工作表现出色，在生猪标准化规模养殖建设工程项目验收期间未报销过下乡补助，部分养殖场的业主对廖芳等人的行为表示谅解；上诉人陶秀兰的辩护人提交博白县环保局出具的证明材料两份，证明陶秀兰平时工作表现好，在生猪标准化规模养殖建设工程项目验收期间没有在单位报销过差旅费；上诉人李勇胜的辩护人提交博白县科学技术协会出具的证明材料一份，证明李勇胜平时工作表现好；上诉人庞卓的辩护人提交网上下载的桂国土资党发

〔2006〕1号和财政部财建〔2002〕394号两份文件、庞卓的会计从业资格证书以及博白县财政局出具的证明一份，证明庞卓有会计从业资格，在平时的工作中表现好，庞卓在生猪标准化规模养殖建设工程项目验收期间收取养殖场业主给的款项属于工作报酬。经核查，辩护人所提交的上述材料反映的内容均为各上诉人的平时工作表现及应从单位获得差旅费用而尚未取得的情况，与各上诉人利用职务之便共同实施受贿犯罪的行为无关，即这些材料与本案定罪量刑没有关联性，不属我国刑事诉讼法第四十二条所规定的证据，故此，本院依法不予采纳。

对于本案吴家玲等五上诉人及其辩护人提出的上诉理由和辩护意见，本院综合评析如下：

1. 关于本案是否属于共同犯罪及是否构成索贿

检察机关及原判认定吴家玲、廖芳、陶秀兰、李勇胜、庞卓共同实施索贿犯罪，而五上诉人及辩护人提出异议，经核查，根据吴家玲、廖芳的供述及证人庞庆华、刘洋的证言，四人在吴家玲的办公室讨论生猪标准化规模养殖场（小区）建设项目验收工作时，经商量一致同意向猪场老板收取好处费，且吴家玲、廖芳还供述在其二人参加的验收组第一次出发验收前，在车上与其他组员陶秀兰、李勇胜、庞卓一起商量向猪场老板收取好处费的事宜，一致同意由吴家玲打电话通知各畜牧站长，让站长们告知被验收猪场老板准备好好处费，之后在每次验收中均由吴家玲打电话通知畜牧站长，共同收受了被验收猪场老板给的相同好处费，吴家玲、廖芳的上述供述与陶秀兰、李勇胜、庞卓的供述相互印证，且有博白、顿谷等12个乡镇的畜牧站长及被验收猪场老板和经营者的证言证实。故此，吴家玲、廖芳、陶秀兰、李勇胜、庞卓五人主观上有共同的受贿犯罪故意，客观上实施了共同收取好处费并进行私分的行为，其行为符合受贿共同犯罪的构成要件，构成共同犯罪，且属于利用职务便利，索取好处费，应认定为索贿犯罪。

2. 关于本案涉案的款项是合法收入还是受贿所得的问题

原判及检察机关认定上诉人所取得的款项属受贿所得，而庞庆华、陈俊先的辩护人提出这些款项为合法收入，经核查，根据博白县水产畜牧兽医局、环境保护局、财政局等单位出具的证明，证实本案吴家玲等五上诉人均由单位安排参加2009年度博白县生猪标准化规模养殖场

(小区）建设项目竣工验收工作，属于履行职务的行为，并不包括收费的职责，且吴家玲等五上诉人的供述及相关畜牧站长、猪场老板和经营者的证言证明吴家玲等五上诉人系利用职务的便利，事先通过各畜牧站长通知被验收猪场的老板准备好好处费，然后在每次验收后收取这些好处费，故此，本案吴家玲等五上诉人收取的款项是受贿所得，不属于合法收入。

3. 关于本案侦查机关是否违法取证的问题

经核查，根据最高人民法院、最高人民检察院、公安部、国家安全部、司法部《关于办理刑事案件排除非法证据若干问题的规定》第六条规定，被告人或辩护人提出侦查机关所取得的证据属非法证据的，应当提供涉嫌非法取证的人员、时间、地点、方式、内容等相关线索或者证据。而本案中，上诉人及辩护人均未能提供相关线索或证据；同时，从本案原审法院采纳并据以对上诉人定罪量刑的证据看，均由侦查机关根据其职能依法进行取证，来源合法，内容客观真实，证据间能相互印证，并没有违反《中华人民共和国刑事诉讼法》的行为。

4. 关于本案是否以为他人谋取利益为要件的问题

上诉人及辩护人提出五上诉人在检查工作中收受他人钱财，而没有为他人谋取利益，五上诉人的行为缺少了受贿罪的构成要件，不构成受贿罪，而原判及检察机关均认为五上诉人的行为构成受贿罪，经核查，刑法第三百八十五条规定，国家工作人员利用职务上的便利，收受他人财物，为他人谋取利益的，构成受贿罪，但属于索贿的，即使没有为他人谋取利益，同样构成受贿罪。本案中，吴家玲等五上诉人主动打电话向各猪场场主索要钱物，属索贿犯罪，因此，五上诉人的行为有没有为他人谋取利益，均不影响其行为构成受贿罪。

5. 关于本案的受贿数额的认定问题

上诉人及部分辩护人提出本案涉案的每一笔款均属单独收取，原判依累计数额来对五上诉人进行定罪处罚，没有法律依据；原判及检察机关认为对庞庆华等五人所收受的贿赂款应以累计的总额定罪处罚，经核查，刑法第三百八十六条、第三百八十三条规定，对多次受贿未经处理的，按照累计的数额处罚；同时，根据刑法第二十五条、第二十六条的规定，行为人共同实施犯罪的，"个人受贿数额"在共同受贿犯罪中应理解为个人参与共同受贿的数额，不能只按个人分得的受贿数额来认定。本案中，吴家玲等五上诉人共同多次受贿犯罪，是共同犯罪，依上述规定，对吴家玲等五人的受贿数额应予累计，且五人均应对累计总额承担刑事责任，而不能个人分得的受贿数额来确定其法定刑。

6. 关于本案的量刑是否过重及是否可以适用缓刑、免予刑事处罚问题

经核查，五上诉人及部分辩护人提出原判对五人处刑过重，请求五人适用缓刑或免予刑事处罚，经核查：(1) 吴家玲等五上诉人共同受贿的数额为15万多元，依法应判处十年以上有期徒刑。刑法第六十三条第一款规定，犯罪分子具有法定减轻处罚情节的，在有数个量刑幅度时，应当在法定量刑幅度的下一个量刑幅度内判处刑罚。而受贿犯罪"十年以上有期徒刑或者无期徒刑"法定刑的下一量刑幅度为五年以上有期徒刑，即即使吴家玲等五人因具有法定减轻情节而予以减轻处罚的，其最低刑只能为五年有期徒刑。原判在对吴家玲等五人处刑时已充分考虑了五人在本案中所起的作用、情节、悔罪表现等具体情况，均作了减轻处罚，符合罪刑相适应原则，是恰当的，处刑并不为重。(2) 根据《中华人民共和国刑法》第七十二条的规定，有条件宣告缓刑的对象必须是被判处拘役、三年以下有期徒刑的犯罪分子；第三十七条规定，对于犯罪情节轻微不需要判处刑罚的，可以免予刑事处罚。本案中根据吴家玲等五人的犯罪事实和犯罪情节等，依法均应判处五年以上有期徒刑，且五人所犯罪行均不属于犯罪情节轻微不需要判处刑罚的情形，因此，依法不能对五上诉人宣告缓刑和判处免予刑事处罚。

综上所述，上诉人吴家玲、廖芳、陶秀兰、李勇胜、庞卓的上诉理由和辩护人的辩护意见均没有事实和法律依据，依法均不予采纳；广西壮族自治区玉林市人民检察院建议驳回上诉人吴家玲、廖芳、陶秀兰、李勇胜、庞卓上诉的出庭意见正确，依法予以采纳。

本院认为，上诉人吴家玲、廖芳、陶秀兰、李勇胜、庞卓身为国家工作人员，利用职务便利索取他人财物，其行为已构成受贿罪。吴家玲、廖芳、陶秀兰、李勇胜、庞卓共同故意实施犯罪，属共同犯罪。在共同受贿犯罪中，吴家玲参与策划并积极组织实施犯罪，起主要作用，是主犯，依法应当按照其所参与的全部犯罪处罚。廖芳、陶秀兰、李勇

胜、庞卓起次要作用,是从犯,依法应当减轻处罚。在四名从犯之中,廖芳的作用比其他三人相对较大。吴家玲、李勇胜、庞卓犯罪以后自动投案,如实供述自己的罪行,是自首,依法可从轻或减轻处罚。原审法院综合上述情节及本案的具体情况,决定对吴家玲、廖芳、陶秀兰、李勇胜、庞卓减轻处罚,有法律依据,是恰当的。综上,原判认定事实清楚,证据确实、充分,定罪准确,量刑适当,审判程序合法,适用法律正确,依法应予维持;上诉人上诉理由不成立,依法予以驳回。本院依照《中华人民共和国刑事诉讼法》第一百八十九条第(一)项的规定,裁定如下:驳回上诉,维持原判。

本裁定为终审裁定。

审 判 长 粟春雄
审 判 员 彭嘉崎
代理审判员 植勇建
二〇一二年二月二十四日
书 记 员 黎 乾

蔡建喜、黄竞辉非法占用农用地案
涉林案件如何适用"恢复性司法"

要　旨

"补植复绿",是指林业失火、盗伐、滥伐等刑事案件发生后,通过对受损林地采取播种、植苗等造林补救方式,使遭受损害林地的植被得到及时、有效恢复的措施。该项工作以"恢复性司法"为指导思想,能加快推进生态文明建设,大力实施绿色发展,确保受损林地在司法办案环节得到及时修复,助推"美丽厦门"建设。

基本案情

犯罪嫌疑人蔡建喜,男,1981年××月××日出生,福建省厦门市翔安区新圩人,因犯聚众斗殴罪于福州监狱服刑;犯罪嫌疑人黄竞辉,男,1972年××月××日出生,香港永久性居民。2011年10月15日,犯罪嫌疑人黄竞辉承租犯罪嫌疑人蔡建喜位于翔安区新圩镇乌山村的草仔山(地名)138亩土地用于发展种养殖和综合使用,双方签订了《合作协议》。2011年12月前后,犯罪嫌疑人黄竞辉和蔡建喜在未向林业主管部门办理征占用林地手续的情况下,由犯罪嫌疑人黄竞辉出资,蔡建喜帮助商谈地块上的墓地赔偿搬迁、雇请施工工人、协调与周边村民关系、支付部分工人工资等,开始在涉案地块上挖掘平整场地、搭建3座钢架棚、建设两栋固定建筑及基地大门,造成林地种植条件严重毁坏。经依法鉴定,被非法占用的防护林面积8.1亩、其他农用地16亩。归案后,犯罪嫌疑人蔡建喜、黄竞辉对上述犯罪行为供认不讳。

侦查机关于2016年8月15日、11月14日以涉嫌非法占用农用地罪分别将犯罪嫌疑人蔡建喜和犯罪嫌疑人黄竞辉移送检察院审查起诉。

五、刑事案件中的其他问题

 **关键问题**

如何确保恢复性司法理念在生态执法办案过程的全面落实?"补植复绿"如何开展?

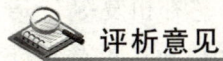 **评析意见**

翔安区检察院在本案的审查起诉工作中,为确保恢复性司法理念在生态执法办案过程的全面落实,凸显生态检察办案的生态修复效果,积极督促犯罪嫌疑人蔡建喜和黄竞辉"补植复绿",并综合考虑案件的社会性质及二人的认罪态度,大胆适用、先行先试认罪认罚从宽处理机制,实现案件办理法律效果和社会效果的统一。

(一)"补植复绿"工作做法的理论及实践基础

1. 理论基础——恢复性司法理念

恢复性司法是对刑事犯罪通过在犯罪方和被害方之间建立一种对话关系,以犯罪人主动承担责任消弭双方冲突,从深层次化解矛盾,并通过社区等有关方面的参与,修复受损社会关系的一种替代性司法活动。恢复性司法应用到生态检察工作中,即以保护环境为目标,坚持修复生态与预防污染并重的思想,目的在于通过犯罪嫌疑人主动承担责任,对自身犯罪行为所造成的后果进行赔偿,使受害人(单位)利益得到救济、补偿,同时让生态环境尽快得以修整、恢复。将恢复性司法引入生态检察,实现了惩罚犯罪与保护生态环境双重目的,切实恢复生态,还绿于民。

2. 实践基础——认罪认罚从宽处理制度

认罪认罚从宽制度在我国由来已久,从古代的"自首制度"到我国近代的"坦白从宽、抗拒从严"的刑事政策,都是围绕着认罪从宽的问题。被告人认罪是一种法律行为,及时诉讼和减轻刑罚分别是被告人在程序和实体上获得的利益回报。第十二届全国人大常委会第二十二次会议表决通过了《关于授权最高人民法院、最高人民检察院在部分地区开展刑事案件认罪认罚从宽制度试点工作的决定》(以下简称《决定》),试点为期两年,共有厦门等18个城市开展试点。刑事案件认罪认罚从宽制度试点，是我国现行法律里规定的"坦白从宽"这项刑事政策的具体化、制度化、程序化、规范化。这项制度的前提必须是保障司法公正，在保证司法公正的前提下，对于犯罪嫌疑人、被告人自愿认罪的案件，在办理程序上适当从简，在实体处理上适当从宽。而具体到本案，犯罪嫌疑人蔡建喜、黄竞辉到案后均自愿认罪，而自愿"补植复绿"是嫌疑人"认罚"的表现，因而在综合评判案情的基础上认为：黄竞辉符合不起诉条件，对黄竞辉作出相对不起诉，实现了案件办理法律效果和社会效果的统一；以犯罪嫌疑人蔡建喜认罪认罚为由，向法院提出从宽处理的建议。

（二）涉林案件开展"补植复绿"工作的做法

1. 明确适用范围和操作程序，确保"补植复绿"从宽处理落到实处

一是明确适用范围。对犯罪嫌疑人自愿认罪、积极悔过的失火和非法占用农用地等涉林刑事案件，如果犯罪嫌疑人真诚悔罪，与被害人（单位）达成刑事和解协议，愿意补种树木并出具植树保证书，可以根据犯罪情节对其作出相对不起诉决定，或根据犯罪情节向法庭提出对被告人从轻处罚，适用缓刑、拘役、管制、免刑或单处罚金的量刑建议。如本案犯罪嫌疑人黄竞辉在审查起诉阶段即向检察院主动表达补植树木的意愿，检察院考虑其系香港居民，遂主动联系侦查机关、村委会、林业部门等单位共同推进本项工作。

二是根据不同诉讼环节采取不同的从宽处理措施。在逮捕、审查起诉环节，把"补种树木、恢复生态"视为"社会危害不大"，作为不捕、不起诉的前提条件，由承办人提出意见、科室讨论后，经检察长或检委会讨论决定，报市检察院备案；在案件审判阶段，把"补种树木、恢复生态"视为"酌定从轻情节"的量刑情节，由公诉人提出量刑建议；在刑罚执行环节，把"补种树木、恢复生态"作为涉林缓刑人员的"真诚悔罪表现"的考察条件，决定是否重新起诉。如本案中，考虑到犯罪嫌疑人黄竞辉主观恶性较小，又积极"补植复绿"，将涉案地块恢复原样，最终对其作出相对不起诉决定；而犯罪嫌疑人蔡建喜在法院审理期间，委托其胞兄积极"补植复绿"，检察院依法认定其"认罪认

罚"表现，向法院提出从宽处理的建议。

三是以点带面，推动"认罪认罚从宽处理"制度在公诉环节的大胆适用。检察院在总结办理此案的基础上，以三举措推行"认罪认罚从宽处理"制度：其一，落实繁简分流，专人办理。案件受理后，由科长审阅卷宗对能适用"认罪认罚"的案件先行分流，交由专门办理"认罪认罚"案件的办案组办理。其二，制作文书模板，简化办案流程。对危险驾驶、交通肇事、盗窃、故意伤害等多发且符合"认罪认罚"制度的案件，采用表格形式简化审查报告等文书制作，将案件事实及量刑情节进行量化，提高办案效率。其三，成立专门课题组。联合研究室与厦门大学法学院共同成立"认罪认罚"课题组，就具体办案中存在的问题进行沟通交流，理论指导实践，进一步完善"认罪认罚"相关机制。

2. 加强外部沟通协调，推动建立"补植复绿"从宽处理机制建设

一是建立完善公、检、法三方联合从宽处理机制。近年来，翔安区检察院在利用宽严相济刑事政策，认真办理涉林刑事案件的同时，不断创新，大胆适用认罪认罚从宽处理机制，为顺利开展涉林案件恢复性司法工作多次与法院、侦查机关、林业部门加强工作联系和商讨，初步达成共识，并酝酿出台厦门市首部"补植复绿"实施办法。

二是多方联动签订协议。由犯罪嫌疑人与被害单位等共同签订《"补植复绿"协议书》，明确"补植复绿"的方式、种植树种、种植面积和完成期限等，促进犯罪嫌疑人与被害人单位达成谅解协议，为从宽处理奠定基础。如本案中，犯罪嫌疑人黄竞辉与被害单位等联合签订"补植复绿"协议书，明确了种植的树种、数量、方式等要求，后又向检察院递交其与第三方签订的种植协议书，确保种植工作落到实处。

3. 加强监督与验收，凸显"补植复绿"的社会效果

一是全方位监督。检察院联合林业主管部门、所在村居委、担保人、受害人对适用恢复性司法的犯罪嫌疑人或其亲友补种树木、恢复被毁林木、林地以及采取经济赔偿方式补种树木、恢复被毁林木、林地等活动进行全程监督。

二是定期验收。工作检查组由林业站、林地所在村委、居委等单位或部门组成，工作组采取实地查勘验收等方式，初步掌握树木补种的树种、面积、株数、成活率、经济损失赔偿以及林木、林地恢复等情况。

本案中犯罪嫌疑人黄竞辉告知检察院其已种植完毕后，检察院遂组织侦查机关、林业部门、被害单位实地勘察种植情况，为案件处理提供有效依据。

 处理结果

2016年12月7日翔安区人民检察院对黄竞辉依法作出相对不起诉决定；2016年12月13日蔡建喜因犯非法占用农用地罪被翔安区人民法院判处有期徒刑一年，蔡建喜未上诉，判决已生效。

（撰稿人：洪文海，福建省厦门市翔安区人民检察院检察员）

厦门市翔安区人民检察院
起诉书

翔检公诉刑诉〔2016〕433号

被告人蔡建喜,男,1981年××月××日出生,居民身份证号码3502211981×××××××,汉族,初中文化,无业,住厦门市翔安区新圩镇××村××号。因犯故意伤害罪,于2004年12月27日被厦门市翔安区人民法院判处有期徒刑一年,缓刑一年六个月。因犯聚众斗殴罪,于2016年7月29日被厦门市中级人民法院判处有期徒刑三年三个月,于福州监狱服刑,现暂羁押于厦门市第二看守所。

本案由厦门市森林公安局侦查终结,以被告人蔡建喜涉嫌非法占用农用地罪,于2016年8月15日向本院移送审查起诉。本院受理后,于8月18日已告知被告人有权委托辩护人,已告知被害单位有权委托诉讼代理人,依法讯问了被告人,听取了被害单位的意见,审查了全部案件材料,并于9月28日退回补充侦查,厦门市森林公安局于10月24日重新移送审查起诉。

经依法审查查明:

2011年10月15日,被告人蔡建喜将其承包的位于翔安区新圩镇乌山村草仔山的138亩土地转租给黄竞辉(另案处理)用于建设养牛基地,双方签订了《合作协议》,并约定由被告人蔡建喜负责办理租用土地上的墓地搬迁、退林等相关手续。2012年1月至3月间,被告人蔡建喜和黄竞辉在明知尚未向林业主管部门办理征占用林地手续的情况下,由黄竞辉出资,被告人蔡建喜帮助黄竞辉商谈地块上的墓地赔偿搬迁、雇请施工工人、协调与周边村民关系、支付部分工人工资等,并在上述地块上挖掘平整场地、搭建3座钢架棚、建设2栋固定建筑及基地大门等,造成林地种植条件严重毁坏。经依法鉴定,被非法占用防护林8.1亩、园地16亩。

归案后，被告人蔡建喜对上述犯罪行为供认不讳。

认定上述事实的证据如下：

1. 合作协议书、林权证、小班一览表、证明、建设项目用地土地利用总体规划情况证明、地质灾害情况说明、银行账户明细等书证；

2. 证人苏某伟、蔡某林、陈某、蔡某的证言；

3. 被告人蔡建喜及同案犯黄竞辉的供述和辩解；

4. 鉴定意见书、补充鉴定说明、补充说明等鉴定意见；

5. 现场勘验笔录、现场照片及辨认笔录；

6. 户籍证明、到案经过、刑事判决书、情况说明及相关法律文书等其他综合证据。

本院认为，被告人蔡建喜违反土地管理法规，伙同他人非法占用防护林地，改变被占林地用途，造成林地大量毁坏，共计8.1亩，其行为已触犯了《中华人民共和国刑法》第三百四十二条，犯罪事实清楚，证据确实、充分，应当以非法占用农用地罪追究其刑事责任。被告人蔡建喜因犯聚众斗殴罪被判处刑罚，在刑罚执行完毕以前发现在判决宣告以前还有非法占用农用地罪没有判决，依照《中华人民共和国刑法》第六十九条、七十条之规定，应当对前罪和后罪所判处的刑罚实行并罚。依照《中华人民共和国刑法》第二十五条第一款之规定，本案系共同犯罪。被告人蔡建喜到案后能如实供述自己的罪行，依照《中华人民共和国刑法》第六十七条第三款之规定，可以从轻处罚。根据《中华人民共和国刑事诉讼法》第一百七十二条的规定，提起公诉，请依法判处。

此致

厦门市翔安区人民法院

检察员：邱华军

检察员：洪文海

2016年11月21日

附：

1. 被告人蔡建喜现暂羁押于厦门市第二看守所。

2. 案件材料和证据三册。

福建省厦门市翔安区人民法院
刑事判决书

（2016）闽 0213 刑初 475 号

公诉机关厦门市翔安区人民检察院。

被告人蔡建喜，男，1981年××月××日出生，公民身份号码 3502211981×××××××，汉族，初中文化，户籍地厦门市翔安区新圩镇××村××号。2004年12月27日因犯故意伤害罪被本院判处有期徒刑1年，缓刑1年6个月。2016年7月29日因犯聚众斗殴罪被福建省厦门市中级人民法院判处有期徒刑3年3个月（刑期自2015年9月17日起至2018年12月16日止），于福州监狱服刑，现暂羁押于厦门市第二看守所。

辩护人陈碧花，福建翔联律师事务所律师。

厦门市翔安区人民检察院以翔检公诉刑诉〔2016〕433号起诉书指控被告人蔡建喜犯非法占用农用地罪，于2016年11月21日向本院提起公诉。本院依法组成合议庭，于2016年12月13日公开开庭审理了本案。厦门市翔安区人民检察院指派检察员洪文海出庭支持公诉。被告人蔡建喜及辩护人陈碧花到庭参加诉讼。现已审理终结。

经审理查明，2011年，被告人蔡建喜与黄竞辉（另案处理）经事先协商，由黄竞辉向被告人蔡建喜租用位于厦门市翔安区新汗镇乌山村草仔山（地名）的138亩土地，用于建设养牛基地。2011年10月15日，双方签订《合作协议》，约定土地租期30年，每亩土地每年租金500元，由被告人蔡建喜负责办理所租用土地上的墓地搬迁、退林等相关手续。

2012年1月至3月间，被告人蔡建喜及黄竞辉明知在未向林业主管部门办理征占用林地手续的情况下,由黄竞辉出资,由被告人蔡建喜帮助黄竞辉商谈地块上的墓地赔偿搬迁、雇请施工工人、协调与周边村民关系、支付部分工人工资等,并在上述地块上挖掘平整场地,搭建了3座钢架棚,建设2栋固定建筑及基地大门等,造成林地的原有植被严重破坏。2012年3月25日,因未办理相关建设手续,厦门市翔安区城市管理行政执法局至现场制止并开具《责令停止违法建设通知书》,由黄竞辉签收。被告人蔡建喜和黄竞辉遂停止违法建设活动至今。经鉴定,被告人蔡建喜挖掘平整的林地面积共计24.1亩,其中防护林地8.1亩、经济林地16亩,林地的原有植被和林地表层土壤被严重毁坏。

2015年11月25日,森林公安机关接群众举报初查后于2016年1月22日立案侦查,并于2016年4月13日对被告人蔡建喜进行讯问,被告人蔡建喜即如实交代了上述犯罪行为。

案在审理中,被告人蔡建喜的家属以及黄竞辉已拆除被占用林地上的违法建筑物并补种树苗。

上述事实,被告人在开庭审理过程中亦无异议,并有经过庭审举证、质证的被告人蔡建喜及同案犯黄竞辉的供述和辩解,证人苏某伟、蔡某林、陈某、蔡某的证言,现场勘查笔录、现场照片及辨认笔录,鉴定意见书,补充鉴定说明,补充说明,合作协议书,林权证,小班一览表,证明,建设项目用地土地利用总体规划情况说明,地址灾害情况说明,银行账户明细,户籍证明,到案经过,刑事判决书,情况说明等证据证实,足以认定。

本院认为,被告人蔡建喜违反土地管理法规,伙同他人非法占用林地,数量较大,造成林地大量毁坏,其行为已构成非法占用农用地罪。公诉机关指控的罪名成立。本案系共同犯罪。被告人归案后如实供述罪行,庭审一时自愿认罪,具有坦白情节,依法可以从轻处罚。被告人具有故意伤害犯罪前科,可酌情从重处罚。被告人已对被占用土地进行一定程度的"补种复绿",可酌情从轻处罚。被告人因犯聚众斗殴罪被判处刑罚,在刑罚执行完毕以前发现在聚众斗殴罪判决宣告以前还有非法占用农用地罪没有判决,依法应当对聚众斗殴罪和非法占用农用地罪所判处的刑罚实行并罚。据此,依照《中华人民共和国刑法》第三百四十二条、第二十五条第一款、第六十七条第三款、第六十九条、第七十条及最高人民法院《关于审理破坏林地资源刑事案件具体应用法律若干问题的解释》第一条之规定，判决如下：

被告人蔡建喜犯非法占用农用地罪，判处有期徒刑一年，并处罚金人民币二万元；与前犯聚众斗殴罪所判有期徒刑三年三个月实行并罚，决定执行有期徒刑四年，并处罚金人民币二万元。

（刑期从判决执行之日起计算，判决执行前先行羁押的，羁押一日，折抵刑期一日，即从 2015 年 9 月 17 日起至 2019 年 9 月 16 日止。罚金已缴纳。）

如不服本判决，可在接到判决书的第二日起十日内，通过本院或者直接向福建省厦门市中级人民法院提出上诉，书面上诉的，应当提交上诉状正本一份，副本二份。

审　判　长　林良生
人民陪审员　曾群华
人民陪审员　陈晓宁
二〇一六年十二月十三日
代理书记员　许泽汉

厦门市翔安区人民检察院
不起诉决定书

翔检公诉刑不诉〔2016〕76号

被不起诉人黄竞辉，男，1972年××月××日出生，香港永久性居民身份证号码K055×××，高中文化，务工，暂住于厦门市思明区前埔村××社××号（户籍所在地香港九龙区牛头角道××号××大厦××楼××座）。因涉嫌非法占用农用地罪，于2016年10月13日被厦门市公安局翔安分局刑事拘留，10月21日被变更强制措施为取保候审，11月15日本院依法决定对其继续取保候审。

本案由厦门市公安局翔安分局侦查终结，以被不起诉人黄竞辉涉嫌非法占用农用地罪，于2016年11月14日向本院移送审查起诉。本院受理后，于次日已告知被告人有权委托辩护人，已告知被害单位有权委托诉讼代理人，依法讯问了被告人，听取了被害单位的意见，审查了全部案件材料。

经本院依法审查查明：

2011年10月15日，被不起诉人黄竞辉承租蔡建喜（另案处理）位于翔安区新圩镇乌山村的草仔山（地名）138亩土地用于建设养牛基地，双方签订了《合作协议》并约定由蔡建喜负责办理租用土地上的墓地搬迁、退林等相关手续。2012年1月至3月间，被不起诉人黄竞辉和蔡建喜在明知尚未向林业主管部门办理征占用林地手续的情况下，仍由被不起诉人黄竞辉出资，蔡建喜帮助商谈地块上的墓地赔偿搬迁、雇请施工工人、协调与周边村民关系、支付部分工人工资等，并在上述地块上挖掘平整场地、搭建3座钢架棚、建设2栋固定建筑及基地大门等，造成林地种植条件严重毁坏。经依法鉴定，被非法占用防护林8.1亩、园地16亩。

2016年10月11日,被不起诉人黄竞辉在深圳皇岗边检站被公安机关抓获。归案后,其对上述犯罪行为供认不讳。案发后,被不起诉人黄竞辉在涉案地块种植木麻黄10亩,并取得被害单位翔安区新圩镇乌山村委会的谅解。

本院认为,被不起诉人黄竞辉实施了《中华人民共和国刑法》第三百四十二条规定的行为。但鉴于被不起诉人黄竞辉具有坦白的法定情节,案发后积极"补植复绿",已取得被害单位的谅解,犯罪情节轻微,依照刑法规定可以免除刑罚。依据《中华人民共和国刑事诉讼法》第一百七十三条第二款的规定,决定对黄竞辉不起诉。

被不起诉人如不服本决定,可以自收到本决定书后七日内向本院申诉。

被害单位如不服本决定,可以自收到本决定书后七日以内向厦门市人民检察院申诉,请求提起公诉;也可以不经申诉,直接向厦门市翔安区人民法院提起自诉。

翔安区人民检察院
2016年12月7日

六、民事行政案件

检察机关对许建惠、许玉仙环境公益诉讼案
全国首例检察机关提起民事公益诉讼案若干焦点问题评析

要 旨

本案是全国人大常委会授权检察机关开展公益诉讼试点后全国首例民事公益诉讼案件。在案件办理过程中,出现诸多焦点问题,包括检察机关能否成为本案适格主体、如何认定污染物及排放量、污染行为造成环境损害后果的范围、污染行为与环境损害后果之间有无因果关系、环境修复费用计算依据等。这些问题几乎在每一个环境污染类公益诉讼案件办理中都会遇到,具有普遍性。在国内无先例可循的情况下,该案无论在实体处理和法律适用上,对检察机关提起公益诉讼案件办理均具有重要参考借鉴意义。最高人民检察院民事行政检察厅向全国检察机关全文转发了该案的起诉书、出庭预案、判决书。

基本案情

公益诉讼人:江苏省常州市人民检察院。

被告许建惠,男,1962年××月××日出生,汉族,户籍所在地常州市武进区遥观镇××村委大巷上××号。

被告许玉仙（许建惠之妻），女，1965年××月××日出生，汉族，户籍所在地常州市武进区遥观镇××村委大巷上××号。

2010年上半年至2014年9月，许建惠、许玉仙在常州市武进区遥观镇东方村租用他人厂房，在无营业执照、无危险废物经营许可证的情况下，擅自从事废树脂桶和废油桶的清洗业务。洗桶产生的废水通过排污沟排向无防渗漏措施的露天污水池，产生的残渣被堆放在污水池周围。

2014年9月1日，公安机关在两被告洗桶现场查获各种废桶7789只，其中1500只已清洗完毕，其余6289只尚未清洗。经常州市环境检测中心取样并委托南京大学现代分析中心检测，从现场尚未清洗的桶内检出对苯二甲酸和间苯二甲酸聚酯。经常州市固废与辐射环境管理中心认定，上述桶及桶内物质均属于《国家危险废物名录》所认定的危险废物。经江苏常环环境科技有限公司（以下简称常环公司）现场采样并委托澳实分析检测（上海）有限公司检测，从现场地下水、污水池内废水以及污水池四周堆放的残渣、污水池底部沉积物中均检出铬、锌等多种重金属及苯酚类、总石油烃等多种有机物。

2015年6月17日，常州市武进区人民法院作出刑事判决，许建惠因犯污染环境罪，被判处有期徒刑2年6个月，缓刑4年，并处罚金人民币30万元；许玉仙因犯污染环境罪被判处有期徒刑2年，缓刑4年，并处罚金人民币15万元。在缓刑考验期内两被告被禁止从事与排污有关的活动。

2015年12月21日，常州市人民检察院以常检民公诉（2015）32040000001号《民事公益诉讼起诉书》将许建惠、许玉仙诉至常州市中级人民法院，请求法院：（1）判令两被告依法及时处置场地内遗留的危险废物，消除危险；（2）判令两被告依法及时修复被污染的土壤，恢复原状；（3）判令两被告依法赔偿场地排污对环境影响的修复费用，以虚拟治理成本30万元为基数，根据该区域环境敏感程度以4.5—6倍计算赔偿数额，该款项支付至常州市环境公益基金专用账户。

 关键问题

本案关键问题如下：

1. 常州市人民检察院能否提起本案公益诉讼？
2. 如何认定两被告污染物及排放量？
3. 两被告污染行为造成环境损害后果的范围是否包括土壤、地下水与周边环境？
4. 被告的污染行为与环境损害后果之间有无因果关系？
5. 对环境影响的修复费用采用虚拟治理成本法计算是否合理？

分歧意见

（一）关于常州市检察机关能否就本案提起民事公益诉讼问题

公益诉讼人主张，常州市环境公益协会成立不满5年，不符合《环境保护法》第58条第2项规定的要求，目前不能作为公益诉讼的原告。因常州市目前没有能够提起环境民事公益诉讼的适格原告，所以常州市人民检察院作为公益诉讼人主体适格。

被告主张，常州市环境公益协会作为环境公益诉讼原告的主体资格已经由〔2014〕常环公民初字第2号民事判决书确认，故常州市人民检察院作为公益诉讼人主体不适格。

（二）关于污染物及排放量问题

公益诉讼人主张，被告不具备处理废水残渣的资质和能力条件。被告在长达4年的时间里清洗废桶的数量至少24万只，产生和排放的含有有毒物质的废水至少500吨。

被告主张其根本没有对外排放废水，对场地也从来没有排放废水。被告洗桶的废水是充分循环使用的，特地建造了两个污水沉淀池，把清洗产生的废水引入沉淀池沉淀，污水沉淀后再重复循环使用。所谓500吨废水不知去向是主观推断。

（三）关于环境损害后果问题

公益诉讼人主张，关于被告洗桶造成的污染损害后果，包括三大部分：第一，地下水污染。经检测污水池附近的污泥中，与污水池的废水、污泥中的污染物总体相一致，证明地下水受到严重污染，地下水的污染由污水池渗漏所致。第二，土壤污染。本案检测出来的污染物是在地下 8 米的含水层，污水池的渗漏首先是通过土壤逐步渗透直至地下 8 米，因此污水池下方土壤必然遭受污染。第三，周边环境污染。地下水的污染会随着地下水的流动不断扩散，污水池仍在不断渗漏，继续对地下水造成污染。原有污染没有修复，新的污染还在加剧。

被告主张，公益诉讼人提供的常环环境科技有限公司出具的环境调查技术报告中关于环境损害后果的结论没有科学依据。(1) 调查报告对地下水检测了 42 个指标，但地下水中污染物的指标和污水池中污水固废相同的指标是 21 个，只有 50% 的相同性。且有很多指标特别是重金属，远远超过污水池中污水的重金属的含量，可以完全排除地下水的污染是被告的洗桶行为造成的。(2) 土壤必然受到污染的推理不成立，地下水污染并不必然导致土壤污染。(3) 没有任何证据证明，刑事案件也未认定有 500 吨废水排放，也没有 500 吨废水造成的环境污染后果。(4) 常环环境科技有限公司编制的《武进区遥观镇东方村洗桶厂场地环境调查技术报告》不具有证据的证明效力。(5) 环境具有自净功能，可以自我修复。

（四）关于污染行为与损害结果之间的因果关系问题

公益诉讼人主张，根据《东方村洗桶厂地块场地环境调查阶段实际采样点位图》、澳实分析检测（上海）有限公司出具的检测报告、江苏常环环境科技有限公司制作的《地块内土壤中检出的污染物浓度范围》表、《地块内地下水中检出的污染物浓度范围》表、《东方村洗桶厂地块 2 号污水池检出污染物浓度》表、污水池附近地下水污染数据，以及地下水中污染物种类与残渣、污水池底部沉积物、污水池里的废水检出的污染物种类相对应，可判定污水池底部土壤受到污染，且土壤污染是由污水池渗漏造成的，被告非法贮存废水的行为与土壤污染之间具有因果关系。

被告主张，地下水检测污染物和污水池内检测污染物并不相同，污水池和地下水中污染物相同的指标只有 21 种，大量指标并不相同，被告的行为和污染没有因果关系。本案不存在举证质证倒置的问题，公益诉讼人或者公益组织作为原告提起公益诉讼，必须向法庭提交证据证明被告实施了污染环境的行为，并且要证明这个行为造成的后果以及行为与后果存在因果关系，公益诉讼人负有举证责任。

（五）关于环境修复费用计算方法问题

公益诉讼人认为，虚拟成本治理法适用于环境污染所致生态环境损害无法通过恢复工程完全恢复、恢复成本远大于其收益或生态环境损害恢复评价指标的情形。本案被告长期非法排污对地下水、周边环境造成的影响符合虚拟成本治理法适用条件。该计算方法符合环境保护部制定的《环境损害鉴定评估推荐方法》。

被告的质证意见认为，不能以宋剑湖作为敏感目标，也不能以宋剑湖水质确定虚拟治理成本。对于没有证据证明土壤存在污染，也就谈不上土壤修复费用问题。

 **评析意见**

（一）关于检察机关在公益诉讼中的主体资格问题

实践中，经常有被告质疑检察机关的公益诉讼资格问题，具体到本案，主要是证明当地无适格的其他社会组织提起诉讼，检察机关可以依法提起公益诉讼。本案中，检察机关作为公益诉讼人具有法律依据，主体适格。首先，民事诉讼法第55条规定了对污染环境等损害社会公共利益的行为，法律规定的机关和有关组织可以向人民法院提起诉讼。民事诉讼法所指的机关系依法设立的公权力机关，机关提起公益诉讼的权利来源于法律授权。而2015年7月1日，全国人大常委会已经明确授权最高人民检察院在江苏等部分地区开展公益诉讼试点工作。在我国，人大及人大常委会是立法机关，其授权决定与法律具有同等的效力，所以检察院作为公益诉讼人是由立法机关明确授权，是合法的。其次，常州市环境公益协会目前不再具备提起环境公益诉讼的主体资格。修订后的环境保护法于2015年1月1日施行。常州市环境公益协会于2014年提起公益诉讼时，当时的法律未对其成立时间作出要求，因此常州市环境公益协会作为〔2014〕常环公民初字第2号公益诉讼案的原告并无不当。修订后的环境保护法第58条第2项规定，提起公益诉讼的社会组织需符合专门从事环境保护公益活动5年以上且无违法记录。而常州市环境公益协会成立未满5年，不具有提起该诉讼的主体资格，且目前在常州市民政局登记注册的环保类社会组织都不符合环境保护法第58条和最高人民法院《关于审理环境民事公益诉讼案件适用法律若干问题的解释》第1条、第2条、第4条的规定，不能作为原告向常州市中级人民法院提起环境民事公益诉讼。最后，在常州市没有公益诉讼适格原告主体的情况下，常州市人民检察院有权作为公益诉讼人提起诉讼。根据《检察机关提起公益诉讼试点方案》《人民检察院提起公益诉讼试点工作实施办法》《人民法院审理人民检察院提起公益诉讼案件试点工作实施办法》的规定，检察机关在履行职责中发现污染环境等损害社会公共利益的行为，在没有适格主体或者适格主体不提起诉讼的情况下，可以向人民法院提起民事公益诉讼。因此，根据上述规定，经诉前程序，由检察机关作为公益诉讼人提起诉讼是合法有据的。

（二）关于污染物及排放量问题

污染物及排放量问题，是环境领域公益诉讼中关键问题所在，直接关系到案件是否能够成功办理。在本案中，被告从事非法洗桶业务4年多，其雇用的工人罗某芬、肖某等人向公安机关陈述了每天洗桶至少200只，4年来洗桶总量至少24万只。参考有合法洗桶资质单位的环境影响报告书，折算清洗24万只桶产生的废水量为524吨到720吨之间。被告所洗废桶内含有对苯二甲酸和间苯二甲酸聚酯，属于危险废物。上述桶内的危险废物经清洗转移至废水内，废水又未经无害化处理就排入露天污水池。洗桶水是否经过沉淀、重复使用，并不影响其非法排放的危险废物总量。被告的排污总量应当确定为24万只废桶内所含有的危险废物，也相当于在水不重复使用的情况下造成并对外排放废水至少有500吨。因此，公益诉讼人关于两被告至少产生500吨废水的主张有充分依据，被告的行为对环境造成了严重污染，被告实施环境污染行为的程度应以上述排污量来计算。

（三）关于环境损害后果问题

环境损害后果是环境公益诉讼中的核心问题，也是计算环境修复费用的关键。本案中双方当事人均确认东方村洗桶厂内两个污水池中蓄积的污水及池底污泥以及厂区内堆放的残渣污染，但对于是否造成地下水污染、污水池下方土壤及周边环境的污染有重大分歧。而能否证明这些损害后果的存在，直接关系本案能否成功办理。

1. 关于地下水污染问题

根据现场地下水的取样检测结果，地下水中超标因子包括重金属、总石油烃、氯代烷烃、苯系物等，以上化学物质均属污染物，且与洗桶行业的特征污染物相吻合，与污水池的废水、污泥中的污染物总体相一致。污染物在地下水中的含量远远超过了《地下水质量标准》的三类标准值，因此可以判定地下水确实造成了严重污染。

2. 关于污水池下方土壤污染问题

常环环境科技有限公司的调查报告得出了该土壤被污染的结论，专家辅助人的专业意见论证了常环公司报告的科学性。污水池下方土壤虽因实际情况不符合取样条件，未作检测，但地下水的毛细现象和渗透扩散是一个普遍客观存在的自然现象，从地下水、污水池的污染数据，可以得出土壤被污染的结论。

3. 关于周边环境污染问题

由于两被告在长达4年多的排污过程中，至少有24万只桶内的残留化学物都留存在污水池中，被告从未采取有效防范处理措施，无法做到化学物平衡，在4年多各种气象及自然条件下，必然会导致污染物的外泄。根据现场勘验的情况，洗桶厂内场地和污水池中残留的危险废物数量，已经远小于被告所排放污染物的保守数量。在被告未对危险废物进行合法处置的情况下，其减少的危险废物不可能自然消失，也不可能完全自然降解，必然发生了流出洗桶场地的事实。据此可以认定对周边环境造成了污染。

4. 关于环境自我修复问题

第一，被告违法行为造成环境污染是客观存在的事实。环境自净不等同于没有环境损害，环境有自净功能并不能免除被告责任的承担，如果每个人都以环境能够自净为借口，那大家就都可以肆无忌惮地排放有毒物质、污染环境了。第二，经过一年多的时间，地下水和土壤已经自净只是被告的主观臆测，被告没有提供相关证据证明。第三，地下水和土壤污染虽然具备自净功能，但这是一个非常缓慢的过程。与地表水呈现动态循环，流动性强，更新周期短相比，地下水属于循环更新周期长的静态水，已经进入地下水的污染物质将在含水层长期滞留，且运移的速度很缓慢,已经污染的含水层自然净化能力差,污染状况存在时间较长。与水体污染相比,土壤污染物更难迁移、扩散和稀释,所以在土壤中将不断积累;尤其是重金属在土壤中无法降解,对土壤的污染基本上是一个不可完全逆转的过程,土壤中的许多有机污染物如本案检测出的氯代烃类也需要较长时间才能降解。第四,虽然距离采样检测已经过了一年多的时间,但至今为止被告还没有对场地遗留的废水残渣进行处理,也就是说在原有污染没有消除的情况下,污水继续渗漏又会造成新的污染,因此迫切需要通过法院判决被告清理现场污水、修复土壤,最终修复结果应经环境部门检测达标。

(四)关于污染行为与损害结果之间的因果关系问题

只有存在因果关系问题,才能依法追究被告民事责任。本案被告主张洗桶厂周边存在很多企业,它们的排污也会导致地下水的污染,因此认为自己的行为与损害结果不存在因果关系,同时认为本案不存在举证责任倒置问题。但综合全案来看,首先,《侵权责任法》第66条规定,因污染环境发生纠纷,污染者应当就法律规定的不承担责任或者减轻责任的情形及其行为与损害之间不存在因果关系承担举证责任。如果被告认为土壤和地下水的污染不是因为被告经营造成的,被告应当依法就其行为与损害后果之间不存在因果关系承担举证责任,否则应当承担举证不能的后果。在地下水污染物和洗桶行为的特征污染物能够完全对应的情况下,可以认定公益诉讼人关于两被告的行为与环境损害后果之间具有因果关系的主张具有事实法律依据。

公益诉讼人认定被告行为与土壤、地下水污染具有因果关系:其一,从土壤和地下水受污染的区域来看,均在被告经营厂区的污水池下方。根据环境调查结论,本案地下水、土壤的污染正是由污水池渗漏而造成的,而污水池是在被告经营后才挖造的;其二,从地下水中检测出的多种严重超标的重金属、总石油烃、氯代烷烃、苯系物与被告场地化工桶、残渣中检测出的污染物完全一一对应,也就是说检测到的特征污染物与洗桶行业特点具有直接关联性;其三,虽然洗桶厂周边还有塑料粒子、铝制品、交通设备配件公司等其他企业,但这些企业主要做的是有机加工,在生产过程中并不会产生与检出污染物成分一致的特征污染物，不可能在总石油烃等化工特征明显的因子上全系列超标。洗桶厂所清洗的包装桶主要包括树脂桶、油料桶，化工特征明显。虽然现场固废污水池内所检出的污染物与地下水污染物不完全对应，但地下水污染物和洗桶行为的特征污染物能够完全对应。虽不能排除其他企业也污染了地下水，但足以认定被告的行为造成地下水污染。公益诉讼人已经提交证据材料证明本案被告排放的污染物与损害之间具有关联性。

（五）关于环境修复费用计算方法问题

环境修复费用计算方法问题十分复杂，且极具科学性，需要案件承办人员了解相关专业知识，因此也成为环境污染公益诉讼案件办理的难点。根据环保部制定的《环境损害鉴定评估推荐办法》（第二版），恢复成本远大于其收益或缺乏生态环境损害评价指标的情形，可适用虚拟成本治理法计算修复费用。本案中两被告长期排污对地下水和周边环境造成的污染，符合虚拟治理成本治理法的适用的情形。根据常环环境科技有限公司《环境调查技术报告》，一般洗桶废水处置费用为600元每吨。本案两被告洗桶产生废水500吨，洗桶废水虚拟治理成本为30万元。根据《项目地块及周边关系示意图》，该区域水体敏感受体为宋剑湖，水体为Ⅲ类水体，污染修复费用为虚拟治理成本的4.5—6倍。根据最高人民法院《关于审理环境民事公益诉讼案件适用法律若干问题的解释》第23条的规定，考虑到本案污染者的过错程度、污染物性质、周边环境敏感度等因素，可以以虚拟治理成本5倍计算赔偿数额。

处理结果

常州市中级人民法院审理认为，被告许建惠、许玉仙实施了污染环境的行为，造成了环境污染的后果，应当依法承担相应的民事责任。公益诉讼人要求被告消除危险、恢复原状、赔偿损失的诉讼请求正当，予以支持。依照固体废物污染环境防治法第17条，环境保护法第6条、第58条，侵权责任法第4条、第15条、第65条、第66条，民事诉讼法第55条、第142条，最高人民法院《关于审理环境民事公益诉讼案件适用法律若干问题的解释》第15条、第18条、第19条、第23条的规定，于 2016 年 4 月 14 日判决：被告将洗桶场地内遗留的 130 只废桶、两个污水池中蓄积的污水及池底污泥以及厂区内堆放的残渣委托有处理资质的单位全部清理处置，消除环境继续污染危险；被告许建惠、许玉仙委托有土壤处理资质的单位制订土壤修复方案，提交常州市环境保护局审核通过后，60 日内实施；被告许建惠、许玉仙赔偿对其他环境造成的损失 150 万元，30 日内支付至常州市环境公益基金专用账户。一审判决后，被告均未提起上诉。

（撰稿人：刘丹，江苏省人民检察院民事行政检察处检察员
　　吴小红，江苏省常州市人民检察院民事行政检察处处长
　张扬，工作单位为江苏省常州市人民检察院民事行政检察处）

（本案诉讼文书略）

中国建设银行股份有限公司阳江市分行与石家庄市长安综合商社、阳江市对外经济基地公司、第三人阳江市建设投资公司买卖合同纠纷抗诉案

合同以外的第三人是否应当承担违约赔偿责任

要　　旨

本案讨论了合同以外第三人是否应承担责任以及合同纠纷案件审理中对证据证明力的判断问题，具有一定的代表性和借鉴意义。同时也从另一个角度提示我们，法院裁判从来不是存在于法律条文的"真空环境"之中，它受到各种因素的影响，也会存在一定的不完美，这种不完美恰恰是推动审判者和监督者不断制衡、不断完善的动力。

基本案情

申请人（一审被告，再审申请人、第二次再审被申请人）：中国建设银行股份有限公司阳江市分行（以下简称建行阳江市分行）。

法定代表人：关某海，该行行长。

其他当事人（一审原告、再审被申请人、第二次再审申请人）：石家庄市长安综合商社（以下简称长安商社）。住所地：石家庄市煤机街××号。

法定代表人：谭某翰，该公司经理。

其他当事人（一审被告、再审被申请人、第二次再审被申请人）：阳江市对外经济基地公司（以下简称基地公司）。住所地：广东省阳西

县城新区县府综合楼。

其他当事人（一审第三人、再审第三人、第二次再审第三人）：阳江市建设投资公司（以下简称投资公司）。

法定代表人：马某波，该公司经理。

1994年2月16日，长安商社将广东省阳西县经济技术发展公司（后变更为基地公司）、广东省信托投资公司阳江代办处（后变更为建行阳江市分行）、投资公司（系发展公司的主办单位）诉至石家庄市长安区人民法院。请求：（1）判令广东省阳西县经济技术发展公司、广东省信托投资公司阳江代办处给付货款及运费924423元并赔偿经济损失；（2）第三人投资公司承担连带赔偿责任。①

1994年1月26日、2月7日，长安商社与基地公司先后签订两份《订货合同》。合同约定，由长安商社向基地公司提供镀锌管、盘条，运费由需方负担，合同总计价款为1734900.01元。在履行合同过程中，基地公司向长安商社预付定金10万元，长安商社实际向基地公司提供镀锌管108余吨、盘条99.9余吨，货款及运费共计价值924423.43元，但基地公司未付款。为此，基地公司出具欠条两张。1994年2月4日，建行阳江市分行（时为阳江代办处）开具电汇凭证，该凭证载明汇款单位是基地公司，收款单位是长安商社，金额为180万元，并加盖有阳江代办处的转讫章，但长安商社一直未收到该笔款项。长安商社为履行上述合同产生经济损失257402.94元。因基地公司未按约定在收货后7日内付款，故合同剩余事项没有继续履行。

另查明，1998年5月，原审原告长安商社因未年检被吊销营业执照；原审被告广东省阳西县经济技术发展公司于1994年5月变更为阳江市对外经济基地公司（即本案其他当事人基地公司），该公司于1996年2月被阳江市工商行政管理局注销；原审被告广东省信托投资公司阳江代办处于1999年12月1日被吊销，其债权、债务由中国人民建设银行阳江分行承接。2004年中国建设银行阳江分行更名为中国建设银行股份有限公司阳江市分行（即本案申请人建行阳江市分行）；原审第三

---

① 因本案当事人机构、名称几经变换，为便于阅读，以下涉及当事人名一律采用变更后的名称。

人广东省阳西县实业投资总公司系发展公司的主办单位,其自愿承担发展公司所欠长安商社的经济损失。该公司于1994年经阳江市工商行政管理局批准变更为阳江市建设投资公司(即本案第三人投资公司),该公司于2003年11月被吊销。

检察机关在审查中还查明以下事实:(1)长安商社于1994年2月4日收到的加盖有阳江代办处转讫章的电汇凭证是发展公司副经理温家宝提供的传真件。(2)1994年3月31日石家庄市公安局经法院委托出具了(94)公刑技文字第36号刑事科学技术鉴定书,结论为:1994年2月4日180万建设银行电汇凭证上的印章与"阳江市银行系统结算进账单上的印章""中国人民建设银行广东省信托投资公司阳江代办处"印章印样是同一枚印章所盖印。(3)1996年12月18日,石家庄市长安区人民法院作出(1996)长刑初字第239号刑事判决书,以基地公司经理赖圣飞伙同杨德(在逃)、温家宝(在逃)等人在明知本单位不具备履行合同能力,与长安商社签订购销合同,骗取财物为由,认定赖圣飞构成诈骗罪,判处有期徒刑9年;同时认定温家宝交给长安商社的电汇凭证是假电汇凭证。

石家庄市长安区人民法院于1994年4月19日作出(1994)长经初字第144号民事判决。该院认为:原、被告购销合同有效。被告基地公司购原告长安商社货物,理应给付货款,未能给付货款,应承担违约责任并赔偿由此造成的经济损失;被告建行阳江市分行出具银行电汇转讫凭证,而不予付款,造成货款不能承付,应承担赔偿责任;第三人投资公司作为基地公司主管上级应承担连带责任。判决:(1)解除原、被告所签订的协议;(2)被告基地公司、建行阳江市分行偿付原告长安商社货款924423.43元及延期付款违约金;(3)被告基地公司、建行阳江市分行赔偿原告长安商社损失257402.94元。基地公司交纳定金10万元不再返还;(4)第三人投资公司对上述债务承担连带责任。

建行阳江市分行不服该判决,向石家庄人民检察院申诉,该院于2000年8月8日作出石检民行抗字(2000)58号抗诉书,向石家庄市中级人民法院提出抗诉。石家庄市中级人民法院指令石家庄市长安区人民法院再审。

石家庄市长安区人民法院于2001年6月12日作出(2000)长经再

字第 17 号民事判决书。该院认为：原审原、被告签订的合同合法有效。基地公司无正当理由未全面履行付款义务，属违约行为。关于原审原告长安商社提出建行阳江市分行与基地公司恶意串通损害其自身利益的意见，经查并无相应的证据佐证，不予支持。判决：（1）解除原审原、被告所签订的协议；（2）原审被告的上级主管部门投资公司承担其下属欠长安商社货款 924423.43 元及延期违约金，赔偿长安商社损失 257402.94 元，10 万元定金不再返还。

长安商社不服该判决，认为建行阳江市分行也应共同承担赔偿责任，上诉至石家庄市中级人民法院。

石家庄市中级人民法院于 2002 年 12 月 20 日作出（2001）石经再终字第 59 号民事判决。该院认为，关于要求建行阳江分行承担责任一节，因证据不足，不予支持，判决驳回上诉，维持原判。

长安商社不服该判决，向河北省高级人民法院申诉。2008 年 3 月 25 日，河北省高级人民法院作出（2008）冀民再终字第 29 号民事裁定，撤销原判，发回重审。

石家庄市长安区人民法院于 2008 年 11 月 16 日作出（2008）长民再字第 17 号民事判决。该院重审认为：原审原告长安商社正是看到了 1994 年 2 月 4 日的建行阳江市分行出具的并加盖转讫章的电汇凭证回单传真后，才相信银行已根据基地公司的委托办理了汇款手续，货款已汇出，原审原告长安商社才供货，故原审原告长安商社没有责任。根据最高人民法院《全国审判监督工作座谈会关于当前审判监督工作若干问题的纪要》第 10 条的规定，由当事人申请再审启动再审程序的案件，再审案件的审理范围确定在原审范围内。故原审原告长安商社请求建行阳江市分行赔偿 15 年执行差旅费和 46 名员工的下岗失业损失超出了原审的范围，应予驳回，原审原告长安商社应另行起诉。（1996）长刑初字第 239 号刑事判决，认定建设银行电汇凭证回单传真件是假的，即证明该回单上填写的内容虚假，石家庄市公安局（94）公刑技文字第 36 号刑事科学技术鉴定书的鉴定结论证明转讫章是阳江市分行所盖，该转讫章是真实的，建行阳江市分行在电汇凭证回单上加盖了转讫章而未将 180 万元汇给长安商社，给长安商社造成了损失，存在过错，应承担民事赔偿责任。原审第三人投资公司作为基地公司的主管上级应承担连带责任。判决：(1) 解除原、被告所签订的协议。(2) 限基地公司在本判决生效后10日内偿还原告长安商社货款924423.43元违约金；赔偿原告长安商社损失257402.94元，10万元定金不予返还。(3) 原审第三人投资公司对上述债务承担连带责任，原审被告建行阳江市分行对上述债务承担赔偿责任；(4) 驳回长安商社其他再审请求。

建行阳江市分行不服该判决，上诉至石家庄市中级人民法院，该院于2009年11月2日作出（2009）石民再终字第00041号民事裁定，撤销原判，发回重审。

长安区人民法院于2011年12月7日作出（2010）长民再字第10号民事判决，认为：长安商社与基地公司签订的《订货合同》是双方当事人真实意思表示，合法有效，双方均应依据合同约定各自履行相应的合同义务。合同履行过程中，长安商社依约定交付了基地公司部分货物，基地公司收货后，未在约定的7日内付款，构成违约，应承担违约责任。长安商社认为基地公司已被注销，不再要求其承担责任，应予支持。第三人投资公司系基地公司的主办单位，其自愿承担基地公司所欠长安商社的经济损失，应予确认。

建行阳江市分行由于自身过错，未将公司180万元货款汇出，给长安商社造成的上述损失，应承担连带赔偿责任。此外，2004年涉案两份订货合同未履行部分，应予解除。判决如下：(1) 解除原审原告石家庄市长安综合商社与原审被告基地公司先后签订的两份《订货合同》；(2) 原审第三人投资公司在判决生效后10日内偿付原审原告长安商社货款924423.43元及违约金（违约金按日万分之五计算，自1994年2月4日起至判决确定的履行期限日止）；(3) 原审第三人投资公司在判决生效后10日内偿付原审原告长安商社其他损失257402.94元，原审原告长安商社预收原审被告基地公司10万元定金不再退还；(4) 原审被告建行阳江市分行对以上判决第二项、第三项承担连带赔偿责任；(5) 驳回原审原告长安商社其他诉讼请求。

建行阳江市分行不服该判决，上诉至石家庄市中级人民法院。

石家庄市中级人民法院于2013年6月7日作出（2012）石再终字第00163号民事判决。该院认为：原判决认定事实清楚，适用法律正确，应予维持，判决驳回上诉，维持原判。

 关键问题

本案涉及两个关键问题：第一，合同以外的第三人是否应当承担违约赔偿责任？第二，对于同一待证事实存在多个相反证据时应如何判断据的证明力？

 分歧意见

本案主要在两个问题上存在分歧：一是因合同以外的第三人的过错造成合同一方当事人违约，为了方便实现赔偿，审判机关能否突破合同的相对性原则，选择追究第三人的违约责任；二是在证据证明力存在疑问的情况下，审判机关对证据的取舍应遵循怎样的判定规则。

评析意见

结合本案的抗诉再审判决情况，本案涉及两个关键问题：

（一）合同以外的第三人是否应当承担违约赔偿责任

根据我国合同法的定义，合同是"平等主体的自然人、法人、其他组织之间设立、变更、终止民事权利义务关系的协议"。合同作为当事人之间处分权利义务的约定，仅对特定的合同当事人具有约束力，这就是合同的相对性原则。合同法第8条规定："依法成立的合同，对当事人具有法律约束力。当事人应当按照约定履行自己的义务，不得擅自变更或者解除合同。"那么，因合同以外的第三人的过错造成合同一方当事人违约，是否可以追究第三人的违约责任呢？合同法第121条对此有明确规定："当事人一方因第三人的原因造成违约的，应当向对方承担违约责任。当事人一方和第三人之间的纠纷，依照法律规定或者按照约定解决。"通过上述法律条文可以看出，因合同以外的第三人的过错造成合同一方当事人违约，仍然要遵循合同的相对性原则，由违约一方当事人承担违约责任。违约一方当事人与第三人之间的纠纷属于另一法律关系，在此不论。

本案中，长安商社在与基地公司签订了买卖合同后，因基地公司一方未能按约履行，双方产生纠纷。长安商社认为在合同无法履行的问题

上，合同以外的第三人建行阳江市分行存在过错，因此要求建行阳江市分行与基地公司一同承担给付货款和赔偿损失的违约责任。原一、二审法院支持了长安商社的上述观点，以建行阳江市分行存在过错为由，判令其与违约方基地公司一同承担连带赔偿责任。原审的这种判决结果，突破了合同相对性的原则，混淆了债权法律关系和侵权法律关系，显然是缺乏法律依据的。抗诉后再审法院对此也进行了纠正。

（二）对于同一待证事实存在多个相反证据时应如何判断据的证明力

证据的证明力就是证明事实的效力。不同的证据其证明力不同，法官对证据的审核判断，就是通过比较不同证据的证明力，剔除证明力较低的证据，保留证明力较高的证据，从而达到证明案件事实的目的。最高人民法院《关于民事诉讼证据的若干规定》第77条规定："人民法院就数个证据对同一事实的证明力，可以依照下列原则认定：（一）国家机关、社会团体依职权制作的公文书证的证明力一般大于其他书证；（二）物证、档案、鉴定结论、勘验笔录或者经过公证、登记的书证，其证明力一般大于其他书证、视听资料和证人证言；（三）原始证据的证明力一般大于传来证据；（四）直接证据的证明力一般大于间接证据；（五）证人提供的对与其有亲属或者其他密切关系的当事人有利的证言，其证明力一般小于其他证人证言。"这是针对数个证据对同一事实的证明力进行对比判断的原则性规定。但是实务中经常存在这样一种情况，即对某一事实存在数个证据，这些证据的证明力级别比较接近，无法直接使用上述原则进行判断。是否还有进一步进行判断的方法呢？答案是肯定的。最高人民法院《关于民事诉讼证据的若干规定》第73条规定："双方当事人对同一事实分别举出相反的证据，但都没有足够的依据否定对方证据的，人民法院应当结合案件情况，判断一方提供证据的证明力是否明显大于另一方提供证据的证明力，并对证明力较大的证据予以确认。因证据的证明力无法判断导致争议事实难以认定的，人民法院应当依据举证责任分配的规则作出裁判。"在无法用原则直接判断的情况下，法院应当结合案件情况，就数个证据的证明力进行直接比较和判断，最后确认相应的事实。

本案中，长安商社主张建行阳江市分行存在过错的理由是其出具电汇凭证却没有兑现货款。长安商社为证明该主张提交了两份证据，一是加盖有银行转讫章的电汇凭证传真件，二是公安机关对电汇凭证上转讫章的鉴定书。建行阳江市分行不认可出具过该电汇凭证，并提交已生效的刑事判决以证明该电汇凭证传真件是伪造的。从双方提交的证据来看，针对的都是对同一事实，结论却截然相反，应当如何进行取舍呢？根据前述的证据判断方法，首先应对证据的证明力逐一进行分析。长安商社一方提交的两份证据是相互关联的，电汇凭证传真件从形式上看盖有银行的转讫章，公安机关的鉴定书认定该转讫章与对比材料中的印章为同一印章所印。但应该注意到的是，鉴定书所依据的检材，即电汇凭证传真件，并非原件，而是不确定性很大的传真件。因此该鉴定书对待证事实的证明力明显偏弱。反观建行阳江市分行提交的生效刑事判决书。该判决书证明，经审理认定长安商社提交的加盖有银行转讫章的电汇凭证传真件系伪造。生效判决的证明力，源自判决的既判力，在没有充分证据推翻的情况下，法院理应采纳。具体到本案中，生效判决的证明力显然高于检材存在瑕疵的鉴定书的证明力。因此，应采信生效判决认定的事实，即加盖有银行转讫章的电汇凭证传真件系伪造。根据谁主张谁举证的原则，长安商社在没有其他证据证明的情况下，其关于建行阳江市分行存在过错的主张不应得到支持。

遗憾的是，在此问题上再审判决并没有采纳检察机关的意见。再审法院以刑事判决并未否定印章的真实性为由，认定建行阳江市分行存在过错，并酌情判决其承担30%的责任。单从证据的判断上看，对于再审法院这种认识，我们依然无法苟同。但从案件结果上看，一场旷日持久的诉讼、几个已经名存实亡的公司、一群等待判决的下岗工人，由连带责任到30%的按份责任，似乎也并非无法接受。

本案讨论了合同以外第三人是否应承担责任以及证据证明力的判断问题，具有一定的代表性和借鉴意义。同时也提示我们，法院裁判从来不是存在于法律条文的"真空环境"之中，它受到各种因素的影响，也会存在一定的不完美，这种不完美恰恰是推动审判者和监督者不断制衡、不断完善的动力。

 **处理结果**

建行阳江市分行不服终审判决,向检察机关申请监督。河北省人民检察院于2014年6月11日以冀检民行抗〔2014〕95号民事抗诉书向河北省高级人民法院提出抗诉。河北省人民检察院认为,石家庄市中级人民法院(2012)石民再终字第00163号民事判决认定基本事实证据不足、适用法律错误。

河北省高级人民法院于2015年6月16日作出(2015)冀民再终字第39号民事判决书。判决如下:(1)撤销石家庄市中级人民法院(2012)石民再终字第00163号民事判决和长安区人民法院(2010)长民再字第10号民事判决;(2)投资公司在判决生效后10日内偿付长安商社货款924423.43元的70%及利息的70%,建行阳江市分行在判决生效后10日内偿付长安商社货款924423.43元的30%及利息的30%(利息以924423.43元为基数,按中国人民银行同期贷款利率计算,自1994年2月4日起至判决确定的履行期限日止);(3)投资公司在判决生效后10日内偿付长安商社其他损失257402.94元的70%,建行阳江市分行在判决生效后10日内偿付长安商社其他损失257402.94元的30%,长安商社预收原审被告基地公司100000元定金不再退还;(4)驳回长安商社其他诉讼请求。

(撰稿人:燕鹏,河北省人民检察院民事行政检察处助理检察员)

河北省人民检察院
民事抗诉书

冀检民行抗〔2014〕95号

中国建设银行股份有限公司阳江市分行因与石家庄市长安综合商社、阳江市对外经济基地公司、第三人阳江市建设投资公司买卖纠纷一案，不服石家庄市中级人民法院（2012）石民再终字第00163号民事判决。石家庄市人民检察院审查后提请本院抗诉。本院依法对该案进行了审查，现查明：

石家庄市长安综合商社（以下简称长安商社）与广东省阳西县经济技术发展公司（以下简称发展公司）先后于1994年1月26日、1994年2月7日签订两份《订货合同》。合同约定，由长安商社向发展公司提供镀锌管、盘条，运费由需方负担，合同总计价款为1734900.01元。在履行合同过程中，发展公司向长安商社预付定金10万元。长安商社实际向发展公司提供镀锌管108余吨、盘条99.9余吨，货款及运费共计价值924423.43元，但发展公司未付款。在本案审理过程中，长安商社向法院提交1994年2月4日电汇凭证（传真件）一份，该凭证中的汇款单位为发展公司，收款单位为长安商社，金额为180万元，并加盖有建设银行广东省信托投资公司阳江代办处（以下简称阳江代办处）的转讫章。长安商社主张一直未收到该笔款项，该商社为履行上述合同，受到经济损失257402.94元。因发展公司未按约定付款，合同剩余事项没有继续履行。

另查明，1998年5月，长安商社因未年检被吊销营业执照。发展公司于1994年5月变更为阳江市对外经济基地公司（即本案其他当事人基地公司），该公司于1996年2月被阳江市工商行政管理注销。广东省阳西县实业投资总公司是发展公司的主办单位，其自愿承担发展公司所欠长安商社的经济损失。该公司于1994年经阳江市工商行政管理局批准变更为阳江市建设投资公司（即本案第三人投资公司），该公司2003年11月被吊销。广东省信托投资公司阳江代办处于1999年12月1日被吊销，其债权、债务由中国人民建设银行阳江分行承接。2004年中国建设银行阳江分行更名为中国建设银行股份有限公司阳江市分行（即本案申请人阳江市分行）。

还查明，1994年2月4日长安商社收到的加盖有阳江代办处转讫章的电汇凭证是发展公司副经理温家宝提供给其的传真件。1994年3月31日石家庄市公安局经法院委托出具了（94）公刑技文字第36号刑事科学技术鉴定书，结论为，1994年2月4日180万建设银行电汇凭证上的印章与"阳江市银行系统结算进账单上的印章""中国人民建设银行广东省信托投资公司阳江代办处"印章印样是同一枚印章所盖印。1996年12月18日石家庄市长安区人民法院以投资公司经理赖圣飞伙同杨德（在逃）、温家宝（在逃）等人在明知本单位不具备履行合同能力，与长安商社签订购销合同，骗取财物为由，认定赖圣飞构成诈骗罪，判处有期徒刑9年。同时认定温家宝交给长安商社的电汇凭证是假电汇凭证。

1994年2月16日长安商社将发展公司、阳江代办处、投资公司诉至石家庄市长安区人民法院。请求：1.判令被告给付货款及运费924423元并赔偿经济损失；2.投资公司承担连带赔偿责任。

石家庄长安区人民法院于1994年4月19日作出（1994）长经初字第144号民事判决，认为：原、被告购销合同有效，被告发展公司购原告长安商社货物，理应承付货款，未能偿付货款，应承担违约责任并赔偿由此造成的经济损失，被告阳江代办处出具银行电汇转讫凭证，而不予付款，造成货款不能承付，应承担赔偿责任，第三人实业公司作为发展公司主管上级应承担连带责任。判决：一、解除原、被告所签订的协议；二、被告发展公司、阳江代办处偿付原告长安商社货款924423.43元及延期付款违约金；三、被告发展公司、阳江代办处赔偿原告长安商社损失257402.94元，发展公司交纳定金10万元不再返还；四、第三人实业公司对上述债务承担连带责任。判后，阳江市分行不服向石家庄人民检察院申诉，该院于2000年8月8日作出石检民行抗字（2000）

58号抗诉书,向法院提出抗诉。

石家庄市长安区人民法院于2001年6月12日作出(2000)长经再字第17号民事判决书,认为:原审原、被告签订的合同合法有效。发展公司无正当理由未全面履行付款义务,属违约行为。关于原审原告提出阳江代办处与发展公司恶意串通损害其自身利益的辩护意见,经查并无相应的证据佐证,不予支持。判决:一、解除原审原、被告所签订的协议;二、原审被告的上级主管部门投资公司承担其下属欠长安商社货款924423.43元及延期违约金,赔偿长安商社损失257402.94元,10万元定金不再返还。判后,长安商社不服,上诉至石家庄市中级人民法院。

石家庄市中级人民法院于2002年12月20日作出(2001)石经再终字第59号民事判决,认为:关于要求建行阳江分行承担责任一节,因证据不足,不予支持。判决,驳回上诉,维持原判。判后,长安商社不服,向河北省高级人民法院申诉。2008年3月25日,河北省高级人民法院作出(2008)冀民再终字第29号民事裁定,撤销原判,发回重审。

石家庄市长安区人民法院于2008年11月16日作出(2008)长民再字第17号民事判决,认为:原审原告正是看到了1994年2月4日的阳江市分行出具的并加盖转讫章的电汇凭证回单传真后,才相信这笔货款银行已根据阳江市基地公司的委托办理了汇款手续,货款已汇出,原审原告才供货,故原审原告没有责任。根据最高人民法院《关于印发〈全国审判监督工作座谈会关于当前审判监督工作若干问题的纪要〉的通知》第10条规定,由当事人申请再审启动再审程序的案件,再审案件的审理范围确定在原审范围内。故原审原告请求阳江市分行赔偿15年执行差旅费和46名员工的下岗失业损失超出了原审的范围,应予驳回,原审原告应另行起诉。(1996)长刑初字第239号刑事判决,认定建设银行电汇凭证回单传真件是假的,即证明该回单上填写的内容虚假,石家庄市公安局(94)公刑技文字第36号刑事科学技术鉴定书的鉴定结论证明转讫章是阳江市分行所盖,该转讫章是真实的,阳江市分行在电汇凭证回单上加盖了转讫章而未将180万元汇给长安商社,给长安商社造成了损失,存在过错,应承担民事赔偿责任。原审第三人作为基地公司的主管上级应承担连带责任。判决：一、解除原、被告所签订的协议；二、限基地公司在本判决生效后十日内偿还原告长安商社货款924423.43元、违约金。赔偿原告长安商社损失257402.94元，10万元定金不予返还；三、原审第三人投资公司对上述债务承担连带责任，原审被告阳江市分行对上述债务承担赔偿责任；四、驳回长安商社其他再审请求。判决后，阳江市分行不服上诉至石家庄市中级人民法院，该院于2009年11月2日作出（2009）石民再终字第00041号民事裁定，撤销原判，发回重审。

长安区人民法院于2011年12月7日作出（2010）长民再字第10号民事判决。认为：长安商社与发展公司签订的《订货合同》是双方当事人真实意思表示，合法有效，双方均应依据合同约定各自履行相应的合同义务。合同履行过程中，长安商社依约定交付了发展公司部分货物，发展公司收货后，未在约定的7日内付款，构成违约，应承担违约责任。发展公司于1994年5月变更为阳江市对外经济基地公司，该公司于1996年2月被注销。长安商社认为该公司已被注销，不再要求其承担责任，应予支持。广东省阳西县实业投资总公司系发展公司的主办单位，其自愿承担发展公司所欠长安商社的经济损失，应予确认。该公司于1994年变更为阳江市建设投资公司，故应由其承继承担所欠长安商社的经济损失。

关于原审被告阳江市分行是否承担赔偿责任问题。根据石家庄市公安局（94）公刑技文字第36号刑事科学技术鉴定书的鉴定结论，1994年2月4日壹佰捌拾万元建设银行电汇凭证上的印章与"阳江市银行系统结算进账单上的印章""中国人民建设银行广东省信托投资公司阳江代办处"印章印样是同一枚印章所盖印。阳江市分行以该电汇凭证系传真件，否认其真实性，本院认为该辩解没有事实依据。该电汇凭证原件在阳江市分行，其应当出示该凭证原件而始终未出示，根据证据规则，其也应承担不利后果，应当认定阳江市分行办理了该笔180万元的汇兑业务。阳江市分行在1994年2月4日出具加盖转讫章的电汇凭证，足以使收款人长安商社相信该笔款项已根据委托办理，造成长安商社的经济损失，其存在明显过错，应承担赔偿责任。长安商社请求阳江市分行赔偿15年执行差旅费和46名员工的下岗失业损失，不予支持。综上，长安商社所供钢材（含运费）共计924423.43元至今长达十几年未能收回，给长安商社造成了巨大经济损失，同时长安商社为履行合同还造成了经济损失257402.94元，投资公司应承担付款义务并赔偿相应的违约损失。阳江市分行由于自身过错，未将发展公司180万元货款汇出，给长安商社造成的上述损失，应承担连带赔偿责任。此外，2004年涉案两份订货合同未履行部分，应予解除。本案经审判委员会讨论决定，依照《中华人民共和国民事诉讼法》第一百八十六条第一款、第一百三十条以及《中华人民共和国民法通则》第八十五条、第一百零六条、第一百一十一条、第一百一十二条、第一百一十五条的规定，判决如下：一、解除原审原告石家庄市长安综合商社与原审被告阳江市对外经济基地公司（原广东省阳西县经济技术发展公司）先后签订的两份《订货合同》；二、原审第三人阳江市建设投资公司在判决生效后10日内偿付原审原告石家庄市长安综合商社货款924423.43元及违约金（违约金按日万分之五计算，自1994年2月4日起至判决确定的履行期限日止）；三、原审第三人阳江市建设投资公司在判决生效后10日内偿付原审原告石家庄市长安综合商社其他损失257402.94元，原审原告预收原审被告阳江市对外经济基地公司100000元定金不再退还；四、原审被告中国建设银行股份有限公司阳江市分行对以上判决第二项、第三项承担连带赔偿责任；五、驳回原审原告石家庄市长安综合商社其他诉讼请求。

石家庄市中级人民法院于2013年6月7日作出（2012）石再终字第00163号民事判决。认为：本案所涉180万电汇凭证上的印章经石家庄市公安局（94）公刑技文字第36号刑事科学技术鉴定书鉴定，与"阳江市银行系统结算进账单上的印章""中国人民建设银行广东省信托投资公司阳江代办处"印章印样是同一枚印章所盖印。上诉人阳江市分行在该180万元电汇凭证上加盖转讫章的行为，对造成被上诉人长安商社的经济损失，存在明显过错，故应承担赔偿责任。原判决认定事实清楚，适用法律正确，应予维持。判决，驳回上诉，维持原判。

本院认为，石家庄市中级人民法院（2012）石民再终字第00163号民事判决认定基本事实证据不足，适用法律错误。

第一，终审法院认定阳江市分行出具180万电汇凭证并加盖转讫章的事实证据不足。石家庄市长安区人民法院（1996）长刑初字第239号刑事判决书认定："温家宝又持其公司于当月三日电传给他的向长安综合商社汇款一百八十万的假电汇凭证传真件骗得长安综合商社的信任。"该判决已发生法律效力。《最高人民法院关于民事诉讼证据的若干规定》第九条第（四）项规定："下列事实当事人无需举证证明：……（四）已为人民法院发生法律效力的裁判所确认的事实……"本案中，长安商社向法庭提交的180万电汇凭证回单（传真件）已被生效的判决书认定系伪造的假电汇凭证。根据上述规定，该事实无须经当事人举证证明即可被法院认定，因此该电汇凭证回单（传真件）应认定为伪造。石家庄市公安局虽在1994年3月31日作出（94）公刑技文字第36号刑事科学技术鉴定书，认定180万电汇凭证（传真件）上的转讫章与样本上的印章一致，但该鉴定书依据的检材为无法与原件核对的传真件，其证明效力明显不足，且石家庄市长安区人民法院（1996）长刑初字第239号刑事判决书的认定已否定了该鉴定书的效力。除此之外，长安商社未能提交其他证据证实该180万电汇凭证回单（传真件）的真实性。因此，现有证据无法证实该180万电汇凭证回单（传真件）为阳江市分行出具。

第二，终审法院判令阳江市分行承担赔偿责任缺乏法律依据。本案为购销合同纠纷，合同双方为长安商社与发展公司。长安商社在未按约定收到货款的情况下，应依据购销合同向发展公司主张权利。阳江市分行在该购销合同中，不是合同当事人，没有承担合同义务的责任。因此，终审法院判令阳江市分行直接承担赔偿责任缺乏法律依据。

综上，石家庄市中级人民法院（2012）石民再终字第00163号民事判决认定基本事实证据不足，适用法律错误。依据《中华人民共和国民事诉讼法》第二百条第（二）项、第（六）项和第二百零八条第一款之规定，向你院提出抗诉，请依法再审。

此致
河北省高级人民法院

河北省人民检察院
2014年6月11日

河北省高级人民法院
民事判决书

（2015）冀民再终字第 39 号

抗诉机关：河北省人民检察院。

申诉人（原审被告）：中国建设银行股份有限公司阳江市分行。住所地：广东省阳江市漠江路 743 号。

法定代表人：关某海，该行行长。

委托代理人：王某奇，河北正晨律师事务所律师。

委托代理人：宗某艳，河北正晨律师事务所律师。

被申诉人（原审原告）：石家庄市长安综合商社。住所地：河北省石家庄市煤机街 6 号。

法定代表人：谭某瀚，该商社经理。

委托代理人：赵某杰，河北决策律师事务所律师。

委托代理人：张某双，河北双烨律师事务所律师。

被申诉人（原审被告）：阳江市对外经济基地公司（该公司现已注销）。原住所地：广东省阳西县城新区县府综合楼。

原审第三人：阳江市建设投资公司。住所地：广东省阳江市登封东路 5 号。

法定代表人：冯某波，该公司经理。

原审原告石家庄市长安综合商社（以下简称长安商社）与原审被告阳江市对外经济基地公司（以下简称基地公司）、中国建设银行股份有限公司阳江市分行（以下简称建行阳江分行）、原审第三人阳江市建设投资公司（以下简称投资公司）买卖合同纠纷一案，石家庄市长安区人民法院于 1994 年 4 月 19 日作出（1994）长经初字第 144 号民事判决，已经发生法律效力。建行阳江分行不服，向石家庄市人民检察院申诉。

石家庄市人民检察院于 2000 年 8 月 8 日作出石检民行抗字（2000）58 号民事抗诉书，向石家庄市中级人民法院提出抗诉。石家庄市中级人民法院于 2000 年 8 月 21 日作出（2000）石经监字第 48 号民事裁定，指令长安区人民法院再审。长安区人民法院于 2001 年 6 月 12 日作出（2000）长经再字第 17 号民事判决。长安商社不服，向石家庄市中级人民法院提起上诉。石家庄市中级人民法院于 2002 年 12 月 20 日作出（2001）石经再终字第 59 号民事判决。长安商社仍不服，向本院申请再审。本院于 2008 年 3 月 7 日作出（2008）冀民监字第 26 号民事裁定，本案由本院提审。本院于 2008 年 3 月 25 日作出（2008）冀民再终字第 29 号民事裁定，撤销原判，发回重审。长安区人民法院于 2008 年 11 月 16 日作出（2008）长民再字第 17 号民事判决。建行阳江分行不服，向石家庄市中级人民法院提起上诉。石家庄市中级人民法院于 2009 年 11 月 2 日作出（2009）石民再终字第 00041 号民事裁定，撤销原判，发回重审。长安区人民法院于 2011 年 12 月 7 日作出（2010）长民再字第 10 号民事判决。建行阳江分行不服，向石家庄市中级人民法院提起上诉。石家庄市中级人民法院于 2013 年 6 月 7 日作出（2012）石民再终字第 00163 号民事判决。建行阳江分行仍不服，向检察机关申诉。2014 年 6 月 11 日，河北省人民检察院作出冀检民行抗〔2014〕95 号民事抗诉书，向本院提出抗诉。本院于 2014 年 6 月 25 日作出（2014）冀民抗字第 99 号民事裁定，本案由本院提审。本院依法组成合议庭，公开开庭审理了本案。河北省人民检察院指派助理检察员燕鹏、郭转出庭。申诉人建行阳江分行的委托代理人王某奇、宗某艳，被申诉人长安商社的法定代表人谭某瀚及委托代理人赵某杰、张某双到庭参加诉讼。被申诉人基地公司、原审第三人投资公司经本院公告送达未出庭参加诉讼。本案现已审理终结。

原审原告长安商社诉称：我单位分别于 1994 年 1 月 26 日、2 月 7 日与被告广东省阳西县经济技术发展公司（以下简称发展公司）签订购销镀锌管、盘条合同各一份，依据合同我单位如期向发展公司发货，货款及运费共计 924423.43 元。在此期间，被告中国人民建设银行广东省信托投资公司阳江代办处（以下简称阳江代办处）出具了电汇单，并已转讫。现货款及运费至今未能偿付，给我方造成严重损失。案发后，第三人广东省阳西县实业投资公司表示愿意承担经济责任。要求被告、第三人偿还货款及运费924423.43元并赔偿因此造成的损失。本院发回重审后,长安商社提出原审所判日万分之五的违约金已不足弥补其损失,违约金标准应适当提高。

原审被告建行阳江分行辩称:一、石家庄市公安局(94)公刑技文字第36号刑事科学技术鉴定书的检材为三张盖有印章的复印件,该鉴定结论为三张复印件上的"印章印样是同一枚印章所盖印",该鉴定结论中根本没有"转讫章是阳江市分行所盖,该转讫章是真实的"内容,其不能作为定案的依据。二、该电汇凭证传真件不是建行阳江分行"出具的并加盖转讫章",(1996)长刑初字第239号刑事判决已经对此作出认定。三、即使建行阳江分行签发了该电汇凭证,其与发展公司之间是委托代理关系,而长安商社与发展公司之间是债权债务关系。发展公司委托建行阳江分行将款项汇给长安商社,发展公司是被代理人,建行阳江分行是代理人,长安商社是第三人,长安商社与建行阳江分行之间没有任何法律关系,长安商社无权要求建行阳江分行承担责任。

原审被告基地公司、原审第三人投资公司均未到庭、答辩。

长安区人民法院一审查明,1994年1月26日、1994年2月7日,原审原告长安商社与原审被告发展公司先后签订两份《订货合同》。合同约定,由长安商社向发展公司提供镀锌管、盘条,运费由需方负担,合同总计价款为1734900.01元。在履行合同过程中,发展公司向长安商社预付定金10万元。长安商社实际向发展公司提供镀锌管108余吨、盘条99.9余吨,货款及运费共计价值924423.43元,但发展公司未付款,为此,发展公司出具欠条两张。1994年2月4日,阳江代办处开具电汇凭证,该凭证载明:汇款单位为发展公司,收款单位为长安商社,金额为180万元,并加盖有阳江代办处的转讫章。长安商社一直未收到该笔款项,长安商社为履行上述合同,给其造成经济损失257402.94元。因发展公司未按约定付款,合同剩余事项没有继续履行。另查明,1998年5月,长安商社因未年检被吊销营业执照。原审被告发展公司于1994年5月变更为基地公司,该公司于1996年2月被阳江市工商行政管理局注销。广东省阳西县实业投资总公司是发展公司的主办单位,其自愿承担发展公司所欠长安商社的经济损失。广东省阳西县实业投资总公司于1994年经阳江市工商行政管理局批准变更为投资公司,该公司于2003年11月被吊销。阳江代办处于1999年12月1日被吊销，其债权、债务由中国人民建设银行阳江分行承接。2004年中国建设银行阳江分行更名为建行阳江分行。

　　长安区人民法院一审认为，长安商社与发展公司签订的《订货合同》是双方当事人真实意思表示，合法有效，双方均应依据合同约定各自履行相应的合同义务。合同履行过程中，长安商社依约定交付了发展公司部分货物，发展公司收货后，未在约定的7日内付款，构成违约，应承担违约责任。发展公司于1994年5月变更为基地公司，该公司于1996年2月被注销。长安商社认为该公司已被注销，不再要求其承担责任，应予支持。广东省阳西县实业投资总公司系发展公司的主办单位，其自愿承担发展公司所欠长安商社的经济损失，应予确认。广东省阳西县实业投资总公司于1994年变更为投资公司，故应由投资公司承继承担所欠长安商社的经济损失。关于建行阳江分行是否承担赔偿责任问题。根据石家庄市公安局（94）公刑技文字第36号刑事科学技术鉴定书的鉴定结论，1994年2月4日180万元建设银行电汇凭证上的印章与"阳江市银行系统结算进账单上的印章""中国人民建设银行广东省信托投资公司阳江代办处"印章印样是同一枚印章所盖印。建行阳江分行以该电汇凭证系传真件，否认其真实性，该辩解没有事实依据。该电汇凭证原件在建行阳江分行，其应当出示该凭证原件而始终未出示，根据证据规则，其也应承担不利后果，应当认定建行阳江分行办理了该笔180万元的汇兑业务。建行阳江分行在1994年2月4日出具加盖转讫章的电汇凭证，足以使收款人长安商社相信该笔款项已根据委托办理，造成长安商社的经济损失，其存在明显过错，应承担赔偿责任。长安商社请求建行阳江分行赔偿15年执行差旅费和46名员工的下岗失业损失，不予支持。综上，长安商社所供钢材（含运费）共计924423.43元至今长达十几年未能收回，给长安商社造成了巨大经济损失，同时长安商社为履行合同还造成了经济损失257402.94元，投资公司应承担付款义务并赔偿相应的违约损失。建行阳江分行由于自身过错，未将发展公司180万元货款汇出，给长安商社造成的上述损失，应承担连带赔偿责任。此外，2004年涉案两份订货合同未履行部分，应予解除。经该院审判委员会讨论决定，判决如下：一、解除原审原告石家庄市长安综合商社与原审被告阳江市对外经济基地公司（原广东省阳西县经济技术发展公司）先后签订的两份《订货合同》；二、原审第三人阳江市建设投资公司在判决生效后十日内偿付原审原告石家庄市长安综合商社货款924423.43元及违约金（违约金按日万分之五计算，自1994年2月4日起至判决确定的履行期限日止）；三、原审第三人阳江市建设投资公司在判决生效后十日内偿付原审原告石家庄市长安综合商社其他损失257402.94元，原审原告预收原审被告阳江市对外经济基地公司100000元定金不再退还；四、原审被告中国建设银行股份有限公司阳江市分行对以上判决第二项、第三项承担连带赔偿责任；五、驳回原审原告石家庄市长安综合商社其他诉讼请求。

石家庄市中级人民法院二审查明的事实与长安区人民法院一审查明的事实一致。

石家庄市中级人民法院二审认为，本案所涉180万电汇凭证上的印章经石家庄市公安局（94）公刑技文字第36号刑事科学技术鉴定书鉴定，与"阳江市银行系统结算进账单上的印章""中国人民建设银行广东省信托投资公司阳江代办处"印章印样是同一枚印章所盖印。建行阳江分行在该180万元电汇凭证上加盖转讫章的行为，对造成长安商社的经济损失，存在明显过错，故应承担赔偿责任。遂判决，驳回上诉，维持原判。

河北省人民检察院抗诉认为，石家庄市中级人民法院（2012）石民再终字第00163号民事判决认定基本事实证据不足，适用法律错误。一、终审法院认定建行阳江分行出具180万电汇凭证并加盖转讫章的事实证据不足。石家庄市长安区人民法院（1996）长刑初字第239号刑事判决书认定："温家宝又持其公司于当月三日电传给他的向长安综合商社汇款一百八十万的假电汇凭证传真件骗得长安综合商社的信任。"该判决已发生法律效力。《最高人民法院关于民事诉讼证据的若干规定》第九条第（四）项规定："下列事实当事人无需举证证明：……（四）已为人民法院发生法律效力的裁判所确认的事实……"本案中，长安商社向法庭提交的180万电汇凭证回单（传真件）已被生效的判决书认定系伪造的假电汇凭证。根据上述规定，该事实无须经当事人举证证明即可被法院认定，因此该电汇凭证回单（传真件）应认定为伪造。石家庄市公安局虽在1994年3月31日作出（94）公刑技文字第36号刑事科学技术鉴定书，认定180万电汇凭证（传真件）上的转讫章与样本上的印章一致，但该鉴定书依据的检材为无法与原件核对的传真件，其证明效力明显不足，且石家庄市长安区人民法院（1996）长刑初字第239号刑事判决书的认定已否定了该鉴定书的效力。除此之外，长安商社未能提交其他证据证实该180万电汇凭证回单（传真件）的真实性。因此，现有证据无法证实该180万电汇凭证回单（传真件）为建行阳江分行出具。二、终审法院判令建行阳江分行承担赔偿责任缺乏法律依据。本案为购销合同纠纷，合同双方为长安商社与发展公司。长安商社在未按约定收到货款的情况下，应依据购销合同向发展公司主张权利。建行阳江分行在该购销合同中，不是合同当事人，没有承担合同义务的责任。因此，终审法院判令建行阳江分行直接承担赔偿责任缺乏法律依据。

本院再审过程中申诉人建行阳江分行称：一、长安商社与发展公司之间是买卖合同关系，发展公司与建行阳江分行之间是汇兑关系，即委托代理关系，建行阳江分行与长安商社之间不存在任何债权债务关系。根据债的相对性，长安商社在未收到货款的情况下，只能向发展公司主张权利。长安商社跨过发展公司直接向建行阳江分行主张权利没有任何法律依据。二、原审判决仅仅依据一张电汇凭证传真件和据此传真件作出的鉴定结论，认定建行阳江分行承担举证不能的责任并判令建行阳江分行承担赔偿责任，举证责任的分配明显不公。该传真件系犯罪分子伪造的事实已经被生效的法律文书所确认，建行阳江分行不承担举证责任，原审判决依据石家庄市公安局作出的鉴定结论认定建行阳江分行对长安商社的损失存在过错理由不足。电汇凭证复印件本身不具有法律证明力，在此基础上作出的鉴定结论亦不具有相应的证明力。该鉴定结论仅仅认定电汇凭证传真件上的印章与阳江代办处的印章一致，并不能证明该印章是建行阳江分行的真实印章，该鉴定书就复印件上印章的真实性所作的鉴定结论根本没有意义。长安商社在未收到货款时就发货，在看到发展公司提供的电汇凭证传真件时没有及时与银行沟通、核实，其行为本身存在过错。风险应由买卖双方承担，银行不是买卖合同的交易方，不应承担买卖合同的风险。建行阳江分行请求撤销原判，改判建行阳江分行对长安商社的经济损失不承担赔偿责任。

被申诉人长安商社辩称：一、原审判决认定建行阳江分行出具180

万元电汇凭证并加盖转讫章的事实清楚，证据充分。长安区人民法院作出的刑事判决并没有对电汇凭证上的转讫章予以否定，不能以180万电汇凭证回单的内容虚假来否定转讫章系建行阳江分行所盖的客观真实性。石家庄市公安局作出的鉴定书所依据的检材是可以与原件核对的传真件，该鉴定结论可以作为定案的依据。二、建行阳江分行在电汇凭证上加盖了转讫章，投资公司已转给发展公司300万元，发展公司账户上有足以支付180万元的货款金额。建行阳江分行在电汇凭证上加盖转讫章的行为是误导长安商社发货并造成长安商社货款损失的重要原因，长安商社正是基于对银行所签发的电汇凭证的信任才发货。建行阳江分行拒不提供由其保存的办理本案电汇凭证业务档案资料，应承担举证不能的法律后果。三、长安商社与建行阳江分行之间存在特定的权利义务关系。根据《银行结算办法》《支付结算办法》和《支付结算会计核算手续》之相关规定，银行应对电汇凭证严加管理，单位或个人通过银行结算的，必须通过银行领取，否则，不能得到真实的空白电汇凭证。建行阳江分行向基地公司交付了加盖转讫章的电汇凭证回单后，建行阳江分行就负有向收款人汇款180万元的特定义务，就应当将该款项汇给收款人即长安商社。建行阳江分行不履行付款义务，在主观上存在明显故意，其行为构成共同侵权，根据相关法律规定，建行阳江分行应对长安商社的损失承担连带赔偿责任。综上，原判认定事实清楚，适用法律正确，应维持原判。

被申诉人基地公司和原审第三人投资公司未到庭答辩。

本院再审查明，1994年2月4日长安商社收到的加盖有阳江代办处转讫章的电汇凭证是发展公司副经理温家宝提供的传真件。1994年3月31日石家庄市公安局经法院委托出具了（94）公刑技文字第36号刑事科学技术鉴定书，结论为，1994年2月4日180万元建设银行电、汇凭证上的印章与"阳江市银行系统结算进账单上的印章""中国人民建设银行广东省信托投资公司阳江代办处"印章印样是同一枚印章所盖印。1996年12月18日石家庄市长安区人民法院以发展公司经理赖圣飞在担任国营单位的法人期间，明知本单位不具备履行合同能力，与长安商社签订购销合同，骗取财物为由，认定赖圣飞构成诈骗罪，判处有期徒刑9年。本院再审查明的其他事实与原审查明的事实一致。

本院认为，发展公司经理赖圣飞以公司名义，通过诈骗手段与长安商社签订买卖合同，非法占有货款的行为已经被法院生效判决认定为犯罪，应属《中华人民共和国合同法》第五十二条规定的"以合法形式掩盖非法目的"的情形，赖圣飞签订合同时的真实意思并不是要与长安商社进行公平交易，而是要骗取长安商社的财物，该合同应认定为无效。原审法院认定合同有效并判令投资公司和建行阳江分行给付长安商社违约金，应属错误，本院予以纠正。1994年2月4日，发展公司向长安商社出具了加盖有银行转讫章的电汇凭证传真件，长安商社据此认为发展公司的款项已经汇出，从而向发展公司发货。但是，建行阳江分行主张，该传真件系赖圣飞伪造的事实已经被生效的刑事判决所确认，且鉴定结论不能作为定案的依据。本院认为，长安区人民法院（1996）长刑初字第239号刑事判决只是认定赖圣飞采取欺骗手段与长安商社签订合同，并没有否定案涉电汇凭证传真件中所加盖的转讫章的真实性。石家庄市公安局出具的鉴定结论已经对该转讫章的真实性作出认定，建行阳江分行亦无相反证据否定该鉴定结论。因此，建行阳江分行的上述主张不能成立，本院不予采信。建行阳江分行在未收妥付款人款项前在有关回执联上加盖转讫章，违反了中国人民建设银行的有关规定，未尽到应尽的注意义务，建行阳江分行的行为存有过错。建行阳江分行的过错被发展公司所利用，是导致长安商社发货的重要原因。根据《中华人民共和国民法通则》第一百零六条第二款的规定，因建行阳江分行的过错造成长安商社的损失，建行阳江分行应承担相应的侵权责任。但是，赖圣飞利用其控制的基地公司所进行的诈骗行为与建行阳江分行的侵权行为之间没有共同的意思联络，不具备承担共同侵权连带责任的必要条件，故原审判决由建行阳江分行与投资公司承担连带责任缺乏法律依据，属适用法律错误，本院予以纠正。综上，基地公司应对其自身过错而导致合同无效给长安商社造成的损失承担主要赔偿责任。因基地公司已经注销且投资公司自愿承担发展公司所欠长安商社的经济损失，基地公司所负义务应由投资公司承继。建行阳江分行应对其侵权行为给长安商社造成的损失承担相应的过错责任。根据双方过错的大小，本院酌定由投资公司承担70%的赔偿责任，由建行阳江分行承担30%的赔偿责任。在历次庭审中，各方当事人对长安商社的损失并无异议，本院予以确认。因为合同无效，所以长安商社主张的违约金不应支持，而长安商社的利息损失应予赔偿。原审判决认定事实不清，适用法律不当，本院予以纠正。依照《中华人民共和国民事诉讼法》第一百七十条第一款第（二）项、第二百零七条第一款之规定，判决如下：

一、撤销石家庄市中级人民法院（2012）石民再终字第00163号民事判决和长安区人民法院（2010）长民再字第10号民事判决；

二、阳江市建设投资公司在判决生效后十日内偿付石家庄市长安综合商社货款924423.43元的70%及利息的70%，中国建设银行股份有限公司阳江市分行在判决生效后十日内偿付石家庄市长安综合商社货款924423.43元的30%及利息的30%（利息以924423.43元为基数，按中国人民银行同期贷款利率计算，自1994年2月4日起至判决确定的履行期限日止）；

三、阳江市建设投资公司在判决生效后十日内偿付石家庄市长安综合商社其他损失257402.94元的70%；中国建设银行股份有限公司阳江市分行在判决生效后十日内偿付石家庄市长安综合商社其他损失257402.94元的30%；石家庄市长安综合商社预收原审被告阳江市对外经济基地公司100000元定金不再退还；

四、驳回石家庄市长安综合商社的其他诉讼请求。

如果未按本判决指定的期间履行给付金钱义务，应当依照《中华人民共和国民事诉讼法》第二百五十三条之规定，加倍支付迟延履行期间的债务利息。

一审案件受理费19000元，由阳江市建设投资公司负担13300元，中国建设银行股份有限公司阳江市分行负担5700元；二审案件受理费19000元，由阳江市建设投资公司负担13300元，中国建设银行股份有限公司阳江市分行负担5700元。

本判决为终审判决。

审　判　长　张　睿
代理审判员　宋　威
代理审判员　张新峰
二〇一五年六月十六日
书　记　员　米志峰